Gene A. Getz

KOMPETENT LEITEN UND FÜHREN

Gene A. Getz

Kompetent leiten und führen

Gottes Plan für die Leitung der Gemeinde

Mit einem Vorwort von
Traugott Hopp, Brad Smith und Bob Buford

Edition BAO

FRANCKE
Verlag der Francke-Buchhandlung GmbH

bao
biblische
ausbildung
am ort

Über den Autor:

Gene Getz ist Hauptpastor der Fellowship Bible Church North in Plano (Texas), Autor von über 50 Büchern, von denen viele auch im deutschen Sprachraum Bestseller geworden sind, und Gastgeber der Radiosendung „Renewal" (Erweckung), die täglich weltweit ausgestrahlt wird.

Zitiert und abgekürzt nach Revidierter Elberfelder Bibel (1985/1991, R. Brockhaus Verlag, Wuppertal).

Bibliografische Information Der Deutschen Bibliothek
Die Deutsche Bibliothek verzeichnet diese Publikation in der Deutschen Nationalbibliografie; detaillierte bibliografische Daten sind im Internet über http://dnb.ddb.de abrufbar.

ISBN 3-86122-830-0

Originaltitel: Elders and Leaders

This book was first published in the United States by Moody Press, 820 LaSalle Blvd., Chicago, IL 60610 with the titel: Elders and Leaders

Übersetzung und Redaktion: BAO – Biblische Ausbildung am Ort, Wien
Übersetzer: Martin Reischl
Redaktion u. Korrektur: Mag. Margot Simonis, Irmgard Kromp, Christina Boula
Umschlaggestaltung: Henri Oetjen, DesignStudio Lemgo
Satz: Verlag der Francke-Buchhandlung GmbH
Druck: Oldenbourg Taschenbuch GmbH

www.francke-buch.de

für Jim Harris,
den treuen Knecht Jesu Christi

Jim war Ältester in der ursprünglichen Fellowship Bible Church und danach für viele Jahre in der Fellowship Bible Church North in Plano (Texas). Als kompetenter Bauinspektor in der Geschäftswelt, widmete er dennoch jede Woche viele Stunden seinem Dienst als liebevoller Hirt der Herde Gottes.
Er wurde am 20. Juli 2001 von seinem Herrn nach Hause gerufen.
Wir vermissen ihn!

Die Ältesten der Fellowship Bible Church North

Inhaltsverzeichnis

Bildmaterial / Abbildungen

Landkarten

Vorwort zur deutschen Ausgabe

„Hier, Traugott, Du kannst doch Englisch. Lies das mal!" Mit diesen Worten überreicht mir eine Missionarin drei kleine Bücher. Es sind meine ersten theologischen Bücher in Englisch. Alle drei stammen von demselben Autor: Gene A. Getz. Schon die Titel sprechen mich an. Es geht um das „einander" – wie es im Neuen Testament typisch ist. „Ermutigt einander" – „Liebt einander" und „Erbaut einander". Schlichte Titel – aber mit einer klaren Botschaft. Mein Blick für das Wesen vom Miteinander der Christen wird nachhaltig geprägt.

Einige Jahre später in Chicago: Ich stehe vor einem Regal mit „gebrauchten Büchern" und suche nach „Schätzen". Mein Blick fällt auf ein Buch mit deutlichen Gebrauchsspuren. Inzwischen sagt mir der Name des Verfassers schon etwas: Gene A. Getz. Ich greife zu. Das Buch hat in den Jahren danach bei mir „gelitten". Es hält nicht mehr wirklich zusammen. Zu oft habe ich danach gegriffen. Wieder hat es Gene A. Getz geschafft, mir eine vertiefte Sicht zu vermitteln. Gemeindebau – im Zusammenspiel der neutestamentlichen, kirchengeschichtlichen und kulturellen Perspektiven. Darum geht es. Bis heute profitiere ich von den Ideen, die Getz gekonnt, fundiert und praxisnah vorgetragen hat. Es steckt so viel Weisheit in dieser dreifachen Wahrnehmung. Und es gelingt Getz nicht nur zu analysieren, sondern auch hilfreiche Schritte zur Entwicklung einer eigenen Gemeindebaupraxis aufzuzeigen.

Vor etwa zwei Jahren besuche ich das damals frisch bezogenen Zentrum von BAO (Biblische Ausbildung am Ort) in Wien. Wir unterhalten uns über Bücher, die uns weiterbringen. Wieder liegt ein Titel von Gene A. Getz auf dem Tisch. Diesmal geht es um Gemeindeleitung. Sogar eine beinahe vollständige deutsche Übersetzung hat BAO schon angefertigt. Das Buch soll im Studienprogramm von BAO in Österreich Verwendung finden. Wir überlegen gemeinsam: Gibt es einen Weg, die Einsichten von Getz den Gemeinden in Österreich und Deutschland in attraktiver Buchform zugänglich zu machen? Das Buch wäre es wert. Also wagen wir es ...

Heute halten Sie das Buch von Gene Getz in Ihren Händen. Der

Marburger Verlag der Francke-Buchhandlung hatte den Mut, dieses Gemeindefachbuch in Zusammenarbeit mit BAO herauszubringen. Und Sie dürfen es nun lesen.

Der Inhalt ist typisch für Getz: klar, theologisch reflektiert, gut strukturiert. Erklärende Grafiken veranschaulichen die Aussagen. Getz geht es um Zusammenhänge darum, biblische Aussagen aufzunehmen, sie in Beziehung zueinander zu bringen, unsere Sichtweisen von heute auf dem Hintergrund unserer „Gemeindebiographien" zu verstehen. Die Frage nach Leitung und Verantwortung – im Kontext unserer Gegenwartskultur – wird mit den theologischen und geschichtlichen Erkenntnissen verbunden. Dabei hat das biblische Wort bei Getz immer den Vorrang. Getz scheut sich nicht, genau die kritischen Fragen anzugehen, die jeder Mitarbeiter und Pastor aus seinem Gemeindealltag kennt. Von Verantwortungsstrukturen und geistlicher Begleitung über Gehaltsfragen bis hin zur Frage nach der Altersgrenze ... Immer wieder zeigt sich die lange Erfahrung von Getz im Gemeindedienst. Dabei „hebt er nicht ab", sondern bleibt auf dem Boden der Gemeindewirklichkeiten. Als Leser wird man in seine große und beständige Liebe zur Gemeinde hineingenommen. Hier wird kein Strohfeuer „billiger Ratschläge" abgefackelt, sondern wir erhalten nachhaltige Hilfestellung.

Muss „man" als Leser immer mit den Aussagen und Erkenntnissen von Gene A. Getz übereinstimmen, um das Buch mit Gewinn zu lesen? Nein – im Gegenteil. Getz hat Profil. Er zeigt es auch. Genau deshalb macht es auch Spaß, das „lesende Gespräch" mit ihm zu suchen und Fragen aufzuwerfen, Argumente wachsen zu lassen, vielleicht an der einen oder anderen Stelle sogar den Widerspruch zu wagen, biblische Texte neu zu lesen, eigene Sichtweisen zu überprüfen oder zu entwickeln. Es ist ein Buch für alle, die an der Thematik der Gemeindeleitung persönlich weiterkommen wollen. Ein Wachstumsbuch.

Von Herzen möchte ich Sie ermutigen, in das „Lesegespräch" einzusteigen.

Ihr

Traugott Hopp
Rektor der Akademie für Weltmission, Korntal

Vorwort zur amerikanischen Ausgabe

Vor Jahren saßen wir mit Gene Getz beim Abendessen, als er eine Frage stellte, die wir schon öfters gehört hatten: „Ich befinde mich in einer Lebensphase, wo ich mehr Möglichkeiten als Zeit habe. Was ist eurer Meinung nach das Wichtigste, was ich mit dem Rest meines Lebens tun sollte?"

Keiner von uns zögerte, da brauchte es keine lange Beratung, Reflexion, Gebet oder Antworten abzuwägen, es war offensichtlich. Nicht oft wird man von jemandem mit so kostbaren Begabungen um Hilfe gebeten, diese richtig einzusetzen. Vielleicht war es unser wildes Gestikulieren und unsere ungezügelte Begeisterung, die den Kellner dazu brachte, vorsorglich die Gäste von den Nachbartischen zu evakuieren.

Unsere Antwort – „Gene, du hast weltweit eines der besten Gemeindemodelle, mit gesunder Ältestenschaft. Du hast langjährige Erfahrung und ein enormes Verständnis darüber, wie ein Gemeindevorstand gottgefällig, zielführend und mit Freude arbeiten kann. Und du hast einen gesunden und gezielten Nachfolgeplan initiiert, der seinesgleichen sucht, bei dem du selbst und jeder deiner Ältesten seine eigene Nachfolge bewusst heranbildet. Wir haben tausende erfolgreiche Gemeinden in Nordamerika besucht. Die meisten von ihnen hatten die Hoffnung längst aufgegeben, dass Gemeindeleitung eine sowohl geistliche als auch erfolgreiche und beglückende Aufgabe sein kann. Du bist der lebendige Beweis, dass diese Hoffnung nicht trügerisch ist. So etwas gibt es nur ganz selten. Das ist unschätzbar wertvoll, du musst dieses Gold weitergeben!"

Gene überlegte und betete, wartete, redete mit seinen Ältesten und Mitarbeitern sowie mit seiner Frau. Sie alle teilten unsere Begeisterung. Das Projekt begann und im Laufe des nächsten Jahres entstand dieses Buch.

Das Ergebnis ist typisch für Gene Getz. Es schürft tief in der Bibel, schöpft aus reichhaltiger Erfahrung und beweist sich in der sorgfältigen Prüfung verbindlicher Beziehungen, wie es kaum ein anderes Buch vermag. Biblische Gemeindeleitung ist ein ernstes

Thema. Dieses Buch wird ihm gerecht. Es untersucht die biblische Lehre über Ältestenschaft und Gemeindeleitung mit einer Gründlichkeit, die nur selten erreicht wird.

Obwohl dieses Buch umfassend ist, will es als Gedankenanstoß dienen und enthält keine vorgefertigten Antworten. Als Leser dieses Buches werden Sie sich Fragen wie diese stellen:

- Wie viele Personen soll unser Gemeindevorstand umfassen?
- Wie treffen wir Entscheidungen - mit Einigkeit, einfacher Mehrheit oder Dreiviertelmehrheit?
- Wie funktioniert die Rollenverteilung zwischen dem Vorstand und den vollzeitlichen Mitarbeitern, vor allem wenn die Gemeinde wächst und über mehrere Hauptamtliche verfügt?
- Wer leitet den Vorstand - der Hauptpastor, ein Laie? Wie ist die Verantwortung der ordinierten Pastoren gegenüber dem Vorstand geregelt?
- Welche Unterschiede bestehen zu kirchlich episkopalen Systemen?
- Wie funktioniert ein Gemeindevorstand in einer Gemeinde, in der gemeindeweite Abstimmungen praktiziert werden?
- Wie gelangen wir zu einer Vision, wie üben wir Gemeindezucht und nehmen zu theologischen Fragen Stellung?
- Wie gehen wir mit Konflikten, nächtelangen Sitzungen, einem Übermaß an Verwaltung mit wenig geistlicher Urteilskraft und dem Mangel an qualifizierten Leitern um?

Auf diese und viele ähnliche Fragen finden Sie Antworten in diesem Buch, allerdings nicht in Form von drei einfachen Schritten zum Erfolg. Wir wollen dem Buch nicht die Pointe stehlen, denn letztlich liefert die Bibel keine konkreten Vorlagen dazu, wie die Leitungsstruktur Ihrer Gemeinde im Detail aussehen soll. Aber sie macht klare Aussagen über den Charakter eines Gemeindeleiters. Seine Hauptaufgabe besteht in der „Ausrüstung der Heiligen für das Werk des Dienstes, für die Erbauung des Leibes Christi" (Eph 4,12). Darüber hinaus sagt die Bibel sehr wenig zu Struktur, Politik, Titel, Organigrammen, Parkplätzen und Finanzierungsplänen.

Die Gemeinde von Gene Getz gehört selbst keiner Denomination an, obwohl aus seiner ursprünglichen Vision in Dallas vor dreißig Jahren ungefähr dreihundert „Fellowship Bible"-Gemeinden entstanden sind. Einige Leser befinden sich wohl in derselben chancenreichen, aber auch riskanten Position, keiner Denomination anzugehören. Sie können die Bibel studieren und ihre Leitungsstruktur auf die grüne Wiese bauen, einzig auf das Vorbild der Urgemeinde gestützt - keine Bischöfe, keine Regeln aus der Zentrale, keine Vorentscheidungen. Dieses Buch kann solchen „Neulandgemeinden" helfen, die unzähligen etwaigen Fehler zu vermeiden, denn in den letzten Jahrzehnten sind viele Gemeinden durch Vergehen in schwere Nöte gestürzt. Das Buch bietet auch Leitern konkrete Hilfen, die in kirchliche Systeme eingebettet sind. Diese können einerseits auf den Reichtum der Vergangenheit zurückblicken, wo Gott ihre Geschichte und Theologie gelenkt hat, müssen aber andererseits oft mit überladener kirchlicher Bürokratie kämpfen. Dieses Buch wird Ihren Glauben auf seine Quelle zurückführen und Ihnen Klarheit geben, warum Sie so und nicht anders handeln.

Zuletzt seien Sie gewarnt: Dieses Buch will nicht von Ihnen alleine gelesen werden. Ein Kernthema des Buches ist, dass die Leiterschaft einer Gemeinde gemeinsam entscheiden, gemeinsam lernen, gemeinsam vertrauen und gemeinsam Spaß haben soll. Nehmen Sie sich die Zeit, als Ältestenrat dieses Buch miteinander zu lesen, indem Sie zu Beginn jeder Sitzung etwa eine Stunde dafür reservieren und Ihre Gedanken zu diesem Buch austauschen. Die Kameradschaft jener Ältesten, die sich in den Berichten in diesem Buch widerspiegelt, ist nicht von selbst entstanden. Gene hat viel Zeit und Kraft investiert, um mit seinen Ältesten zusammen zu sein. Und diese Männer sind in ihrem Beruf und in ihren Lebensentscheidungen seinem Beispiel gefolgt.

Gene, seine Ältesten und die hauptamtlichen Mitarbeiter seiner Gemeinde nehmen seit Jahren an den Veranstaltungen von Leadership Network teil. In vielen Gesprächsrunden machen sie sich den „E. F. Hutton"-Effekt zunutze – wenn sie etwas sagen, hören Menschen zu, machen sich Notizen und setzen sich beim Essen neben sie, um mehr zu erfahren. Gene ist auch für uns beide ein Freund, ein Pastor und ein Mentor. Er ist unvergleichlich. Wir betrachten es als ein Vorrecht und eine Ehre, dass wir einen kleinen Beitrag leisten durften, damit er den Schatz seiner Lebenserfahrung mit Ihnen teilt.

Brad Smith
Vorsitzender des Vorstandes von Theological Urban Studies

Bob Buford
Vorsitzender von Leadership Network

Dank

Ich möchte meinen Mitältesten in der Fellowship Bible Church North meine tiefe Wertschätzung ausdrücken. Sooft es ihnen ihre beruflichen Verpflichtungen erlaubten, haben sie sich viele Wochen lang mit mir getroffen, um gemeinsam darüber nachzudenken, was das Neue Testament über die Leitung der Ortsgemeinde lehrt. Sie haben auch große Teile des Manuskripts gelesen und beurteilt und mir wertvolle Rückmeldungen gegeben. Mein besonderer Dank gilt also Eddie Burford, Jack Cole, Mike Cornwall, John Craig, Dan Debenport, Vince Ellwood, Dirk Hansen, Jeff Jones, Earl Lindgren, Don Logue und Dwight Saffel.

Außerdem möchte ich folgenden besonderen Menschen danken, die treu gedient haben, um dieses Manuskript bis zur Veröffentlichung zu begleiten:

- Bob Buford, Brad Smith und meinem Zweitpastor Jeff Jones, denen ich die Anregung zu diesem Projekt verdanke
- Iva Morelli, meiner leitenden Sekretärin und ständigen Quelle der Ermutigung, die dieses Teamprojekt koordiniert und zahllose Stunden damit verbracht hat, das Manuskript zu formatieren und mir beim Feinschliff zu helfen
- Mark Chalemin, meinem Forschungsassistenten, der mir geholfen hat, eine Unmenge an Quellmaterial zu finden und auszuwerten

Dann möchte ich noch Sue Mitchell, Ivas administrativer Assistentin, danken, die viele Stunden lang eine Überarbeitung nach der anderen in den Computer getippt hat, und Miriam Durham und den anderen Mitarbeitern, die mir auf vielerlei Weise geholfen haben, dieses Projekt zu einem erfolgreichen Abschluss zu bringen.

Ich danke auch meiner ganzen Gemeinde, der Fellowship Bible Church North, der ich als Hauptpastor diene. Viele dieser treuen Geschwister haben anhaltend für mich gebetet, während ich dieses Buch geschrieben habe.

Zuletzt gilt mein Dank meiner Frau Elaine, die mir eine treue Gefährtin im Dienst ist. Sie hat mich während der Arbeit an diesem Manuskript durchgetragen und ermutigt. Menschlich gesprochen hätte ich dieses Projekt ohne ihre bleibende liebevolle Unterstützung nicht geschafft.

Einleitung: Wer leitet die Gemeinde?

Als ich 1968 nach Dallas übersiedelte, hatte ich keine Ahnung, wie sehr dies mein Leben und meinen Dienst verändern würde. Bevor ich die Professur am Dallas Theological Seminary annahm, hatte ich schon dreizehn Jahre am Moody Bible Institute in Chicago unterrichtet.

Die lokale Gemeinde war mir immer ein Herzensanliegen gewesen, besonders der Bereich christliche Ausbildung. Dennoch hatte ich mit dem „Wind der Veränderung" zu kämpfen, der gegen Ende der Sechziger- und Anfang der Siebzigerjahre durch unser Land brauste. Da forderten mich meine Studenten heraus, neu darüber nachzudenken, was Gottes Plan für die Gemeinde ist. Zum ersten Mal in meinen zwanzig Jahren als Professor schob ich mitten im Semester den Lehrplan zur Seite. Meine Studenten stellten Fragen, auf die ich keine Antwort wusste. Gemeinsam vertieften wir uns in die Apostelgeschichte und Pastoralbriefe um herauszufinden, wie wir nach dem Willen Jesu Christi den Missionsbefehl ausführen sollten. Daraus wurde ein großes Abenteuer, das letztlich meinen Weg aus den „heiligen Hallen der Wissenschaft" in einen Gemeindegründungsdienst vorzeichnete.

Eines der großen Prinzipien, auf die ich damals aufmerksam wurde, war „gemeinsame Leiterschaft." Ich hatte immer gern im Team gearbeitet, aber als ich mich der Gemeindegründung zuwandte, wurde mir diese Arbeitsweise so richtig lieb. Ich sah im Neuen Testament keinen anderen „Plan" und sehe ihn bis heute nicht. Um ganz ehrlich zu sein, bin ich von jeher sehr enttäuscht über Gemeinden und Organisationen, die ganz auf die Persönlichkeit und Fähigkeiten eines einzelnen Leiters aufgebaut sind.

Ich möchte jetzt vollkommen ehrlich sein. Am Anfang war mir das Prinzip der gemeinsamen Leitung so wichtig, dass ich zeitweise die Notwendigkeit eines starken primären Leiters herunterspielte oder sogar in mancher Hinsicht leugnete. Wurde ich gefragt: „Wer leitet die Gemeinde?", so antwortete ich: „Die Ältesten." Das war im Grunde auch richtig so. Wurde ich dann gefragt: „Wer leitet die

Ältesten?", so antwortete ich: „*Wir* leiten die Gemeinde gemeinsam." Das war wiederum richtig, aber ich habe die Frage nicht hinlänglich beantwortet. In Wahrheit leitete *ich* die Ältesten, und *gemeinsam* leiteten wir die Gemeinde. Ich war damals und bin noch heute der primäre Leiter der Fellowship-Gemeinden, denen ich als Hauptpastor diente. Leider vermittelte ich in jenen frühen Jahren ein Leitungsmodell, das ich nicht wirklich praktizierte.

Schon bald entdeckte ich aber, dass ich über das Ziel hinausgeschossen hatte. Ich halte es immer noch für eine Entstellung des göttlichen Plans, wenn Gemeindeleitung, ganz auf eine Person ausgerichtet ist. Aber ich hatte überreagiert. Ich musste die goldene Mitte finden. Persönlich glaube ich, dass wir diese Ausgewogenheit im Abschnitt „Biblische Betrachtungen" dieses Buches finden werden. Hoffentlich wird dieses Gleichgewicht auch in unserer eigenen Geschichte als Älteste deutlich, wenn ich einzelne Aspekte aus unserer eigenen Entwicklung weitergebe.

Der erste Teil dieses Buches beschreibt den Werdegang, den meine Mitältesten und ich in der Fellowship Bible Church North absolvierten. Der zweite Teil ist ein Bibelstudium über das, was im ersten nachchristlichen Jahrhundert geschah. Teil drei fasst die Beobachtungen dieses Bibelstudiums zusammen und definiert aus dieser biblischen, historischen und kulturellen Untersuchung eine Reihe von kulturübergreifenden Prinzipien.

Im letzten Teil berichte ich über unsere eigenen Erfahrungen bei der praktischen Umsetzung dieser Prinzipien, insbesondere was die „Formen" betrifft, die wir im Laufe der Jahre eingeführt und entwickelt haben. Wir hoffen, dass unsere Erfahrungen die Leser motivieren werden, ihr eigenes Leitungsmodell im Lichte der Bibel und der daraus abgeleiteten „kulturübergreifenden Prinzipien" zu überprüfen. Natürlich freue ich mich über das, was wir gut gemacht haben, die hilfreichsten Beispiele sind wahrscheinlich jene, wo wir etwas besser machen hätten können.

Gene A. Getz

Teil Eins: Grundlagen

Diese einleitenden Kapitel beschreiben den Lernprozess, den ich zusammen mit meinen Mitältesten in der Fellowship Bible Church North durchlaufen habe. Sie erfahren alles über unseren grundlegenden Forschungsansatz sowie unseren „Bezugsrahmen“, die „Grundannahmen“ gewissermaßen, von denen wir ausgegangen sind.

Damit Sie die Endergebnisse unserer Untersuchungen richtig einordnen können, werden anfangs jene Richtlinien erläutert, die verwendet wurden, um kulturübergreifende Prinzipien festzustellen und zu formulieren. Diese biblischen Wahrheiten über die Leitung der Ortsgemeinde sind verbindlich für Ortsgemeinden in jeder Kultur und jeder Phase der Kirchengeschichte.

1. Formationsflug: Ein Gemeinschaftsprojekt

Ich hoffe, dass das Titelbild Ihre Aufmerksamkeit ebenso geweckt hat wie die meine. Eine Gänseschar in Flugformation illustriert nicht nur das Thema treffend, sondern auch den Entstehungsprozess dieses Buches. Vielleicht fragen Sie sich: Was hat ein Zug Gänse mit Leiterschaft zu tun?

Wissen Sie, wie sich Gänse beim Formationsflug verhalten?

- Der Flügelschlag der Gans erzeugt einen Auftrieb für die nachfliegenden Vögel. Die V-Formation erhöht die Reichweite gegenüber dem Alleinflug um 71 Prozent.
- Fällt eine Gans aus der Formation, wirkt auf sie augenblicklich der höhere Luftwiderstand des Alleinflugs. Deshalb schließt sie rasch wieder auf, um den Auftrieb der vor ihr fliegenden Vögel zu nützen.
- Wird der Vogel an der Spitze müde, lässt er sich zurückfallen und nützt selbst wieder den Auftrieb der Gruppe.
- Auf ihrem Formationsflug schreien die Gänse unablässig, um die vordersten Vögel anzufeuern.
- Wenn ein Vogel erkrankt, sich verletzt oder angeschossen wird, verlassen zwei Gänse mit ihm die Formation, um ihn zu begleiten, ihm zu helfen und ihn zu schützen. Sie bleiben bei dem kranken Tier, bis es entweder stirbt oder wieder flugfähig ist. Dann schließen sie sich einer anderen Schar an oder holen ihren eigenen Zug wieder ein.

Was wir als Leiter von den Gänsen lernen können

„Seht hin auf die Vögel des Himmels“, belehrt Jesus seine Jünger auf einem Berg in Galiläa (Mt 6,26). Vom Formationsflug der Gänse können wir viel über Leiterschaft lernen. Dieses herrliche Bild aus der Natur bietet mehrere Anleitungen über Teamarbeit und Leiterschaft, die leicht verständlich sind. In meiner Zusammenarbeit mit den Mitältesten in der Fellowship Bible Church North (FBCN) in Plano, US-Bundesstaat Texas, habe ich einige sehr wichtige Lektionen gelernt. Aus fünf Gründen ist mir persönlich das Bild des Formationsflugs der Gänse so wichtig geworden:

Erstens hatten meine Mitältesten und ich über Jahre hinweg die Möglichkeit, gemeinsam zu dienen und miteinander voranzukommen. Wir alle haben den „Auftrieb" gefühlt, der uns befähigte, unsere Reise fortzusetzen und viel mehr zu erreichen als jeder Einzelne von uns allein.

Zweitens haben wir alle schon einmal „Gegenwind" erlebt weil wir die Gruppe verlassen haben, und wie erfrischend es ist, wieder einzusteigen und den „Auftrieb" des Gemeinschaftsprojekts zu spüren.

Drittens hat es in meinem Dienst als Hauptleiter Zeiten gegeben, wo ich eine Pause nötig hatte, weil ich müde und sogar entmutigt war. Wie erquickend ist es doch, wenn ein oder mehrere Mitleiter vorübergehend einspringen, vor allem wenn der „Gegenwind des Widerstandes" überwältigend und auslaugend ist.

Viertens geben mir meine Mitleiter positive Rückmeldungen, nicht nur um mich, sondern auch, um einander zu ermutigen. Erst neulich schrieb mir einer dieser Männer einen persönlichen Brief, der mich neu angefeuert hat, mit Kraft voranzugehen, insbesondere während einer ziemlich schweren Zeit des Dienstes.

Fünftens liegt ein ganz großer Vorteil des gemeinsamen Dienens darin, dass Leiter einander die Lasten tragen, besonders bei Schwierigkeiten im Dienst und im Leben allgemein. Im Laufe der Jahre haben wir familiäre Notsituationen durchlebt, Krankheiten und sogar Todesfälle. Einer unserer treuesten Männer wurde schwer krebskrank und ist inzwischen beim Herrn, wo er seinen Lohn empfängt. Unsere Leiter und ihre Familien haben diesen Mann und seine Lieben während dieser schlimmen Zeit ermutigt und unterstützt.

Die erstaunlichste Lektion, die wir als Leiter von einer Schar Vögel lernen können, ist, dass sie ihren von Gott gegebenen Lebenszweck auf Erden erfüllen. Diese besondere Art kann aber nur durch ihre von Gott gegebenen Instinkte überleben. Wir hingegen, die wir nach dem Bild Gottes gestaltet sind, haben viel mehr Möglichkeiten, diese Lektionen konsequent und kreativ anzuwenden. Wir sind einzigartig gemacht, und sofern wir Christus persönlich als unseren Herrn und Heiland kennen, können wir uns vom Heiligen Geist befähigen lassen, einmütig zusammen zu wirken, so wie Jesus Christus mit dem Vater eins war. Das war Jesu Anliegen für die Apostel und für uns alle, die wir „durch ihr Wort" an den Herrn Jesus Christus gläubig geworden sind (Joh 17,20-23).

Theologie als Gemeinschaftswerk

Dieses Buch ist das Ergebnis einer gemeinsamen Entdeckungsreise, eines „Formationsflugs". Eigentlich ist es ein Gemeinschaftsprojekt. Mein Vorrecht war es, die Nachforschungen zu leiten und die Ergebnisse auf Papier zu bringen. In diesem Sinne haben wir einen Prozess verfolgt, wie ihn Stanley Grenz in seinem denkwürdigen Aufsatz *Das Zentrum erneuern* beschreibt. In unserer postmodernen Welt ermahnt er christliche Leiter im universitären wie im gemeindlichen Bereich, dass theologisches Forschen und ein Dialog nur im Kontext von Gemeinschaft möglich sind.[1]

Nach zwanzig Jahren als Bibelschullehrer und Seminarprofessor und in den letzten drei Jahrzehnten als Gemeindegründer und Pastor, stimme ich Grenz voll und ganz zu. Ich habe beide Lernumgebungen kennen gelernt. Obwohl akademische Gemeinschaft intellektuell sehr anregend und persönlich befriedigend ist, ist die Ortsgemeinde die eigentliche Basis für das ganzheitliche theologische Studium, welches Verstand, Gefühl und Willen umfasst. Außerdem ist es diese einzigartige, gottgeschenkte Umgebung, in der wir als Leiter „hingelangen zur Einheit des Glaubens und der Erkenntnis des Sohnes Gottes, zur vollen Mannesreife, zum Vollmaß des Wuchses der Fülle Christi" (Eph 4,13). So wie der *gesamte* Leib Christi „entsprechend der Wirksamkeit nach dem Maß jedes einzelnen Teils ... das Wachstum des Leibes zu seiner Selbstauferbauung in Liebe" (v16) erlebt, so kann auch eine Gruppe geistlicher Leiter an dieser Dynamik der Gemeinschaft teilhaben.

Zwölf von uns, die wir als Älteste in der FBCN dienen, haben sich der Herausforderung gestellt, „Theologie als Gemeinschaftswerk" zu betreiben und Gottes Plan für die Leitung der Ortsgemeinde zu untersuchen. Einige von uns dienen seit mehr als zwanzig Jahren gemeinsam in dieser Funktion, und alle diese Männer stehen fest im Geschäftsleben, mit Ausnahme von zweien - mir selbst und meinem Zweitpastor, der, so Gott will, mir als Hauptpastor nachfolgen wird.

Antworten finden

Um unser Ziel zu erreichen, trafen wir uns mehrere Monate hindurch regelmäßig, um über die folgenden Fragen nachzudenken:

1. Was lehrt das Neue Testament über die Gemeindeleiter?

   - Wer waren sie?
   - Wie wurden sie bezeichnet?
   - Was taten sie?
   - Wie wurden sie ausgewählt?
   - Was waren ihre Eignungsvoraussetzungen?
   - Wie lange dienten sie?
   - Wie arbeiteten sie als Team zusammen?

2. Welche Beziehung hatten die neutestamentlichen Gemeindeleiter zu den Aposteln, Propheten und Lehrern?
3. Was können wir aus der Kirchengeschichte lernen, insbesondere aus den Jahrhunderten unmittelbar nach dem Neuen Testament?
4. Was haben wir in unserem gemeinsamen Dienst als Gemeindeleiter gelernt?

Um diese Fragen zu beantworten, folgten wir einem sehr einfachen Muster aus drei Schritten. Wir beschreiben dieses weit verbreitete Muster mit dem Bild von den drei Linsen (siehe Abbildung 1).

Abbildung 1:
Eine biblische und pragmatische Perspektive von Ältestenschaft
(Forschungsmuster)

Eine biblische Perspektive

Um die obigen Fragen zu beantworten, blickten wir zuerst durch die *Linse der Schrift* und prüften sorgfältig, was die Bibel über Gemeindeleiter sagt. Wir konzentrierten uns dabei hauptsächlich, aber nicht ausschließlich, auf die Apostelgeschichte und die neutestamentlichen Briefe. Hier stoßen wir auf Ortsgemeinden und zwei Gruppen von Leitern: Älteste oder Aufseher (zwei Bezeichnungen für dieselbe Funktion) und Diakone, Männer ebenso wie Frauen.

Dabei befassten wir uns natürlich auch mit jenen Leitern, die zu einem *wandernden* Gemeindegründungsdienst berufen und begabt waren: Apostel, Propheten, Evangelisten, Hirten und Lehrer. Sie waren oft an der Gründung von Gemeinden und an der Ernennung von Leitern beteiligt, Männer wie Petrus, Johannes, Paulus, Barnabas, Silas, Lukas, Timotheus und Titus. Beim Blick durch die Linse der Schrift konnten wir kulturübergreifende Prinzipien formulieren. Diese Grundsätze behalten in jeder Kultur ihre Gültigkeit und sind unserer Meinung nach unverzichtbar, um heute Gemeinden zu leiten.

Wie Grenz feststellt, muss die Bibel die „erste Stimme" bei jedem „theologischen Gespräch" sein, damit wir unserem evangelikalen Erbe treu bleiben.[2] Wir dürfen nicht zuerst und zuoberst die systematischen Konzepte und Abrisse der Theologen konsultieren, so scharfsinnig sie auch sein mögen. Wir müssen zuerst neu darüber nachdenken, was Gott in der Schrift sagt. Das war unser primäres Ziel bei der vorliegenden Untersuchung.

Eine historische Perspektive

Die biblische Geschichte geht nahtlos in die außerbiblische Kirchengeschichte über. Sie berichtet, was nach der neutestamentlichen Zeit mit den Ortsgemeinden geschah. Von den frühen Kirchenvätern lernen wir viel darüber, wie es nach den in der Bibel geschilderten Ereignissen weiterging.

Wir blicken durch die *Linse der Geschichte* und befragen unsere

Vorväter, weil wir wissen, wie Grenz sagt, dass wir „nicht die erste Generation seit der Urgemeinde sind, die danach strebt, sich in die Gemeinschaft Christi in der Welt umgestalten zu lassen." Wir dürfen nicht vergessen, dass unser theologisches Erbe ein wichtiger Bezugsrahmen für uns heute ist. „Dieses Erbe umfasst Beispiele früherer Versuche, dem theologischen Auftrag zu genügen, von ihnen können wir lernen."[3]

Das Studium der Geschichte kann dabei helfen, all das aus unserer gegenwärtigen Auffassung über Gemeindeleitung auszuklammern, was den biblischen Funktionen und Anweisungen widerspricht, und jenes hervorzuheben, das im Einklang mit den biblischen Prinzipien steht. Wiederum drückt Grenz das treffend aus: „Die Vergangenheit zu betrachten, lehrt uns Vorsicht gegenüber den Fallen, denen wir ausweichen müssen, gegenüber den Landminen, die auf unserem Weg liegen und gegenüber so mancher Sackgasse, der wir nicht folgen sollten."[4]

Eine kulturelle Perspektive

Unsere Einsichten aus der dritten Linse - der *Linse der Kultur* - sind unentbehrlich. Ohne ein aktuelles Verständnis darüber, wie Menschen in einer bestimmten Kultur denken, empfinden und handeln, können wir weder die Schrift richtig auslegen noch die biblischen Prinzipien auf unterschiedliche Kulturen anwenden. Jesus war das natürlich bewusst, als er Menschen aus unterschiedlichsten kulturellen Hintergründen diente. Auch Paulus sticht hier als einzigartiges Vorbild heraus, ist er doch „allen alles geworden, damit ich auf alle Weise einige errette" (1Kor 9,22). Paulus verstand die Kultur und nützte kulturelle Einsichten, ohne die absolute Wahrheit Gottes zu verwässern. Dasselbe sollen auch wir tun!

Hier spricht Grenz eine Warnung aus, der wir nur von ganzem Herzen beipflichten können. Wir dürfen niemals auf die so genannte „Stimme des Geistes in der Kultur" hören, wo sie dem Wort Gottes widerspricht. Kulturelle Einsichten müssen anhand der biblischen Wahrheit geprüft werden, nicht umgekehrt. Zwar mögen uns die Einsichten aus der Kultur herausfordern, die traditionelle Interpretation der Schrift neu zu bewerten, sie dürfen aber nicht den Ausschlag geben. Sonst laufen wir Gefahr, Urteile zu treffen, die dem offenbarten Willen Gottes in seinem Wort widersprechen.

Eine pragmatische Perspektive

Kein Leiter kann eine *Funktion* ohne dazu gehörige *Form* ausfüllen. Zum Beispiel können wir nicht „lehren" und „predigen" (Funktionen), ohne Methodik (Form). Im Grunde können wir überhaupt keine gottgewollte Funktion erfüllen, ohne äußere Formen dafür zu entwickeln (siehe Abbildung 1).

Genau an diesem Punkt schweigt die Schrift meist, und zwar mit göttlicher Absicht. Hätte der Heilige Geist konkrete Formen benannt, um bestimmte Funktionen zu erfüllen, so wären wir starken Beschränkungen unterworfen, wollten wir biblisches Christsein in anderen Kulturen und zu anderen Zeiten der Weltgeschichte verwirklichen.

Das führt uns zum Kern dieser Untersuchung. Wollen wir als Leiter von Ortsgemeinden die bestmöglichen Formen entwickeln, um den biblischen Funktionen zu entsprechen, müssen wir zuerst klar verstehen, worin diese Funktionen bestehen und wie sie über alle zeitlichen und kulturellen Grenzen hinweg gelten. Wir müssen einen klaren Blick für die kulturübergreifenden Prinzipien entwickeln, die aus dieser Art von Bibelstudium hervorgehen. Können wir die Prinzipien klar ausdrücken und haben wir sie verstanden, so können wir die gegenwärtigen Formen bewerten und in unseren eigenen Ortsgemeinden neue Muster entwerfen, die mit Gottes Plan in Einklang stehen, wie er sich im ersten Jahrhundert entfaltet hat, egal an welchem Ort auf der Welt und in welcher Art von Gemeinschaft wir uns befinden, egal wie groß unsere Gemeinde ist und welcher sonstigen sozioökonomischen Dynamik sie unterliegt. Sind diese Prinzipien tatsächlich kulturübergreifend, so werden sie gleichermaßen in ländlichen oder städtischen, urtümlichen oder modernen Gemeinschaften funktionieren. Sie gelten genauso inmitten der Großstadt wie in einem kleinen Indianerdorf im brasilianischen Urwald.

Funktionieren sie nicht in diesen unterschiedlichen Situationen, so sind sie entweder nicht wirklich kulturübergreifend oder wir haben sie nicht richtig angewandt. Vielleicht unterliegen wir so stark dem Einfluss unserer eigenen Kultur, dass wir uns gedanklich nicht von ihren Rahmenbedingungen lösen können. Genau aus diesem Grund ist es so wichtig, eine umfassende Perspektive des Dienstes zu gewinnen - biblisch, historisch und kulturell.

Funktionen entdecken und Formen erneuern

Diese Studie beinhaltet die biblische Geschichte und auch unsere eigene Geschichte in der FBCN. Obwohl ich berichte, wohin uns dieser Prozess bis jetzt geführt hat, sind wir noch immer dabei, über die Folgerungen für unsere Gemeinde zu diskutieren, und das obwohl unsere Erkenntnisse aus unserer eigenen Glaubensgemeinschaft erwachsen sind. Für uns ist zielführender Dienst ein fortdauernder Lernprozess. Gemeinsam wollen wir weiter die biblische Geschichte studieren, über unsere Beobachtungen nachdenken und die kulturübergreifenden Prinzipien weiter verfeinern, die wir bei unseren Untersuchungen entdeckt haben. Auf der pragmatischen Seite wollen wir weiterhin „Formen" entwickeln und verfeinern, die mit den biblischen Prinzipien in Einklang stehen. Wir müssen nicht nur weiter an unseren Schlussfolgerungen über die biblischen Prinzipien arbeiten und neue Erkenntnisse über Bibel, Geschichte und Kultur entdecken, sondern wir müssen uns auch bewusst werden, dass unsere Formen *niemals* Selbstzweck sind, sondern ein Mittel, um jene Ziele zu erreichen, die von Gott selbst vorgegeben wurden.

2. Das Fundament

Einmal während unseres gemeinsamen Studiums erkannte einer meiner Mitältesten: „Gene, wir dürfen nicht vergessen, die Begriffe genau zu definieren." Wie recht er doch hatte!

Begriffe sind wichtig. Ein Leitartikel in der Zeitschrift *Christianity Today* (CT) bestätigt das, besonders in unserer postmodernen Welt wenn Menschen aus unterschiedlichen kirchlichen und kulturellen Hintergründen miteinander kommunizieren wollen. Ich zitiere aus CT: „Während wir eine Zunahme kultureller und ethnischer Kontextualisierungen [Anm. d. Red.: Anpassung an die soziale und kulturelle Situation, „einheimisch machen"] beobachten, wird die Definition unserer Begriffe und Kernprinzipien zu einer unverzichtbaren Aufgabe."[5]

Um Sie möglichst rasch mit unserem fundamentalen Bezugsrahmen vertraut zu machen, fassen wir in diesem Kapitel einige *Grundannahmen* und *Definitionen* zusammen, die wir unseren *biblischen, historischen* und *kulturellen* Beobachtungen zugrunde gelegt haben. Weil viele Christen ganz unterschiedlicher Meinungen sind über Aufgaben und Formen der Gemeindeleitung, aber auch darüber, wie die Bibel zu studieren und auszulegen ist, sind Fragen und sogar Ablehnung nicht auszuschließen. Wir laden Sie ganz einfach ein, sorgfältig abzuwägen, ob unsere Beobachtungen und Schlussfolgerungen gültig und angemessen sind.

Grundannahmen

Über die Schrift

Wir glauben, dass die gesamte Bibel, das Alte und Neue Testament, Gottes Wort ist und dass sie, wie der Apostel Paulus schreibt, „nützlich [ist] zur Lehre, zur Überführung, zur Zurechtweisung, zur Unterweisung in der Gerechtigkeit, damit der Mensch Gottes vollkommen sei, zu jedem guten Werk völlig zugerüstet" (2Tim 3,16-17).

Bei diesem Studium beschäftigten wir uns insbesondere mit dem Neuen Testament, um uns von dem *belehren* und *unterweisen* zu lassen, was Gott zur Leitung von Ortsgemeinden sagt und uns *überführen* und *zurechtweisen* zu lassen, wenn unsere Schlussfolgerungen falsch waren und die Anwendungen nicht dem Wort Gottes entsprachen. Wir sehen darin eine gottgeschenkte Lernerfahrung, die uns befähigt, *„völlig zugerüstet"* unsere Aufgabe als Leiter besser wahrzunehmen.

So wie wir glauben, dass der Heilige Geist die biblischen Autoren bei der Niederschrift von Gottes Wort inspiriert hat, glauben wir auch daran, dass der Heilige Geist unseren Verstand erleuchten kann, um die Schrift richtig zu verstehen. Beständig bitten wir den Geist Gottes, uns Methoden zu zeigen, um das aus der Schrift Gelernte richtig und kreativ anzuwenden.

Über die Vorgangsweise

Wir glauben, dass sich der Heilige Geist der Gruppendynamik bedient, damit die Gläubigen zu gesunden biblischen Einsichten und Schlussfolgerungen gelangen. Das ist das Wesen des „Leibes Christi". Wir sind eine Gemeinschaft, die in einer ganz bestimmten Kultur lebt. Indem jedes Glied des Leibes und „jedes Gelenk des Dienstes" seine Aufgabe erfüllt, wachsen wir in unserer Beziehung zu Gott und zueinander (Eph 4,16). Die Gruppe ist notwendig, damit keiner von uns durch seine subjektive menschliche Neigung falsche Schlüsse aus der Schrift oder anderen Quellen zieht. Leider bewahrt uns das Alter nicht davor, unklar zu denken. Der Lernprozess ist nie zu Ende, egal wie viele Jahre wir im Dienst verbracht haben.

Über die Wahrheit

Wie bereits festgestellt, sehen wir die Bibel als letztgültige Quelle der Wahrheit Gottes. Dennoch ist auch „alle Wahrheit Gottes Wahrheit." Zahlreiche Forscher und Fachleute haben durch die soziologischen Erkenntnisse und persönliche Erfahrungen eine Menge an Wissen über effektive Leiterschaft gesammelt, Einsichten gewonnen und Fähigkeiten erworben.

Während der Studien zu diesem Buch hatte ich das einzigartige

Vorrecht, ein Interview mit Ken Blanchard zu führen, dem Autor des Buches *The One Minute Manager*, das zwei Jahre lang auf der Bestsellerliste der New York Times stand. Interessanterweise schrieb Ken dieses Buch, bevor er Christ wurde, und trotzdem ist es voll von praktischer Weisheit darüber, wie man ein guter Manager ist. Noch dazu stimmt ein großer Teil dieser Weisheit mit der Schrift überein und erläutert sie praktisch.

Es gibt somit ganze Bibliotheken von Büchern, auch weltliche, die Wahrheit „enthalten". *Unser Auftrag ist es, die Wahrheit herauszufinden.* Dabei sollten wir die in der Schrift offenbarte Wahrheit Gottes als Kriterium verwenden, um außerbiblische Wahrheit als solche zu erkennen. Wenn wir Wahrheit entdeckt haben, egal ob in oder außerhalb der Bibel, müssen wir sorgfältig über sie nachdenken und gemäß unserer Erkenntnis handeln (Phil 4,8).

Definitionen von Kernbegriffen

Hier sind einige Begriffsbestimmungen, die wir in unseren Untersuchungen verwendet haben. Diese Wörter finden sich bereits in der Einleitung.

Geschichte: Berichte über jene Ereignisse in den Gemeinden und ihrem kulturellen Umfeld, die nicht mehr in der Bibel enthalten sind und somit als Kirchengeschichte gelten.

Bei dem Studium haben wir besonders betrachtet, was wir aus der Kirchengeschichte des zweiten Jahrhunderts über Aufgaben und Formen der Gemeindeleitung lernen können. Ein Beispiel dafür ist Ignatius, der Ende des ersten oder am Beginn des zweiten Jahrhunderts schrieb und ein dreistufiges Modell der Gemeindeleitung befürwortete.

Kultur: Wie Personen an einem konkreten Ort und in einer bestimmten Gemeinschaft denken, empfinden und handeln, einschließlich der Formen und Strukturen, die sie entwickelt haben, um ihre Bedürfnisse zu stillen und ihre Werte zu erhalten.

Glücklicherweise hatten viele unserer Ältesten in den letzten Jahren die Gelegenheit, kulturübergreifend zu dienen, in Russland, der Ukraine, Afrika, Pakistan, Rumänien, Burma und Mexiko. Diese Erfahrungen sind von unschätzbarem Wert, wenn wir aus dem Neuen Testament zeitlose und kulturübergreifende Prinzipien ableiten und anwenden wollen.

Aufgaben oder *Funktionen:* Aktivitäten von Gläubigen, um bestimmten geistlichen Bedürfnissen zu begegnen und konkrete Ziele zu erreichen, indem man biblische Gebote und Anweisungen anwendet.

Als es Paulus und Barnabas nicht gelang den Streit über die Beschneidung in Antiochien zu schlichten, gingen sie nach Jerusalem um sich mit den „*Aposteln und Ältesten*“ (Apg 15,2, Begriffe, die sich auf die Bibel beziehen sind vom Autor kursiv gesetzt) zu treffen. Sie berichteten in der Gruppe, diskutierten miteinander, forschten im Alten Testament und schrieben schließlich einen Brief an jene Gemeinden, wo diese Frage umstritten war (Apg 15,1-29).

Anweisungen: Lehren, Ermahnungen und Gebote, die in der Schrift enthalten sind, um Leiterschaft in einer Ortsgemeinde konkret auszuüben.

Ein Beispiel für eine Anweisung steht im ersten Petrusbrief und ist an die Gläubigen gerichtet, die über „Pontus, Galatien, Kappadozien, Asien und Bithynien“ verstreut lebten (1Petr 1,1). Petrus fordert die Ältesten dieser Gemeinden auf: „Hütet die Herde Gottes ... bereitwillig ... indem ihr Vorbilder der Herde werdet“ (5,2-3).

Formen: Strukturen, Methoden, Mittel und Techniken, um biblische Funktionen und Anweisungen auszuführen.

Kulturübergreifende Prinzipien: Lehrhafte Richtlinien, die aus den biblischen Funktionen und Anweisungen resultieren und in jeder Kultur der Welt sowie zu jedem Zeitpunkt der Geschichte angewandt werden können.

Zusammenhang zwischen Funktionen und Formen

Das Resultat unseres Bibelstudiums war eine wichtige Erkenntnis, die unser Denken bestimmte, während wir unsere biblischen Beobachtungen und Schlussfolgerungen evaluierten:

Es ist möglich, Funktionen und Anweisungen zu beschreiben, ohne Formen darzustellen, aber es ist unmöglich, Anweisungen auszuführen und Funktionen gerecht zu werden, ohne Formen zu schaffen.

Zum Beispiel sollten die christlichen Leiter im ersten Jahrhundert predigen und lehren (1Tim 5,17). Das Neue Testament beschreibt aber oft Anweisungen und Funktionen, ohne darauf einzugehen, welche „Formen" beim „Predigen" und „Lehren" angewandt werden sollen. Trotzdem ist es völlig undenkbar, diese Anweisungen ganz ohne Formen und Methoden zu befolgen.

Gelingt es uns, zwischen „Funktionen" und „Formen" zu unterscheiden, so können wir auch feststellen, was sich niemals ändern darf und was geändert werden muss, um den Missionsbefehl unseres Herrn Jesus Christus auszuführen.

3. Kulturübergreifende Prinzipien erkennen

In unserer Gemeinde trafen sich geistliche Leiter, um gemeinsam zu untersuchen, was die Bibel über unseren Umgang mit Besitz lehrt. Nach sechs Monaten des intensiven Studiums hatten wir 126 allgemeine Prinzipien gefunden, die Christen in einem ländlichen Dorf in Nigeria ebenso betrafen wie jene in einer wohlhabenden Stadt wie Dallas in Texas.

Bei diesem zweiten Gruppenstudium über Leiterschaft in Ortsgemeinden haben wir die selben Richtlinien verwendet, um kulturübergreifende Prinzipien zu erkennen.

Richtlinien

Um kulturübergreifende Prinzipien zu erkennen, haben wir vier Richtlinien verwendet.

Richtlinie 1: *Um biblische Prinzipien zu formulieren, müssen wir die gesamte Schrift auf ein bestimmtes Thema hin untersuchen*

Unser Ältestenteam hat das Thema Gemeindeleitung eingehend in der gesamten Schrift analysiert. Dabei achteten wir besonders auf die *Funktionen* (Aktivitäten) und *Anweisungen* (Ermahnungen, Aufforderungen usw.). *Funktionen* sind am häufigsten in der Apostelgeschichte zu finden und zwar deshalb, weil Lukas die Taten (also Aktivitäten) von Gemeindeleitern zur Zeit der Entstehung der Gemeinde in Jerusalem und während ihrer Ausbreitung in der römischen Welt aufzeichnete. Paulus und Barnabas gründeten während ihrer ersten Missionsreise Gemeinden in Lystra, Ikonium und Antiochien und wählten „in jeder Gemeinde Älteste" (Apg 14,23). Das ist ein Beispiel für eine „Funktion" oder „Aktivität", die Paulus und Barnabas während ihres Reisedienstes ausübten.

Anweisungen oder „Ermahnungen" erscheinen am häufigsten in den Briefen, die entweder an Ortsgemeinden oder an Männer wie

Timotheus und Titus, wichtige Mitarbeiter bei Gemeindegründungen, gerichtet waren. Zum Beispiel gibt Paulus Titus, den er auf Kreta zurückgelassen hatte um „in jeder Stadt Älteste" zu ernennen, ganz konkrete Instruktionen, nach welchen Eigenschaften er bei den zu erwählenden Ältesten Ausschau halten sollte (Tit 1,5-9). An erster Stelle heißt es: „Der Aufseher muss untadelig sein" (1,7). Das ist eine „Anweisung."

In gewissem Sinne sind *Funktionen* und *Anweisungen* wie „zwei Seiten einer Münze." Der Lukasbericht in der Apostelgeschichte beschreibt hauptsächlich die *Funktionen* von Gemeindeleitern, wie Gott sie verwendete, um Ortsgemeinden ins Leben zu rufen. Die Briefe enthalten *Anweisungen* an diese Ortsgemeinden und ihre Leiter, damit sie erfahren, wie sie ihre Aufgaben erfüllen sollen. Darum finden wir Funktionen zumeist in den erzählenden, und Anweisungen vordergründig in den didaktischen Bibelbüchern.

Richtlinie 2: *Beim Schriftstudium ist es wichtig, der sich entfaltenden Offenbarung Gottes zu folgen*

Um zutreffende kulturübergreifende Prinzipien über jeden Aspekt der Gemeinde und ihrer Funktion zu finden, müssen wir das Wort Gottes in der Reihenfolge seiner Offenbarung studieren. Für das Thema Leiterschaft in Ortsgemeinden wählten unsere Ältesten die Apostelgeschichte. Daneben studierten wir jene Briefe, wie sie gemäß den Ereignissen der Apostelgeschichte entstanden sind (siehe Abbildung 2). Damit das Studium wirkungsvoller ist, schlagen wir vor, die Bibelstellen von Abbildung 2 zu kopieren und selbst sorgfältig zu studieren.

Richtlinie 3: *Wir müssen darauf achten, die Schrift richtig auszulegen*

Indem wir die biblische Offenbarung chronologisch studieren, müssen wir den jeweiligen Text immer im Gesamtzusammenhang der Schrift betrachten. Es gibt dazu ausgezeichnete Hilfen: Interlinear-Übersetzungen, griechische und deutsche Konkordanzen, verschiedene Bibelübersetzungen, Wortstudien, Kommentare, Zeitschriften und historische Studien.

Abbildung 2

Zeitreihe der Bibeltexte über Gemeindeleitung

DATUM	APG und BRIEFE	EREIGNISSE
45 n. Chr.	Apg 11,30	**Die Ältesten in Judäa**
45-47 n. Chr.	Jak 5,13-16	**Das Gebet der Ältesten und der Heilungsdienst**
47 n. Chr.	Apg 14,21-23	**Paulus und Barnabas ernennen Älteste**
48-49 n. Chr.	Gal 6,6	**Materielle Unterstützung für geistliche Leiter**
49 n. Chr.	Apg 15,1-32	**Apostel und Älteste in Jerusalem**
49-50 n. Chr.	Apg 16,4	**Übergabe des Briefes der Apostel und Ältesten**
51 n. Chr.	1Thes 5,12-13	**Aufseher achten und ehren**
58 n. Chr.	Apg 20,17-38	**Die Anweisungen von Paulus an die Ältesten und Aufseher in Ephesus**
58 n. Chr.	Apg 21,17-26	**Paulus trifft sich mit Jakobus und den Ältesten in Jerusalem**
61 n. Chr.	Phil 1,1	**Paulus grüßt die Aufseher und Diakone in Philippi**
63 n. Chr.	1Tim 3,1-13	**Eignungsvoraussetzungen für Älteste und Diakone**
63 n. Chr.	1Tim 4,13-14	**Paulus, die Ältesten und die Gabe von Timotheus (2. Timotheus 1,6)**
63 n. Chr.	1Tim 5,17-18	**Materielle Unterstützung einiger Ältester**
63 n. Chr.	1Tim 5,19-20	**Älteste schützen und in Zucht nehmen**
63 n. Chr.	1Petr 5,1-4	**Die Anweisungen von Petrus an die Ältesten und Aufseher**
65 n. Chr.	Tit 1,5-16	**Eignungsvoraussetzungen für Älteste und Aufseher**
64-68 n. Chr.	Hebr 13,7.17.24	**Die Anweisung, geistliche Leiter nachzuahmen**

Unser Forscherteam traf sich wöchentlich und nach jedem Treffen notierte ich unsere gesammelten Erkenntnisse. Diese Notizen verwendeten wir dann in den folgenden Besprechungen.

Wenn man biblische Ereignisse und Unterweisungen aus ihrem Zusammenhang reißt, kann dies leicht zu falschen Schlussfolgerungen über die Aufgaben von Gemeindeleitern führen. Es gibt Gruppen, die sich selbst als „neutestamentliche Gemeinden" bezeichnen, aber ein autoritäres und verborgenes System entwickelt haben, das ihre Mitglieder in Wahrheit manipuliert und missbraucht, und das alles im Namen des Christentums. Das ist sehr traurig und widerspricht dem, was Jesus die Apostel im Obergemach lehrte, als er ihnen die Füße wusch: Der Größte soll der Diener sein (Joh 13,12-17; vgl. Lk 22,24).

Richtlinie 4: *Wir müssen unsere konkreten Entdeckungen in allgemeine Beobachtungen zusammenfassen*

Nachdem wir alle Hinweise auf Gemeindeleitung in der Reihenfolge ihrer Abfassung untersucht hatten, begannen wir mit der Verallgemeinerung unserer Beobachtungen. Zuerst untersuchten wir die „Bäume", dann betrachteten wir den „Wald." Um Beobachtungen über den biblischen Bericht zu machen, müssen wir die Einzelheiten in Beziehung zum Ganzen setzen.

Folgende Fragen halfen uns bei der Verallgemeinerung unserer Beobachtungen:

- Was haben wir aus jedem einzelnen Bibeltext gelernt?
- Welche Personen werden erwähnt?
- Warum werden sie erwähnt?
- Welche Funktionen und Anweisungen werden erwähnt?
- Welche Funktionen und Anweisungen werden wiederholt?
- Wie werden die Leiter bezeichnet?
- Wie werden sie eingesetzt?
- Worin bestanden ihre Qualifikationen?
- Wann fand jedes einzelne Ereignis statt?
- Welche kulturellen Rahmenbedingungen spielen eine Rolle?

- Worin bestanden die konkreten Bedürfnisse der betreffenden Gemeinde?

So konnten wir jene Prinzipien herausschälen, die auch wirklich kulturübergreifend waren, weil sie in jeder Kultur auf der ganzen Welt zu jedem Zeitpunkt der Geschichte anwendbar sind. Wenn es nicht gelingt zu einem bestimmten Prinzip eine zur jeweiligen Kultur passende Form zu finden, dann haben wir das Prinzip höchstwahrscheinlich nicht treffend formuliert. Es wird notwendig sein, nochmals von vorne zu beginnen. Je sorgfältiger und umfassender wir die Schrift studieren und dabei die Linsen von Geschichte und Kultur einsetzen, desto eher wird es uns gelingen, richtige Beobachtungen und Schlussfolgerungen zu treffen und daraus exaktere Prinzipien zu bestimmen.

Gesunde Lehre

In diesem Buch verwenden wir den Begriff „kulturübergreifendes Prinzip", um eine biblische Wahrheit zu beschreiben, die verbindlich und übertragbar ist. Sind die „Prinzipien", die wir aus dem biblischen Bericht abgeleitet haben, tatsächlich eine zutreffende Wiedergabe der biblischen Lehre, dann gehören sie zu dem, was das Neue Testament „gesunde Lehre" nennt (siehe 1Tim 1,10; 2Tim 1,13; 4,3; Tit 1,9).

Biblischer Wahrheit und biblischer Lehre *(didache)* können wir voll und ganz vertrauen. Sie sind verlässlich. Folglich sind kulturübergreifende Prinzipien, die sich auf unsere Aufgabe als Gemeindeleiter beziehen, ganz sicher ein Teil des „zuverlässigen Wortes" (Tit 1,9). Dennoch müssen wir anerkennen, dass diese Prinzipien nicht denselben Status haben, wie andere biblische Lehren.

Falls wir beispielsweise nicht verstehen und glauben, dass wir „aus Gnade" errettet sind „durch Glauben ... nicht aus Werken", dann verpassen wir womöglich das ewige Leben (Eph 2,8-9). Diese Lehre ist fundamental und notwendig, um ein Kind Gottes zu werden (Joh 1,10-13). Versäumen wir es hingegen, die biblischen Prinzipien zum Thema Gemeindeleitung zu verstehen und anzuwenden, dann werden die Mitglieder unserer Gemeinde manches nicht erreichen, was Gott für sie vorhatte, sie würden nicht „zur vollen Mannesreife, zum Vollmaß des Wuchses der Fülle Christi“ gelangen (Eph 4,13). Wir würden die größten Segnungen Gottes in unserem Dienst nicht erfahren. Das mag durchaus unseren ewigen Lohn schmälern, den Gott uns für treue Leitungsarbeit gibt, unsere ewige Errettung steht aber *nicht* auf dem Spiel (siehe 1Kor 3,10-16).

Trotz dieses Unterschiedes wäre es falsch zu meinen, die Prinzipien über Gemeindeleitung zu verstehen und anzuwenden sei unwichtig. Dieses Thema dürfen wir nicht nach dem Maß unserer eigenen Bequemlichkeit studieren. Es ist ein Prozess mit Priorität!

Teil Zwei: Biblische Betrachtungen

Die folgenden Kapitel beschäftigen sich mit dem „biblischen Bericht“ über die Gemeindeleitung. Wir beginnen mit einem grundlegenden Kapitel darüber, was das Neue Testament mit „Gemeinde“ *(ekklesia)* meint.

Danach werden wir überlegen, was wir von den „Ältesten“ in der Gemeinde von Jerusalem lernen können. Wir begleiten Paulus auf seinen Missionsreisen, indem wir der Ausbreitung der Gemeinde chronologisch folgen. Dabei werfen wir immer wieder einen Blick in seine Briefe, die er als Gemeindegründer verfasst hat. Auch andere neutestamentliche Briefe werden wir betrachten, soweit sie das Thema der Leiterschaft in der Ortsgemeinde ansprechen.

4. Die *Ekklesia* Gottes (33 n. Chr.)

ZURÜCK ZUR QUELLE

Bevor Sie weiter lesen, studieren Sie bitte Anhang A, wo alle Texte aus der Apostelgeschichte und den Briefen aufgelistet sind, wo der griechische Grundbegriff für „Gemeinde" aufscheint.

Dieses Bibelstudium über Leiterschaft muss mit der Geschichte der Gemeinde beginnen, die am Pfingsttag entstand. Das Wort *ekklesia* kommt im Neuen Testament über hundert Mal vor. Im Grunde ist es praktisch unmöglich, Gottes Willen für uns als Gläubige zu erkennen, ohne dieses wunderbare „Geheimnis des Christus" zu verstehen, das „seinen heiligen Aposteln und Propheten durch den Geist geoffenbart worden ist" (Eph 3,4-5).

Abgesehen von den Evangelien besteht der Großteil des Neuen Testaments aus der Geschichte der „Ortsgemeinden" und Gottes Anweisungen an sie. Jesus Christus ist gekommen, um die Grundlage zu legen und seine *ekklesia* zu bauen (Mt 16,18). Als er zu Petrus sagte: „Ich werde meine *Gemeinde* bauen", hatte er sicher mehr im Sinn als nur eine „Ortsgemeinde" in Cäsarea Philippi, wo dieses Gespräch stattfand (Mt 16,13-20). Er meinte jene große Gesellschaft der Erlösten, seine Braut, die beim Hochzeitsmahl des Lammes schließlich mit ihm vereint sein wird (Offb 19,6-8).

Andererseits dachte Jesus auch an die Vielzahl von *lokalen Gemeinden,* die in Judäa und Samaria und im ganzen römischen Reich entstehen würden und letztlich in der ganzen uns heute bekannten Welt. Dieser Bericht beginnt mit der Apostelgeschichte und erstreckt sich über einen großen Teil des ersten Jahrhunderts (von ca. 33 n. Chr. bis 63 n. Chr.). In diesem Zeitraum wurden auch die meisten neutestamentlichen Briefe geschrieben, und zwar entweder an eben diese Ortsgemeinden oder an Männer wie Timotheus und Titus, die daran arbeiteten, diese Gemeinden zu festigen.

Die Universalgemeinde

Bevor wir uns wieder dem neutestamentlichen Schwerpunkt der *lokalen Gemeinde* zuwenden, wollen wir über die *Universalgemeinde* nachdenken, die zu bauen Jesus gekommen ist. Der Apostel Paulus verwendet das Wort *ekklesia* oft in dieser breiteren Bedeutung. Das trifft besonders auf den Epheserbrief zu (siehe Anhang A). Der ganze Brief handelt von Gläubigen, die seit Pfingsten bis zur persönlichen Begegnung der Gemeinde mit dem Erlöser Teil des Leibes Christi werden (siehe Eph 1,22-23; 3,10-11.20-21; 5,23-25.27.29.32).

Paulus verwendet das Wort *ekklesia* aber auch in allgemeiner Form für alle Gläubigen des ersten Jahrhunderts, die über die ganze römische Welt verstreut lebten. In seinen Briefen an die Galater und Korinther bekennt er beispielsweise, als Ungläubiger „die Gemeinde Gottes verfolgt" zu haben (Gal 1,13; siehe auch 1Kor 15,9; Phil 3,6). Paulus dachte offenbar an die Gläubigen in Jerusalem, wo er seinen Angriff auf die Gemeinde begann, aber auch an die Nachfolger Christi in ganz Judäa und bis hin nach Damaskus in Syrien. In seinem späteren Zeugnis vor König Agrippa berichtet er, er sei „sogar bis in die ausländischen Städte" gegangen, um jene zu verfolgen, die Jesus Christus als den wahren Messias angenommen hatten (Apg 26,11).

Die lokale Gemeinde

Obwohl das Neue Testament das Wort *ekklesia* eindeutig in seiner universellen Bedeutung verwendet, bezieht es sich in den meisten Fällen (genau genommen 82) auf Gläubige, die in einem bestimmten geographischen Gebiet leben. Somit geht es in etwa 80 Prozent der Fälle, wo das Wort „Gemeinde" oder „Gemeinden" steht, im Grunde um „Ortsgemeinden" (35mal *Gruppen von Ortsgemeinden,* 48mal *konkrete lokale Gemeinden*).

Wir dürfen diese „Ortsgemeinden" aber nicht durch die Linse unserer Strukturen aus dem 21.Jahrhundert betrachten. Meistens spricht das Neue Testament alle bekennenden Gläubigen in einer bestimmten *Stadt* oder *Gemeinschaft* an. Lukas spricht von der „Gemeinde in *Jerusalem*" (Apg 8,1) und der „Gemeinde in *Antiochien*" (13,1). In seinem Bericht über die erste Missionsreise erwähnt Lukas „jede Gemeinde" in „*Lystra* und *Ikonium* und *Antiochien* [in Pisidien]" (14,21-23).

Bei der Definition des Wortes „Gemeinde" konzentrieren wir uns oft auf die wörtliche Bedeutung von *ekklesia* („Versammlung" oder „Zusammenkunft"). Diese Definition ist aber zu eng, wenn wir an die verschiedenen Tätigkeiten von Gläubigen in der neutestamentlichen Welt denken. Die Schreiber der Bibel verwenden dieses Wort für Christen, egal ob sie gerade zu Anbetung und Gottesdienst versammelt oder über die ganze Gegend verstreut sind – zu Hause, bei der Arbeit, beim Einkaufen, bei Verwandtenbesuchen oder bei der Erholung im örtlichen Bad. Überdies war jede gläubige Familie in einer gegebenen Gemeinschaft idealerweise eine „Gemeinde im Kleinformat", wobei der Vater ihr geistlicher Leiter war (1Tim 3,4-5).

Menschen in Gemeinschaft

Um die biblische Bedeutung der Ortsgemeinde zu verstehen, müssen wir die Menschen und ihre Beziehungen zueinander im Blickwinkel behalten und nicht die Strukturen, Versammlungsorte und Gebäude. Um *die Gemeinde als Gottes Volk in Gemeinschaft zu beschreiben* verwenden die neutestamentlichen Autoren hauptsächlich drei Begriffe „Jünger", „Brüder" und „Heilige".

Jünger

Das Wort „Jünger" bedeutet eigentlich „Schüler" und „Nachfolger" und war in der Welt des ersten Jahrhunderts weit verbreitet. Das Johannesevangelium spricht von den „Jüngern" Johannes des Täufers (1,35) und von den „Jüngern" Moses (9,28). Auch die Nachfolger Christi werden als seine „Jünger" bezeichnet, obwohl viele von ihnen sich später von Jesus abwandten (6,66).

In der Apostelgeschichte, wo sich dieser Begriff dreißig Mal findet, verstehen die „Jünger" wesentlich besser, dass Jesus Christus der verheißene Messias und der Retter der Welt ist. Sie sind mehr als „Lernende" und „Nachfolger", sie sind gläubige Menschen, die vom Heiligen Geist in den Leib Jesus Christi getauft sind. Sie sind alle wiedergeborene Christen, wenn auch unterschiedlich in ihrer geistlichen Reife.

Wo Lukas diese Gläubigen als „Jünger" bezeichnet, tut er dies *ausschließlich* im Rahmen von Ortsgemeinden und nicht der Universalgemeinde. Lukas verwendet die Begriffe „Jünger" und „Gemeinden" austauschbar. Als Paulus zu seiner zweiten Missionsreise aufbricht, lesen wir: „Er durchzog aber *Syrien* und *Zilizien* und *befestigte die Gemeinden*" (Apg 15,41). Als er sich auf den Weg zu seiner dritten Reise machte, „durchzog er der Reihe nach die *galatische Landschaft* und *Phrygien und befestigte alle Jünger*" (18,23).

Brüder

Das Wort „Brüder" ist in der Bibel der meistverwendete Begriff für Personen, die einer Ortsgemeinde angehören. Jakobus beispielsweise gebraucht dieses Wort 18 Mal in seinem Brief. Insgesamt kommt es in der Apostelgeschichte und in den Briefen über 200 Mal vor.

Dabei sollten wir beachten, dass das griechische Wort *adelphoi,* mit „Brüder" übersetzt, oft allgemein für Geschwister in Christus verwendet wird. Das ist in vielen Sprachen so. Das spanische Wort *hermanos* beispielsweise kann ausschließlich Männer (Brüder) meinen oder sowohl Männer als auch Frauen (Geschwister). Eigentlich könnte das griechische Wort *adelphoi* genauso gut mit „Geschwister" übersetzt werden. Durch die Wiedergabe mit „Brüder" denken wir oft ausschließlich an Männer. Das ist an manchen Stellen gerechtfertigt, oft aber sind sowohl männliche als auch weibliche Nachfolger Christi gemeint, Mitglieder der Familie Gottes. Wie wir noch sehen werden, wurde das Wort „Brüder" manchmal auch in engerer Bedeutung für die Leiter der Ortsgemeinde verwendet (siehe Apg 12,17; 16,2; 21,17).

Klarerweise steht *adelphoi* oft dort, wo es um innige familiäre Beziehungen innerhalb von *Ortsgemeinden* geht und nicht von der

Universalgemeinde. Das ist natürlich nahe liegend, denn die weitaus meisten neutestamentlichen Christen hatten keine direkten Beziehungen zu Menschen in anderen geographischen Gebieten.

Heilige

Auch *hagios* („heilig") steht im Neuen Testament oft für wiedergeborene Christen in einer Ortsgemeinde. Das Wort kommt fast fünfzig Mal vor, fast immer im Zusammenhang mit Ortsgemeinden.

Paulus spricht beispielsweise die korinthischen Gläubigen als *Heilige* an (2Kor 1,1), obwohl die meisten von ihnen ein ganz und gar unfrommes Leben führten (1Kor 3,1-3). Aber durch ihren Glauben an Jesus Christus und durch ihre echte Heilserfahrung betrachtete Gott sie durch den Tod und die Auferstehung Christi als vollkommen *hagios,* heilig.

Genau so sieht Gott uns alle in unserer Ortsgemeinde, die wir wirklich gerettet sind. Sonst könnte niemand das ewige Leben erben. Aus diesem Grund ist die Lehre von der Errettung aus Gnade durch den Glauben und nicht durch Werke so immens wichtig. Nicht aus uns selbst heraus, nicht durch eigene Kraft können wir vollkommen leben, und niemand ist von sich aus berechtigt, in Gottes ewiges Reich zu kommen.

Obwohl wir aber Gottes Maßstab an Heiligkeit in diesem Leben nicht erreichen können, weder als Einzelne noch als Gemeinde, ist es doch der Wille dessen, der heilig ist, dass auch wir im ganzen Wandel heilig sind (1Petr 1,15-16). Als aktive Mitglieder von Ortsgemeinden sollen wir unser Denken erneuern, nicht länger „gleichförmig dieser Welt" sein, sondern „verwandelt" werden (Röm 12,2). Anders ausgedrückt, als Jünger Christi und als Brüder und Schwestern in Christus sollen wir mehr und mehr Christus gleich gestaltet werden und in unseren Beziehungen zueinander die Frucht des heiligen *(hagios)* Geistes erkennen lassen (Gal 5,16-26).[6]

Heute noch derselbe Plan

Das vorliegende Buch ist hauptsächlich ein Bibelstudium über die *Leiterschaft in Ortsgemeinden.* Indem wir Gottes Plan für das erste Jahrhundert erkennen, entdecken wir auch seinen Plan für uns heute. Dieser Plan begann, als Jesus Christus zwölf Männer auswählte und zurüstete, die zuerst „Jünger“ und später „Apostel“ genannt wurden (Mt 10,2; Mk 6,30; Lk 6,13). Kurz vor seiner Rückkehr in den Himmel trug er elf von ihnen auf: „Macht alle Nationen zu Jüngern“, indem ihr diese tauft und unterweist, damit sie allem gehorchen, was Jesus gelehrt hat (Mt 28,19-20).

Wenn wir uns nun der Apostelgeschichte zuwenden, erfahren wir von Lukas, was nach Jesu Rückkehr in den Himmel geschah, nachdem er den Heiligen Geist gesandt hatte. Es entstand eine lokale Gemeinde in Jerusalem, die schließlich Gemeinden in der ganzen römischen Welt hervorbringen sollte. So wie in Jerusalem sollten all diese lokalen Gemeinschaften von Gläubigen von einer Gruppe gottgerechter Leiter geführt werden.

5. Die Ältesten von Jerusalem (45 n. Chr.)

ZURÜCK ZUR QUELLE

Vor dem Weiterlesen, nehmen Sie sich Zeit, lesen Sie die ersten elf Kapitel der Apostelgeschichte und überlegen Sie folgende Frage: Was können wir über die Auswahl und Ernennung von Leitern lernen?

Vielleicht wird es Sie überraschen, dass Lukas erst zwölf Jahre nach Pfingsten die Leiter von Ortsgemeinden (Älteste) zum ersten Mal erwähnt. Das bedeutet freilich nicht, Lukas hätte dieses Thema nicht wichtig genommen.

Im syrischen Antiochien entstand eine Gemeinde. Aus einem nicht genannten Grund kamen Gläubige aus Jerusalem, die über die Gabe der Prophetie verfügten, in diese Stadt. Einer von ihnen war Agabus, er „stand auf und zeigte durch den Geist eine große Hungersnot an, die über den ganzen Erdkreis kommen sollte" (Apg 11,28a). Diese Vorhersage traf ein, und die Gläubigen von Antiochien „beschlossen aber, dass, je nachdem wie einer der Jünger begütert war, jeder von ihnen zur Hilfeleistung den Brüdern, die in Judäa wohnten, etwas senden sollte; das taten sie auch, indem sie es durch die Hand des Barnabas und Saulus an die Ältesten sandten" (v29-30).

Die Gesamtsituation

Der Tod von Stephanus gab Anlass zu einer intensiven Verfolgung der Gläubigen in Jerusalem. Lukas schreibt: „*Alle* wurden in die Landschaften von Judäa und Samaria zerstreut, ausgenommen die Apostel" (Apg 8,1). Es sieht so aus, als meinte er „alle" Gläubigen in Jerusalem, aber ein sorgfältiger Blick auf den Zusammenhang zeigt, dass er möglicherweise konkret von den anderen sechs Männern (außer Stephanus) sprach, die zum Dienst an den griechischen Witwen eingesetzt worden waren (6,1-7).

Die aufrüttelnde und scharfe Botschaft von Stephanus vor dem Hohen Rat weckte großen Zorn und führte zu seinem Märtyrertod, den Saulus guthieß (7,1-8,1). Dieses tragische Ereignis zog eine schwere Verfolgung der Gemeinde nach sich. Mitten in diesem Aufruhr hat Lukas Gutes zu berichten. Philippus ging nach Samarien, um Christus zu verkündigen. Dort begegnete er dem äthiopischen Eunuchen, führte ihn zum Glauben und setzte danach seine Reise durch Judäa fort, bis er in seine Heimatstadt Cäsarea kam (8,40; 21,8).

Was geschah mit den fünf anderen hingegebenen und geisterfüllten Männern, die zum Dienst an den Tischen in Jerusalem ausgewählt worden waren? Anscheinend wurden sie ebenso wie Philippus „in die Landschaften von Judäa und Samaria zerstreut" (8,1). Lukas greift das Thema später wieder auf und berichtet: „Die nun zerstreut waren durch die Drangsal, die wegen Stephanus entstanden war, zogen hindurch bis nach Phönizien und Zypern und Kyrene" (11,19). Erst predigten sie das Evangelium nur den Juden, aber einige dieser Männer, die in Zypern und Kyrene aufgewachsen waren, sonderten sich ab, kamen bis Antiochien und predigten „auch zu den Griechen" (11,20-21). So entstand in dieser heidnisch dominierten Stadt eine Gemeinde.

Erinnern wir uns an einen dieser sieben Männer, Nikolaus. Er war ursprünglich ein Nichtjude, „ein Proselyt *aus Antiochien*" (6,5). Wahrscheinlich überredete er einige dieser Männer – vielleicht Prochorus, Nikanor, Timon oder Parmenas – mit ihm in seine Heimatstadt zu ziehen und das Evangelium seinen Landsleuten zu predigen.

Die Gemeinde in Antiochien

Wer auch immer diese Männer waren, es entstand eine strategisch wichtige Gemeinde in dieser riesigen heidnischen Stadt, die damals schon eine halbe Million Einwohner hatte. Irgendwann tauchten dann Agabus und seine Prophetenkollegen aus Jerusalem auf und sagten eine Hungersnot voraus, die in den Gemeinden in Judäa eine schwere Not hervorrufen würde. Wie bereits erwähnt, beschlossen die Gläubigen in Antiochien, ihren Glaubensbrüdern in Judäa zu helfen. Sie hoben ein Sonderopfer ein und sandten es „durch die Hand des Barnabas und Saulus an die *Ältesten*" (Apg 11,30).

Beachten wir, das ist die erste Erwähnung von Leitern der Ortsgemeinde in der Apostelgeschichte. Sie werden *Älteste* genannt, und weil Agabus und seine Prophetenkollegen aus Jerusalem kamen, handelt es sich anscheinend um die „Ältesten" der Jerusalemer Gemeinde.

Einige wichtige Fragen

Zwei Schlüsselfragen

Dieser kurze, aber aufschlussreiche Hinweis auf „Älteste" wirft zwei sehr wichtige Fragen auf:

1. *Inzwischen sind seit Pfingsten etwa zwölf Jahre vergangen, wann wurden diese Ältesten in Jerusalem eingesetzt?* Auf diese Frage gibt es keine schlüssige Antwort. Wir können nur spekulieren, dass dies nach der Ernennung der sieben Männer zur Fürsorge für die griechischen Witwen geschehen war. In der Anfangszeit der Gemeinde von Jerusalem waren nämlich einige bei der täglichen Nahrungsverteilung vernachlässigt worden (Apg 6,1-2). Zu jenem Zeitpunkt beaufsichtigten offenbar noch die Apostel direkt diesen Dienst. Hätte es damals bereits Älteste gegeben, wären diese sicherlich bei der Lösung des Problems einbezogen worden.

2. Wer wählte die Ältesten von Jerusalem aus und setzte sie ein? Wiederum können wir nur eine Antwort versuchen. Aus dem Zusammenhang können wir einige Hinweise ableiten, und zwar aus der Wahl des Matthias und der sieben griechischen Juden.

Die Wahl des Matthias

Kurz vor dem Entstehen der Gemeinde finden wir eine Situation, wo die Apostel einen geistlichen Leiter als Ersatz für Judas wählten und einsetzten. Petrus legte die Qualifikationen dar. Es musste ein

Mann sein, der angefangen von der Taufe Jesu durch Johannes bis zu seiner Himmelfahrt mit den Aposteln gezogen war. Er musste also unbedingt ein Augenzeuge des Todes und der Auferstehung Jesu sein (Apg 1,21-22).

Joseph Barsabas und Matthias erfüllten diese Bedingungen, wir erfahren aber nicht, wie die Apostel die Wahl auf diese zwei Männer eingrenzten. Um den Willen Gottes herauszufinden, wer von den beiden den Aposteln zugerechnet werden sollte, beteten sie konkret und ließen dann „Lose" entscheiden. Wahrscheinlich schrieben sie die Namen der beiden auf Steine, die dann in einen Krug gelegt wurden. Wessen Stein zuerst aus dem Krug fiel, der sollte Judas nachfolgen. So wurde Matthias ausgewählt und schloss sich den anderen Aposteln an.

Diese Vorgangsweise enthielt sowohl menschliche als auch göttliche Elemente. Einerseits stellten anscheinend die Apostel selbst zwei Kandidaten auf, die den zuvor festgelegten Voraussetzungen für einen Apostel entsprachen - Augenzeugen des Wirkens Christi, seines Todes und seiner Auferstehung. Andererseits baten sie Gott konkret um Führung bei der Entscheidung zwischen diesen beiden.

Zwar sind manche Elemente dieser Vorgangsweise bis heute wichtig, beispielsweise das Festlegen bestimmter geistlicher Qualifikationen und die Bitte um Gottes Führung, die konkrete „Methode" ist aber sicher nicht als Vorbild für die Auswahl und Ernennung geistlicher Leiter gedacht. Soweit wir wissen, wurde sie nie wieder verwendet.[7]

Die sieben griechischen Juden

Die Wahl der sieben Männer, um die griechisch-jüdischen Witwen zu versorgen, ist ein weiteres Beispiel für die Auswahl von Leitern. Der Hauptfaktor liegt dabei auf dem menschlichen Konsens. Sie ersuchten die griechischen Juden, die bei ihnen Beschwerde geführt hatten, „sieben Männer" aufzustellen, die ebenfalls griechisch-jüdische Gläubige waren und bestimmte Anforderungen erfüllten. Sie sollten „von gutem Zeugnis, voll Geist und Weisheit" sein (Apg 6,3). Die Vertreter der Griechen waren mit dem Vorschlag einverstanden, wählten Kandidaten aus und „stellten sie vor die

Apostel; und als sie gebetet hatten, legten sie ihnen die Hände auf" (6,6). Damit wurde die Wahl der Griechen bestätigt. Dann beteten sie für diese Männer, die eine ziemlich schwierige Aufgabe vor sich hatten.

Möglicherweise gingen die Apostel ähnlich vor, um in der Gemeinde in Jerusalem „Älteste" zu bestimmen, nur, dass sie diesmal qualifizierte jüdische Gläubige ernannten, also „hebräische Juden", die in Jerusalem und Umgebung wohnten.

Eine dritte wichtige Frage
Damit stellt sich eine dritte wichtige Frage über diese ersten Ältesten: *Welche Anforderungen stellten die Apostel an diese Männer?*

Erst dreißig Jahre später hielt Paulus die Eignungsvoraussetzungen für Älteste/Aufseher schriftlich fest. Folglich können wir nicht sicher sein, welches Reifeprofil damals verwendet wurde. Wir dürfen aber nicht vergessen, was die Apostel erst kurz zuvor, vor dem Tod und der Auferstehung Christi, über geistliche Reife gelernt hatten. Das half ihnen bestimmt, Kriterien zu formulieren, um Männer zu Verwaltern und Hirten einer Ortsgemeinde auszuwählen.

Die letzten Tage mit Christus

Jesus hatte die letzten Jahre damit verbracht, diese zwölf Männer für die Geburt der Gemeinde zuzurüsten. Trotzdem waren sie noch Tage vor der Kreuzigung schrecklich unreif. Selbst während Jesus beim Passahmahl den Kelch herumreichte und den Verrat durch Judas ankündigte, „entstand aber auch ein Streit unter ihnen, wer von ihnen für den Größten zu halten sei" (Lk 22,24).

Bei diesem letzten Zusammensein lehrte Jesus sie die größte Lektion in Charakterbildung. Er nahm die Stelle eines Dieners ein und wusch ihnen die Füße. Obwohl sie es noch nicht verstanden, wies Jesus sie damit auf das ganze Ausmaß seiner Liebe hin (Joh 13,1), auf seinen Kreuzestod (Phil 2,5-8). Zu diesem Zeitpunkt hatten sie noch keine Ahnung, dass sie ihn alle in seiner Todesstunde verlassen würden. Selbst Petrus, der sich bereit erklärte, sein eigenes Leben für Jesus hinzugeben, leugnete kurz darauf, ihn überhaupt zu kennen.

Die Ankunft des Heiligen Geistes

Alles änderte sich, als zu Pfingsten der Heilige Geist auf diese Männer herabkam. Dieses dramatische Ereignis bewirkte ihre endgültige Umwandlung. Fort waren ihr stolzer Ehrgeiz und ihr Verlangen nach Macht und Prestige! Und Jakobus, der zusammen mit seinem Bruder und seiner Mutter Intrigen geschmiedet hatte, wie er im Reich Gottes an Jesu rechter Seite sitzen konnte, bewies das ganze Ausmaß seiner Liebe, indem er sein eigenes Blut als Märtyrer vergoss. Sein Bruder Johannes, den Jesus ursprünglich als einen der „Donnersöhne" bezeichnet hatte, wurde als der „Apostel der Liebe" bekannt und schrieb Jahre später nieder, was Jesus damals gemeint hatte, als er ihnen gebot, einander so zu lieben, wie er sie geliebt hatte. Ohne Zweifel war er tief bewegt, als er an den Tod seines Bruders durch Herodes dachte (Apg 12,1-2) und diese Worte niederschrieb: „Hieran haben wir die Liebe erkannt, dass er für uns sein Leben hingegeben hat; auch wir sind schuldig, für die Brüder das Leben hinzugeben" (1Jo 3,16).

Das größte Gebot

Obwohl die Apostel auch nach der Geburt der Gemeinde noch an Reife zunahmen, waren sie bereits durch die Ankunft des Heiligen Geistes zu neuen Menschen geworden. Sie dienten nun Gott und einander. Getrieben durch das größte Gebot (Mt 22,37-39, Gott und einander zu lieben) begannen sie den Missionsbefehl auszuführen (28,18-20). So hatten sie die wichtigste Lektion in Charakterbildung gelernt. Obwohl der Apostel Paulus die konkreten Ausprägungen dieser grundlegenden Eignungsvoraussetzungen erst viel später in den Pastoralbriefen niederschrieb, bildeten die Liebe zu Gott und zueinander schon damals das Fundament dessen, was es bedeutete, dem Vorbild Christi als Diener zu folgen.

Deshalb können wir mit Gewissheit annehmen, dass das größte Gebot die Grundlage für die Ernennung von Leitern in den ersten Tagen der Gemeinde war. Obwohl wir nicht wissen, wie die Ältesten/Aufseher in der Gemeinde in Jerusalem ausgewählt wurden, können wir gewiss sein, dass die Apostel sehr direkt daran beteiligt waren und dass sie nach Männern Ausschau hielten, die ihre eigene

Hingabe an dieses „neue Gebot“ teilten. Vielleicht hat der Heilige Geist auf übernatürliche Weise offenbart, wer die neuen Leiter sein sollten, wahrscheinlicher aber suchten die Apostel einfach nach Männern, die bereits gottesfürchtige Juden gewesen waren und die, einmal gläubig geworden, rasch die Frucht des Heiligen Geistes erkennen ließen. Unter den tausenden, die das Evangelium annahmen, waren wahrscheinlich viele wie Barnabas, Stephanus und Philippus, die sehr bald qualifiziert waren, der Gemeinde als dienende Leiter vorzustehen.

Eine dynamische Geschichte

Indem wir dem biblischen Bericht über die Leitung der Gemeinde weiter folgen, werden wir noch mehr Einsichten darüber gewinnen, wie die Leitung der Gemeinde im Neuen Testament funktionierte. Dadurch werden wir klare Erkenntnisse erlangen, wie die Leiter im 21.Jahrhundert überall auf der ganzen Welt ihren Dienst verrichten sollen, im Entstehungsort der Gemeinde dem Nahen Osten ebenso wie in Europa, Amerika, Afrika und Südamerika. Am Ende werden zwar nicht alle unsere Fragen beantwortet sein, vor allem was die methodischen Details betrifft, aber wir werden Prinzipien kennen, die uns in jeder Kultur Anleitung sein können. Es wird sich sogar herausstellen, dass hinter den Auslassungen göttliche Absicht steckt. Begleiten Sie uns daher weiter, während sich die dynamische biblische Geschichte weiter entfaltet.

6. Gebet für die Kranken (45-47 n. Chr.)

ZURÜCK ZUR QUELLE

Bevor Sie mit diesem Kapitel fortfahren, lesen Sie bitte den Jakobusbrief. Überlegen Sie dabei folgende Frage: Was könnte die körperliche, psychische und geistliche Schwachheit dieser Gläubigen verursacht haben?

Jakobus, der Halbbruder von Jesus, war der Hauptleiter der Ältesten in Jerusalem.[8] Darauf werden wir bei unseren weiteren Untersuchungen noch zurückkommen. Wir erfahren nicht, wann er in diese Position eingesetzt wurde, wir wissen aber, dass der „andere" Jakobus, der Apostel und Bruder von Johannes, von König Herodes getötet wurde. Das geschah ungefähr zur selben Zeit, als die Gemeinde von Antiochien ihr Geldgeschenk an Jerusalem sandte (Apg 12,1). Auch Petrus wurde in Gewahrsam genommen und hatte dasselbe Schicksal vor Augen, wurde aber auf wunderbare Weise aus dem Gefängnis befreit.

Jakobus diente nicht nur als Hauptleiter der Gemeinde von Jerusalem, sondern schrieb auch einen wichtigen Brief „den zwölf Stämmen, die in der Zerstreuung sind" (Jak 1,1b). Damit meint er zweifellos jene gottesfürchtigen Juden, die aus der ganzen neutestamentlichen Welt nach Jerusalem geströmt waren, um das Pfingstfest zu feiern (Apg 2,5-11). Viele von ihnen sind wahrscheinlich zu jenen ersten dreitausend Menschen zu zählen, die wegen der Predigt des Petrus den Herrn Jesus als Messias und Retter angenommen hatten (2,41). Als sie nach Hause zurückkehrten, gaben sie die messianische Botschaft hauptsächlich ihren jüdischen Nachbarn und Freunden weiter.

Vom Heiligen Geist inspiriert, wendet sich Jakobus in seinem Brief an diese Gläubigen. Nach dem Inhalt zu schließen, scheint Jakobus den Brief ungefähr in der Zeit der großen Hungersnot geschrieben zu haben (45-47 n. Chr.). Diese Vermutung verleiht seinem Anliegen in den folgenden Worten besonderes Gewicht:

Was nützt es, meine Brüder, wenn jemand sagt, er habe Glauben, hat aber keine Werke? Kann etwa der Glaube ihn erretten? Wenn aber ein Bruder oder eine Schwester dürftig gekleidet ist und der täglichen Nahrung entbehrt, aber jemand unter euch spricht zu ihnen: Geht hin in Frieden, wärmt euch und sättigt euch! ihr gebt ihnen aber nicht das für den Leib Notwendige, was nützt es? So ist auch der Glaube, wenn er keine Werke hat, in sich selbst tot. (Jak 2,14-17)

Obwohl Jakobus sehr um die leiblichen Bedürfnisse besorgt war, äußert er am Schluss seines Briefes ein anderes wichtiges Anliegen, das uns die nächste konkrete Erwähnung von Gemeindeleitern liefert. Wieder werden sie als „Älteste“ bezeichnet.

Eine wichtige Aufgabe

Jakobus weist uns auf die erste herausragende Pflicht eines Ältesten hin, die wir in der Schrift finden - das Gebet für die Kranken:

Leidet jemand unter euch? Er bete. Ist jemand guten Mutes? Er singe Psalmen. Ist jemand krank unter euch? Er rufe die Ältesten der Gemeinde zu sich, und sie mögen über ihm beten und ihn mit Öl salben im Namen des Herrn. Und das Gebet des Glaubens wird den Kranken retten, und der Herr wird ihn aufrichten, und wenn er Sünden begangen hat, wird ihm vergeben werden. Bekennt nun einander die Vergehungen und betet für einander, damit ihr geheilt werdet; viel vermag eines Gerechten Gebet in seiner Wirkung. (Jak 5,13-16)

Als Jakobus diesen Brief an die Gläubigen schrieb, die über die ganze nichtjüdische Welt verstreut lebten, gab es dort judenchristliche Gemeinden, die von „Ältesten“ geleitet wurden. Wir erfahren allerdings nicht, wie oder wann diese Leiter eingesetzt wurden.

Weitere bedeutende Fragen

Die Anweisung von Jakobus an die Gläubigen, die „Ältesten der Gemeinde" zu rufen, wirft einige sehr konkrete Fragen auf, die ich in Anhang B ausführlicher zu beantworten versuche. Hier möchte ich nur kurz auf die wichtigsten Aspekte eingehen:

1. Von welcher Art Krankheit spricht Jakobus? Jakobus schränkt die Bitte um Gebet auf keine bestimmte Art von Krankheiten ein. Ob die Wurzel der Krankheit im körperlichen, psychischen oder geistlichen Bereich liegt, die Gläubigen sollen sich frei fühlen, die Gemeindeältesten um Gebet zu bitten.

2. Welcher Zusammenhang besteht zwischen den hier gemeinten Krankheiten und dem, was diese Judenchristen während den Verfolgungen erlebten? Aus dem Zusammenhang wird deutlich, dass Jakobus hier dieselben Themen anspricht wie im Rest des Briefes: „mancherlei Versuchungen" (Jak 1,2.12) und das „Leiden", das oft damit einhergeht (5,10). In dieser Hinsicht fanden sich die Adressaten den körperlichen, psychischen und geistlichen Folgen von Stress ausgesetzt: Müdigkeit, Entmutigung und Zweifel.

3. Welcher Zusammenhang besteht zwischen diesen Krankheiten und sündhaften Einstellungen und Handlungen? Auch dieses Thema klingt im gesamten Brief wiederholt an: der falsche Gebrauch der Zunge (1,26; 3,1-12), die Bevorzugung der Reichen und Ablehnung der Armen (2,1-12), Streitereien und Verleumdungen (4,1-2.11). Aus diesem Grund weist Jakobus seine Leser an, einander ihre Sünden zu bekennen und füreinander zu beten, „damit ihr geheilt werdet" (5,16).

4. Garantiert Jakobus die Heilung jeder Krankheit, wenn nur die Ältesten im Glauben für die Menschen beten? An keiner Stelle verheißt die Schrift, dass wir immer von jeder Krankheit geheilt werden. Sonst könnten wir den Alterungsprozess aufhalten. Nicht einmal der Apostel Paulus wurde von seinem „Dorn für das Fleisch" geheilt. Wir wissen zwar nicht genau, was dieser „Dorn" war, jedenfalls muss es eine unangenehme Krankheit gewesen sein. Paulus flehte zwar Gott an, diesen „Dorn" wegzunehmen, aber Gott nahm das Leiden nicht weg. Stattdessen gab ihm Gott die Gnade, den Schmerz emotional und körperlich zu ertragen (2Kor 12,8-10).

5. *Wie verhält sich der Heilungsdienst der Gemeindeältesten zum Heilungsdienst Jesu und der Apostel, einschließlich des Paulus?* Eine eingehende Betrachtung dieser Frage finden Sie in Anhang B. Eines wird in diesem Brief deutlich: Jakobus geht es um das Wohlbefinden aller Gläubigen. Das Gebet um Heilung hat nicht zum Ziel, die Berufung und Stellung der Ältesten zu bestätigen, auch nicht das Evangelium zu bekräftigen, sondern jedem Glied am Leib Christi zu dienen, das Gebet um Krankenheilung braucht.

6. *Was hat es mit der „Salbung mit Öl" auf sich? Gibt es einen Zusammenhang mit dem Gebet?* Wir glauben, dass Öl in neutestamentlichen Zeiten tatsächlich als Heilmittel verwendet wurde. Wir halten diese Praxis aber auch heute für ein geeignetes Symbol unserer Fürsorge und der heilenden Berührung durch Gott.

Ein abschließendes Wort

Selbst bei oberflächlicher Lektüre des Jakobusbriefes zeigt sich, dass Christen bei körperlichen, emotionalen und geistlichen Problemen die Freiheit haben sollen, die geistlichen Leiter ihrer Gemeinde um Gebet zu bitten. Selbstverständlich sollen die Leiter auf diese Möglichkeit hinweisen und bereit sein, derartigen Bitten nachzukommen. Nicht zufällig taucht diese Anweisung so früh im biblischen Bericht über die Gemeindeleitung auf. Das Gebet für die Kranken ist eine vorrangige Aufgabe.

7. Die erste Missionsreise (47 n. Chr.)

ZURÜCK ZUR QUELLE

Bevor Sie weiter lesen, studieren Sie bitte den Bericht über die erste Missionsreise in Apostelgeschichte 13,1-14,28. Achten Sie besonders auf die Einsetzung der Ältesten. Diese Gemeinden waren wahrscheinlich nicht älter als ein oder zwei Jahre, wo fanden Paulus und Barnabas Männer, die reif genug waren, um als geistliche Leiter zu dienen?

Die nächste Erwähnung von „Ältesten" durch Lukas gibt uns erstmals die Gelegenheit, die Einsetzung von Ältesten zu beobachten. Das geschah auf der ersten Missionsreise in heidnischem Gebiet. Nachdem Paulus und Barnabas in vier wichtigen Städten Südgalatiens Gemeinden gegründet hatten, „kehrten sie nach Lystra und Ikonium und Antiochien [in Pisidien] zurück" (Apg 14,21), um diese neuen Christen in ihrem Glauben zu stärken. Lukas hält fest: *„Als sie ihnen aber in jeder Gemeinde Älteste gewählt hatten,* beteten sie mit Fasten und befahlen sie dem Herrn, an den sie gläubig geworden waren" (14,23).

Wiederum bleiben manche Fragen unbeantwortet. Bevor wir uns aber diesen Fragen und möglichen Antworten zuwenden, untersuchen wir wiederum das Umfeld.

Die Gesamtsituation

Hier gewährt uns Lukas Einblick in eine bemerkenswerte Szene der Apostelgeschichte. Nachdem Paulus und Barnabas die Spenden der Gemeinde in Jerusalem übergeben hatten, kehrten sie nach Antiochien zurück. Dort beteten und fasteten sie mit drei anderen Männern, die „Propheten und Lehrer" waren (Apg 13,1). Es handelte sich eindeutig nicht um eine Strategieberatung, als diese fünf Männer darüber nachdachten und diskutierten, wie die nichtjüdische

Welt zu erreichen wäre. An diesem Punkt in der Geschichte erhielten sie plötzlich und unerwartet eine sehr direkte Botschaft von Gott: „Der Heilige Geist *sprach:* Sondert mir nun Barnabas und Saulus zu dem Werk aus, zu dem ich sie berufen habe!" (13,2).

Weil anscheinend alle fünf Männer „Propheten und Lehrer" waren, erhielten sie diese Offenbarung möglicherweise gleichzeitig. Das wäre dann eine unantastbare Bestätigung, dass die Botschaft tatsächlich von Gott kam.

Es war ein wahrhaft großer Augenblick der biblischen Geschichte. Dieser göttliche Auftrag setzte eine Missionsbewegung unter den Völkern in Gang, die Gott sich vorgenommen hatte, seit er direkt zu Abraham in Ur gesprochen und ihm verheißen hatte, durch ihn „alle Geschlechter der Erde" zu segnen. Diese Jahrtausende alte prophetische Verheißung an Abraham sollte jetzt ihre Erfüllung finden, da diese fünf Männer eine ganz konkrete Botschaft vom Herrn empfingen. Barnabas und Saulus wurden beauftragt, die errettende Botschaft vom Heil durch Jesus Christus allen Menschen, Juden wie Heiden, zu bringen. Jahrhunderte zuvor hatte Gott zu einem einzelnen heidnischen Götzendiener gesprochen und ihm verheißen, ihn zu einem Kanal zu machen, durch den die ganze Welt dem Retter vorgestellt werden würde. Jetzt sprach der Herr zu fünf hingegebenen und geistlich begabten Männern in der Gemeinde von Antiochien, die einen Anteil an der Verwirklichung dieser Verheißung haben sollten.

Anscheinend gab es damals noch immer keine Ältesten in Antiochien. Stattdessen gaben diese fünf „Propheten und Lehrer" der Gemeinde ihre allgemeine Richtung vor. Als Reaktion auf diese konkrete Botschaft vom Heiligen Geist übernahmen Simon, Lucius und Manahen das Kommando. Sie legten Barnabas und Paulus die Hände auf und „entließen sie". Mit Barnabas als Führer wählten diese beiden Männer Johannes Markus zu ihrem Helfer und zogen, geleitet durch den Heiligen Geist, „hinab nach Seleucia, und von dort segelten sie nach Zypern" (Apg 13,4).

Ein Führungswechsel: Die erste Missionsreise des Paulus

Als dieses Missionsteam die Insel Zypern erreichte, kam es zu einem bemerkenswerten Wechsel der Führung. Nachdem Paulus einem falschen Propheten begegnet und ihn mit zeitweiliger Blindheit geschlagen hatte, anerkannte Barnabas, beim Aufbruch aus Antiochien noch der unbestrittene Führer, die besondere apostolische Berufung von Paulus und unterstellte sich freiwillig dessen Kommando. Mit wenigen Ausnahmen kehrt Lukas von hier an die Reihenfolge ihrer Namen um. Über die Weiterreise schreibt Lukas: „Als aber Paulus und seine Begleiter von Paphos abgefahren waren ..." (13,13).

Antiochien in Pisidien

Sie kamen in jene fruchtbare Küstenebene, wo zahlreiche Berichte über Banditen grassierten, welche das Taurosgebirge unsicher machten. Johannes Markus bekam kalte Füße und kehrte nach Jerusalem zurück, während Paulus und Barnabas dem mühseligen Pfad ins Gebirge folgten. Nach über hundertfünfzig Kilometern erreichten sie eine Stadt, die ebenfalls Antiochien hieß, aber in der Provinz Pisidien lag (siehe Landkarte 1). Diese über sechzig Hektar große Stadt dominierte die gesamte Region. Dort fanden Paulus und Barnabas eine starke jüdische Gemeinde und „anbetende Proselyten" (Apg 13,43).

Am Sabbat gingen die beiden in die Synagoge. Als Paulus gebeten wurde zu reden, erklärte er aus dem Alten Testament das Evangelium. In der Folge nahmen etliche Juden und Nichtjuden ihre Botschaft an. Eines Sabbats war das geistliche Interesse so groß, dass sich „fast die ganze Stadt [versammelte] – um das Wort Gottes zu hören" (13,44). Trotz der Verfolgung durch die nichtgläubigen Juden kamen viele zum Glauben an Christus (13,48).

Landkarte 1: Die erste Missionsreise

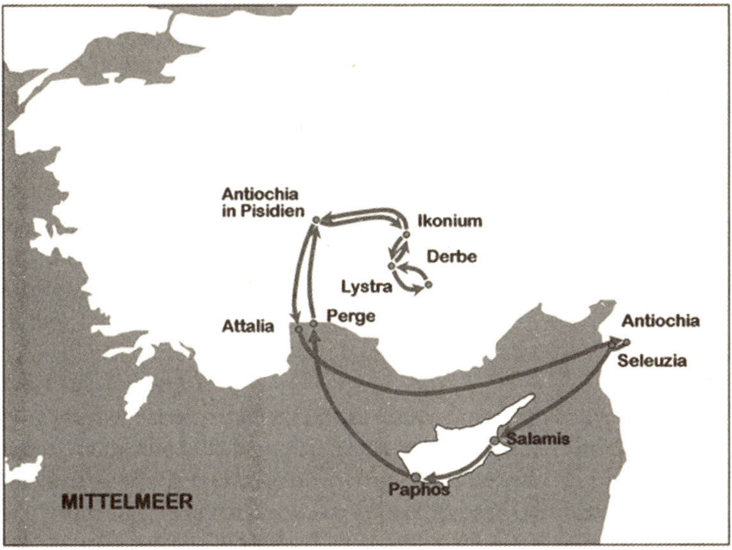

Ikonium

Dieselbe Dynamik entwickelte sich in Ikonium. Paulus und Barnabas betraten die jüdische Synagoge und „redeten [so], dass eine große Menge, sowohl von Juden als auch von Griechen, glaubte" (14,1). Wieder wurden sie verfolgt. Diesmal wurden sie sowohl von nicht-gläubigen Juden als auch Heiden bekämpft und mussten weiter nach Lykaonien fliehen.

Lystra

Anfangs wurden unsere tapferen Missionare in Lystra gut aufgenommen, nur leider aus den falschen Beweggründen. Der Heilige Geist befähigte Paulus, auf wundersame Weise einen Lahmgeborenen zu heilen. Erstaunt und erfreut glaubten die Menschen, Paulus und Barnabas seien griechische Götter, die auf die Erde gekommen waren, und wollten ihnen opfern. Ihre Beliebtheit fand aber ein jähes Ende, als erzürnte Juden aus Antiochien und Ikonium die Menge gegen sie aufbrachte. Wahrscheinlich genau deshalb, weil Paulus die Heilung vollbracht hatte, steinigten ihn dieselben Menschen, die ihm gerade noch Opfer darbringen wollten, und schleiften ihn aus der Stadt.

In der Meinung, Paulus sei tot, ließen sie ihn liegen, aber Gott schenkte ihm auf wundersame Weise neuerlich das Leben, worauf er mit Barnabas nach Osten zog, nach Derbe. Auch dort „machten sie viele zu Jüngern" (14,21).

Die Ernennung von Ältesten

Nach der Gründung einer Gemeinde in Derbe kehrten Paulus und Barnabas um und „kehrten nach Lystra und Ikonium und Antiochien zurück", die drei Städte, die von den Historikern das Pisidische Dreieck genannt werden. Lukas lässt keinen Zweifel an ihren Absichten: „Sie *befestigten* die Seelen der Jünger und *ermahnten* sie, im Glauben zu verharren" (14,22). Bevor sie aber weiter zogen, ernannten sie *„in jeder Gemeinde Älteste"* (14,23).[9]

Das war wiederum ein geschichtsträchtiger Augenblick, ebenso wie damals in Antiochien in Syrien, wo der Heilige Geist Paulus und Barnabas auf die Reise geschickt hatte. Sie übergaben diese Personen Leitungspositionen in ihren Ortsgemeinden und „befahlen sie dem Herrn" mit Fasten und Beten. Dabei warnten sie die Gläubigen, dass sie auf ihrer geistlichen Reise weiter mit Verfolgung und Schwierigkeiten rechnen mussten.

Paulus und Barnabas machten sich dann auf den weiten Weg zurück zur Küste und kehrten schließlich an ihren Ausgangspunkt in Syrien zurück. Sie waren ungefähr drei Jahre unterwegs gewesen. Bei ihrer Ankunft riefen sie die Gemeinde zusammen und berichteten, was der Herr getan hatte, und zwar besonders unter den Nichtjuden. Das war natürlich ein sehr ermutigender Bericht, schließlich stammten auch die meisten Christen in Antiochien aus nichtjüdischem Hintergrund.

Weitere bedeutende Fragen

Wenn wir über die Ernennung von Ältesten in diesen Gemeinden nachdenken, begegnen uns einige schwierige Fragen:

1. *Wie konnten Paulus und Barnabas nach so kurzer Zeit qualifizierte Leiter finden, vielleicht ein Jahr nach der Gründung der Gemeinden?* Weil es in diesen Städten viele fromme Juden und gottesfürchtige Nichtjuden gab, wuchsen jene, die das Evangelium annahmen, sehr rasch im Glauben. Und als Paulus und Barnabas in diese Gemeinden zurückkehrten, können wir sicher sein, dass sie nach diesen Männern Ausschau hielten.

2. *Setzten Paulus und Barnabas ihre prophetischen Gaben ein, um diese Entscheidung zu treffen?* Aufgrund der wenigen Informationen, die uns Lukas über ihren Dienst in diesen drei Städten gibt, können wir diese Frage nicht mit Gewissheit beantworten. Wenn der Heilige Geist direkt durch fünf „Propheten und Lehrer" in Antiochien sprach, um Paulus und Barnabas zu beauftragen, ist es durchaus denkbar, dass er auch durch diese Männer sprach, um unter den Bekehrten jene auszuwählen, die als geistliche Führer geeignet waren. Genauso gut kann es sein, dass Paulus und Barnabas ihr Urteil auf der Grundlage des Rufs trafen, den diese Männer in ihrer jeweiligen Heimatgemeinde erworben hatten.

3. *Hatten die Jünger in den Gemeinden ein Mitspracherecht bei der Bestimmung ihrer Leiter?* Wie wir in einem späteren Kapitel sehen werden, wählte Paulus bei seiner Rückkehr nach Lystra auf der zweiten Missionsreise Timotheus zu seinem Begleiter. Der entscheidende Faktor bei dieser Wahl war, dass dieser junge Mann „ein *gutes Zeugnis* von den *Brüdern* in Lystra und Ikonium hatte" (Apg 16,2). Vermutlich war das auch ein wichtiger Faktor bei der Auswahl und Ernennung der ersten Ältesten in diesen Städten. Wie wir im weiteren biblischen Bericht sehen werden, wird ein „guter Ruf" unter den Gläubigen bei der Aus-

wahl geistlicher Leiter mit dem Fortschritt der Geschichte immer wichtiger.

8. Der Konflikt um Gesetz und Gnade (49 n. Chr.)

ZURÜCK ZUR QUELLE

Bevor Sie fortfahren, lesen Sie bitte Apostelgeschichte 15,1-35. Achten Sie dabei sowohl auf die menschlichen als auch die göttlichen Vorgänge, während die „Apostel und Ältesten" in Jerusalem die Kontroverse um Gesetz oder Gnade lösten.

Als Paulus und Barnabas von ihrer ersten Missionsreise zurückkehrten, entdeckten sie in ihrer Heimatgemeinde ein schwieriges theologisches Problem. Aus Judäa waren Männer nach Antiochien gekommen, die behaupteten, dass es ohne Beschneidung keine Rettung gäbe. Können Sie sich die Verwirrung, Unsicherheit und den Ärger unter den Heidenchristen in der Gemeinde vorstellen? Paulus und Barnabas ließen sich auf hitzige Debatten ein, doch ohne Erfolg. So „ordneten sie an, dass Paulus und Barnabas und einige andere von ihnen zu den *Aposteln* und *Ältesten* nach Jerusalem hinaufgehen sollten wegen dieser Streitfrage" (Apg 15,2).

Dies war keine öffentliche Debatte mit jenen Juden, die Jesus Christus als Messias und Heiland ablehnten. Hier waren sich Gläubige darüber uneins, wie Nichtjuden gerettet werden könnten. So lesen wir von der Zusammenkunft in Jerusalem: „Einige aber von denen aus der Sekte der Pharisäer, die gläubig waren, traten auf und sagten: Man muss sie beschneiden und ihnen gebieten, das Gesetz Moses zu halten" (15,5).

Dies war eine Frage, die nicht durch irgendeine Gruppe von Gemeindeleitern gelöst werden konnte, nicht einmal durch Paulus und Barnabas, die vom Heiligen Geist den direkten und konkreten Auftrag erhalten hatten, den Nichtjuden das Evangelium zu bringen (13,1-3). Soweit uns bekannt ist, ist dies das erste Mal seit dem Ursprung der Gemeinde vor über 15 Jahren, dass die „Apostel und Ältesten" am Geburtsort der Christenheit gemeinsam daran arbeiteten, die wichtigste theologische Frage der gesamten Kirchengeschichte zu beantworten.

Ein dynamischer Prozess

Es ist faszinierend zu beobachten, wie diese Männer mit diesem Problem umgingen, besonders im Hinblick auf die Erkenntnisse, die wir bis jetzt in unserem Bericht über Leiterschaft gewonnen haben. Selbst Paulus und Barnabas als „Propheten und Lehrer" konnten diesen theologischen Streit nicht durch eine direkte und unmittelbare Offenbarung Gottes beenden. Vielmehr kam es zu einer langwierigen Diskussion, nach der Petrus als Vertreter der Apostel eine frühere *Offenbarungserfahrung* mitteilte, die er auf einem Dach in Joppe erhalten hatte. Danach berichtete er, wie der Heide Kornelius allein durch die Gnade Jesu Christi errettet wurde (10,1-11,18; 15,7-11). Paulus und Barnabas bekräftigten die Erfahrung von Petrus indem sie über ihre Erlebnisse auf der ersten Missionsreise berichteten, über die „Zeichen und Wunder Gottes" und über die vielen Heiden, die aus Gnade durch Glauben errettet worden waren (15,12).

Jakobus, der Halbbruder Christi und führende Älteste in Jerusalem, ergriff danach das Wort und bestätigte das Zeugnis von Petrus über die Bekehrung der Heiden durch ein Zitat aus dem Propheten Amos. Selbst da beruft sich Jakobus nicht auf eine direkte Offenbarung, sondern gibt einfach seine Meinung wieder („urteile ich", 15,13-21).

Nach diesem langwierigen Prozess aus Debatte, Berichten, Dialog und Diskussion bestätigte aber anscheinend der Heilige Geist direkt ihre Schlussfolgerungen durch Judas und Silas, „Männer, die Führer unter den Brüdern waren" (v22) und die Lukas als Propheten bezeichnete (v32). Diese Männer waren von den Aposteln und Ältesten sowie der „ganzen Gemeinde" ausgewählt worden, um Paulus und Barnabas bei der Übergabe des Briefes zu unterstützen. Achten Sie besonders auf die kursiv gedruckten Wendungen in ihrem kurzen Brief:

> *Die* Apostel *und die* Ältesten *(als)* Brüder *an die Brüder aus den Nationen zu Antiochien und in Syrien und Zilizien (ihren) Gruß. Weil wir gehört haben, dass einige aus unserer Mitte euch mit Wor-*

ten beunruhigt und eure Seelen verstört haben – denen wir keine Befehle gegeben haben –, schien es uns, nachdem wir einstimmig geworden, gut, Männer auszuwählen und sie zu euch zu senden mit unseren geliebten Brüdern Barnabas und Paulus, Leuten, die ihr Leben hingegeben haben für den Namen unseres Herrn Jesus Christus. Wir haben nun Judas und Silas [„Propheten", v32] gesandt, die auch selbst mündlich dasselbe verkünden werden. Denn es hat dem Heiligen Geist und uns gut geschienen, keine größere Last auf euch zu legen als diese notwendigen Stücke: *euch zu enthalten von Götzenopfern und von Blut und von Ersticktem und von Unzucht. Wenn ihr euch davor bewahrt, so werdet ihr wohl tun. Lebt wohl! (Apg 15,23-29)*

Als dieses Missionsteam Antiochien erreichte, übergab es den Brief der gesamten Gemeinde. Wieder sprach der Heilige Geist direkt und befähigte Judas und Silas zu prophetischen und ermutigenden Botschaften, die den Inhalt des Briefs bestätigten.

Weitere bedeutende Fragen

Die Vorgangsweise und der Beschluss des Apostelkonzils von Jerusalem werfen wiederum einige Fragen über die Leitung der Gemeinde auf. Zum Beispiel:

1. Warum sprach der Heilige Geist nicht direkt durch Paulus und Barnabas, die doch beide „Propheten und Lehrer" waren, um diese falschen Lehrer zum Schweigen zu bringen?

2. Warum empfingen Petrus und Jakobus, die doch göttlich berufene Leiter und geistlich begabte Männer waren, keine direkte Offenbarung vom Heiligen Geist, die sie bei der Besprechung ohne Umschweife den übrigen „Aposteln und Ältesten" weitergeben konnten?

3. Wer war wirklich dabei, als die Abgesandten nach Antiochien gewählt wurden? Wir lesen: „Dann schien es den Aposteln und Ältesten samt der ganzen Gemeinde gut, Männer aus ihrer Mitte zu erwählen und sie mit Paulus und Barnabas nach Antiochien zu senden" (Apg 15,22).

Dabei müssen wir bedenken, dass hier etwas Einzigartiges geschah. Ein langsamer Übergang kam in Gang, indem Gott den christlichen Leitern mehr und mehr die Verantwortung übertrug, auf der Grundlage früherer Offenbarungen und Erfahrungen selbst Entscheidungen zu treffen. Gott griff nicht immer ein und sagte den Christen klar und deutlich, was sie tun oder sagen sollten - nicht einmal in der Anfangszeit der Gemeinde, bevor die Schrift in ihrer heutigen Form niedergeschrieben wurde.

Etwas Weiteres ist offensichtlich. In der Anfangszeit der Gemeinde *sprach der Heilige Geist manchmal direkt* zu Männern und Frauen, bei anderen Gelegenheiten aber betätigte er sich als „stiller" *Ermutiger,* der die Gläubigen befähigte, aufgrund früherer Offenbarungen Entscheidungen zu treffen.

Dialog in der Gemeinschaft

Nachdem wir heute Zugang zu so vielen Informationen über das Wirken Gottes in der Geschichte haben, sollte es uns nicht überraschen, dass Gott uns allen eine enorme Verantwortung übertragen hat. Gerade deshalb halten wir dieses Studium über die Leitung der Ortsgemeinde für so wichtig und strategisch bedeutsam. Gott erwartet von uns, seinen Willen genau zu verstehen, aber er hat nicht versprochen, dass es immer einfach sein würde. Wie die „Apostel und Ältesten" in Jerusalem müssen auch wir uns auf den Dialog „in der Gemeinschaft" einlassen. Wir müssen Gott um Weisheit und die Führung des Heiligen Geistes bitten, damit wir seine wunderbare Offenbarung in der Schrift verstehen und das aus der Bibel Gelernte in unserer eigenen Gemeinde anwenden können.

Aus diesem Grund war das vorliegende Studium für mich persönlich und auch für meine Mitältesten eine große Bereicherung. Eine Gruppe von zwölf Männern kam zusammen, um das Wort Gottes gemeinsam zu studieren und einmütig Gott um Weisheit zu bitten, die biblische Geschichte durch den Heiligen Geist richtig zu verstehen und seinen Willen für uns als Älteste zu begreifen, die wir bereit waren, treue Hirten der Herde Gottes in unserer eigenen Ortsgemeinde zu sein.

9. Charakterliche Eignung (49-50 n. Chr.)

ZURÜCK ZUR QUELLE

Bevor Sie fortfahren, lesen Sie Apostelgeschichte 15,36-16,5. Welche menschlichen Elemente erkennen Sie in diesen beiden Geschichten über die jungen Schützlinge Johannes Markus und Timotheus?

In den nächsten beiden Ereignissen der biblischen Geschichte über Gemeindeleitung bestätigt Lukas den gottgewollten Übergang, indem die Gläubigen mehr Verantwortung für weise Entscheidungen übernahmen. Es geht dabei um die Auswahl zweier junger Nachwuchsleiter, Johannes Markus und Timotheus, als Helfer bei der Gründung lokaler Gemeinden.

Stellen Sie sich vor, wie erleichtert Paulus und Barnabas über den Beschluss der „Apostel und Ältesten" in Jerusalem gewesen sein mussten, der die Kontroverse über Gesetz und Gnade zumindest auf dem Pergament löste. Sie hatten nun ein Schriftstück in der Hand, unterzeichnet und versiegelt von den „Aposteln und Ältesten" in Jerusalem. Insbesondere Paulus muss sich dadurch bestärkt gefühlt haben.

Nun aber begegneten Paulus und Barnabas einer neuen Herausforderung, nämlich den Inhalt dieses wichtigen kurzen Schreibens nicht nur der Gemeinde in Antiochien, sondern allen nichtjüdischen Gläubigen in Syrien und Zilizien bekannt zu machen (Apg 15,23). Lukas berichtet zwar nichts darüber, wie die anderen Gemeinden in diesen Regionen entstanden sind, aber es gab sie und sie mussten diese ermutigende Klarstellung erhalten.

Die weitreichenden Pläne des Paulus

Paulus Überlegungen gingen schon bald über Syrien und Zilizien hinaus. Eines Tages weihte er Barnabas in sein Anliegen ein: „Lass uns nun zurückkehren und die Brüder besuchen in jeder Stadt, in der wir das Wort des Herrn verkündigt haben" (15,36). Dabei dachte Paulus natürlich hauptsächlich an die Gemeinden in der Region Galatien - Derbe, Lystra, Ikonium und Antiochien in Pisidien. Den Galaterbrief hatte er wahrscheinlich schon geschrieben und hingeschickt. Da sich Paulus sehr deutlich über die Verwirrungen bezüglich „Gesetz und Gnade" geäußert hatte, war es ihm sicherlich sehr wichtig zu wissen, ob und inwieweit die Gläubigen diese Botschaft angenommen hatten. Schließlich hielt er mit seiner Verärgerung und seinem Verdruss über jene, die „das Evangelium des Christus umkehren" (Gal 1,6-7), nicht hinter dem Berg. Es ging um genau dieselbe Frage, die durch den Brief der „Apostel und Ältesten" von Jerusalem geklärt worden war. Wie hatten die Gläubigen Galatiens diese liebevolle Strenge aufgenommen? Diese Frage lastete Paulus bestimmt schwer auf dem Herzen, als er den erneuten Besuch vorschlug.

Ein unerwarteter Streit

Barnabas war mit dem Vorschlag einverstanden, wollte aber wieder Johannes Markus mitnehmen. Paulus war sofort dagegen. Dieser junge Mann war auf der ersten Reise „von ihnen gewichen" (15,38), und das wollte Paulus nicht noch einmal erleben.

Der weitere Verlauf des Berichts lässt nicht viel Raum für Fantasie. Diese beiden hingegebenen Missionare gerieten in einen heftigen Streit, wörtlich „eine Erbitterung" (Apg 15,39). Sie lagen sich in den Haaren, und keiner wollte nachgeben! Folglich gingen sie getrennte Wege. Barnabas stand zu Johannes Markus, mit dem er „nach Zypern segelte", Paulus aber nahm Silas auf seine zweite Missionsreise mit.

Bei dem Streit ging es eindeutig darum, ob Johannes Markus noch eine Chance bekommen sollte. Beim ersten Mal hatten sie einen Helfer gebraucht, und dieser junge Mann hatte sich zur Verfügung gestellt. Rückblickend aber hielt Paulus es für einen Fehler, Markus ausgewählt zu haben. Aufgrund seines Benehmens traute ihm Paulus nicht die geistliche Steherqualität zu, um dem Auftrag einer Missionsreise zu entsprechen. Barnabas hingegen wollte seinem Neffen eine zweite Gelegenheit geben, sich zu bewähren. Darüber konnten sie sich nicht einigen, und so trennten sich ihre Wege.

Die zweite Missionsreise

Während Paulus und Barnabas noch gemeinsam mit den beiden Propheten (Silas und Judas) in Antiochien wirkten, muss Paulus bereits öffentlich seine Absicht bekannt gegeben haben, die auf der ersten Missionsreise gegründeten Gemeinden zu besuchen. Anscheinend hatte er eine tiefere Beziehung zu Silas gewonnen und ihm möglicherweise vorgeschlagen, ihn und Barnabas auf der Reise durch Syrien und Zilizien und weiter in die Landschaft Galatien zu begleiten. Silas wollte zwar zuerst nach Jerusalem zurückkehren, erklärte sich aber bereit, in Lystra zu ihnen zu stoßen. Zwischenzeitig war es aber zu der Auseinandersetzung zwischen Paulus und Barnabas über Johannes Markus gekommen. Folglich durchzog Paulus allein, ausgerüstet mit dem Brief aus Jerusalem, „Syrien und Zilizien und befestigte die Gemeinden“ (15,41).[10]

Nach der Durchquerung von Zilizien kam Paulus nach Pisidien und kehrte wahrscheinlich nach Derbe zurück, in die letzte Stadt, in der er und Barnabas auf der ersten Reise eine Gemeinde gegründet hatten (siehe die Route auf Landkarte 2, „Die zweite Missionsreise“). Von dort kam er wieder nach Lystra, wo er auf der ersten Reise gesteinigt und für tot gehalten wurde, sich aber auf wunderbare Weise erholt hatte (14,19-20).

Die Bekehrung von Timotheus

Timotheus war zweifellos einer jener Jünger, welche die übernatürliche Heilung von Paulus beobachtet hatten (Apg 14,19-20). Als Timotheus aus dem Mund des Apostels hörte, dass Jesus Christus der verheißene Messias sei, nahm er offenbar den Herrn Jesus Christus als seinen persönlichen Retter an. Vielleicht war das jener Augenblick, den Paulus später in seinem zweiten Brief an diesen

Landkarte 2: Die zweite Missionsreise

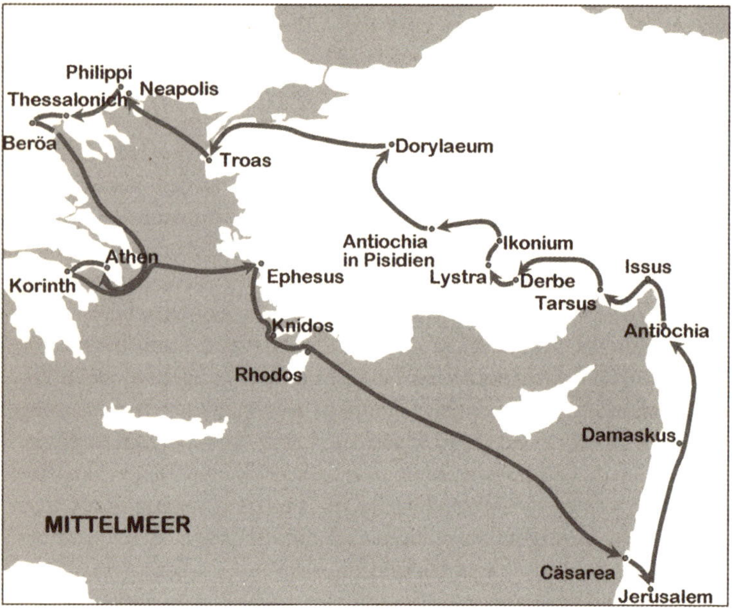

jungen Mann erwähnt, als er ihn an die Kraft der Heiligen Schrift erinnert, „dich weise zu machen zur Errettung durch den Glauben, der in Christus Jesus ist" (2Tim 3,15).

Das geistliche Wachstum des jungen Timotheus
Als Paulus auf der zweiten Missionsreise nach Lystra kam, begegnete er Timotheus persönlich, vielleicht zum ersten Mal. Dieser junge Mann war in seinem Glauben gewachsen, und zwar auf eine Weise, dass er „ein *gutes Zeugnis* von den *Brüdern* in Lystra und Ikonium" hatte (Apg 16,2). Offenbar handelte es sich dabei um die „Ältesten", die Paulus und Barnabas auf ihrer ersten Reise in diesen beiden Gemeinden ernannt hatten, so wie Petrus möglicherweise die Ältes-

ten in Jerusalem meinte, als er den Gläubigen auftrug: „Berichtet dies" – nämlich seine wunderbare Befreiung aus dem Gefängnis - „Jakobus und den *Brüdern*" (12,17). Dieser Schluss stützt sich auch auf die Aussage von Paulus über die „Handauflegung der Ältestenschaft" auf Timotheus (1Tim 4,14). Vermutlich bezog sich Paulus hier auf die selben Männer, eben die „*Brüder* in Lystra und Ikonium", die diesem jungen Mann ein „gutes Zeugnis" ausstellten.

Falls diese Vermutung richtig ist, ließ sich Paulus stark von der Empfehlung durch die lokalen Gemeindeleiter beeinflussen, nicht nur in der Heimatstadt von Timotheus, sondern auch im dreißig Kilometer nördlich gelegenen Ikonium. Diesmal war er bei der Auswahl seines Assistenten wesentlich vorsichtiger. Er wollte denselben Fehler nicht zweimal begehen.

Der familiäre Hintergrund von Timotheus

Hier dürfen wir sicherlich ein wenig zwischen den Zeilen lesen. Paulus ging diesem „Zeugnis" genauer nach und lernte die Eltern und insbesondere die Mutter des jungen Mannes kennen. In Eunike begegnete er einer gläubigen Jüdin, die wahrscheinlich gleichzeitig mit ihrem Sohn Timotheus den Messias angenommen hatte. Der Vater hingegen war Nichtjude, wahrscheinlich auch kein Christ (Apg 16,1).

Wie Paulus weiter erfuhr, hatte Eunike ihren Sohn „von Kind auf" in den „Heiligen Schriften" unterwiesen. Timotheus war von dem „ungeheuchelten Glauben" seiner Mutter und seiner Großmutter stark beeinflusst (2Tim 1,5; 3,14-15). Als gottesfürchtige Jüdinnen waren sie Vorbilder für ein frommes Leben, obwohl der Vater ein Heide war.

Worauf ich hinaus will, ist dies: Paulus prüfte sehr gründlich den familiären Hintergrund und den Ruf dieses hingegebenen Christen. Wieder wird klar, dass Paulus von Gott die Freiheit hatte, Timotheus zum Reisegefährten zu nehmen, genau wie er und Barnabas die Freiheit gehabt hatten, auf der ersten Missionsreise Johannes Markus zum Begleiter zu wählen.

Inzwischen war Silas aus Jerusalem gekommen, und gemeinsam „durchzogen" diese drei Männer „die Städte", um die Entscheidungen der Apostel und Ältesten aus Jerusalem zu überbringen (Apg 16,4). Aufgrund dieses ermutigenden Briefes wuchsen die Gemeinden sowohl geistlich als auch zahlenmäßig (16,5).

Ein abschließendes Wort

In diesen beiden Berichten über Johannes Markus und Timotheus erkennen wir, wie Gott den neutestamentlichen Führungspersönlichkeiten inzwischen mehr Verantwortung dafür überträgt, die Eignung geistlicher Leiter selbst zu beurteilen. Wenn wir später die Briefe des Apostels Paulus an Timotheus und Titus lesen, wo genau auf die Eignungsvoraussetzungen für Älteste/Aufseher eingegangen wird, werden wir sehen, wie wichtig es ist, geistliche Leiter nach ihrem Charakter zu beurteilen.

10. Achtung und Respekt (51 n. Chr.)

ZURÜCK ZUR QUELLE

Bevor Sie fortfahren, lesen Sie Apostelgeschichte 17,1-9 und 1. und 2. Thessalonicher. Wieso betont Paulus, wie hart diese Leiter „arbeiten“ und wie sie die Gemeinde „zurechtweisen“?

Während der zweiten Missionsreise schrieb Paulus seinen zweiten Brief, diesmal an eine Gemeinde, die er zusammen mit Silas und Timotheus in Thessalonich gegründet hatte. Im Briefschluss wendet er sich nicht direkt an die geistlichen Leiter, ermahnt aber alle Gläubigen, sie zu lieben, zu achten und wertzuschätzen, einerseits aufgrund ihrer Stellung und ihrer gottgegebenen Verantwortung, andererseits wegen ihrer harten Arbeit. Erstmals im biblischen Bericht bekommen wir hier die „Sicht aus der Kirchenbank“: „Wir bitten euch aber, Brüder, dass ihr die anerkennt, die unter euch *arbeiten* und euch *vorstehen*[11] im Herrn und euch *zurechtweisen,* und dass ihr sie ganz besonders *in Liebe achtet* um ihres Werkes willen“ (1Thes 5,12-13a).

Paulus gibt diesen Leitern keinen konkreten Titel. Er beschreibt nur ihre allgemeinen Aufgaben, nämlich die Gemeinde zu „verwalten“ und zu „beaufsichtigen“ sowie, in diesem Fall, die Gläubigen zurechtzuweisen.

Unerreichte Gebiete erschließen

Nach ihrem Besuch in Galatien, wo sie den Brief der „Apostel und Ältesten“ übergeben hatten, wagten sich Paulus und seine Gefährten in unerreichte Gebiete vor. Wiederum spricht der Heilige Geist direkt zu ihnen, indem er ihnen konkrete Richtungen angibt. Soweit wir wissen, waren sie noch nie in diesen Ländern gewesen und kannten wohl wenige Menschen, die Kenntnisse von dort hatten. Satellitengestützte Navigationssysteme waren zwar noch nicht bekannt, aber durch Gottes Eingreifen hatten diese Männer Zugang zu einem göttlichen Leitsystem. So wurde *„vom Heiligen Geist verhindert* ..., das Wort in der Provinz Asien zu reden" (Apg 16,6). Gott hatte andere Pläne, diese Region zu erreichen, die dann auf der dritten Missionsreise verwirklicht werden sollten (16,8-10).

Bei ihrer Weiterreise kamen Paulus und seine Gefährten „gegen Mysien hin" (Landkarte 2). Dort „versuchten sie, nach Bithynien zu reisen, und *der Geist Jesu* erlaubte es ihnen nicht" (16,7). Wir erfahren nicht genau, wie der Heilige Geist mit den beiden Missionaren sprach, aber offenbar redete er direkt zu Paulus und/oder Silas (13,1-3).

So zogen unsere Botschafter für Christus weiter nach Westen und kamen nach Troas, das an der Ägäisküste lag. Offenbar trafen sie dort auf Lukas, der sich ihrem Team anschloss (so gebraucht Lukas in Apg 16,10-11 das persönliche Fürwort „wir", während in 16,7-8 noch „sie" steht). In dieser Stadt hatte Paulus eine seiner bis dahin dramatischsten Offenbarungen, wo er das Evangelium predigen sollte. „Es erschien dem Paulus in der Nacht ein Gesicht: Ein mazedonischer Mann stand da und bat ihn und sprach: Komm herüber nach Mazedonien und hilf uns!" (16,9). Dieser konkreten Anweisung Gottes folgend, setzten Paulus, Silas, Timotheus und nun auch Lukas nach Europa über, wo sie sehr erfolgreich Gemeinden gründeten - zuerst in Philippi, dann in Thessalonich, Beröa, Athen und Korinth.

Eine große Sorge

Nachdem Paulus und seine Gefährten wegen der heftigen Verfolgung die Stadt Thessalonich verlassen hatten, waren sie um die relativ neu Bekehrten besorgt. Hatten sie allen Versuchungen widerstanden oder waren sie wieder in den Götzendienst zurückgefallen? Um diese Frage zu beantworten, erklärten sich Paulus und Silas bereit, in Athen zu bleiben, während Timotheus nach Thessalonich zurückkehrte, um die Lage zu erkunden. Bei seiner Rückkehr brachte er gute Neuigkeiten mit. Die thessalonischen Christen standen „fest im Herrn" (1Thes 3,6-8).

Paulus verschwendete keine Zeit und schrieb einen Brief, in dem er Gott für ihr „Werk des Glaubens“, ihre „Bemühung der Liebe und das Ausharren in der Hoffnung auf unsern Herrn Jesus Christus“ dankt (1Thes 1,3). Trotzdem hatte er ein ernstes Anliegen, das er bereits während seines Aufenthalts in dieser Stadt angesprochen hatte (2Thes 3,10). Einige dieser neuen Gläubigen waren faul und scheuten sich, ihren Lebensunterhalt selbst zu verdienen. Stattdessen pumpten sie andere Christen an, sie zu versorgen. Anscheinend vernachlässigten einige dieser Gläubigen ihre häuslichen Pflichten, möglicherweise unter dem Vorwand, dass Christus ja bald wiederkommen würde.

Paulus lässt in dieser Frage nicht locker und ermahnt sie ernstlich, „still zu sein und eure eigenen Geschäfte zu tun und *mit euren Händen zu arbeiten,* so wie wir euch geboten haben, damit ihr anständig wandelt gegen die draußen und *niemanden nötig habt*“ (1Thes 4,11-12).

Eine schwierige Herausforderung

Offenkundig hatten die geistlichen Leiter in Thessalonich dort weiter gemacht, wo Paulus aufgehört hatte, nämlich jene *zurechtzuweisen,* die nicht für ihren Lebensunterhalt arbeiteten. Wie zu erwarten war, kam ihre Botschaft nicht gut an, zumindest bei diesen faulen und fleischlichen Gläubigen. Folglich ermahnt Paulus sie, der Zurechtweisung ihrer Leiter wegen ihrer Neigung zum Nichtstun Folge zu leisten. Statt zu widerstreben, sollten sie diese Männer „anerkennen“ und „in Liebe achten um ihres Werkes willen.“ Ohne Zweifel ist es eine schwierige Aufgabe, Christen zurechtzuweisen, die nicht im Willen Gottes leben und sich dann noch von ihnen kritisieren und ablehnen zu lassen.

„Wer seid ihr schon?“, fragten manche zweifellos, „Welche Vollmacht habt ihr über uns? Welches Recht habt ihr, uns zu schelten?“ Paulus beantwortet diese Fragen, indem er erklärt, dass diese Leiter eingesetzt waren, um die Gemeinde „im Herrn“ zu beaufsichtigen. Damit waren sie Stellvertreter Jesu Christi, der die Gläubigen gelehrt hat, das „Salz der Erde“ und das „Licht der Welt“ zu sein (Mt 5,13-16). Als Christen sollen wir „anständig wandeln gegen die draußen" (1Thes 4,12), statt den ungläubigen Nachbarn ein schlechtes Beispiel zu geben.

An dieser Stelle appelliert Paulus an alle Gläubigen in Thessalonich, ihre Leiter zu unterstützen, indem sie einander ermahnen. Diese Aufgabe ist eine Verantwortung der ganzen Gemeinde, nicht nur der Leiter. Deshalb schreibt Paulus: „Wir ermahnen euch aber, Brüder: *Weist die Unordentlichen zurecht*" (5,14).

Weitere bedeutende Fragen

Wie bei den meisten Ereignissen, auf die wir bisher bei unserem Studium über Gemeindeleitung gestoßen sind, stellen sich einige weit reichende Fragen:

1. *Wer hat die geistlichen Leiter in der Gemeinde von Thessalonich eingesetzt?* Wir können nicht sicher sein, wann und ob Paulus diese Leiter ernannt hat. Möglicherweise war dies in den mazedonischen Gemeinden (Philippi, Beröa und Thessalonich) sogar die Aufgabe von Lukas gewesen, denn er blieb in Philippi zurück, um diese neue Gemeinde fest zu gründen.

Aus seinem eigenen Bericht wissen wir, dass Lukas gemeinsam mit Paulus, Silas und Timotheus die Ägäis überquerte und in Philippi an Land ging. So schreibt er: „*Wir* fuhren nun von Troas ab ... nach Philippi" (Apg 16,11-12). Den Aufbruch seiner Missionarskollegen aus Philippi beschreibt er aber mit den Worten: „*Sie* ... zogen weg" und „*sie* kamen nach Thessalonich", was darauf hindeutet, dass Lukas selbst zurückgeblieben war (16,40; 17,1).

Erst sieben oder acht Jahre später begegnen wir Lukas wieder als Reisegefährten von Paulus, als sie gegen Ende der dritten Missionsreise gemeinsam von Philippi aufbrachen.[12] Da taucht Lukas selbst plötzlich wieder im Bericht auf: „*Wir* aber segelten nach den Tagen der ungesäuerten Brote von Philippi ab" (20,6). Deshalb können wir annehmen, dass Lukas als „allgemeiner Aufseher" über die Gemeinden in Mazedonien geblieben war und schließlich geistliche Leiter in den einzelnen Städten einsetzte, so wie es Titus später in Kreta tat (Tit 1,5).

2. *Wie wurden die geistlichen Leiter in der Gemeinde von Thessalonich genannt?* Darauf erhalten wir keine konkrete Antwort, vielleicht aber waren sie *Aufseher* und *Diakone,* denn so wurden die Leiter in Philippi bezeichnet. Das können wir aus mindestens drei Faktoren schließen: Erstens mischten sich in dieser Gemeinde Juden- und Heidenchristen, zweitens war Lukas selbst kein Jude und drittens war sein Einfluss als Gemeindegründer in Mazedonien stark.

Während seiner ersten Gefangenschaft in Rom schrieb Paulus einen Brief an die Gemeinde in Philippi, in dem er die *„Aufseher* [oder Bischöfe] und *Diener* [wörtlich Diakone]" in dieser Gemeinde grüßt (Phil 1,1). Nachdem Paulus mit Silas und Timotheus nach Thessalonich aufgebrochen war, während Lukas in Philippi zurückblieb, dürfte er es gewesen sein, der schließlich die Initiative ergriff, geistliche Leiter in Philippi einzusetzen.

Wie wir bereits festgestellt haben, dürfte Lukas auch nach Beröa und Thessalonich gereist sein, um auch dort bei der Ernennung geistlicher Leiter zu helfen. Dann wäre es nicht überraschend, wenn die Leiter in Thessalonich ebenfalls als *Aufseher* statt *Älteste* bezeichnet wurden.

3. *Warum entschied sich Lukas für den Begriff „Aufseher"* (episkopos) *statt „Ältester"* (presbyteros)*?* Weil die mazedonischen Gemeinden hauptsächlich aus Nichtjuden bestanden, die sich „von den Götzen zu Gott bekehrt" haben (1Thes 1,9), und da Lukas selbst Heidenchrist war, dürfen wir mit Fug und Recht annehmen, dass er kulturell sehr empfindsam für die Bedürfnisse dieser Gemeinden war. Schließlich waren diese Städte römische Kolonien (siehe Apg 16,12), in denen der Begriff *episkopos* (Aufseher) für den Leiter oder Superintendenten der Kolonie verwendet wurde.

Deshalb war der Begriff „Aufseher" in dieser Gegend viel häufiger und vertrauter als „Ältester". Wie wir sehen werden, verwendete Paulus bald die Begriffe „Ältester" und „Aufseher" in austauschbarer Bedeutung für geistliche Leiter von Gemeinden. Von jetzt an werden wir im biblischen Bericht wiederholt feststellen, wie häufig dies der Fall war.

11. Die Ältesten von Ephesus (58 n. Chr.)

ZURÜCK ZUR QUELLE

Bevor Sie fortfahren, lesen Sie Apostelgeschichte 19,1 - 20,1; 20,17-38. Was können wir aus dem Vorbild des Apostels Paulus für unseren Dienst lernen?

Die nächste Episode der biblischen Geschichte ist die bisher aufschlussreichste und umfassendste Szene. Wir erhalten einen berührenden Einblick in das Herz des Apostels. Aus dem vormals hart gesottenen, ehrgeizigen Pharisäer, der dem Todesurteil des Stephanus zugestimmt hatte, war ein empfindsamer und mitfühlender Hirte von Hirten geworden.

Lieber „an Ephesus vorbeifahren"

Paulus wollte nach Jerusalem, obwohl ihm der Heilige Geist durch mehrere Jünger mitteilte, dass der Botschaft von der Gnade dort heftiger Widerstand entgegen schlagen würde (Apg 21,4.10-11). Da er seinen Zeitplan bei einem Besuch der Provinz Asien nicht hätte einhalten können, entschloss er sich, „an Ephesus vorbeizufahren". Dennoch wollte er den Ältesten/Aufsehern von Ephesus noch Einiges weitergeben. Getrieben von der tiefen Liebe zu seinen Mitpastoren, verließ er im Küstendorf Milet das Schiff und sandte jemanden mit der Bitte nach Ephesus, eine Tagesreise auf sich zu nehmen, um ihn dort zu treffen (siehe Ephesus auf der folgenden Landkarte).

Nach der Ankunft dieser Männer hielt Paulus einen Rückblick auf seinen eigenen dreijährigen Dienst in Ephesus und gab ihnen dann einen konkreten Auftrag sowie eine Warnung mit:

Habt Acht auf euch selbst und auf die ganze Herde, in welcher der Heilige Geist euch als Aufseher gesetzt hat, die Gemeinde Gottes zu hüten, die er sich erworben hat durch das Blut seines eigenen Sohnes. Ich weiß, dass nach meinem Abschied grausame Wölfe zu euch hereinkommen werden, die die Herde nicht verschonen. Und aus eurer eigenen Mitte werden Männer aufstehen, die verkehrte Dinge reden, um die Jünger abzuziehen hinter sich her. Darum wacht und denkt daran, dass ich drei Jahre lang Nacht und Tag nicht aufgehört habe, einen jeden unter Tränen zu ermahnen. (Apg 20,28-31)

Der erste Besuch in Ephesus

Die erste Erfahrung des Apostels in Ephesus geht auf die letzten Tage seiner zweiten Missionsreise zurück. Er hatte „Segel gesetzt", um nach Antiochien in Syrien zurückzukehren. Dennoch beschloss er, einen Zwischenstopp in dieser Stadt einzulegen, der Hauptstadt der römischen Provinz Asien (siehe Landkarte auf der folgenden Seite). Als drittgrößte Stadt des Reichs nach Rom und Antiochien war Ephesus eine blühende Metropole und ein Zentrum des heidnischen Gottesdienstes. Menschen kamen aus der ganzen Provinz, um der heidnischen Gottheit Artemis ihre Aufwartung zu machen. Wie in so vielen römischen Städten gab es aber auch in Ephesus Juden, die noch immer ihrem Gott Jahwe folgten.

Wie so häufig gab Paulus zuerst in der Synagoge Zeugnis und „unterredete sich mit den Juden" über den verheißenen Messias. Obwohl sie dem Evangelium offen gegenüber standen und ihn baten, länger zu bleiben, „willigte er nicht ein" und versprach, falls es Gottes Wille wäre, wieder zu kommen (Apg 18,18-21).

Ein zweites Jerusalem

Paulus kehrte tatsächlich zurück und verbrachte drei Jahre in Ephesus. In vielerlei Hinsicht wurde diese Stadt ein „zweites Jerusalem" im Sinne eines einflussreichen Zentrums für das Evangelium. Als Paulus kam, fand er *zwölf Männer* vor, die zwar an Jesus glaubten aber nur die Lehren von Johannes dem Täufer kannten

Landkarte 3: Die dritte Missionsreise

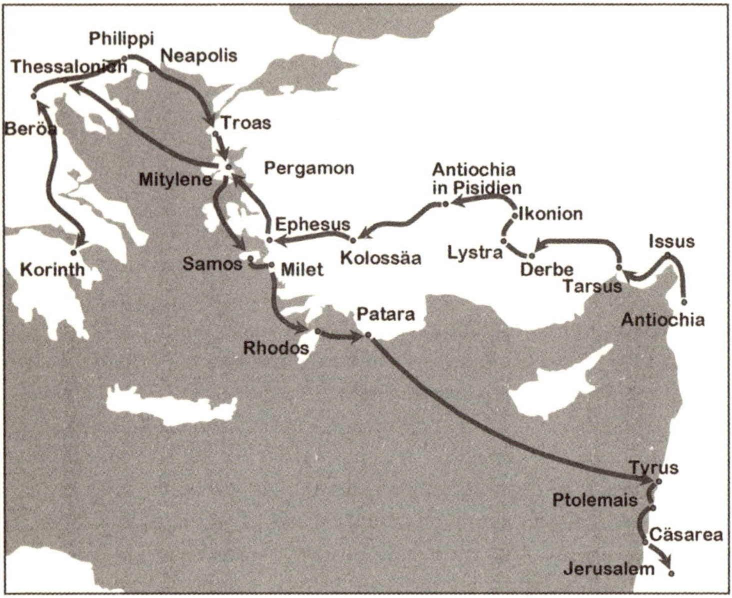

(19,1-7). Sie hatten noch nicht einmal von der dritten Person der Dreieinheit gehört. Als aber Paulus ihnen die Hände auflegte, „kam der Heilige Geist auf sie" (19,6) so wie zu Pfingsten, als die Gemeinde in Jerusalem geboren wurde. Wie die Apostel redeten diese zwölf Männer „in Sprachen und weissagten". Zweifellos sprachen sie dabei auf wunderbare Weise verschiedene Sprachen und Dialekte, die in diesem Gebiet Asiens gesprochen wurden (19,1-6; vergleiche dazu 2,5-11).

Paulus wurde dadurch ermutigt und intensivierte seinen Dienst in der Synagoge, wo er aber bald auf ernsthaften Widerstand stieß. Daraufhin verlegte er seine Wirkungsstätte in einen Vortragssaal, wo er weiterhin die Schrift auslegte, und zwar nicht nur am Sabbat, sondern täglich. Diesen evangelistischen und apologetischen Dienst verrichtete er „zwei Jahre lang" treu, „so dass alle, die in Asien wohnten, sowohl Juden als Griechen, das Wort des Herrn hörten" (19,10).[13]

Die Fortsetzung der Reise

Nach drei Jahren des Wirkens in Ephesus zog Paulus weiter in die Provinzen Mazedonien und Achaja, um die Gemeinden zu besuchen, die er auf der zweiten Missionsreise gemeinsam mit Silas und Timotheus gegründet hatte (siehe Landkarte 3). Schließlich kam er nach Philippi, wo sich Lukas ihm wieder anschloss, um mit ihm nach Jerusalem zu fahren. Dabei kam es zu dem Aufenthalt in Milet, wo Paulus die Gemeindeleiter von Ephesus zu sich rief (Apg 20,17).

Vorbild für die Leiter

Als Paulus diese Männer versammelt und mit ihnen Gottesdienst gefeiert hatte, erinnerte er sie an seine Lebensweise unter ihnen. Er hatte ihnen ein mächtiges Vorbild als Leiter in folgenden Bereichen hinterlassen:

- *Demut und Mitgefühl.* Trotz der Verfolgung durch seine jüdischen Brüder betont Paulus, wie er „dem Herrn diente mit aller Demut und unter Tränen" (20,19). Niemand konnte seine Hingabe an den Herrn und an die Geschwister leugnen. Eine solche Behauptung kann man nur machen, wenn sie absolut wahr ist.
- *Treues Lehren und Predigen.* Paulus sprach öffentlich im Vortragssaal des Tyrannus und gab ihnen alles weiter, was zum Wachstum im christlichen Glauben nützlich sein würde. Er lehrte aber auch „in den Häusern", offenbar indem er Zeit mit den Familien der Leiter verbrachte (20,20).
- *Ein evangelistischer Dienst.* Paulus predigte jedem, der zuhören wollte, das Evangelium von der Gnade Gottes, Juden wie

Heiden, und ermutigte sie, sich von ihren Sünden abzuwenden und ihr Vertrauen auf den Herrn Jesus Christus zu setzen (20,21).

- *Ein Dienst der Jüngerschaft.* Paulus predigte nicht nur das Evangelium von der Gnade Gottes, sondern sobald Menschen in Buße und Glauben die Botschaft annahmen, unterrichtete er sie im Christsein (20,27).
- *Reine Motive.* Paulus zog nie materiellen Gewinn aus diesen Gläubigen. In diesem Sinn war er für die Ältesten/Aufseher in Ephesus ein großartiges Vorbild. Zeitweise arbeitete er sogar für seine eigenen Bedürfnisse und die seiner Missionarskollegen (20,33-35).

Die Ermahnungen

Bevor er weiterzog, ermahnte Paulus die Gemeindeleiter von Ephesus, ihren Aufgaben fleißig nachzukommen:

- *Rechenschaft.* Paulus ermahnt diese Männer: „Habt Acht auf euch selbst". Sie sollten „Aufseher" für einander sein, sowohl im Hinblick auf ihren christlichen Lebensstil als auch auf ihren Dienst, indem sie einander Rechenschaft gaben (Apg 20,28).
- *Überschauerdienst.* Paulus ermahnt sie: „Habt Acht ... auf die ganze Herde." Sie sollten die ganze Gemeinde gut verwalten (20,28a).
- *Hirtendienst.* Paulus drängt diese Ältesten, „die Gemeinde Gottes zu hüten", sich um die Gläubigen zu kümmern und nicht zuzulassen, dass sie von Irrlehrern und Lügenpropheten, die er als „grausame Wölfe" bezeichnet, vom Weg abgebracht würden. Er warnt sie, dass einige aus ihrer eigenen Gruppe „aufstehen" würden, die „verkehrte Dinge reden" und so eine Gefolgschaft um sich sammeln würden (20,28b-30).
- *Treue.* Paulus fordert die Leiter auf, in ihrer Wachsamkeit niemals nachzulassen, sondern seinem Vorbild zu folgen und die Gläubigen beständig mit ehrlichem Mitgefühl und tiefer Zuneigung zu warnen (20,31).

Der Lobpreis

Den abschließenden Höhepunkt des Aufenthalts in Milet feiert Paulus, indem er alle diese geistlichen Leiter der Gnade Gottes anbefiehlt. Am Ende ihrer gemeinsamen Zeit knieten sie nieder und beteten, und als sie sich wieder erhoben, „entstand aber lautes Weinen bei allen; und sie fielen Paulus um den Hals und küssten ihn zärtlich" in der Annahme, ihren großen apostolischen Mentor diesseits des Himmels wahrscheinlich nicht wieder zu sehen. Paulus und Lukas mussten sich buchstäblich von diesen Ältesten losreißen, um wieder ihr Schiff zu besteigen und die Fahrt nach Jerusalem fortzusetzen.

12. Voraussetzungen für Leiter (63 n. Chr.)

ZURÜCK ZUR QUELLE

Bevor Sie fortfahren, lesen Sie bitte Apostelgeschichte 20,17 - 28,31 und den ersten Brief des Apostels Paulus an Timotheus. Bedenken Sie beim Lesen dieses Pastoralbriefes, dass Paulus nach seiner Freilassung aus dem Gefängnis irgendwo in Mazedonien war, während Timotheus sich in Ephesus mit einigen Männern befassen musste, die Irrlehren verbreiteten und in der Gemeinde Streit und Zwietracht säten (1Tim 1,3).

Mehr als fünfzehn Jahre nachdem Paulus und Barnabas auf der ersten Missionsreise zum ersten Mal Älteste eingesetzt haben (in Lystra, Ikonium und Antiochien in Pisidien), schreibt Paulus einen Brief an Timotheus, in dem er Kriterien für die Eignung zum geistlichen Leiter einer Gemeinde festlegt.

Paulus hatte Timotheus in Ephesus zurückgelassen, um eine Leitungskrise zu lösen. Offenbar war eingetreten, wovor Paulus die Ältesten in Milet gewarnt hatte. „Einige" Männer, hauptsächlich Judenchristen, lehrten „Anderes" und widmeten sich „Fabeln und endlosen Geschlechtsregistern", was zu „Streitfragen" und Spaltungen im Volk Gottes führte (1Tim 1,3-4; siehe Apg 20,30). Ganz offenkundig aber waren die bestehenden Ältesten/Aufseher nicht die einzige Ursache des Problems. Es gab noch andere, die ebenfalls Leiter werden wollten, denen aber die Voraussetzungen dafür fehlten. Darum legt Paulus in seinem Brief (1Tim 3,1-7) einen Standard fest, um diese Männer auszuwählen und einzusetzen.

Bevor wir die Eignungsvoraussetzungen konkret betrachten, sollten wir den Weg des Apostels, beginnend mit seinem Abschied von den Ältesten von Ephesus in Milet bis hin zu seiner Gefangenschaft in Rom etwa drei Jahre später, verfolgen.

Perspektive gewinnen

Als Paulus in Jerusalem ankam, trafen er und seine Reisegefährten sich mit *„Jakobus und allen Ältesten."* Zu diesem Zeitpunkt hatten die Apostel anscheinend ihren Dienst über „Judäa und Samaria" hinaus begonnen und verkündeten das Evangelium dort, wo man „das Ende der Erde" vermutete (Apg 1,8). Von Petrus wissen wir ziemlich sicher, dass er in Rom landete. Ansonsten können wir uns nur auf Überlieferungen und Spekulationen stützen. Was auch immer mit diesen Männern geschah, nachdem sie aus den neutestamentlichen Berichten verschwanden, ihr Wirken hat mit Sicherheit den Lauf der Geschichte verändert.[14]

Als Paulus die Ältesten von Jerusalem traf, berichtete er eingehend über seine Arbeit, worauf sie gemeinsam Gott dafür priesen, was er unter den Heiden getan hatte. Diese schöne Zeit der Anbetung wurde aber durch die Tatsache gedämpft, dass viele Judenchristen in Jerusalem noch immer Gesetz und Gnade vermengten. Seltsamerweise bestand weiterhin Verwirrung über genau jene Frage, die vor mehr als zehn Jahren in Jerusalem geklärt und schriftlich beantwortet worden war (Apg 21,20-25).

Verfolgung und Gefangennahme

Wie mehrere Propheten vorhergesagt hatten, während Paulus nach Jerusalem unterwegs war, wurde die Lage rasch kritisch, als einige Juden aus Asien, offenbar keine Christen, Paulus im Tempel begegneten. Zuvor hatten sie Paulus zusammen mit Trophimus, einem Nichtjuden aus Ephesus, gesehen. Sie nahmen das Schlimmste an und behaupteten, Paulus hätte ihn mit in den Tempel genommen, der für Nichtjuden absolut verbotenes Gebiet war. Vielleicht erinnerten sie sich an das dreijährige Wirken des Apostels in Ephesus, bei dem zahlreiche Juden den Messias angenommen hatten, und hetzten die ganze Stadt gegen Paulus auf (Apg 21,27-31).

Es entstand ein gewaltiger Aufruhr. Einige beabsichtigten sogar, Paulus zu töten (Apg 23,12-15), eine Wiederholung dessen, was er selbst viele Jahre zuvor als unerlöster jüdischer Führer getan hatte, als er der Ermordung von Stephanus zustimmte und die Gemeinde zu verfolgen begann. Um sein Leben zu retten, brachten ihn die Römer nach Cäsarea, wo er zwei Jahre lang in Haft blieb. Obwohl Männer aus Jerusalem kamen, um Paulus vor mehreren römischen Würdenträgern anzuklagen, konnten sie keinen wirklichen Haftgrund vorbringen, ganz zu schweigen von einem todeswürdigen Vergehen.

Als römischer Bürger berief sich Paulus schließlich auf den Kaiser, was zu seinem Hausarrest in Rom führte, dem Schlusskapitel der Geschichtsschreibung von Lukas. In diesen zwei Jahren schrieb Paulus seine Briefe an Philemon, die Philipper, die Kolosser und die Epheser. Der einzige konkrete Hinweis auf lokale Gemeindeleiter in diesen Briefen ist sein Gruß an die *„Aufseher und Diener"* in Philippi (Phil 1,1), möglicherweise auch das Schreiben an Philemon, der vielleicht gemeinsam mit Archippus als geistlicher Leiter einer Gemeinde in seinem Haus diente (Phim 2).[15]

Eine weitere Missionsreise

Nach zwei Jahren wurde Paulus freigelassen und ging offenbar auf eine vierte Missionsreise. Noch einmal reiste er mit Timotheus in die Provinz Asien und besuchte Ephesus. Paulus zog dann weiter nach Mazedonien und ließ Timotheus zurück, um die Leitungskrise zu lösen. Aus Sorge darum, ob sein junger Gefährte dieser schwierigen Aufgabe gewachsen sein würde, schrieb Paulus irgendwann einen Brief an diesen jungen Mann, gefüllt mit sehr konkreten Anweisungen, was die Qualifikationen der Leiter und Hirten der Gemeinde betrifft. (Im selben Brief legt Paulus auch die Eignungsvoraussetzungen für „Diakone" fest, die wir in Kapitel 13 betrachten werden.)

Ein schönes Werk

Paulus betrachtete die Position eines „Ältesten/Aufsehers" als eine sehr wichtige Rolle, und wer immer das Verlangen hatte, einen solchen Dienst zu tun, strebte nach einer wertvollen, achtbaren und verantwortlichen Aufgabe. Andererseits lässt Paulus nicht den geringsten Zweifel aufkommen, dass Männer in dieser Position charakterliche Qualitäten aufweisen sollen, die einen in Christus gereiften Menschen auszeichnen. Offenbar gab es einige „Älteste/Aufseher", vielleicht sogar manche, die Paulus in Milet ermahnt hatte, die „verkehrte Dinge [redeten], um die Jünger abzuziehen hinter sich her" (Apg 20,30). Zusätzlich dürfte es in Ephesus andere Männer gegeben haben, die ebenfalls geistliche Leiter sein wollten, aber charakterlich eindeutig ungeeignet waren, um dieses „schöne Werk" zu tun (1Tim 3,1).[16] Folglich listet Paulus fünfzehn Qualitäten auf, um einen christusgemäßen Charakter zu messen.

Bevor wir uns den einzelnen Voraussetzungen zuwenden, möchte ich noch zwei wichtige Beobachtungen erwähnen. Erstens setzt Paulus voraus, dass christliche Männer diese Aufgabe anstreben sollen. Dazu ist keine besondere göttliche Berufung notwendig. Zweitens ist das Hauptkriterium, um diese Männer auszuwählen und zu bestätigen, ihre Reife in Jesus Christus.

Das Reifeprofil

Hier sind die fünfzehn Eignungsvoraussetzungen, die Paulus in 1Tim 3,1-7 für einen qualifizierten Ältesten/Aufseher festlegt. Noch einmal, sie sind ein Maß für unsere Reife in Christus.

<u>Voraussetzung 1:</u> *„untadelig"*
Paulus beginnt die Liste mit einem zusammenfassenden Begriff: „Der *Aufseher* nun muss *untadelig* sein" (3,2a; siehe auch Tit 1,6). Im Wesentlichen bedeutet das, ein geistlicher Leiter soll einen „guten Ruf" bei Gläubigen wie Nichtgläubigen haben. Im selben Sinn schließt Paulus die Liste mit der Feststellung ab, ein Inhaber dieser Rolle „muss aber auch ein gutes Zeugnis haben von denen, die draußen sind" (3,7), also von den Nichtgläubigen.

<u>Voraussetzung 2:</u> *„Mann einer Frau"*
Diese Bedingung wird unterschiedlich ausgelegt (siehe Kapitel 20). Unserer Meinung nach geht es Paulus hauptsächlich um moralische Reinheit. Aus diesem Grund folgt diese Qualifikation unmittelbar

auf die Forderung, „untadelig“ zu sein. Nichts tut dem Ruf eines Mannes so gut wie die Treue zu seiner eigenen Frau. Und nichts zerstört das Vertrauen schneller als Unmoral. Im Grunde sagt Paulus, falls ein Mann nicht vertrauenswürdig genug ist, zu seiner Frau zu halten, so ist er auch in anderen Lebensbereichen nicht verlässlich, insbesondere wo es um Ehrlichkeit und Aufrichtigkeit geht.

Voraussetzung 3: *„nüchtern“*
Mit diesem Wort (griechisch *nephalios*) beschreibt Paulus einen Mann, der einen geraden Weg geht. Er ist stabil und beständig, sein Denken ist klar und beweist Glauben, Hoffnung und Liebe (1Thes 5,8).

Voraussetzung 4: *„besonnen“*
Das griechische Wort *sophron* bedeutet wörtlich „gesund im Geist“ und kann auch mit „zurückhaltend“, „maßvoll“ und „vernünftig“ wiedergegeben werden.

Voraussetzung 5: *„sittsam“*
Am aufschlussreichsten für das Verständnis dieses Wortes (*kosmios*) ist die Anweisung an die Sklaven im Titusbrief, „alle gute Treue zu erweisen, damit sie die Lehre, die unseres Heiland-Gottes ist, in allem *zieren [kosmeo]*“ (Tit 2,10). Unser Wort „Kosmetik“ kommt vom selben Grundwort (*kosmios*). Im Grunde lehrt Paulus, unser Leben soll „Kosmetik für das Evangelium“ sein, wir sollen durch unseren Lebensstil das Evangelium attraktiv machen.

Voraussetzung 6: *„gastfrei“*
Ganz allgemein steckt hinter „Gastfreundlichkeit“ die Art, wie wir mit unserem materiellen Besitz umgehen, insbesondere mit unserer Wohnung und Nahrung. Alle Christen sollen gastfrei sein, aber im Besonderen soll diese Eigenschaft jeden geistlichen Leiter auszeichnen, egal wie viel er besitzt.

Voraussetzung 7: *„lehrfähig"*
Paulus verwendet das Wort *didaktikos*, also „fähig zu lehren", nur zweimal in seinen Briefen. Das zweite Mal ist im zweiten Timotheusbrief, wo er die Beziehung dieses jungen Mannes zu jenen Menschen anspricht, die eine andere Meinung vertreten (2Tim 2,23-25). Wer dieses Charaktermerkmal entwickelt hat, kann mit Menschen kommunizieren, ohne mit ihnen zu streiten, sich zu verteidigen und sie einzuschüchtern.

Voraussetzung 8: *„kein Trinker"*
Die meisten Fachleute stimmen darin überein, dass die meisten Erwähnungen von Wein im Alten wie im Neuen Testament vergorenen Traubensaft meinen. So schreibt Paulus, geistliche Leiterinnen sollen nicht *„Sklavinnen* von vielem Wein" sein (Tit 2,3). Es ist aber unmöglich, auf nichtalkoholische Getränke süchtig zu sein. Aus einer biblischen Gesamtsicht sagt Paulus, ein geistlicher Leiter soll (1) niemals zu viel trinken oder sich betrinken (Spr 23,29-30); (2) niemals andere zur Sünde verführen, indem er seine eigene Freiheit in Christus auslebt (Röm 14,21) und (3) niemals von irgendetwas abhängig sein, auch nicht vom Essen (Spr 23,20-21).

Voraussetzung 9: *„kein Schläger"*
Paulus warnt Leiter davor, sich vom Zorn hinreißen zu lassen, und zwar körperlich genauso wie mit Worten. Ein solcher gewalttätiger Mensch (*plektes*) ist „schnell mit der Faust", ein „streitsüchtiger, kampfeslustiger, zänkischer Mensch."

Voraussetzung 10: *„gütig"*
„Gütig" zu sein, ist das Gegenteil eines „Schlägers." Das griechische Wort *epieikes* wird auch mit „sanft" wiedergegeben und beschreibt einen „zuvorkommenden", „auf Ausgleich bedachten", „gerechten" und „verständigen" Menschen.

Voraussetzung 11: *„nicht streitsüchtig"*
Die *New American Standard Bible* schreibt hier „friedfertig", es geht um Menschen, die Debatten und Streitgespräche meiden. Das ist

ein sehr grundlegendes Charaktermerkmal eines Leiters, der „lehrfähig“ ist.

Voraussetzung 12: *„nicht geldliebend“*
Die Schrift lehrt nicht, Geld an sich sei böse. Es ist auch nicht falsch, Geld im Überfluss zu haben. Deshalb sagt Paulus, Männer in Leitungspositionen sollen „frei“ sein, nicht vom Geld, sondern von der „Liebe zum Geld“ (*New Americal Standard Bible*). Sie sollen für ihre Herde ein Vorbild für Freigebigkeit und eine nicht-materialistische Lebenshaltung und Handlungsweise sein.

Voraussetzung 13: *„der dem eigenen Haus gut vorsteht“*
Bei einem verheirateten Mann, der Kinder hat, ist ein Grundkriterium dafür, ob er für eine Führungsposition in der Gemeinde geeignet ist, ob er sich als geistlicher Leiter seiner Familie bewährt hat. Paulus sieht eine wohlgeordnete Familie als den wahren Reifetest eines Mannes und als Bewährungsprobe für das Leiten anderer Christen. Es gibt aber viele Missverständnisse darüber, was Paulus mit dieser Eignungsvoraussetzung meint. Oft setzen wir Maßstäbe, die Paulus gar nicht im Sinn hatte. Eindeutig dachte er an erwachsene Kinder, die wahrscheinlich selbst schon verheiratet sind. Deren „ausschweifendes und aufsässiges“ Verhalten schädigt den Ruf ihres Vaters sowohl in der Gemeinde als auch bei den Nichtgläubigen. (Siehe Kapitel 20, wo wir näher darauf eingehen werden.)

Voraussetzung 14: *„nicht ein Neubekehrter“*
Paulus warnt davor, frisch bekehrte Christen zu Leitern zu ernennen. Diese Menschen geraten sonst direkt dem Satan in die Schusslinie, und zwar im Hinblick auf Stolz.

Voraussetzung 15: *„ein gutes Zeugnis“*
Schließlich muss ein Aufseher einen guten Ruf in seiner Umgebung haben. So wie ein geistlicher Leiter einen guten Ruf bei den Gläubigen haben soll („untadelig“, die erste Voraussetzung), muss er auch bei den Außenstehenden über Kritik erhaben sein.

Das ist das erste von zwei sehr ausführlichen Reifeprofilen des

Apostels Paulus, um Älteste/Aufseher auszuwählen und einzusetzen. Als Paulus an Titus schreibt, der die Gemeinde in Kreta festigen soll, erstellt er eine zweite Liste von Eignungsvoraussetzungen (Tit 1,5-9). In Kapitel 19 werden wir die beiden Listen miteinander vergleichen, um „Ähnlichkeiten“ und „Unterschiede“ festzustellen.[17]

13. Helfer für Älteste/Aufseher: die Diakone (63 n. Chr.)

ZURÜCK ZUR QUELLE

Ehe Sie fortfahren, lesen Sie bitte 1.Timotheus 3,1-13 und Titus 1,1-9. Warum sollte Timotheus in Ephesus sowohl Älteste/Aufseher als auch Diakone, Titus in Kreta aber nur Älteste/Aufseher einsetzen?

Aus dem Hausarrest in Rom grüßt Paulus nicht nur die *„Aufseher"*, sondern auch die *„Diener"* (griechisch *diakonoi*) in Philippi (Phil 1,1). Hier taucht erstmals im biblischen Bericht der Begriff „Diakon" für eine Gruppe von Menschen auf, die ein besonderes Amt innehaben. In den sechs bis acht Jahren, die Lukas als apostolischer Vertreter in Philippi wirkte, ernannte er anscheinend nicht nur jene, die „die Herde weiden" sollten, sondern auch Helfer für die Aufseher (oder Hirten).

Einige Jahre nachdem Paulus aus der Haft entlassen worden war, verwendet er denselben Begriff in seinem ersten Brief an Timotheus, indem er nicht nur Eignungsvoraussetzungen für Älteste/Aufseher, sondern auch für Diakone festlegt (1Tim 3,8-13).

Werke des Dienstes

Bevor wir uns diesen charakterlichen Qualitäten zuwenden, halten wir fest, dass die Autoren der Bibel die Grundbegriffe *diakoneo* (dienen), *diakonia* (Dienst) und *diakonos* (Diener) für den *Dienst aller Gläubigen* im Leib Christi verwenden. Beispielsweise schreibt Paulus im Epheserbrief, dass nach dem Plan Gottes alle Gläubigen „für das Werk des Dienstes [*diakonia*]" zugerüstet werden sollen (Eph 4,12). Zwar gibt es Menschen, die dem Leib Christi auf besondere Art dienen, dennoch sollte jeder Gläubige ein „Diakon" oder „Diener" (*diakonos*) sein, der an der Erbauung des Leibes Christi teilhat (v16).

Die Männer aus Apostelgeschichte 6

Das erste Beispiel für diese Art besonderen „Dienstes" (*diakonia*) finden wir in der Gemeinde in Jerusalem, als die Apostel die griechischen Juden baten, aus ihrer Mitte sieben geeignete Männer auszuwählen, die sich um die griechischen Witwen kümmern sollten. Ihr Dienst machte es den Aposteln möglich, sich weiter auf ihre vorrangigen, gottgegebenen Aufgaben zu konzentrieren, nämlich „im *Gebet* und im Dienst des *Wortes* [zu] verharren" (Apg 6,4).

Zwar werden diese Männer aus „Apostelgeschichte 6" nicht als „Diakone" bezeichnet, dieser einzigartige Vorfall ist aber ein Beispiel und Vorbild dafür, wie offizielle Leiter mit diesem Titel in verschiedenen Gemeinden eingesetzt wurden. Indem die sieben Männer in Jerusalem *den Aposteln halfen,* einem damals bestehenden, besonderen kulturellen Bedürfnis zu entsprechen, so wurden später in den Gemeinden „Diakone" bestellt, um *den Ältesten/Aufsehern bei der Ausübung ihres Hirtendienstes zu helfen,* besonders bei speziell kulturbedingten Bedürfnissen.

Kulturübergreifende und kulturbedingte Aufgaben

Als Paulus und Barnabas auf dem Rückweg von der ersten Missionsreise wieder nach Lystra, Ikonium und Antiochien in Pisidien kamen, setzten sie zuerst „in jeder Gemeinde *Älteste"* ein (Apg 14,23). Es gibt keinen Hinweis auf „Diakone". Und als Titus in Kreta zurückblieb, sollte er „was noch mangelte, in Ordnung bringen und in jeder Stadt Älteste anstellen" (Tit 1,5). Wiederum werden „Diakone" nicht erwähnt.

Hat es in diesen Gemeinde also nie „Diakone" gegeben? Keineswegs, sondern sie wurden erst später eingesetzt. Aus zwei Gründen wurden zuerst Älteste/Aufseher ernannt. Erstens brauchen alle Gläubigen qualifizierte Hirten, die sie vor allem mit dem Wort Gottes versorgten. Das ist ein geistliches Bedürfnis über alle kulturellen Schranken hinweg. Ohne diese Hirten können die Gläubigen nicht weiter wachsen und in Jesus Christus reif werden.

Zweitens ernannten Paulus und Barnabas in diesen Gemeinden auch aus pragmatischen und kulturellen Gründen Älteste/Aufseher und nicht Diakone. Anfangs waren diese Gemeinden relativ klein, weshalb die Ältesten/Aufseher gar keine Diakone brauchten, um sie bei der Aufsicht über die Gemeinde zu unterstützen. Als die Gemeinden aber zahlenmäßig wuchsen, entstanden spezielle Bedürfnisse, wodurch die Ältesten/Aufseher vor derselben Herausforderung standen wie die Apostel in Jerusalem, nämlich diesen Bedürfnissen zu entsprechen, ohne ihre vorrangige Aufgabe als Hirten zu vernachlässigen.

Aus dieser allgemeinen Sicht wird auch verständlich, warum Paulus und Petrus konkrete „Aufgaben" von Ältesten/Aufsehern nennen. Es sind *kulturübergreifende Aufgaben* (siehe Abbildung 3: „Vergleich zwischen Ältesten/Aufsehern und Diakonen"). Gottes Volk „aus jedem Stamm und jeder Sprache und jedem Volk und jeder Nation" (Offb 5,9) sowie zu jedem Zeitpunkt in der Geschichte benötigt Aufsicht, Lehre, Ermahnung und Gebet. Die konkreten „Aufgaben" der Diakone werden aber nie im Detail genannt, außer jener, die ihrer Bezeichnung als „Diener" (*diakonos*) innewohnt. Diese allgemeine „Aufgabe" muss von Ort zu Ort und zu verschiedenen Zeitpunkten in der Geschichte unterschiedlich ausgefüllt werden. In Jerusalem zum Beispiel bestand der Dienst aufgrund eines speziellen kulturellen Bedürfnisses jener Zeit aus dem „Dienst an den Tischen." Als die Gemeinde zerstreut wurde, blieben die sieben Männer, denen der Dienst an den Witwen anvertraut war, dieser Aufgabe treu.

Vor diesem Hintergrund können wir auch folgern, dass der „Titel" nicht das Entscheidende ist, was diese Art des Dienstes ausmacht. Diese Männer und Frauen könnten auch als „Assistenten", „Helfer", „Diener" oder „Ministranten" bezeichnet werden, je nach dem kulturellen Umfeld. Das passt gut zu dem, was wir bereits über die Aufseher und Hirten der Herde beobachtet haben. In einigen Fällen wurden sie „Älteste", anderswo „Aufseher" genannt, je nach dem kulturellen Umfeld.

Abbildung 3:
Vergleich zwischen Ältesten/Aufsehern und Diakonen

BEGRIFFE	QUALIFIKATIONEN	AUFGABEN
Älteste/Aufseher		
Sie werden zuerst eingesetzt; dauerhafte Positionen	eingehend beschrieben (1Tim 3,1-7; Tit 1,5-9)	Verwaltung und Hirtendienst in einer *kulturübergreifend definierten* Weise; zB Aufsicht, Lehre, Ermahnung, Gebet, Delegieren
Diakone		
Nur bei Bedarf ernannt; unter Umständen befristete Positionen	eingehend beschrieben (1Tim 3,8-13)	Dienen auf verschiedene Arten, die oft *kulturell vorgegeben* sind

Weibliche Diakone

Eine mögliche Auslegung von 1. Timotheus 3,11

Während Paulus die Eignungsvoraussetzungen für „Diakone" definiert, fügt er einen Absatz hinzu, der sogar für Bibelübersetzer verwirrend ist. Er erwähnt vier Qualifikationen für Frauen, wobei er das griechische Wort *gynaikas* verwendet, das sich auf jede erwachsene Frau beziehen kann, ob verheiratet, unverheiratet, verwitwet oder geschieden (1Tim 3,11). Das ist natürlich eine Herausforderung für die Übersetzer, denn sie müssen aus dem allgemeinen Zusammenhang schließen, was Paulus meint.[18]

Die meisten christlichen Leiter im Laufe der Jahrhunderte lehnten die Auslegung ab, dass Paulus hier über die „Frauen der Diakone" spricht. Die häufigste Auslegung ist, dass es um die Qualifikationen der „Frauen" geht, die als Diakoninnen dienen. Manche Übersetzungen schreiben dies sogar ausdrücklich in den Text. Diese Auslegung scheint dem Text tatsächlich besser gerecht zu werden, besonders weil Paulus keine Voraussetzungen für die „Ehefrauen" der Ältesten/Aufseher festlegt, obwohl ihre Rolle in der Gemeinde doch noch wichtiger ist.

Manche Gemeindeleiter treiben diese Auslegung aber noch einen Schritt weiter und sprechen von „drei Ämtern", die Paulus im ersten Timotheusbrief erwähnt: Älteste/Aufseher, männliche Diakone und Diakoninnen. Das ist interessant, weil der Begriff „Amt" im gesamten Neuen Testament weder für Älteste/Aufseher noch für Diakone verwendet wird.[19]

Eine andere Auslegung

Obwohl die „Drei-Ämter-Theorie" in der Kirchengeschichte oft vorherrschend war, halten wir eine andere Auslegung für besser mit dem Text, seinem Zusammenhang und dem kulturellen Umfeld vereinbar. Im Hinblick auf den gesamten biblischen Bericht sehen wir nur eine primäre Leitungsfunktion in der Gemeinde, und zwar die der Ältesten/Aufseher, die dafür verantwortlich sind, dem Volk Gottes vorzustehen und ihm als Hirten zu dienen, so wie ein Vater die primäre Führungsfunktion in seiner Familie hat. Diakone hingegen sind qualifizierte Männer und Frauen, die den Ältesten/Aufsehern in ihrem pastoralen Dienst *beistehen sollen.*

Diese Auslegung umfasst unverheiratete Frauen ebenso wie verheiratete, die durchaus den Ältesten/Aufsehern als „Diakoninnen" beistehen können, sofern sie ihre familiären Pflichten dabei nicht vernachlässigen. Eine von ihnen war Priscilla, die zweifellos gemeinsam mit ihrem Mann Aquila den Apostel Paulus unterstützte (Apg 18,1-3.18; Röm 16,3). Eine andere war Phöbe, die „Dienerin" (oder Diakonin) der Gemeinde in Kenchreä (Röm 16,1).[20]

Eignungsvoraussetzungen für Diakone

Vor diesem Hintergrund können wir nun die konkreten charakterlichen Qualitäten betrachten, die Paulus in 1Timotheus 3,8-13 für Männer und Frauen auflistet, die als Diakone dienen.

Voraussetzung 1: *„ehrbar"*
Paulus verwendet das griechische Wort *semnos* für einen grundlegenden Charakterzug von Männern wie Frauen (1Tim 3,8a.11a). Die *Hoffnung für alle* übersetzt diesen Text: „Auch die Mitarbeiter in der Gemeinde sollen *geachtete* Leute" (3,8) und „in ihrer Lebensführung untadelig" (3,11) sein.

Voraussetzung 2: *„nicht doppelzüngig"*
Diese Eigenschaft (vom griechischen *dilogos*) meint Ehrlichkeit und Aufrichtigkeit in der Kommunikation. Es geht dabei um Menschen, die nicht je nach Gesprächspartner unterschiedliche Meinungen vertreten.

Voraussetzung 3: *„nicht vielem Wein ergeben"*
Dasselbe verlangt Paulus von einem Ältesten/Aufseher (siehe „Das Reifeprofil" in Kapitel 12). Im Grunde kann niemand der Gemeinde als Ältester/Aufseher oder Diakon dienen, der ein ungelöstes Suchtproblem hat.

Voraussetzung 4: *„nicht schändlichem Gewinn nachgehend"*
Paulus nennt diese Bedingung wahrscheinlich ganz konkret bei den Diakonen, weil ihnen oft die Finanzverwaltung der Gemeinde anvertraut wird (1Kor 16,3-4). Sie dürfen auf keinen Fall „in die eigene Tasche wirtschaften."

Voraussetzung 5: *„die das Geheimnis des Glaubens in reinem Gewissen bewahren"*
Es gab in den neutestamentlichen Gemeinden angehende Leiter, die die biblische Wahrheit missbrauchten, um unehrliche Gewinne zu machen, also um Menschen zum Spenden zu manipulieren und

das Geld dann für sich selbst auszugeben. Paulus lehrt im Wort und im Vorbild, dass ein derartiges Verhalten von Gewissenlosigkeit zeugt (1Thes 2,5).

Voraussetzung 6: *„Lass sie aber auch zuerst erprobt werden"*
Paulus erwähnt in Vers 10 keine konkrete Methode, wie diese Erprobung durchgeführt werden soll. Hier finden wir wiederum „Freiheit in der Form", wie wir wichtige „biblische Aufgaben" durchführen sollen.

Voraussetzung 7: *„nicht verleumderisch"*
An diesem Punkt scheint Paulus den Schwerpunkt auf Frauen zu verlegen, die als Diakoninnen dienen sollen (1Tim 3,11). Genau wie die Männer sollen auch diese Frauen „ehrbar" sein, wie bereits festgestellt. Nun aber erwähnt Paulus drei ganz konkrete zusätzliche Anforderungen an die Frauen. Die erste davon ist, dass eine Diakonin „nicht verleumderisch" sein soll.

Das war ganz offensichtlich ein Problem für Frauen in der neutestamentlichen Kultur, weil Paulus dasselbe Problem in seinem Brief an Titus anspricht, der die „alten Frauen" anhalten soll zu leben, „wie es der Heiligkeit geziemt, *nicht verleumderisch"* (Tit 2,3). Paulus behauptet damit nicht, Männer hätten kein Problem mit Verleumdung und übler Nachrede. Vergleichen wir aber die generellen Voraussetzungen für Männer, die als Älteste/Aufseher dienen sollen, mit den allgemeinen Qualifikationen für Frauen in ihrer Rolle als Diener und Lehrerinnen, so stellen wir einen interessanten Schwerpunkt fest. Betrachten Sie die Gegenüberstellung in Abbildung 4. Dieses literarische Muster dürfte kein Zufall sein, sondern spiegelt offenbar eine Wirklichkeit wider. Der verletzlichste Bereich des Mannes ist für gewöhnlich der sexuelle, deshalb die Anforderung, „Mann *einer* Frau" zu sein. Die Frau hingegen hat ihren wunden Punkt oft beim angemessenen Gebrauch der Zunge. Das bedeutet wiederum nicht, dass eine Frau keinen Versuchungen zur Unmoral ausgesetzt ist, aber bei ihr konzentriert sich die Anfechtung oft mehr auf unangemessene Kommunikation.

Abbildung 4:
Vergleich der Voraussetzungen für Älteste und Diakoninnen

MÄNNER (ÄLTESTE)	FRAUEN (DIAKONINNEN)
Im 1Timotheusbrief: „untadelig" (3,2a)„Mann *einer* Frau" (3,2b)	Im 1Timotheusbrief: „ehrbar" (3,11a)„nicht verleumderisch" (3,11b)
Im Titusbrief: „untadelig" (1,6a)„Mann *einer* Frau" (1,6b)	Im Titusbrief: „wie es der Heiligkeit geziemt" (2,3a)„nicht verleumderisch" (2,3b)

Voraussetzung 8: *„nüchtern"*
Dasselbe Charaktermerkmal hat Paulus bereits bei den Ältesten/Aufsehern erwähnt (1Tim 3,2). Allgemein gesprochen ist eine „nüchterne" Person (griechisch *nephalios*) jemand, der einen geraden Lebensweg geht.

Voraussetzung 9: *„treu"*
Das griechische Wort „treu" kann auch „gläubig" bedeuten. Eine Frau, die dieser Anforderung genügt, ist „treu in *Allem.*" Das ist natürlich auch für Männer wichtig, aber aus irgendeinem nicht genannten Grund betont Paulus dieses Charaktermerkmal besonders bei Frauen, die als Diakoninnen in Frage kommen.

Voraussetzung 10: *„Mann einer Frau"*
In Vers 12 wendet sich Paulus wiederum den Männern zu und betont die moralische Reinheit. (Dieser Begriff wird in Kapitel 20 eingehend besprochen.)

Voraussetzung 11: *„den Kindern und den eigenen Häusern gut vorstehen"*
Hier wiederholt Paulus eine Anforderung, die er bereits bei den

Ältesten/Aufsehern erwähnt hat. Soll ein „Familienmann" der Gemeinde in einer der beiden Funktionen dienen, so kann das nur gut gehen, wenn er als Ehemann und Vater treu und erfolgreich ist (siehe Kapitel 20).

Assistenten und Assistentinnen

Im Grunde sollen Männer und Frauen, die als Helfer der Ältesten/ Aufseher in der Gemeinde wirken, genauso gut qualifiziert sein wie jene, die sie unterstützen. Das ist auch durchaus sinnvoll, denn im Grunde führt Paulus in beiden Listen Eigenschaften an, die auf einen gereiften Charakter in Jesus Christus schließen lassen. Daher sollte jeder Christ diese Charaktermerkmale anstreben, der gemäß dem Willen Gottes leben und die „Frucht des Geistes" widerspiegeln will.

14. Die Rolle der Frau im Dienst (63 n. Chr.)

ZURÜCK ZUR QUELLE

Bevor Sie weiter lesen, vergleichen Sie bitte die Einschränkungen für den Dienst der Frau in 1Timotheus 2,11-14 mit den Aussagen von Galater 3,27-29 und Kolosser 3,16. Wie können wir die Gleichstellung von „Mann und Frau ... in Christus Jesus" mit den Beschränkungen im Hinblick auf Leiterschaft vereinbaren?

Weil Paulus im ersten Timotheusbrief die Eignungsvoraussetzungen für Älteste/Aufseher und Diakone erläutert, macht er uns zugleich mit dem Thema der Frau und ihrer Leitungsrolle in der neutestamentlichen Gemeinde bekannt. Das bringt uns zu einer Frage, die gerade heute sehr brennend geworden ist: Inwieweit soll die Praxis im ersten Jahrhundert die Leitungsrolle von Frauen im 21.Jahrhundert bestimmen?

Die meisten Kirchenhistoriker stimmen darin überein, dass diese Frage unter christlichen Leitern bereits geklärt sei, da Frauen für das Amt eines Ältesten/Aufsehers nicht in Frage kamen. Heute hat sich das aber geändert, und zwar sowohl in freien Gemeinden als auch solchen an Denominationen gebundene. Neue Stimmen erheben sich und stellen die herkömmlichen Ansichten in Frage.[21]

Deshalb ist es für uns alle, die wir an die Autorität der Bibel glauben, besonders wichtig, diese Frage durch die Linsen der Schrift, der Geschichte und der Kultur neu zu prüfen. Manche von uns sind zwar mit den neuen Entwicklungen in der Auslegung und Anwendung der Schrift nicht einverstanden, dennoch können und sollen uns diese Herausforderungen helfen, unseren theologischen Standpunkt zu prüfen und unsere Ansichten zu verfeinern, sollten sie tatsächlich nicht mit der biblischen Wahrheit in Einklang stehen.

Der Leib Christi

Die Gemeinde und das innere Zusammenwirken ihrer Glieder definiert Paulus als einen einzigen, funktionstüchtigen *Leib.* Er ist der einzige biblische Schreiber, der diesen Vergleich für die Gemeinde verwendet, dass sie wie der menschliche Körper „einer ist" und wir „einzeln aber Glieder voneinander" sind (1Kor 12,12; Röm 12,5). Im Galaterbrief lehnt Paulus jeden Unterschied zwischen den Geschlechtern im Hinblick auf die persönliche Beziehung zu Gott ab: „Da ist nicht Jude noch Grieche, da ist nicht Sklave noch Freier, da ist *nicht Mann und Frau;* denn ihr alle seid *einer in Christus Jesus"* (Gal 3,28).

Diese Wahrheit gilt eindeutig nicht nur im Hinblick auf unsere persönliche und gemeinschaftliche Beziehung zu Christus. Wir müssen hier und jetzt einander dienen. Im Epheserbrief stellt Paulus eindeutig klar, dass *jedes Glied* am Leib Christi einen wesentlichen Anteil am Reifeprozess hat: „Lasst uns aber *die Wahrheit bekennen in Liebe* und in Allem hinwachsen zu ihm, der das Haupt ist, Christus. Aus ihm wird *der ganze Leib* gut zusammengefügt und verbunden durch *jedes Gelenk des Dienstes,* entsprechend der Wirksamkeit nach dem Maß *jedes einzelnen Teils;* und so wirkt er das Wachstum des Leibes zu seiner Selbstauferbauung in Liebe" (Eph 4,15-16).

Wer die Briefe des Apostels Paulus unvoreingenommen liest, kann dieser entscheidenden Wahrheit nicht entkommen. Eine Ortsgemeinde braucht alle Gläubigen, Männer wie Frauen, damit sie gemäß dem Willen Gottes funktionieren kann. „Das Wort des Christus wohne reichlich in euch; in aller Weisheit *lehrt und ermahnt euch gegenseitig"* (Kol 3,16; siehe auch Eph 5,19).

Einander aufbauen

Überall wo Paulus erklärt, was die Gläubigen „einander" [*allelon*] tun sollen, meint er mit wenigen Ausnahmen *alle Glieder* am Leib Christi.[22] So schreibt er zum Beispiel an die Römer: „Ich bin aber, meine Brüder [und Schwestern], auch selbst im Blick auf euch überzeugt, dass auch ihr selbst voll Güte seid, erfüllt mit aller Erkenntnis, fähig, auch einander zu ermahnen" (Röm 15,14).[23] In dieser „einander"-Aussage verwendet Paulus das Wort *noutheteo* („ermahnen" oder „warnen"), das eindeutig einen Aspekt des „Lehrens" darstellt, wie es im gesamten Neuen Testament oftmals vorkommt.

Im Thessalonicherbrief verwendet Paulus das griechische Grundwort *parakaleo,* das soviel wie „bitten", „ermahnen", „trösten" und „anflehen" bedeutet:

- So *ermuntert nun einander* mit diesen Worten (1Thes 4,18)
- Deshalb *ermahnt einander und erbaut einer den anderen,* wie ihr es auch tut (1Thes 5,11)

Der Geist der Wahrheit

Das griechische Grundwort, das Paulus in seiner Ermahnung an die Thessalonicher verwendet („ermuntert einander"), steht in einer anderen Form dreimal im Johannesevangelium als Bezeichnung für den versprochenen Heiligen Geist. Er würde der *parakletos* sein, der „Tröster" oder „Beistand" (Joh 14,16.26; 15,26). Ebenfalls dreimal nennt Jesus den „Beistand" auch den „Geist der *Wahrheit*" (Joh 14,16-17; 15,26; 16,13). Damit spielt er gewiss auf die inspirierte Gottesoffenbarung an, die einige dieser Männer zuerst mündlich und dann in Form der Heiligen Schrift weitergeben würden (Apg 2,41; 2Tim 3,16-17). Wenn der „Geist der Wahrheit" kommen würde, so die Verheißung Jesu, würde er die Apostel „alles lehren" und sie „an alles erinnern", was er gesagt hatte (Joh 14,26).

Obwohl die Apostel damit eine primäre, einzigartige und vollmächtige Rolle darin hatten, diese geistlichen Wahrheiten zu lehren, ist es für Paulus ebenso sicher, dass jedes Glied am Leib Christi, Männer wie Frauen, einen Teil an der Aufgabe hat, einander die biblische Wahrheit, die der Heilige Geist offenbar hat, zu „lehren." Robert L. Saucy drückt das treffend aus: „Betrachten wir das neutestamentliche Zeugnis, so wurde die Lehrfunktion der Gemeinde durch die verschiedensten Mittel ausgefüllt, und zwar nicht nur durch *berufene Lehrer,* sondern letztlich durch *alle Mitglieder.*"[24]

Älteste/Aufseher: Nur Männer?

Die Debatte

Nachdem Paulus oft betont hat, dass Männer und Frauen in Christus eins sind und wir einander durch verschiedene Arten von „Lehraufgaben“ dienen sollen, lehrt er in den Pastoralbriefen ebenso, dass nur Männer und nicht Frauen als Älteste/Aufseher dienen sollen. Sowohl im Timotheus- als auch im Titusbrief verlangt er von einem Leiter, „Mann einer Frau“ zu sein (1Tim 3,2; Tit 1,6). Weiters spricht er „Väter“ an, indem er von einem Ältesten/Aufseher fordert, dass er „dem eigenen Haus gut vorsteht und die Kinder mit aller Ehrbarkeit in Unterordnung hält“ (1Tim 3,4; siehe auch Tit 1,6). Für Paulus soll die Gemeinde als „Familie“ oder „Haus Gottes“ eine Erweiterung einer intakten Familie sein, geleitet von geistlich reifen Ehemännern und Vätern.

Nun werfen einige christliche Leiter heute die Frage auf, ob Paulus bei diesen Voraussetzungen einfach Rücksicht auf das kulturelle Umfeld nahm, das in der damaligen jüdischen und heidnischen Welt vorherrschte. So kommen manche zu dem Schluss, dass Paulus mit den Worten „da ist nicht Mann und Frau ... in Christus“ das Ideal skizzierte und damit Raum für eine Veränderung schuf, die letztlich alle Rollenunterschiede im Hinblick auf die Leitung der Gemeinde beseitigen sollte.[25]

Schlussfolgerung: eine kulturübergreifende Anforderung

Auf der Grundlage der biblischen, historischen und kulturellen Nachforschungen unserer Ältesten sind wir zu dem Schluss gekommen, dass die Anordnung von Paulus in 1Timotheus und Titus sehr wohl kulturübergreifend und verbindlich ist. Wo immer und wann immer eine Gemeinde besteht, soll diese Position der Leitung und des Hirtendienstes von Männern ausgefüllt werden. Ist dieses Prinzip genauso wichtig wie die Lehre von der Göttlichkeit Jesu Christi, von der Dreieinheit und von der Errettung aus Gnade durch den Glauben? Keineswegs! Eine falsche Anwendung dieses Prinzips würde aber tatsächlich dem Ziel im Weg stehen, das Paulus der Gemeinde so klar vorsteckt: „bis wir alle hingelangen ... zum Vollmaß des Wuchses der Fülle Christi“ (Eph 4,13).

Wie aber können wir den Anweisungen des Apostels Paulus folgen und nur Männer zu Ältesten/Aufsehern ernennen, ohne gegen seine anderweitige ausdrückliche Lehre zu verstoßen, dass jedes Glied am Leib Christi an der „Lehre“ teilhaben soll, die der ganzen

Gemeinde zur Reife verhilft? Wir glauben, diese beiden Positionen, die oft als gegensätzlich empfunden werden, können gut miteinander in Einklang gebracht werden, wenn wir uns über die „exegetischen Bäume“ erheben und den „Wald“ zu sehen beginnen. So wichtig es auch ist, die komplizierten Details des biblischen Textes zu verstehen, so verlieren wir dadurch doch manchmal den Blick für das „Gesamtbild“, das vor uns ersteht, wenn wir uns genauer der fortschreitenden Offenbarung Gottes über einen längeren Zeitraum hinweg widmen.

Assistenten der Ältesten/Aufseher

Wie wir im letzten Kapitel sahen, *können und sollen* Frauen den Ältesten/Aufsehern in allen Aspekten des Dienstes *helfen.* „Leider“, beobachtet Wayne House, „war das Augenmerk während eines Großteils der Kirchengeschichte auf die Einschränkungen der Leitungsrolle von Frauen gerichtet, wohingegen wenig über die vielen Möglichkeiten geschrieben wurde, wie Frauen dienen können.“[26]

Gerade Paulus, der oft scharf kritisiert wird, weil er ein Vorurteil gegen Frauen gehabt haben soll, äußert oft seine tiefe Wertschätzung für jene Frauen, die ihn im Dienst begleiteten und unterstützten. Selbst viele Feministen gestehen Paulus seine Hochachtung vor Frauen zu. Der liberale Gelehrte Robin Scroggs beispielsweise verteidigt die Ansichten von Paulus mit den Worten: „Es ist allerhöchste Zeit, laut und deutlich auszusprechen, dass Paulus keineswegs ein Chauvinist ist, sondern der einzige sichere und konsequente Fürsprecher für die Befreiung und Gleichstellung der Frau im Neuen Testament.“[27]

Verschiedene Assistentinnen

Etliche Aussagen von Paulus bekräftigen die Schlussfolgerung von Scroggs. Über Phöbe schreibt er in Römer 16:

„Ich empfehle euch aber unsere *Schwester* Phöbe, die eine *Dienerin* der Gemeinde in Kenchreä ist, damit ihr sie im Herrn aufnehmt, der Heiligen würdig, und ihr beisteht, worin immer sie euch braucht; denn auch sie ist *vielen ein Beistand gewesen, auch mir selbst.* " (v1-2)

Ebenfalls im letzten Kapitel des Römerbriefs grüßt Paulus mehrere andere Frauen und lobt sie für ihren eifrigen Einsatz:

- „Grüßt Maria, die viel für euch gearbeitet hat." (v6)
- „Grüßt Tryphäna und Tryphosa, die im Herrn arbeiten. Grüßt Persis, die Geliebte, die viel gearbeitet hat im Herrn." (v12)

Auch im Brief an die Philipper erwähnt Paulus zwei Frauen, *Euodia* und *Syntyche,* die „in dem Evangelium zusammen mit mir gekämpft haben." Außerdem hatten diese beiden „mit Klemens und meinen übrigen Mitarbeitern" gemeinsam gedient (Phil 4,3).

Alle diese persönlichen Aussagen von Paulus über verschiedene Frauen passen vorzüglich zu unseren Schlussfolgerungen über Diakone (1Tim 3,11). Zusammen mit qualifizierten Männern sollen qualifizierte Frauen die Ältesten/Aufseher in jeder erdenklichen Weise dabei unterstützen, die Gemeinde zu verwalten und zu weiden. Wir erfahren zwar nicht konkret, worin die von Paulus namentlich erwähnten Frauen ihm und vielen anderen geholfen haben, bestimmt aber fielen ihnen sehr konkrete Aufgaben zu, darunter auch einige „Lehraufträge".

Priscilla und ihr Mann

In den Schlussbemerkungen des Römerbriefes taucht schon sehr bald ein besonderer Gruß an ein Ehepaar auf, das er in Korinth zum Herrn geführt hatte: „Grüßt *Priska* und *Aquila,* meine *Mitarbeiter* in Christus Jesus, die für mein Leben ihren eigenen Hals preisgegeben haben, denen nicht allein ich danke, sondern auch alle Gemeinden der Nationen" (Röm 16,3-4).

Als Paulus Priscilla und Aquila in Ephesus zurückließ, hörten sie einen Mann namens Apollos von Jesus Christus reden. Er wusste über den Herrn Bescheid, „obwohl er nur die Taufe des Johannes kannte" (Apg 18,25). So luden Priscilla und Aquila ihn zu sich nach Hause ein „und legten ihm den Weg Gottes genauer aus" (18,26). Nicht zufällig nennt Lukas an dieser Stelle zuerst den Namen von Priscilla, denn ohne Zweifel ging dieses Gespräch mit Apollos auf ihre Initiative zurück.

Daraus dürfen wir nicht schließen, Priscilla sei die Leiterin ihrer Familie gewesen. Das deutet Lukas in seiner ersten Erwähnung dieses Ehepaars an: „Aquila, aus Pontus gebürtig, der kürzlich aus Italien gekommen war, und Priscilla, seine Frau“ (Apg 18,2). Vor seiner Bekehrung war er wahrscheinlich ein typisch jüdischer Ehemann und hatte dementsprechende Ansichten über seine patriarchalische Stellung. Als er aber durch Paulus gläubig wurde, erkannte er die Begabung seiner Frau und ihre Fähigkeit, andere in der Jüngerschaft voranzubringen. Er machte sich keine Sorgen oder fühlte sich gar bedroht, wenn Priscilla zeitweise die Initiative ergriff und Kontakt mit Menschen aufnahm, denen geistlich geholfen werden musste. Wahrscheinlich hatte sie auch im Gespräch oft die Leitung inne.

Frauen lehren Frauen

Keine Debatte gibt es im Hinblick auf den Standpunkt von Paulus darüber, ob „Frauen Frauen lehren“ dürfen. Titus sollte die älteren Frauen in Kreta extra dazu zurüsten, jüngere Frauen zu lehren. Der Text in diesem Brief bedarf keines Kommentars:

„Ebenso [lehre] die alten Frauen
- in der Haltung, wie es der Heiligkeit geziemt,
- nicht verleumderisch,
- nicht Sklavinnen von vielem Wein,
- Lehrerinnen des Guten;

damit sie die jungen Frauen unterweisen,
- ihre Männer zu lieben,
- ihre Kinder zu lieben,
- besonnen,
- keusch,
- mit häuslichen Arbeiten beschäftigt,
- gütig zu sein,
- den eigenen Männern sich unterzuordnen, damit das Wort Gottes nicht verlästert werde.“ (Tit 2,3-5)

Paulus stellt dieses Modell, „die älteren Frauen lehren die jüngeren“ als eine der großartigsten Gelegenheiten vor, wie reife christliche Frauen in der Gemeinde lehren können. Sie können aus jahrelanger Erfahrung eine Weisheit weitergeben, die selbst reife Männer nicht haben. Außerdem können diese *reifen Frauen etwas tun, was kein Mann tun kann,* nämlich in sehr intimen Fragen auf persönlicher Ebene mit diesen Frauen sprechen. Ganz offenbar stand Timotheus in Ephesus vor diesem Problem, als Paulus gerade ihn als ledigen jungen Mann auffordert: „Ermahne ... ältere Frauen als Mütter, jüngere als Schwestern *in aller Keuschheit*" (1Tim 5,1-2).

Hilfen zum Verständnis eines schwierigen Absatzes

Wir kommen nun zu den Feststellungen des Apostels Paulus über die Rolle der Frau in der Gemeinde in seinem ersten Brief an Timotheus. Gerade in den letzten Jahren sind diese Verse intensiv erforscht worden. Evangelikale Feministen haben einige scharfsinnige Fragen darüber gestellt, nicht nur was die Frau in Leitungspositionen betrifft, sondern auch im Hinblick auf ihre Beziehung zum Mann ganz allgemein.

Die Ermahnungen des Paulus:

> *Eine Frau lerne in der* Stille *in* aller Unterordnung. *Ich erlaube aber einer Frau nicht,* zu lehren, *noch über den Mann* zu herrschen, *sondern ich will, dass sie* sich in der Stille halte, *denn Adam wurde zuerst gebildet, danach Eva, und Adam wurde nicht betrogen, die Frau aber* wurde betrogen *und fiel in Übertretung. (1Tim 2,11-14)*

Wie bringen wir diese Aussage von Paulus in Einklang mit allem, was wir bisher darüber festgestellt haben, wie Männer und Frauen gemeinsam im Leib Christi „reden" und „lehren" sollen? Um diese Frage zu beantworten, müssen wir zuerst logisch denken. Hätte Paulus hier gemeint, dass eine Frau in der Gegenwart von Männern „absolutes Schweigen" bewahren muss, dann hätte er seinen eigenen Worten in etlichen anderen Briefen vielfach widersprochen. Selbst in Korinth, wo er ein ähnliches Verbot ausspricht (1Kor 14,33-35), verbietet er es den Frauen nicht, ihre „rednerischen" Gaben zu gebrauchen (14,26).

Im Garten Eden

Was meint Paulus also? Welche „Formen" der Kommunikation untersagt der Apostel den Frauen? Um diese Frage zu beantworten, müssen wir auf eine sehr wichtige Richtlinie im Timotheusbrief achten, die in der Schöpfungsgeschichte verwurzelt ist, nämlich dass eine Frau nicht „über den Mann herrschen" soll (1Tim 2,12). Als Beleg für diese Aussage beruft sich Paulus zuerst auf die Schöpfungsordnung: „denn Adam wurde zuerst gebildet, danach Eva" (2,13), und zwar als „Hilfe" für Adam (1Mo 2,18). Keinesfalls ist Eva damit minderwertig gegenüber Adam. Im ursprünglichen Schöpfungsbericht gibt es keinerlei Hinweis auf Ungleichheit. Beide sind im Bild Gottes erschaffen und spiegeln die Vollkommenheit des Schöpfers wider (1,27). Obwohl sie aber gemeinsam über die Tierwelt „herrschen" sollten, hatte Adam von Anfang an den Auftrag, als dienender Leiter in dieser Beziehung voranzugehen, weil er zuerst geschaffen war.

Zweitens begründet Paulus seine Aussage, dass eine Frau nicht „über den Mann herrschen" darf, mit dem Hinweis auf den „Betrug" Evas, nicht Adams, durch den Teufel (1Tim 2,14). Die Folgen davon müssen Eva „und ihre Schwestern" durch die gesamte Geschichte hindurch tragen. Ronald Allen, Fachmann für Hebräisch, scheint mir den Vorgang nach dem Sündenfall mit dieser erweiterten Übertragung von 1Mo 3,16 gut zu treffen.

> *Gott sprach dann zu der Frau, dass als Folge ihrer Auflehnung gegen die gute Herrschaft Jahwes die folgenden neuen Tatsachen ihr Leben prägen werden: Ich werde etwas Neues zu dem Wunder der Geburt eines Kindes in die Welt hinzufügen. Ich werde deine Schmerzen bei der Geburt stark vermehren. Wenn du deine Kinder zur Welt bringst, wirst du körperliche Schmerzen erleiden. Auch in deine Ehebeziehung mit deinem Mann werde ich Schmerz bringen. Du wirst den Wunsch verspüren, die Rolle an dich zu reißen, die ich ihm als mitfühlendem Leiter in deinem Haus gegeben habe. Du wirst versucht sein, seine Rolle zu verwerfen und sein Mannsein zu verachten. Der Mann hingegen wird dazu neigen, sich dir in liebloser Tyrannei zuzuwenden, dich zu unterdrücken und deine Unversehrtheit als gleichwertige Partnerin zu verletzen.*[28]

Bedeutet die zweite Begründung des Apostels Paulus - dass Eva und nicht Adam betrogen wurde –, alle Frauen wären seither leichter zu betrügen als Männer? Diese Frage würden wir mit Nein beantworten. Das Versagen Evas bewirkte bleibende *Konsequenzen im Hinblick auf Leiterschaft,* nicht aber eine leichtere Verführbarkeit. Empirische Studien belegen keinen konstanten Unterschied der Geschlechter im Hinblick auf Verführbarkeit.[29] Im Rückblick auf meine eigenen Dienstjahre muss ich zugeben, dass ich zeitweise mehr als meine Frau dazu neigte, mich hinters Licht führen zu lassen. Bei mehreren Gelegenheiten hätte ich mir Fehlurteile ersparen können, indem ich mehr auf ihre Sicht gehört hätte.

In Ephesus

Vor diesem historischen Hintergrund können wir nun genauer darüber nachdenken, was in Ephesus vor sich ging. Als Paulus an Timotheus schrieb, hatte er anscheinend ein ganz konkretes Problem vor Augen, das im Widerspruch zu dem soeben dargestellten Prinzip aus der Schöpfungsgeschichte stand. In Ephesus ebenso wie in anderen Gemeinden im römischen Reich versuchten bestimmte Frauen, jene Autorität an sich zu bringen, die Männern vorbehalten war, nämlich die Rolle von Ältesten/Aufsehern.

Menschlich betrachtet ist das verständlich. In der römischen Kultur wurden Frauen oft wie Sklaven behandelt. Die damalige Kultur war männlich dominiert. Erfuhren die Frauen dann ihre Freiheit und Gleichheit in Jesus Christus, drängten manche von ihnen klarerweise auf die vollständige Gleichheit auch im Hinblick auf Leitungspositionen. Das wurde in den Gemeinden des ersten Jahrhunderts offenbar zu einem Problem.

Hier sehen wir einen Grund dafür, warum Paulus diese Christen im ersten Jahrhundert daran erinnert, dass Frauen nicht „lehren, noch über einen Mann herrschen" dürfen. Gleich darauf erläutert er die Voraussetzungen für diese offizielle Position in der Gemeinde. So schließt Robert Saucy: „Auf der Grundlage des pastoralen Gesamtkonzepts der Lehre und des unmittelbaren Zusammenhangs, der offenkundig autoritativ ist, verstehen die meisten Ausleger den

Text so, dass Paulus den Frauen das 'Lehramt' in der offiziellen Rolle als Gemeindeleiter verwehrt."[30]

So schließt auch C. L. Blomberg: „Die einzige ... Rolle, die den Frauen im Neuen Testament verwehrt wird, ist die der höchsten 'vollmächtigen Lehrposition' in der Gemeinde."[31] Wenn diese Auslegung zutreffend ist, und das glauben wir, so gibt es viele strategische Lehrmöglichkeiten für Frauen, um Älteste/Aufseher bei der Weitergabe biblischer Lehre und Weisheit zu unterstützen.

15. Das Familienmodell (63 n. Chr.)

ZURÜCK ZUR QUELLE

Bevor Sie fortfahren, lesen Sie bitte Epheser 5,1-6,9. Was können wir aus diesem Text lernen, das die männliche Leitungsfunktion in der Familie bestärkt und dennoch die besondere Mann-Frau-Partnerschaft im Dienst betont?

Indem Paulus im ersten Timotheusbrief die Eignungsvoraussetzungen für geistliche Leiter erläutert, verwendet er die „biologische Familie" als Prototyp für die Gemeinde, das „Haus Gottes". In 1Timotheus 3 spricht er zuerst über Älteste/Aufseher, dann über männliche Diakone.

[Der Aufseher oder Älteste muss jemand sein,] der dem eigenen Haus gut vorsteht und die Kinder mit aller Ehrbarkeit in Unterordnung hält - wenn aber jemand dem eigenen Haus nicht vorzustehen weiß, wie wird er für die Gemeinde Gottes sorgen? (v4-5; siehe auch Tit 1,6)

Die Diener [*diakonoi*] seien jeweils Mann einer Frau und sollen den Kindern und den eigenen Häusern gut vorstehen (v12).

Wie soll dieses „Familienmodell" funktionieren, sowohl in der Familie als auch in der Gemeinde? Welche Beziehung besteht zwischen einem richtigen Verständnis dieses Modells und der Rolle der Frau in der Ehe, der biologischen Familie und der Familie Gottes? Führt Paulus hier ein kulturübergreifendes „patriarchalisches Modell" ein, das die Freiheit der Frau zur Teilnahme an der „Lehre" und am „Reden" in der Gemeinde stark einschränkt? Richtig verstanden, führt dieses Modell nach unserer Überzeugung zum genauen Gegenteil, nämlich einer ungeahnten Freiheit, die in direktem Zusammenhang mit dem ursprünglichen Plan Gottes für Männer und Frauen steht.

Wo Männer und Frauen oder Väter und Mütter gläubig werden und einander als „hingegebene Brüder und Schwestern in Christus" zugetan sind, entsteht eine Dynamik, die viel von der Freiheit der

Frau in Gottes ursprünglichem Plan wieder herstellen kann, ohne dabei die verschiedenen Rollen über Bord zu werfen, die Gott für die Geschlechter vorgesehen hat. Obwohl wir weiter unter dem Einfluss der Sünde und des Bösen in der Welt stehen, ist eine Einheit und Einmütigkeit in Christus möglich, die alle Beziehungen erfasst: unsere Ehen, Familien und Gemeinden.

Die Dynamik des Familienmodells

Im Hinblick auf die Leitungsrollen in Gemeinde und Familie glauben manche bibeltreuen Christen, dass es in Christus keine geschlechtsbedingten Rollenbeschränkungen mehr gibt. Ihrer Meinung nach ist das alttestamentliche, patriarchalische Modell, das die männliche Leiterschaft stark betonte, in Christus abgeschafft, nicht nur was unsere Stellung in Christus betrifft, sondern in allen zwischenmenschlichen Beziehungen. Wir hingegen erkennen im Neuen Testament ein anderes Modell, das an der männlichen Leiterschaft in Ehe, Familie und Gemeinde festhält und dennoch die Kraft hat, in erstaunlicher Weise den Zustand wieder herzustellen, der vor dem Eintritt der Sünde in die Welt von Gott geplant war. Dieses Gedankengut nennen wir das „Familienmodell."

Nach dem Plan Gottes wird jede „biologische Familie" durch die Bekehrung zu Christus eine „Gemeinde im Kleinformat." Viele lokale Gemeinden begannen sogar mit einer Großfamilie, beispielsweise die des Kornelius in Cäsarea.[32]

Betrachten Sie die Kreise in Abbildung 5. Beginnen Sie beim größten und gehen Sie hinein bis zum innersten Kreis. Die gestrichelten Linien deuten an, dass alle gesellschaftlichen Gruppen ein integrierender Bestandteil der Gemeinde sind, des größten Kreises.

Die Ehebeziehung ist natürlich jene Einheit, aus der die Familie hervorgeht. Paulus verwendet die intime Verbindung in der Ehe sogar als Beispiel für die Beziehung zwischen der Gemeinde und Jesus Christus. Paulus schreibt: „Denn der Mann ist das Haupt der Frau, wie auch der Christus das Haupt der Gemeinde ist" (Eph 5,23). Uns ist sehr wohl bewusst, dass manche das Wort „Haupt" im Sinne von „Quelle" verstehen. Diese Auslegung ist aber biblisch nur schwer belegbar.[33]

Zugleich bestehen alle diese sozialen Einheiten von Christen (Ehe, Familie und Gemeinde) aus einzelnen Gläubigen (dem Mittelpunkt in Abbildung 5). In der Ehe werden zwei Personen eins und bilden eine neue soziale Einheit. Für die Familie ist der allgemeine Plan Gottes, dass diese beiden Personen sich vermehren, dass die Liebe Gottes und die Fürsorge für die Kinder in einer reifen Familie ausgelebt werden. Indem diese Familien heranreifen und die Fülle Christi widerspiegeln, werden sie zu starken Bausteinen der Gemeinde. In diesem Sinne entsteht aus reifen Familien automatisch eine reife Gemeinde.

Trotzdem kommt es vor, dass ein Christ nicht heiratet. Paulus achtet den Status der Ledigen als eine Chance, Jesus Christus ungeteilt und als wichtiges Glied am Leib Christi, der Familie Gottes, zu dienen (1Kor 7,8-9.32-35).

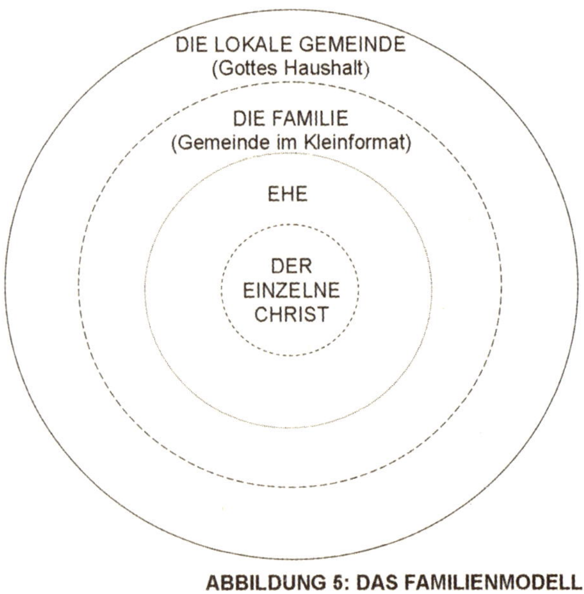

ABBILDUNG 5: DAS FAMILIENMODELL

Die Anwendung des Familienmodells

Wie bereits dargelegt, verwendet Paulus das Vorbild einer gläubigen biologischen Familie, um die Eignungsvoraussetzungen für Älteste/Aufseher ebenso wie Diakone zu erläutern. Die Fähigkeit, „dem eigenen Haus gut vorzustehen", ist eine Grundvoraussetzung, um „für die Gemeinde Gottes zu sorgen" (1Tim 3,4-5.12). Ein verheirateter Ältester/Aufseher oder Diakon soll außerdem seiner Frau treu sein (1Tim 3,2.12; Tit 1,6). Er soll seine Frau lieben und ihr dienen, so wie Christus uns geliebt und sein Leben für unsere Sünden gegeben hat (Eph 5,25).

Vor dem Hintergrund dieses „Familienmodells" können wir besser verstehen, wie die Leiter der Familie Gottes dienen sollen (siehe Abbildung 6). Erstens hat Gott uns keine getrennten Leitungsprinzipien für Ehe, biologische Familie und Gemeindefamilie gegeben. Obwohl jede Einflusssphäre einen Zuwachs an Aufgaben und

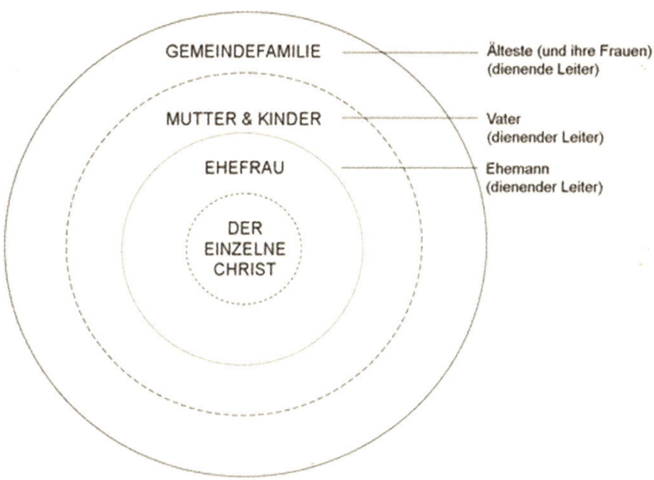

ABBILDUNG 6: ANWENDUNG DES HAUSHALTSMODELLS

Verantwortung mit sich bringt, bleiben die grundlegenden Leitungsprinzipien gleich. Ein Ehemann soll der *dienende Leiter* seiner Frau sein, ein Vater der *dienende Leiter* seiner Familie und ein Ältester/Aufseher ein *dienender Leiter* in der Familie Gottes.

Die Beziehung zwischen Mann und Frau in der Ehe

Dieses Christus-zentrierte Modell bringt uns nun einen großen Schritt weiter, um die Rolle der Frau zu verstehen. Während die Frau die primäre Leitungsverantwortung ihres Mannes anerkennen soll, müssen doch beide mit einem Herzen und in einem Sinn „gemeinsam leben", einander lieben, sich einander unterordnen und jene Einheit ausleben, die in der ewigen Gemeinschaft zwischen Vater, Sohn und heiligem Geist ihre vollkommene Erfüllung findet (Eph 5,21).

Die Beziehung zwischen Vater und Mutter in der Familie

Dasselbe Prinzip trifft auf Frauen zu, die Mütter geworden sind. Obwohl der Vater der gottbestimmte Leiter der Familie ist, bildet er mit der Mutter seiner Kinder ein Team, und beide bringen in diese gemeinsame Leitungsposition eine Einheit und Einmütigkeit mit, die der ewigen Gemeinschaft entspricht. Der Vater soll in besonderer Weise das Wesen Gottes widerspiegeln, der als liebevoller himmlischer Vater für seine Kinder sorgt. Die Mutter ergänzt dieses Rollenmodell durch ihre eigene Liebe und Unterstützung.

In einer versöhnten Beziehung mit Gott und miteinander leiten sie die Familie gemeinsam, indem sie in Christus eins sind und die von Gott ursprünglich gewollte Harmonie und Einheit ausleben: „Und Gott schuf den Menschen nach seinem Bild, nach dem Bild Gottes schuf er ihn; als Mann und Frau schuf er sie" (1Mo 1,27).

Vater-Mutter-Teams und Unverheiratete in der Gemeindefamilie

Weil die Familie mit Mann und Frau oder Vater und Mutter das Vorbild für die größere Gemeindefamilie ist, dienen die Ältesten/Aufseher zusammen mit ihren Frauen (sofern sie verheiratet sind) logischerweise als mehrköpfiges Vater-Mutter-Team und als dienende Leiter der Gemeinde. Dazu gehören auch Ehepaare ohne Kinder.

Außerdem beinhaltet dieses Familienmodell eine einzigartige Rolle für jene, die überhaupt nicht heiraten. Erstens können qualifizierte unverheiratete Männer selbstverständlich als Älteste/Aufseher dienen. Zweitens können qualifizierte unverheiratete Frauen als Diakoninnen dienen, indem sie den Ältesten/Aufsehern bei der Erfüllung ihrer Aufgaben als Verwalter und Hirten in der Gemeindefamilie zur Seite stehen. „Lehraufgaben" sind in dieser Funktion zweifellos eingeschlossen. In diesem Modell können qualifizierte unverheiratete Frauen in denselben grundlegenden Funktionen dienen wie verheiratete Frauen mit oder ohne Kinder.

Leiter, die Jesus Christus widerspiegeln

In diesem Modell sind Männer die primären dienenden Leiter in Gemeinde, Familie und Ehe, wie es Gott geplant hat, aber auch Mütter, Ehefrauen und unverheiratete Frauen dienen als Miterben Christi mit ihnen gemeinsam, indem sie helfen, Anregungen geben, lehren, ermahnen, erläutern, erklären und bei strategischen Entscheidungen mithelfen. Deshalb ist es so wichtig, solche Leiter in der Gemeinde einzusetzen, bei denen die Frucht des Heiligen Geistes erkennbar ist (Gal 5,22). Männer und Frauen, Mütter und Väter, Älteste/Aufseher und ihre Frauen sowie unverheiratete Männer und Frauen sollen in ihrem Leben Jesus Christus widerspiegeln, sonst können sie nicht gottgemäß und zielführend leiten, und zwar weder in ihrer Familie noch in der Gemeinde.

Eine Bemerkung zu „unverheirateten Männern", die als Älteste/ Aufseher dienen. Gewiss fehlen ihnen bestimmte Erfahrungen, die nur ein Ehemann und Vater machen kann. Das ist aber gerade das Schöne an einem mehrköpfigen Leitungsteam. Die meisten Ältesten/Aufseher werden verheiratet sein und Familie haben. Das liegt im normalen Plan Gottes für Männer und Frauen begründet. Dennoch können unverheiratete Männer einen besonderen Beitrag leisten und noch dazu von der Weisheit der anderen Mitglieder des Leitungsteams profitieren.[34]

In Kapitel 36 werden wir darüber nachdenken, wie dieses kulturübergreifende Familienmodell in der Gemeinde funktionieren kann und soll. Richtig verstanden und angewandt, gewährt es unglaubliche Freiheiten, um „kulturelle Formen" zu entwickeln, durch die Frauen in strategischen Leitungspositionen dienen können, ohne dem Plan Gottes für christuszentrierte männliche Leiterschaft zu widersprechen.

16. Finanzielle Unterstützung (63 n. Chr.)

ZURÜCK ZUR QUELLE

Bevor Sie fortfahren, lesen Sie bitte nochmals 1Timotheus 5,17-18. Manche gehen aufgrund dieser Verse von zwei verschiedenen Typen von Ältesten/Aufsehern aus - den Vorstehern und den Lehrern. In Anbetracht unserer bisherigen Ergebnisse und der oben genannten Verse, welche Gründe sprechen gegen diese strenge Aufteilung?

Paulus spricht die finanzielle Unterstützung geistlicher Leiter erstmals im Brief an die Galater an, der wahrscheinlich um 48-49 n. Chr. entstanden ist.[35] „Wer im Wort unterwiesen wird", so Paulus, „gebe aber dem Unterweisenden an allen Gütern Anteil" (Gal 6,6). Nachdem die Gemeinden in Lystra, Ikonium und Antiochien in Pisidien galatische Gemeinden waren, in denen Paulus und Barnabas geistliche Leiter ernannt hatten, können wir davon ausgehen, dass Paulus diese Gläubigen auffordert, finanziell für ihre Leiter zu sorgen, insbesondere für jene, die sie im Wort Gottes unterwiesen. Paulus geht in seinem ersten Brief an Timotheus näher auf diese Ermahnung ein und lässt keinen Zweifel an der Verpflichtung der Gemeinde, für einige dieser Männer und ihre Familien aufzukommen:

Die Ältesten, die gut vorstehen, lass *doppelter Ehre* würdig geachtet werden, besonders die in Wort und Lehre arbeiten. Denn die Schrift sagt: „Du sollst dem Ochsen, der da drischt, nicht das Maul verbinden", und: „Der Arbeiter ist seines Lohnes wert" (1Tim 5,17-18).

Gut vorstehen

Vorsteher und Hirten

Bevor wir näher darauf eingehen können, was Paulus im Hinblick auf die finanzielle Unterstützung von Leitern meint, müssen wir ein Kernstück dieser Anweisungen richtig verstehen. Manche Ausleger sehen hier eine Trennung der Ältesten/Aufseher in zwei Kategorien mit unterschiedlichen Aufgaben: einerseits die *Vorsteher* und andererseits die *Lehrer.* Wie wir aber bisher in der Geschichte der Gemeindeleitung gesehen haben, kann das keinesfalls gemeint sein. Eine sorgfältige Auslegung der konkreten Anweisungen an Timotheus lässt diese Schlussfolgerung gar nicht zu. Jeder Älteste/Aufseher soll vielmehr sowohl „Verwalter" als auch „Hirte" sein. Das ist eine übergreifende Aufgabe, und alle Ältesten/Aufseher müssen zur Verwirklichung dieses Auftrags zumindest in gewissem Maße folgende konkrete Aufgaben erfüllen:

- Die biblische Wahrheit lehren (Gal 6,6; 1Tim 5,17; Tit 1,9)
- Das Wesen Christi vorleben (1Tim 3,2; Tit 1,6; 1Thes 2,10-12)
- Die Lehre rein halten (Apg 20,29-30; Tit 1,9)
- Zucht an ungehorsamen Gläubigen üben (Gal 6,1-2)
- Finanzielle Aufsicht wahrnehmen (Apg 11,29-30; 2Thes 3,10-12)
- Für die Kranken beten (Jak 5,13-15)

Paulus meint an dieser Stelle im ersten Timotheusbrief, dass manche Älteste/Aufseher mehr Zeit als andere damit verbringen, der Gemeinde als Verwalter und Hirten vorzustehen und insbesondere die Aufgabe der Lehre wahrzunehmen, indem sie ermutigen, ermahnen, unterweisen, zurecht bringen, zurüsten, predigen, erklären usw. Paulus schränkt diese Aufgabe keineswegs auf die formelle Unterweisung in der Schrift ein, er bezieht sie auf jegliche verbale Kommunikation. Jeder Gemeindeleiter kann bestätigen, dass die Aufrechterhaltung einer funktionierenden und zielführenden Kommunikation ein Schlüssel für die Einheit und Einmütigkeit im Leib Jesu Christi ist und auch zu den zeitraubendsten Aspekten des Dienstes gehört.

Keine doppelte Moral

Somit erinnert Paulus seinen Schüler Timotheus daran, dafür zu sorgen, dass jene Ältesten/Aufseher, die als gute Vorsteher und Hirten der Gemeinde viel Zeit für alle Aufgaben der Kommunikation verwenden, finanziell entsprechend versorgt werden sollen. Keinesfalls baut er eine „doppelte Moral" innerhalb des Leitungsteams auf, durch die nur jene belohnt werden, die unserer heutigen Konzentration auf Bibelauslegung entsprechen. Leider fördert diese Auslegung einseitig jene Menschen, die vielleicht gute öffentliche Redner und Bibellehrer sind, die aber nicht genug Zeit damit verbringen, ihre Kommunikationsfertigkeiten in allen Aspekten des Hirtendienstes auszubauen und einzusetzen.

Eine falsche Zweiteilung

Jene Kommentatoren, die in dieser Ermahnung des Apostels zwei Kategorien von Ältesten/Aufsehern unterscheiden, neigen oft dazu, die Bedeutung des „Vorsteher-" und des „Hirtendienstes" vollkommen neu zu definieren. Sie lesen ein modernes Managementverständnis in den Text hinein, womit das reibungslose Funktionieren der „organisatorischen Maschinerie" einer Gemeinde in den Vordergrund tritt. Die andere Gruppe hingegen, die „Lehrer" und „Bibelausleger", konzentriert sich fast vollständig auf die Unterweisung in der Schrift und überlässt die „administrativen" Pflichten jenen, die nicht direkt an den Menschen arbeiten. Das kann leider zu einem Zwiespalt im Leitungsteam führen, was ganz und gar nicht im Sinne des Neuen Testaments ist.

Trotz dieser wichtigen Feststellung zu unserem Text wollen wir festhalten, dass es tatsächlich eine sehr zeitraubende Arbeit ist, in unserer heutigen Welt ein effektiver Bibellehrer zu sein. Diese Aufgabe verdient ganz gewiss „doppelte Ehre" im Sinne von finanzieller Unterstützung. Trotzdem wird ein Bibellehrer, der seine Zeit hauptsächlich damit verbringt, den Bibeltext zu studieren und zu erklären und dabei seine Rolle als „Hirte" vernachlässigt, den Kontakt zu seinen „Schafen" verlieren. Dieses Verhalten findet in der Bibel keinen Rückhalt. Es kann zu einem „Elfenbeinturm-Denken" führen und Menschen mit „Kopfwissen" füllen, das nichts mit der Lebenswirklichkeit zu tun hat. So entstehen noch mehr Probleme, insbesondere wo andere Älteste/Aufseher zu reinen „Verwaltern" geworden sind, womit beide „Gruppen" im Herzen weit von den Menschen entfernt sind, denen sie doch dienen sollen.

Aufgaben und Formen
Wie wir in unserem ganzen Studium gesehen haben, konzentriert sich der neutestamentliche Bericht auf die „Aufgaben", nicht auf die „Formen." Deshalb ist es von entscheidender Bedeutung, die Aufgaben der Ältesten/Aufseher klar und richtig zu definieren. Andernfalls entwickeln wir „Formen", die unbiblische „Aufgaben" unterstützen. Dann dürfen wir nicht überrascht sein, wenn es zu Ineffizienz und sogar Uneinigkeit im Hinblick auf die Verwaltung und den Hirtendienst in der Herde Gottes kommt.

„Doppelte Ehre"

Der Begriff „doppelt" (*diplous*) in Vers 17 bedeutet wörtlich „zweimal mehr", das Wort „Ehre" (*time*) steht für „Wert" und „höchste Wertschätzung". Zusammen genommen haben diese beiden Wörter sowohl eine quantitative als auch eine qualitative Bedeutung. Paulus betrachtet die „finanzielle Unterstützung" als ein Mittel, treuen Dienst und harte Arbeit zu „schätzen und zu ehren."

Paulus denkt hier nicht bloß an „anerkennende Worte", so wichtig diese auch sind. Er spricht vielmehr von wirtschaftlicher Unterstützung, und in den meisten Kulturen weltweit findet „doppelte Ehre" ihren Niederschlag in klingender Münze, mit der wir Nahrung und Kleidung kaufen, Häuser bauen und für andere körperliche und seelische Bedürfnisse sorgen können. Paulus zitiert ein alttestamentliches Gesetz, das auch Jesus betont: „Du sollst dem Ochsen, der da drischt, nicht das Maul verbinden" (v18, siehe 5Mo 25,4), und: „Der Arbeiter ist seines Lohnes wert" (siehe 3Mo 19,13; 5Mo 24,15; Mt 10,10; Lk 10,7).

Die Unterstützung von geistlichen Leitern findet ihre Wurzeln im Alten Testament. Gott gebot den Israeliten, ein Zehntel ihrer Jahresernte und ein Zehntel ihrer Herden für die Leviten und Priester zu geben (3Mo 27,30-34; 4Mo 18,21). Auch Jesus unterstreicht dieses Prinzip, als er die Zwölf auf einen Missionseinsatz zu den Kindern Israels aussendet (Mt 10,5). Er unterweist diese Männer: „Verschafft euch nicht Gold noch Silber noch Kupfer" (v9), denn sie sollten von den Menschen versorgt werden, denen sie predigten. Wer die Apostel im Gegenzug leiblich und materiell versorgte, wenn auch nur mit einem „Becher kalten Wassers", würde von Gott dafür belohnt werden (v42).

In seinem Brief an Timotheus weitet Paulus dieses alttestamentliche Prinzip auf die Versorgung geistlicher Leiter in der Gemeinde aus. Wo Älteste/Aufseher wie die Leviten, Priester und Apostel ihre Zeit und Energie dem Dienst widmen, sollen sie finanziell versorgt werden. Paulus weitet die Anwendung dieses Prinzips beträchtlich aus, indem er den Korinthern schreibt: „So hat auch der Herr denen, die das Evangelium verkündigen, verordnet, vom Evangelium zu leben" (1Kor 9,14). Wer sich der Gemeindegründung widmet, wie es Paulus, Barnabas, Silas, Timotheus und Titus taten, soll auch finanziell versorgt werden. Das ist von doppelter Wichtigkeit, weil diese Menschen oft ihre Häuser, ihre Heimat und ihren normalen Broterwerb verlassen, um den Missionsauftrag zu erfüllen.

Worte der Warnung

Nachdem Paulus betont hat, dass geistliche Leiter, die viel von ihrer Zeit für den Dienst einsetzen, finanziell von ihrer Gemeinde versorgt werden sollen, warnt er gemeinsam mit anderen neutestamentlichen Leitern vor dem Missbrauch dieses Vorrechts. Ein Ältester/Aufseher darf „nicht geldliebend" sein (1Tim 3,3), auch Diakone dürfen niemals „schändlichem Gewinn nachgehen" (1Tim 3,8; Tit 1,7). Sie müssen vielmehr „gastfrei" sein (1Tim 3,2; Tit 1,8). So fordert auch Petrus diese geistlichen Hirten auf, niemals „aus schändlicher Gewinnsucht, sondern bereitwillig" zu dienen (1Petr 5,2).

Das Vorbild des Apostels Paulus

Paulus legte besonderen Wert darauf, in diesem Bereich ein Vorbild zu sein. Obwohl gerade er die Christen ermutigte, ihre geistlichen Leiter wirtschaftlich zu unterstützen, wandte er besondere Vorsicht an, materielle Gaben entgegenzunehmen, insbesondere von Ungläubigen und sogar von jungen Christen. Er wollte in keiner Weise den Eindruck vermitteln, man könne das ewige Leben erkaufen oder er würde aus materialistischen Beweggründen die Gute Nachricht verbreiten. Eben daran erinnert er die Gemeinde in Thessalonich mit den Worten: „Denn ihr erinnert euch, Brüder, an unsere Mühe und Beschwerde: Nacht und Tag arbeitend, um niemand von euch beschwerlich zu fallen, haben wir euch das Evangelium Gottes gepredigt" (1Thes 2,9; siehe auch Apg 20,33-35).

Paulus zögerte zwar, materielle Gaben zu nehmen, ließ sich aber sehr wohl finanziell von jenen Gläubigen helfen, die reif genug waren, um seine Beweggründe zu verstehen. Selbst in Thessalonich, wo er sich nicht versorgen ließ, freute er sich über Spenden von der Gemeinde in Philippi (Phil 4,16). Und einer der Gründe für seinen Brief an diese Gemeinde aus der Gefangenschaft in Rom war es, ihnen für eine Spende zu danken, die sie wiederum für ihn gesammelt hatten (v18). Selbst da legt er viel Gewicht auf die Feststellung, dass ihre Gabe letztlich ein Opfer für Gott war, „ein duftender Wohlgeruch, ein angenehmes Opfer, Gott wohlgefällig" (v18). Weil Paulus seinem Herrn Christus diente und nicht sich selbst, würde ihre Gabe ihrem „himmlischen Bankkonto" gutgeschrieben werden (v17).

Ehrlichkeit und Rechenschaft

Was für eine klare Botschaft dieses Vorbild des Apostels Paulus doch jedem heutigen Leiter vermittelt, der „doppelte Ehre" bekommt. Hier ist kein Platz für Manipulation, Selbstsucht, Habgier und Unehrlichkeit in jeglicher Form. Jeder Interessenskonflikt muss vermieden und jede Umwidmung von Mitteln abgelehnt werden. Auch wenn „der Arbeiter seines Lohnes wert" ist, dürfen wir niemals Gott dienen und dabei in die eigene Tasche wirtschaften.

Wir alle, die wir dem Herrn dienen und dafür finanziell unterstützt werden, müssen in unserem Umgang mit unserer Zeit und Energie über jeden Verdacht erhaben sein. Wir sollen ganz nach dem Vorbild des Apostels Paulus sogar die Initiative ergreifen, um ein System der Rechenschaft aufzurichten. Andernfalls könnten wir in Versuchung fallen, unsere „Freiheit" verantwortungslos zu gebrauchen. Vielleicht nehmen wir nie einen Cent aus der Kasse, aber wir „stehlen die Zeit“, die in einen bestimmten Dienst investiert werden sollte und für die wir schließlich bezahlt werden.

17. Schutz und Zucht (63 n. Chr.)

ZURÜCK ZUR QUELLE

Bevor Sie fortfahren, lesen Sie bitte 5Mose 19,15-19. Welche Aspekte dieser alttestamentlichen Gebote sind auf die Anweisungen des Apostels Paulus an Timotheus anwendbar?

Nachdem Paulus Timotheus instruiert für die materiellen Bedürfnisse einiger Ältesten/Aufseher in Ephesus zu sorgen, fügt er Richtlinien hinzu, um geistliche Leiter vor ungerechtfertigten Anschuldigungen zu *schützen,* aber auch um sie bei Fehltritten in *Zucht* zu nehmen:

„Gegen einen Ältesten nimm keine Klage an, außer bei zwei oder drei Zeugen. Die da sündigen, weise vor allen zurecht, damit auch die übrigen Furcht haben." (1Tim 5,19-20)

Möglicherweise denkt Paulus hier besonders an Rechenschaft im finanziellen Bereich. Vielleicht wurden einige Männer fälschlich beschuldigt, nicht richtig mit Geld umzugehen. Andererseits mögen die Vorwürfe auch berechtigt gewesen sein, gibt es doch auch solche, die „schändlichem Gewinn nachgehen" und andere finanziell übervorteilen (Tit 1,7; 1Tim 3,3.8). Leider geschah dies im ersten Jahrhundert ebenso wie es heute im einundzwanzigsten passiert. Deswegen stehen hingegebene geistliche Leiter, die niemals unehrlich gehandelt oder gegen irgendwelche ethischen und moralischen Prinzipien verstoßen haben, manchmal vor einer Wand des Misstrauens.

Geistliche Leiter beschützen

In erster Linie möchte Paulus Leiter vor falschen Vorwürfen schützen. Dies war auch das zentrale Anliegen des alttestamentlichen Gesetzes im fünften Buch Mose, auf das Paulus hier anspielt: „Ein einzelner Zeuge soll nicht gegen jemanden auftreten wegen irgendeiner Ungerechtigkeit oder wegen irgendeiner Sünde, wegen irgendeiner Verfehlung, die er begeht. (Nur) auf zweier Zeugen Aussage oder auf dreier Zeugen Aussage hin soll eine Sache gültig sein" (5Mo 19,15).

Diese alttestamentliche Richtlinie sollte jeden vor falschen Beschuldigungen schützen, nicht nur die Leiter in Israel. In seinem Brief an Timotheus wendet Paulus aber diese „allgemeine Regel" aus dem Alten Testament auf eine „spezielle Situation" an, nämlich auf die Ältesten/Aufseher in den neutestamentlichen Gemeinden.

Das führt uns zu einer zweiten Beobachtung. Paulus meint nicht, solange es keine zwei oder drei Zeugen gibt, könne eine Anschuldigung ignoriert oder auf die leichte Schulter genommen werden. Auch wenn es nur einen Zeugen gibt, kann der Vorwurf „wahr" oder „unwahr" sein. Ist er „unwahr", muss er richtig gestellt werden, insbesondere wenn manche in der Gemeinde ihm Glauben schenken. Deshalb erläutert Moses im alttestamentlichen Text:

> *Wenn ein falscher Zeuge gegen jemanden auftritt, um ihn des Ungehorsams zu beschuldigen, dann sollen die beiden Männer, die den Rechtsstreit führen, vor den Herrn treten, vor die Priester und die Richter, die in jenen Tagen da sein werden. Und die Richter sollen die Sache genau untersuchen. Und siehe, ist der Zeuge ein Lügenzeuge, hat er gegen seinen Bruder Lüge bezeugt, dann sollt ihr ihm tun, wie er seinem Bruder zu tun gedachte. Und du sollst das Böse aus deiner Mitte wegschaffen. (5Mo 19,16-19)*

Wird ein Ältester/Aufseher zu Unrecht beschuldigt, so ist eine gründliche Untersuchung umso nötiger. Es ist tragisch, wenn der Charakter eines geistlichen Leiters durch böse Menschen besudelt wird. Solche Probleme zu lösen, ist eine sehr zeitraubende Arbeit, sie muss aber sorgfältig, gründlich und im Gebet getan werden, weshalb sie ein großes Maß an Weisheit und Diskretion erfordert.

Geistliche Leiter disziplinieren

Ergibt eine sorgfältige Untersuchung, dass eine Anschuldigung falsch ist, dann sollen die Ältesten/Aufseher den Betroffenen mit aller Deutlichkeit von dem Vorwurf freisprechen. Erweist sich die Sache aber als wahr, muss die Sünde aufgedeckt werden. So legt Paulus in seinen Anweisungen an Timotheus fest: „Die da sündigen, weise vor allen zurecht, damit auch die übrigen Furcht haben" (1Tim 5,20). Im alttestamentlichen Zusammenhang sollte die „öffentliche Zurechtweisung" vor den Ohren von ganz Israel stattfinden. Wie wir aber gesehen haben, denkt Paulus besonders an die Ältesten/Aufseher einer Gemeinde. Deshalb schränkt er offenbar auch die „öffentliche Zurechtweisung" auf die geistlichen Leiter ein, die sich dadurch warnen lassen sollen.

Öffentliche oder private Zurechtweisung?

Das bedeutet allerdings nicht, diese Art der Zurechtweisung solle niemals vor der ganzen Gemeinde ausgesprochen werden. Es hängt davon ab, wie schwerwiegend die Sünde war und wie der betreffende geistliche Leiter damit umgeht. Falls es beispielsweise um Unmoral geht, ist es praktisch unmöglich, nur den Leitungskreis einzuweihen, besonders wenn der Betreffende eine sehr bekannte Persönlichkeit ist. Falls es notwendig ist, vor die ganze Gemeinde zu treten (beispielsweise um Gerüchten vorzubeugen), so sollte der betreffende Älteste/Aufseher bereits echte Buße getan haben, auch wenn er dann zurücktreten muss, weil er in diesem Lebensbereich nicht mehr „untadelig" ist. Wo es um moralisches und sittliches Versagen geht, ist „Vergebung" etwas ganz Anderes als „volles Vertrauen." Paulus lehrt zwar nicht, dass derartige Vergehen den Betreffenden für immer vom Dienst ausschließen. Aber aus dem Gesamtzusammenhang seiner Anweisungen an Timotheus müssen wir aber schließen, dass der Betreffende voll und umfassend Buße getan und über einen längeren Zeitraum seinen guten Ruf in der christlichen Gemeinschaft bewiesen haben muss, um wieder dienen zu dürfen.

Leider scheint es viel öfter notwendig zu sein, einen „Mitältesten" in Zucht zu nehmen als ihn gegen falsche Anschuldigungen zu verteidigen. Wo „Rauch“ ist, ist sehr oft auch „Feuer“. Leider wird jeder geistliche Leiter, der gerade im moralischen Bereich gegen den Willen Gottes verstößt, immer auch ein System der Tarnung einrichten, indem er die moralische und sittliche Lehre der Schrift besonders betont. Wer kann einen Mann beschuldigen, der selbst so klar gegen diese Dinge predigt? In Wirklichkeit verwendet er seine Reden als Deckmantel, um seine eigenen Sünden zu verschleiern.

Ein vertrauenswürdiger Zeuge

Manche definieren den Begriff des „Zeugen“ sehr eng. Sie schließen jene Person aus, die behauptet, das „Opfer“ einer Sünde des Leiters zu sein. In Wahrheit aber sind Opfer auch Zeugen, sogar vor heutigen Gerichten. Keinesfalls darf ihre Aussage in den Wind geschlagen werden, nur weil sie eine Sünde gegen sich selbst anprangern. Natürlich müssen derartige Anschuldigungen sorgfältig geprüft werden, selbst wenn nur ein einzelner Anklage erhebt. Die Wahrheit muss offenbar werden. An dieser Stelle gewinnt die Anweisung des Apostels Paulus über „zwei oder drei Zeugen“ besonderes Gewicht, selbst wenn diese zwei oder drei Zeugen zugleich Opfer sind.

Einmal war ich mit einer wirklich bizarren Situation konfrontiert, als ein Pastor in verführende und promiske homosexuelle Beziehungen verwickelt war. Als Hauptpastor einer Gemeinde lehrte er die Gläubigen im Allgemeinen und die Ältesten im Speziellen, dass Paulus Anordnung der „zwei oder drei Zeugen“ meinte, mindestens zwei Personen müssten ein unmoralisches Verhalten beobachtet haben. Somit wurden jene, die sich als „Opfer“ des Verhaltens dieses Pastors zu erkennen gaben, nicht als „gültige“ Zeugen anerkannt.

Leider verstößt diese Auslegung nicht nur gegen die biblische Bedeutung, sondern macht es in solchen Situationen fast unmöglich, die Wahrheit herauszufinden. Kürzlich wurden sogar gerichtliche Erhebungen gegen eine bekannte Religionsgemeinschaft eingeleitet, weil die „Ältesten“ Kinder und Jugendliche sexuell missbraucht haben sollen. Bis heute verschleiern sie diese schreckliche Sünde mit Hilfe dieser eigennützigen Bibelauslegung. Obwohl die Opfer wiederholt Vorwürfe gegen diese sogenannten geistlichen Leiter erhoben, verhallte ihr Zeugnis ungehört, weil es keine „unabhängigen Zeugen" für dieses unmoralische Verhalten gab.

Wir müssen bedenken, dass Vorwürfe wegen Unmoral am schwierigsten zu verifizieren sind, weil diese Taten mit Absicht im Geheimen verübt werden und normalerweise nur zwei Personen zugegen sind. Es gibt kaum Zeugen für diese Sünden, außer eben die Opfer selbst. Deshalb ist es umso wichtiger, eine sorgfältige Untersuchung einzuleiten. Es ist zwar möglich, dass zwei oder drei Personen sich mit derselben Lüge gegen einen geistlichen Leiter verschwören, aber das geschieht sehr selten. Die meisten haben nicht die Absicht sich in Lügen zu verstricken, weil sie befürchten entlarvt zu werden.

Für eine Gemeinde ist es viel schlimmer, wenn ein geistlicher Leiter tatsächlich schuldig ist. Wenn er seine Stellung und Autorität dazu benützt, um seine Sünde zu verschleiern, indem er die Vorwürfe abstreitet und sich selbst als Opfer einer Verschwörung hinstellt. Leider sind unmoralische Menschen auch zu jeder Lüge und zu jedem anderen Verhalten fähig, das sie zu ihrem eigenen Schutz ersinnen können.

Objektiv bleiben

Beim Umgang mit sündigem Verhalten von Gemeindeleitern ist eine der größten Herausforderungen, objektiv zu sein und zu bleiben. Auch das spricht Paulus in seinem Brief an Timotheus an:

„Ich bezeuge ernstlich vor Gott und Christus Jesus und den auserwählten Engeln, dass du diese Dinge *ohne Vorurteil* befolgen und nichts *nach Gunst* tun sollst. *Die Hände lege niemand schnell auf, und habe nicht teil an fremden Sünden. Bewahre dich selbst rein.*" (1Tim 5,21-22)

Wer im Dienst eng mit jemandem zusammengearbeitet und über Jahre hinweg eine Vertrauensbeziehung zu ihm aufgebaut hat, dem wird es schwer fallen, mit einem Vorwurf der Sünde objektiv umzugehen. Ich weiß aus eigener Erfahrung als Pastor, wie schwer es ist, mit jemandem objektiv umzugehen, ohne „Vorurteil" und ohne

„Gunst." Aus genau diesem Grund ist es so wichtig, dass mehrere geistliche Leiter mit allen Facetten der Vorgangsweise gegen sündige Leiter befasst sind. Gerade hier warnt Paulus seinen Schüler Timotheus auch, niemanden zu rasch wieder einzusetzen. Das ist wohl die vernünftigste Auslegung der Warnung, jemandem „die Hände schnell aufzulegen." Es braucht Zeit, die wahren Beweggründe eines Menschen zu prüfen. Ich habe persönlich erlebt, wie Menschen bei einer Sünde ertappt wurden und sofort „Buße" taten, sogar unter Tränen. Mit der Zeit wurde aber klar, dass es ihnen nicht Leid tat, gesündigt zu haben, sondern erwischt worden zu sein. Sie waren nicht wirklich vor Gott zerbrochen, sondern ärgerten sich nur darüber, dass ihre Sünde aufgedeckt worden war.

Nicht mitschuldig werden

Paulus spricht ein weiteres Thema an. Timotheus soll nicht nur objektiv und einfühlsam mit diesen Situationen umgehen, sondern auch darauf achten, nicht mitschuldig zu werden. Paulus dürfte damit meinen, dass Timotheus niemals „Sünde verschleiern" soll, indem er „wegschaut" und tut, als hätte er nichts bemerkt. Nur zu leicht können liebevolle Christen ihre Diskretion mit dem ernsthaften Wunsch rechtfertigen, den Betreffenden in Schutz zu nehmen. Damit machen sie es dieser Person aber erst möglich, den gottgewollten Konsequenzen ihrer Sünde zu entgehen, durch die sie zur wahren Buße gebracht werden sollten. Weiters ebnet diese Art von „Schutz" manchmal den Weg für fortgesetzte Rechtfertigung und weiteres sündiges Verhalten. Selbstverständlich müssen wir mit Feingefühl vorgehen, wenn wir Sünde aufdecken, aber niemals auf Kosten biblischer Prinzipien. Damit würden wir dem Betreffenden niemals zur wahren Buße helfen.

Handelt es sich um eine Sünde der Unmoral, so müssen wir doppelt sorgfältig sein, um nicht selbst schuldig zu werden. Deshalb spricht Paulus die Mahnung aus: „Bewahre dich selbst rein" (1Tim 5,22). Wo wir versuchen, andere aus ihrer Sünde zu befreien, können wir leicht selbst in die Falle tappen – besonders wenn wir in diesem Lebensbereich schon immer einen Schwachpunkt gehabt haben.

Leider passiert heute genau das, wovor Paulus warnt. Ich habe erlebt, wie Älteste und Diakone von einem starken geistlichen Leiter an der Nase herumgeführt wurden. Sie kehrten dann nicht nur die Sünde unter den Teppich, sondern folgten letztlich ihrem Leiter in dieselben Sünden. Ab diesem Zeitpunkt deckten sie sich gegenseitig und saßen endgültig in der Falle, denn würden sie ihren Leiter aufdecken, würde auch ihre eigene Sünde auffliegen. Eine vollends vertrackte Situation, die nur zu gut beweist, was für schreckliche Folgen es hat, wenn Sünde vertuscht wird, noch dazu in der Gemeindeleitung.

Gleicher Schutz und gleiche Zucht für *Alle*

Die Warnungen und Anweisungen des Apostels Paulus im Hinblick auf den Schutz und die Zucht von Ältesten/Aufsehern beziehen sich gleichermaßen auf alle geistlichen Leiter in der Gemeinde, unabhängig von ihrer Position. In den meisten Gemeinden gibt es Pastoren und Lehrer, die keine Ältesten/Aufseher sind. Zusätzlich gibt es „Diakone“ oder „Assistenten“, die den Gemeindedienst mittragen. Die Anweisungen des Apostels Paulus an Timotheus können in allen Gemeinden und nebengemeindlichen Werken angewandt werden, ganz unabhängig von der kulturellen Dynamik. Im Grunde betreffen sie jedes Glied am Leib Christi.

18. Gottes Herde weiden (63 n. Chr.)

ZURÜCK ZUR QUELLE

Bevor Sie fortfahren, lesen Sie bitte Johannes 9,1-10,18. Denken Sie daran, indem Jesus sich selbst als den „Guten Hirten" bezeichnete, tat er dies um zu unterstreichen was er für den Blindgeborenen getan hatte und wie die religiösen „Hirten" Israels mit diesem Mann und seiner Familie umgegangen waren.

Als der Apostel Petrus einen Brief an die Gemeinden Kleinasiens schrieb (1Petr 1,1), sprach er die Ältesten/Aufseher als „Hirten" an, ein Begriff, der viel inniger und vielschichtiger ist als „Vorsteher." Obwohl im biblischen Bericht die beiden Wörter zwar dasselbe bedeuten, beschreibt der Titel „Hirte" die Rolle eines Ältesten/Aufsehers viel tiefer.

Petrus ermahnt nicht nur seine Leser, sondern spielt zugleich auf seine eigene Geschichte an. Indem wir über seinen Werdegang nachdenken und den Hintergrund für seine ermutigenden Worte in diesem Brief betrachten, sehen wir ein Portrait von Petrus, der einst ein knallharter Geschäftsführer eines blühenden Fischereibetriebs gewesen war. Dann aber begegnete er Jesus Christus und folgte ihm nach. Durch ihn lernte er, wie ein fürsorglicher und mitfühlender Hirte zu handeln:

Die Ältesten unter euch nun ermahne ich, der Mitälteste und Zeuge der Leiden des Christus und auch Teilhaber der Herrlichkeit, die geoffenbart werden soll: Hütet die Herde Gottes, die bei euch ist, nicht aus Zwang, sondern freiwillig, Gott gemäß, auch nicht aus schändlicher Gewinnsucht, sondern bereitwillig, nicht als die da herrschen über die ihnen anvertrauten Anteile der Herde, sondern indem ihr Vorbilder der Herde werdet. Und wenn der Oberhirte offenbar geworden ist, so werdet ihr den unverwelklichen Siegeskranz der Herrlichkeit empfangen. (1Petr 5,1-4)

Der Gute Hirte

Petrus muss sich an mehrere Erlebnisse erinnert haben, als er diesen Absatz über die Qualitäten eines Hirten diktierte. Er hatte jene treffende Predigt gehört, die Jesus den Pharisäern gehalten hatte, nachdem sie den Blindgeborenen, den Jesus geheilt hatte, aus der Synagoge ausgeschlossen hatten. Da begegnete ihm Jesus, und nachdem er ihm bereits seine physischen Augen geöffnet hatte, hilft er ihm nun sanftmütig und mitfühlend, auch mit dem Herzen zu sehen (Joh 9,34-39). Es ist kein Zufall, dass Jesus sich an die Pharisäer wendet, um auf den Kontrast zwischen seinem Dienst an diesem Mann und ihrem harten und sarkastischen Handeln hinzuweisen:

> *Ich bin der gute Hirte; der gute Hirte lässt sein Leben für die Schafe. Wer Mietling und nicht Hirte ist, wer die Schafe nicht zu Eigen hat, sieht den Wolf kommen und verlässt die Schafe und flieht – und der Wolf raubt und zerstreut sie –, weil er ein Mietling ist und sich um die Schafe nicht kümmert. (Joh 10,11-13)*

Die Pharisäer betrachteten sich selbst als „geistliche Leiter", aber sie waren keinesfalls „Hirten." Ihr Umgang mit dem „armen Bettler" und seiner Familie beweist ihre unersättliche Gier nach Macht, Anerkennung und Autorität. Sie handelten eher wie „Wölfe." Das körperliche und geistliche Wohl dieses Mannes war ihnen völlig egal.

Ein Mitältester

Jesu Worte an die Pharisäer über den „Hirten" waren auch für Petrus gedacht. Indem der Heilige Geist ihn an diesen Vorfall und an das Gleichnis Jesu erinnert, denkt er mit Schmerz daran, wie er sich selbst als „Mietling" verhalten hat, indem er davonlief, als die „Wölfe" angriffen, statt wie ein echter Hirte zu den Schafen zu stehen. Öffentlich hatte er sich gebrüstet, niemals den Herrn zu verlassen, selbst wenn alle anderen Apostel ihn verraten würden. Als Jesus dann vorhersagte, dass Petrus ihn dreimal verleugnen würde, entgegnete er, er würde lieber mit Christus sterben als ihn zu verraten (Lk 22,33-34).

Das Ende der Geschichte ist bekannt. Petrus verleugnete seinen Herrn und floh in die Nacht hinaus. Dann erinnerte er sich, weinte bitterlich und kehrte zurück, diesmal als demütiger Diener. Als Petrus Jahre später an die Ältesten/Aufseher der Gemeinden Kleinasiens schrieb, tat er dies in einer Haltung tiefster Demut, indem er sich selbst als „Mitältesten" sozusagen als „Mithirte" bezeichnet. Obwohl Jesus Christus ihn zum höchsten Leitungsdienst in der Christenheit berufen und ernannt hatte, sprach er diese Männer als ebenbürtig an.

Welche Lehre können wir daraus ziehen, die wir Leiter unserer Gemeinden sind? Wie Petrus haben auch wir eine klare Führungsposition, und dennoch sind wir „Mithirten" mit jenen, die ebenfalls dienen!

Qualitäten eines Hirten

Bereitwillig dienen

Petrus gab den Ältesten als Hirten zwei Ermahnungen mit: Sei „bereitwillig im Dienen" und vermeide „über jene zu herrschen, die dir anvertraut sind". Der erste Aufruf, „bereitwillig zu dienen", entstand gewiss aus einer anderen Erinnerung. Damals im Obergemach wusch Jesus seinen Jüngern die Füße. Auch das war eine peinliche Situation für Petrus. Er hatte zugesehen, wie Jesus mitten im Passahmahl aufgestanden war und den Platz eines Dieners eingenommen hatte, indem er ihnen die Füße wusch. Petrus wurde verlegen und wehrte sich, vor allem weil ihm klar wurde, dass Johannes und er selbst das bei ihren Vorbereitungen übersehen hatten. Es war etwas Unerhörtes, den Ehrengast diesen Sklavendienst tun zu lassen.

So konnte Petrus die Ältesten/Aufseher in seinem Brief aus eigener Erfahrung ansprechen, nachdem er von Jesus gelernt hatte, „bereitwillig zu dienen", und das obwohl Jesus ihr Herr und Lehrer war. „Ich habe euch ein Beispiel gegeben“, sagte Jesus, „dass auch ihr tut, was ich euch getan habe“ (Joh 13,15). Auch das ist eine wichtige Lektion für alle heutigen Leiter. Der Größte soll allen dienen! Petrus gab diese Lektion an seine „Mitältesten“ weiter und damit auch an uns.

Nicht über andere herrschen
Petrus hatte aber noch eine weitere schmerzhafte Erinnerung an dasselbe Passahmahl mit den Aposteln. Kurz bevor der „Gute Hirte“ sein Leben für die Schafe gab, „entstand ein Streit unter [den Aposteln], wer von ihnen für den Größten zu halten sei“ (Lk 22,24). Möglicherweise war der Streit von Jakobus und Johannes ausgelöst worden, Petrus war aber sicher daran beteiligt. Darüber betrübt sprach Jesus diese Worte zu ihnen:

> *Die Könige der Nationen herrschen über sie, und die Gewalt über sie üben, lassen sich Wohltäter nennen. Ihr aber nicht so! Sondern der Größte unter euch sei wie der Jüngste und der Leiter wie der Dienende. Denn wer ist größer, der zu Tisch Liegende oder der Dienende? Nicht der zu Tisch Liegende? Ich aber bin in eurer Mitte wie der Dienende. (Lk 22,25-27)*

Jesus war als dienender Leiter mit gutem Beispiel vorangegangen. Auch hier gibt Petrus eine Lektion weiter, die er persönlich gelernt hatte: „nicht als *die da herrschen* über die ihnen anvertrauten Anteile der Herde, sondern indem ihr *Vorbilder* der Herde werdet“ (1Petr 5,3). Auch das ist eine wichtige Lektion für uns Gemeindeleiter. Echte Hirten führen, sie sind aber auch Diener.

Ein Hirte für die Hirten

Die größte „Hirtenlektion“ lernte Petrus aber eines Morgens am Ufer des Sees Genezaret. Er war zu jener Tätigkeit zurückgekehrt, die er als Geschäftsführer der Fischereifirma „Zebedäus & Söhne“ am besten konnte. Aber selbst darin versagten er und einige andere

Apostel, indem sie eine ganze Nacht vergeblich fischten. Wiederum taucht Jesus auf und füllt auf wundersame Weise ihre Netze.

Es war aber das Gespräch am Ufer, das auf Petrus eine lebensverändernde Wirkung hatte. Dreimal fragt Jesus, ob Petrus ihn liebe, in bewusster Erinnerung an die bittere Erfahrung vor dem Kreuz, als Petrus seinen Herrn dreimal verleugnete. Jedes mal aber beauftragt Jesus ihn, ein „Hirte" für die anderen Apostel zu sein. Diese Worte hat Petrus gewiss sein Leben lang nicht vergessen. Noch immer waren sie „Lämmer", die ernährt werden mussten (Joh 21,15), und obwohl sie eigentlich schon „Schafe" sein sollten, benötigten sie besondere Fürsorge (21,16) und Ermutigung (21,17). So erfüllte sich das Gebet Jesu für Petrus, dass sein „Glaube nicht aufhöre", und nachdem er „zurückgekehrt" ist, konnte er seine „Brüder stärken" (Lk 22,32), indem er ein „guter Hirte" für die „Hirten" wurde.

Alle geistlichen Hirten brauchen wiederum einen Hirten, denn in welcher Position wir auch sein mögen, wir bleiben immer Schafe. Petrus wurde schließlich solch ein Mensch. Seine erste Aufgabe war, die anderen Apostel zu ermutigen und später jene Ältesten/Aufseher, die in ihren Gemeinden diesen Brief hörten. Die Lektionen, die Petrus über seine Rolle als treuer Hirte lernen musste, waren zwar schmerzhaft, sie machten ihn aber bereit für das nächste große Ereignis: die Geburtsstunde der Gemeinde zu Pfingsten. Als Jesu auserwählter Führer sprach er das Wort Gottes mit Kühnheit und Demut.

Wiederum ist die Lektion für uns klar verständlich. „Hirten" brauchen einen „Hirten." Auch Älteste/Aufseher benötigen einen dienenden Leiter, der vorangeht und gleichzeitig als „Mitältester" dient.

Andere Schafe

Als Jesus sich selbst den „guten Hirten" nannte, machte er auch eine Aussage, die Petrus am Anfang völlig entging, dass er nämlich „andere Schafe" hatte, „die nicht aus diesem Hof sind." Auch sie würden die Stimme Jesu hören, „und es wird *eine Herde, ein Hirte* sein" (Joh 10,16).

Ungefähr fünf Jahre nach Pfingsten verstand Petrus endlich, was Jesus gemeint hatte. Es brauchte eine Vision auf einem Hausdach in Joppe und eine Begegnung mit einem Heiden namens Kornelius mit dessen Familie und Freunden, damit Petrus erkannte, dass Jesus für die Sünden der ganzen Welt gestorben war, nicht nur für die Kinder Israels. Nach dieser Erfahrung erklärte er: „In Wahrheit begreife ich, dass Gott die Person nicht ansieht, sondern *in jeder Nation* ist, wer ihn fürchtet und Gerechtigkeit wirkt, ihm angenehm" (Apg 10,34-35).

Als sich Petrus an jene Ältesten/Aufseher wandte, die als Hirten in Gemeinden „von der Zerstreuung von Pontus, Galatien, Kappadozien, Asien und Bithynien" dienten, war er sich sehr wohl bewusst, dass viele dieser Männer aus einem heidnischen Hintergrund kamen (1Petr 4,3-4). Das war für Petrus aber kein Problem mehr. Können Sie sich vorstellen, wie ein gläubiger Jude bekehrte Heiden als „Mitälteste" bezeichnet? Petrus hatte schon lange begriffen, dass es in Christus „nicht Jude noch Grieche, nicht Sklave noch Freier, nicht Mann und Frau" gibt, sondern „alle einer in Christus Jesus" sind (Gal 3,28).

Freilich war Petrus in besonderer Weise als „Apostel für die Beschnittenen" und Paulus als „Apostel für die Nationen" berufen (Gal 2,8). Beiden war aber völlig klar, dass es im Schafstall Gottes nur „eine Herde und einen Hirten" gibt (Joh 10,16).

Die Lektion für uns als Älteste/Aufseher ist wiederum klar. Wir dienen vielleicht unterschiedlichen Teilen der Gesellschaft, verschiedenen ethnischen Gruppen und Menschen aus verschiedenen sozialen Gruppen, Kulturen und Generationen, aber wir dürfen niemals „die Person ansehen" (Jak 2,1). Vor Gottes Augen ist jedes Glied am Leib Christi wichtig, damit die Gemeinde in der Liebe und in der Einheit wachsen kann.

Das Herz eines Hirten

Was charakterisiert einen Leiter mit dem Herzen eines Hirten? Er ist bereit, sich selbst für die Glieder am Leib Christi in seinem Stall hinzugeben. Er steht zu ihnen, koste es, was es wolle. Er *kennt* seine Schafe. Er nennt sie beim Namen! Die Schafe kennen ihn, sie kennen seine Stimme.

Die Konsequenzen für unseren Dienst als effektive Älteste/Aufseher sind unausweichlich. Wir müssen *bei* unseren Leuten sein, nicht von ihnen getrennt. Wir müssen sie persönlich kennen, mit ihren Bedürfnissen, ihren Anliegen, ihren Problemen! Wir müssen bereit sein, die neunundneunzig im Stall zurückzulassen und hinauszugehen in die Dunkelheit der Nacht, um das verirrte Schaf zu finden, das die Sicherheit der Herde verlassen hat und sich im Dickicht von Enttäuschung und Sünde verfangen hat (Mt 18,12-13).

Unsere Tür muss für die Herde offen stehen. Wir müssen erreichbar sein, nicht nur mit Worten, sondern in Wahrheit! Unsere ganze Persönlichkeit muss die klare Botschaft verkünden: „Wir lieben euch, wir sind um euch besorgt, wir sind hier bei euch; ihr könnt jederzeit, überall und über alles mit uns reden. Wir werden euch nicht verurteilen! Wir werden euch helfen, die Menschen zu werden, die ihr in Wahrheit sein wollt: reife und tüchtige Glieder an seinem Leib, der Gemeinde."

Natürlich haben diese *biblischen Funktionen* gewaltige Auswirkungen. Wir müssen *kulturelle Formen* entwickeln, die es uns ermöglichen, gute und treue Hirten zu sein.

Die Krone der Herrlichkeit

Eine der ermutigendsten Aussagen des Apostels Petrus in diesem Absatz ist, dass alle Hirten einen „Oberhirten" haben, der bis zum Ende des Zeitalters bei ihnen sein wird (Mt 28,20). Eines Tages wird er alle treuen Ältesten/Aufseher mit einem „Siegeskranz der Herrlichkeit" belohnen (1Petr 5,4). Wir können zwar nicht begreifen, was dieses Bild konkret meint, eines ist aber klar: Unsere Anerkennung wird nicht „verwelken", und wir werden unseren Lohn nicht zu unserer eigenen Ehre einsetzen, sondern um den Herrn Jesus Christus in Ewigkeit zu ehren und anzubeten (siehe Offb 4,9-11).

19. Charakterlehre (65 n. Chr.)

ZURÜCK ZUR QUELLE

Bevor Sie fortfahren, lesen Sie bitte 1Timotheus 3,1-7 und Titus 1,1-9. Welche Eignungsvoraussetzungen für Leiter sind in diesen beiden Listen identisch und welche sind unterschiedlich?

Irgendwann während seiner Reisetätigkeit nach seiner Gefangenschaft traf Paulus Titus wieder, vielleicht in Korinth, wo Titus lange Zeit als Vertreter für Paulus gewirkt hatte (2Kor 7,5-7. 13-16; 8,16-23; 12,18). Titus war ein Heidenchrist, den Paulus früh in seinem Dienst mit dem Evangelium bekannt gemacht hatte, vielleicht in Antiochien. Einmal reiste er gemeinsam mit Paulus und Barnabas nach Jerusalem, vielleicht als Vorzeigeobjekt und Beweis für die Apostel und Ältesten, dass tatsächlich auch Heiden gerettet werden können (Gal 2,3).

Dienst auf Kreta

Nach ihrer Wiedervereinigung, bestiegen sie ein Schiff in Richtung Süden, nach Kreta. Paulus war zwar während seiner Reise nach Rom „näher an Kreta" hingefahren (Apg 27,13), ohne Möglichkeit dieser berühmten und ganz im Heidentum versunkenen Gegend das Evangelium zu predigen. Wir wissen nicht, wie lange Paulus und Titus auf Kreta blieben, es kann aber nicht sehr lange gewesen sein, da zwischen der ersten und der zweiten Gefangenschaft in Rom nur ungefähr drei Jahre liegen. Aber wie so oft öffnete der Heilige Geist in den großen Städten Kretas die Herzen vieler Menschen für das Evangelium.

Als Paulus allein weiter zog, ließ er Titus zurück, „damit du, was noch mangelte, in Ordnung bringen und in jeder Stadt Älteste anstellen solltest" (Tit 1,5). Unterwegs nach Nikopolis schrieb Paulus einen Brief und fasste darin zusammen, welche Anforderungen Titus beachten sollte, wenn er Männer als Älteste/Aufseher aussuchte und sie ernannte (Tit 1,5-9).

Diese zweite Liste im Titusbrief ähnelt in mancherlei Hinsicht der im ersten Timotheusbrief. Dennoch gibt es in den beiden Listen Qualifikationen, die speziell für Timotheus in Ephesus galten, und andere, die Titus auf Kreta besonders beachten sollte (siehe Tabelle auf der nächsten Seite).

Die Abweichungen zwischen den beiden Listen geben Anlass zu mehreren legitimen Fragen:

Inwieweit müssen wir Rücksicht auf die relative Reife von Männern nehmen, die wir heute zu Ältesten/Aufsehern in unseren Gemeinden ernennen wollen? Anders gesagt, wie viel kulturelle Freiheit haben wir, um eigene Kriterien für die Auswahl geistlicher Leiter festzulegen?

Dürfen wir diese beiden Listen zusammenfügen und alle Kriterien gemeinsam als Maßstab für die Auswahl und Ernennung von Ältesten/Aufsehern in unseren heutigen Gemeinden heranziehen?

Abbildung 7

Charaktermerkmale von Ältesten in 1. Timotheus und Titus

EIGNUNGSVORAUSSETZUNG	GRIECHISCHER BEGRIFF
untadelig (1Tim 3,2)	anepileptos*
untadelig (Tit 1,6)	anegketos*
Mann einer Frau (1Tim 3,2; Tit 1,6)	**
dem eigenen Haus gut vorstehen (1Tim 3,4-5)	**
gläubige Kinder (Tit 1,6)	**
besonnen (1Tim 3,2; Tit 1,8)	sophron
gastfrei (1Tim 3,2; Tit 1,8)	philoxenos
kein Trinker, nicht dem Wein ergeben (1Tim 3,2; Tit 1,7)	paroinos
kein Schläger (1Tim 3,3; Tit 1,8)	plektes
nicht geldliebend, nicht schändlichem Gewinn nachgehend (1Tim 3,3; Tit 1,7)	aischrokerdes

* Diese beiden griechischen Begriffe sind im Grunde gleichbedeutend

** Paulus verwendet hier keinen einzelnen Begriff, sondern mehrere Wörter

Charaktermerkmale, die nur in 1. Timotheus vorkommen

EIGNUNGSVORAUSSETZUNG	GRIECHISCHER BEGRIFF
nüchtern (3,2)	nephalios
sittsam (3,2)	kosmios
lehrfähig (3,2)	didaktikos
gütig (3,3)	epieikes
nicht streitsüchtig (3,3)	amachos
nicht ein Neubekehrter (3,6)	neophytos
gutes Zeugnis vor denen, die draußen sind (3,7)	martyria

Charaktermerkmale, die nur in Titus vorkommen

EIGNUNGSVORAUSSETZUNG	GRIECHISCHER BEGRIFF
nicht eigenmächtig (1,7)	authades
nicht jähzornig (1,7)	orgilos
das Gute liebend (1,8)	philagathos*
gerecht (1,8)	dikaios
heilig (1,8)	hosios
enthaltsam (1,8)	Egkrate
der an dem der Lehre gemäßen Wort festhält (1,9)	**

* Wörtlich: ein „Freund guter Menschen“

** Paulus verwendet hier keinen einzelnen Begriff, sondern mehrere Wörter

Gottgeschenkte Freiheit

Um diese Fragen zu beantworten, müssen wir die Freiheit verstehen, die der Heilige Geist den neutestamentlichen Schreibern gab, um konkrete Fragen in bestimmten Gemeinden anzusprechen.

- Als Paulus an die Gemeinden in Galatien schrieb, war er zutiefst besorgt, weil sie sich wieder einer werksgerechten Religion zugewandt hatten.
- Als er die Briefe an die Thessalonicher schrieb, musste er ihre falschen Ansichten über die Wiederkunft Christi richtig stellen.
- In seinem Brief an die Kolosser spricht er einige Irrlehren an, die aus der Vermischung von jüdischer Gesetzlichkeit, griechischer Philosophie und orientalischer Mystik mit der reinen christlichen Lehre entstanden waren.
- Der Philipperbrief ist zutiefst persönlich gehalten, indem Paulus dieser Gemeinde für ihre finanzielle Unterstützung und für ihre „Teilnahme am Evangelium“ dankt (Phil 1,3-5; 4,15-16).
- Der Brief an die Epheser ist viel weniger persönlich, sondern enthält mehr allgemeine Lehre, möglicherweise weil er ein Rundbrief an die Gemeinden in Asien war.
- Petrus schrieb seinen ersten Brief, um verfolgte Christen zu ermutigen.
- Johannes wendet sich in seinem ersten Brief gegen gnostische Irrlehren.
- Als Jesus Christus durch den Apostel Johannes direkt an sieben Gemeinden in Asien schreibt, spricht er in jeder Gemeinde andere Themen an, je nach ihren jeweiligen Stärken und Schwächen (Offb 2,1 - 3,22).

Angesichts dieses größeren Zusammenhangs von biblischen Briefen über verschiedene Themen an unterschiedliche Gemeinden darf es uns nicht überraschen, dass Paulus die konkreten Umstände von Timotheus in Ephesus und Titus auf Kreta ansprach. Die Probleme der beiden Männer waren zwar über weite Strecken dieselben, es gab aber auch Unterschiede, auf die Paulus konkret eingeht.

Auf Kreta gab es beispielsweise schon Männer, „die ganze Häuser umkehren, indem sie um schändlichen Gewinnes Willen lehren, was sich nicht geziemt“ (Tit 1,11). Diese Irrlehrer gingen in ihrer Sünde so ungeniert vor, dass Paulus sie als „abscheulich und ungehorsam und zu jedem guten Werk unbewährt" einstuft. Verständlicherweise muss Titus in dieser Situation geistliche Leiter suchen, die „nicht eigenmächtig" (nicht arrogant und selbstsüchtig) und „nicht jähzornig" sind, sondern „das Gute liebend, ... gerecht, heilig, enthaltsam" (1,7-8). Das entscheidende Kriterium in jener Situation auf Kreta war wahrscheinlich, dass diese Männer „an dem der Lehre gemäßen zuverlässigen Wort festhalten" mussten, damit sie fähig waren, „sowohl mit der gesunden Lehre zu ermahnen als auch die Widersprechenden zu überführen".

Es ist verständlich, warum Paulus im Titusbrief diese konkreten Anforderungen formuliert, während er im Timotheusbrief auf besondere Probleme eingeht, die sich in Ephesus bei der Auswahl und Einsetzung geistlicher Leiter ergeben haben (siehe Abbildung 7).

Ein Charakterprofil

Die Freiheit, die der Heilige Geist dem Apostel Paulus gab, um die Anforderungen an jede konkrete kulturelle Situation anzupassen, dürfen wir gewiss auch für uns in Anspruch nehmen. Diese Freiheit muss sich aber immer im Rahmen der offenbarten Wahrheit Gottes bewegen. Niemals dürfen wir die Lehre der gesamten inspirierten Schrift verwässern oder verwerfen. Freilich entwickelte sich die Offenbarung Gottes über einen gewissen Zeitraum im ersten Jahrhundert, während verschiedene Apostel und Missionare unter vielen Menschen in den unterschiedlichsten Kulturen wirkten. Das Endprodukt aber ist das Wort Gottes, ein Gesamtbild der Wahrheit, „von Gott eingegeben und nützlich zur Lehre, zur Überführung, zur Zurechtweisung, zur Unterweisung in der Gerechtigkeit, damit der Mensch Gottes vollkommen sei, zu jedem guten Werk völlig zugerüstet" (2Tim 3,16-17).

So gelangen wir, indem wir jede Eignungsvoraussetzung für Älteste/Aufseher richtig definieren und vor dem Hintergrund aller anderen Reifeprofile in der Schrift auslegen, zu einer kulturübergreifenden „Charakterlehre," genau wie die „ganze Schrift" eine Lehre von Gott, von Jesus Christus, vom Heiligen Geist, vom Menschen, von der

Errettung, der Wiederkunft Christi und von der Gemeinde enthält. (Siehe Abbildung 8, wo Merkmale eines christlichen Charakters aus acht Texten [sechs davon aus Timotheus und Titus] angeführt sind.)

Obwohl also Paulus bestimmte Kriterien hervorhob, weil diese für Timotheus in Ephesus und für Titus auf Kreta besonders wichtig waren,[36] gibt es keine biblische Grundlage dafür, bestimmte Qualifikationen zu streichen, weil sie nicht in beiden Listen erwähnt werden. Nachdem wir Zugang zu beiden Briefen sowie zur gesamten Schrift haben, sind wir vor Gott sogar umso mehr verpflichtet, an christliche Leiter einen hohen Maßstab anzulegen. Dasselbe gilt für Bibellehrer, die ja heute die ganze Bibel zur Verfügung haben. Zwar dürfen wir gewiss bestimmte Aussagen der Schrift hervorheben, die zu bestimmten Zeiten unsere konkreten geistlichen Bedürfnisse besonders klar ansprechen, dennoch sind wir verantwortlich, der Gemeinde Christi insgesamt „den ganzen Ratschluss Gottes" zu verkündigen (Apg 20,27).

Selbstverständlich ist es angebracht, die Texte über Leiterschaft aus 1. Timotheus 3 und Titus 1 zu kombinieren und diese Kriterien heute als Maßstab anzuwenden, um in unseren Gemeinden Älteste/Aufseher auszuwählen und einzusetzen. Genau das haben wir in unserer eigenen Gemeinde, der Fellowship Bible Church North, getan und dabei ein Reifeprofil aus zwanzig Fragen zusammengestellt, um den geistlichen Stand von Kandidaten für das Ältestenamt festzustellen. Das Formular, um diesen „Reifequotienten" zu messen, ist in Anhang C abgedruckt und mag sich auch in Ihrer Gemeinde als hilfreich erweisen. (Die Vorgangsweise, wie wir unsere Kandidaten für die Ältestenschaft beurteilen, wird in Kapitel 34 unter „Schritt 5: Die Kandidaten beurteilen" genauer erklärt.)

Abbildung 8
Charakterprofile

GALATER 5,22-23 *Die Frucht des Geistes ist:*	1TIMOTHEUS 4,1 *Sei ein Vorbild:*	1TIMOTHEUS 6,11 *Strebe nach:*	TITUS 2,12 *Verleugne:*
Liebe Freude Friede Langmut Freundlichkeit Güte Treue Sanftmut Enthaltsamkeit	im Wort im Wandel in Liebe im Glauben im Keuschheit	Gerechtigkeit Gottseligkeit Glauben Liebe Ausharren Sanftmut	Gottlosigkeit weltliche Lüste *Lebe:* besonnen gerecht gottesfürchtig

TITUS 2,1-2 ... dass die alten Männer	TITUS 2,3 ... ebenso die alten Frauen	TITUS 2,4-5 ... damit sie die jungen Frauen unterweisen	2PETRUS 1,5-7 Wendet allen Fleiß auf, voranzuschreiten
nüchtern seien	in der Haltung, wie es der Heiligkeit geziemt	ihre Männer zu lieben	vom Glauben zur Tugend
ehrbar	nicht verleumderisch	ihre Kinder zu lieben	von der Tugend zur Erkenntnis
besonnen	nicht Sklavinnen von vielem Wein	besonnen zu sein	von der Erkenntnis zur Enthaltsamkeit
gesund im Glauben	Lehrerinnen des Guten	keusch zu sein	von der Enthaltsamkeit zum Ausharren
gesund in der Liebe		mit häuslichen Arbeiten beschäftigt zu sein	vom Ausharren zur Gottseligkeit
gesund im Ausharren		gütig zu sein	von der Gottseligkeit zur Bruderliebe
		den eigenen Männern sich unterzuordnen	von der Bruderliebe zur Liebe

Gottes Maßstab für unsere Reife

Wir müssen darauf achten, dass dies keine „gesetzliche Haltung" zum Christsein ist. Sonst wäre Paulus eindeutig gesetzlich. In Wahrheit ist das Reifeprofil, das die Heilige Schrift insgesamt festlegt, der Maßstab Gottes, um geistliche Reife zu messen.

Es ist Gottes offenbarter Wille, dass wir ihm gegenüber verantwortlich sind, diese Eigenschaften in unserem Leben zu entfalten, nicht durch eigene Kraft, sondern mit Hilfe des Heiligen Geistes (Eph 6,10-18). Indem wir Christen werden und unsere neue Identität in Christus annehmen, erwerben wir nicht automatisch die „Frucht des Geistes". Sonst gäbe es ja keine Notwendigkeit für geistliches Wachstum, das doch den Schwerpunkt der meisten neutestamentlichen Briefe bildet. Wo immer es darum geht, charakterliche Qualitäten zu erwerben, brauchen wir *Lehre* und *Zurüstung,* die in den Pastoralbriefen so stark betont werden (1Tim 2,11-13; 2Tim 2,1-2; 4,2-5; Tit 2,1-10).

20. Voraussetzungen für Ehe und Familie (63 und 65 n. Chr.)

ZURÜCK ZUR QUELLE

Bevor Sie weiter lesen, wiederholen Sie bitte nochmals die Anforderungen, die Paulus an das Ehe- und Familienleben eines Gemeindeleiters stellt: „Mann einer Frau" und „dem eigenen Haus gut vorstehen" (1Tim 3,1-2.4-5; Tit 1,6-7). Was könnte Paulus damit gemeint haben?

Die meisten Eignungsvoraussetzungen für geistliche Leiter sind relativ leicht zu definieren und auf ein beliebiges kulturelles Umfeld anzuwenden (siehe Abbildung 8 im vorangegangenen Kapitel). Zwar befinden wir uns alle in einem Prozess der Veränderung, und das wird auch so bleiben, bis uns Jesus in sein vollkommenes Bild umwandelt, dennoch wissen die meisten von uns, ob wir moralisch rein, selbstbeherrscht, gastfrei, nicht süchtig oder materialistisch usw. sind. Überdies können sich die meisten Menschen, die uns gut kennen, für unser Gesamtzeugnis als Christen verbürgen, dass wir zwar nicht vollkommen sind, aber in unserer Beziehung zu Christus und zu anderen wachsen. Im Grunde wissen sie genau wie wir selbst, ob unser Charakter irgendeinen schwerwiegenden Mangel aufweist. Sie erleben auch mit, ob wir unsere Sünden bekennen, wenn wir einen Fehler begangen haben, ob wir bereit sind, unsere Beziehung zu Gott wieder ins Reine zu bringen und „im Licht wandeln, wie er im Licht ist" (1Jo 1,7). Mehr als alles Andere trägt dieses Bekennen und Aufgeben unserer Sünde dazu bei, unseren Ruf zu stärken.

Nun gibt es aber zwei Qualifikationen, die in beiden Pastoralbriefen vorkommen und die besonders sorgfältig ausgelegt werden müssen. Sie sind zu allen Zeiten falsch verstanden worden und haben zu einem „verschobenen Maßstab" geführt, der einige sehr gottgefällige Männer vom Dienst als Älteste/Aufseher ausgeschlossen hat. Sehen wir uns die Sachlage näher an.

Mann einer Frau

Die erste Voraussetzung für einen Aufseher im Ehe- und Familienbereich, „Mann einer Frau" zu sein (1Tim 3,2), wird ganz unterschiedlich ausgelegt, wie wir bereits in Kapitel 12 festgestellt haben. Hier die wichtigsten Auslegungen mit ihrem Für und Wider.

Muss verheiratet sein
Manche schließen aus diesem Satz, dass Paulus nur verheiratete Männer als Älteste/Aufseher zulassen wollte. Das wäre insofern seltsam, als Paulus im ersten Korintherbrief manche Menschen dazu ermutigt, ledig zu bleiben, zumindest in der damaligen Zeit der Unterdrückung und Verfolgung, um dem Herrn besser dienen zu können (1Kor 7,32-35). Noch stärker spricht gegen diese Auslegung, dass Paulus ebenso wie seine beiden Missionarskollegen (Timotheus und Titus) offenbar unverheiratet war. Es erscheint absurd, dass diese unverheirateten Gemeindegründer von den Leitern ihrer Ortsgemeinden etwas verlangen sollten, was sie selbst nicht erfüllten.

Darf nicht mehrmals geheiratet haben
Nach einer anderen Auslegung schließt Paulus hier einen Mann von dieser Leitungsposition aus, dessen Frau gestorben ist und der wieder geheiratet hat. Leider hat diese wirklichkeitsfremde Auslegung manche Männer dazu gebracht, die „Spielregeln zu ändern". Stellen wir uns einen Mann vor, der in eine Lebenskrise gerät. Er ist nicht nur Ältester, sondern auch hauptamtlicher Lehrer seiner Gemeinde. Seine erste Frau stirbt, und er heiratet eine andere gläubige Frau. Weil er aber der Meinung ist, nicht länger als Ältester dienen zu dürfen, legt er dieses Amt zurück, arbeitet aber weiter als Gemeindelehrer. So umgeht er praktisch seine eigene Auslegung, nicht mehr Ältester sein zu dürfen, weil er wieder geheiratet hat, indem er seinen Titel ändert und genauso weiter dient wie bisher.

Das Hauptproblem liegt darin, dass falsche Auslegungen zu unrealistischen Erwartungen führen können, weshalb wir wieder „die Spielregeln ändern", um mit der Wirklichkeit zurecht zu kommen.

Darf nicht geschieden sein

Diese Auslegung dürfte von jeher die am weitesten verbreitete sein. Demnach wäre ein Mann, der eine Scheidung hinter sich hat, automatisch vom Amt eines Ältesten/Aufsehers disqualifiziert. Manche Vertreter dieser Auslegung gehen noch weiter und fügen eine weitere Einschränkung hinzu: Wenn der Mann zum ersten Mal verheiratet ist, allerdings mit einer geschiedenen Frau, ist er ebenfalls nicht qualifiziert.

Leider macht dieses Verständnis eine Scheidung praktisch zu einer nicht vergebbaren Sünde, während ein Mörder durchaus ein geistlicher Leiter werden darf, wie wir am Beispiel von Paulus sehen (Apg 9,1.26). Im ersten Timotheusbrief, noch bevor er die Voraussetzungen für einen Ältesten/Aufseher auflistet, erklärt Paulus sich selbst zum „schlimmsten aller Sünder", einem „Lästerer und Verfolger und Gewalttäter" (1Tim 1,13-16). Und doch hatte er als Apostel und Gründer vieler Gemeinden eine weitaus prominentere Rolle als der geistliche Leiter einer Ortsgemeinde. Die Sünde des Mordes hinderte ihn nicht daran, der größte Missionar aller Zeiten zu werden.

Würde Paulus an Männer denken, die „geschieden und wieder verheiratet" sind, könnte ein Mann Ältester/Aufseher werden, der zwar nie geheiratet hat, der aber im Artemistempel in Ephesus mit tausend Frauen sexuell verkehrt hatte. Er müsste sich nur zu Christus bekehren und sein Verhalten ändern. Er könnte sogar heiraten und dennoch im Amt bleiben, weil er immer noch „Mann einer Frau" wäre, obwohl er mit zahllosen Prostituierten „ein Fleisch" geworden war (1Kor 6,16).

Was die Vergebung von Sünde betrifft, so kann es keinen Zweifel geben. Das Blut Jesu Christi reinigt uns von jeder Schuld (Eph 1,7; 1Petr 1,18-19; 1Jo 1,7). Warum dann nicht von der Sünde der Scheidung? Der Bibellehrer Robert L. Saucy gibt in einem hervorragenden Artikel eine sehr objektive und gründliche Antwort auf diese Frage: „Wenn diese Auslegung richtig ist ... (1) dass Ehebruch wahrscheinlich kein bleibender sündiger Zustand ist, sondern genauso vergeben werden kann wie Mord, (2) dass eine Scheidung die Ehe sehr wohl auflöst, womit wiederverheiratete Männer in Gottes Augen nicht mit zwei Frauen verheiratet sind, dann wäre es nur vernünftig, diese Voraussetzung, Mann einer Frau zu sein, auf die gegenwärtigen Lebensumstände dieses Mannes zu beziehen."[37]

Bitte verstehen Sie mich nicht falsch. Keinesfalls möchte ich mit diesen Argumenten den Maßstab für geistliche Leiter herunterschrauben. Sehr wohl kann ein geschiedener Mann vom Leitungsamt ausgeschlossen sein, weil sein Ruf noch immer schwer geschädigt ist oder weil er „seinem Haus nicht gut vorsteht". Es gibt aber sehr wohl geschiedene Männer, die in ihrem gegenwärtigen Lebensstil „untadelig" sind. Sie haben ihre Vergangenheit hinter sich gelassen, und oft weiss die Gemeinde insgesamt und der weitere Bekanntenkreis gar nichts von ihrer Scheidung.

Darf kein Polygamist sein

Einige der frühen Schriftsteller der Kirche, beispielsweise Justinian der Märtyrer und Chrysostomos, beziehen diesen Satz des Apostels Paulus auf die Vielweiberei. Diese Praxis gab es damals tatsächlich noch unter manchen Juden, die vielleicht auch einige zum Judentum bekehrte Heiden mitgerissen hatten. Johannes Calvin vertrat diese Meinung und kam zu dem Schluss, dass ein Ältester nicht mit mehreren Frauen gleichzeitig verheiratet sein darf. Die meisten heutigen Bibelausleger lehnen diese Auslegung aber ab, insbesondere weil die Vielweiberei im Römischen Reich damals bereits verboten war. Sie dürfte kein ernstes Problem gewesen sein, sonst hätte sich Paulus bestimmt klarer ausgedrückt.

Ein treuer Ehemann

Wir glauben, dass Paulus mit dieser Voraussetzung schlicht und einfach moralische Unantastbarkeit meinte, dass er einen „treuen Ehemann" im Auge hatte. Er soll in seinem Lebensstil einer einzigen Frau treu sein, nämlich seiner Ehefrau.[38] Diese Anforderung war in der neutestamentlichen Zeit sehr wichtig, weil viele Männer aus dem schlimmsten Heidentum zum Glauben fanden. Verheiratete Männer, vor allem wenn sie reich waren, hielten sich Prostituierte am örtlichen Tempel und hatten sogar spezielle „Sklavinnen" in den Räumen der Großfamilie. Ihre Frauen konnten das damals nur als normal hinnehmen. Sie hatten keine Wahl. Es war zwar verboten, mehr als eine Ehefrau zu haben, aber es war keineswegs illegal, als verheirateter Mann Beziehungen mit anderen Frauen zu haben. Stellen Sie sich vor, was in Ephesus und Kreta geschah, als das Evangelium in diese heidnischen Kulturen vordrang. Als wahre Nachfolger Jesu Christi mussten diese Männer eine schwierige moralische Entscheidung treffen, nämlich treue Ehemänner zu sein. Offenbar konnten sich manche dieser Männer nicht so leicht aus ihren furchtbaren sexuellen Süchten befreien. Das ist wahrscheinlich ein Hauptgrund, warum Paulus nur solche Männer als Älteste/Aufseher zulässt, die mit diesem Problem in ihrem Leben fertig geworden waren. Ihr Ruf in der Gemeinde und im weiteren Bekanntenkreis musste das bestätigen.

Ein modernes Beispiel

In vielen Kulturen besteht dieses Problem noch heute. In einem südamerikanischen Land lernte ich vor einigen Jahren einen jungen Familienvater kennen. Als er gerade erst in die Pubertät gekommen war, brachte ihn sein Vater zu einer Prostituierten und bezahlte sie dafür, seinem Sohn alles beizubringen, was man über Sex wissen musste. Er gab ihr auch gleich einen Vorschuss, damit der junge Mann jederzeit zu ihr gehen konnte. So unglaublich uns das erscheinen mag, so normal ist das in der dortigen Kultur.

So wurde dieser junge Mann süchtig nach diesem unzüchtigen Lebensstil. Als er älter wurde, heiratete er und bekam Kinder. So wie viele seiner Freunde in jener Gesellschaft suchte er aber weiterhin regelmäßig Prostituierte auf. Und so wie viele Frauen in jener Kultur wusste seine Frau über seine außerehelichen Aktivitäten Bescheid. Obwohl widerstrebend, akzeptierte sie es als normales Verhalten von Männern.

Dann wurde dieser Mann Christ. Zum ersten Mal entdeckte er da den biblischen Maßstab für ein moralisch reines Eheleben. Jeder weitere Gang zu einer Prostituierten oder irgendeiner anderen Frau wäre eine Sünde gegen Gott ebenso wie gegen seine Frau und seine Familie. Leider war seine Sucht aber so stark, dass er heftig zu kämpfen hatte, um nach diesem neuen Maßstab zu leben.

Als ich diesen jungen Mann kennen lernte, war er dank einer Rechenschaftsgruppe schon mehrere Monate siegreich geblieben. Durch Bibelstudium, Gebet und die Kraft des Heiligen Geistes, unterstützt durch die Rechenschaft gegenüber der Gruppe, konnte er endlich der Versuchung widerstehen, wenn er nach Büroschluss seinen Arbeitsplatz verließ. Statt wie üblich eine Prostituierte aufzusuchen, ging er nach Hause und verbrachte den Abend bei seiner Familie. Glücklicherweise hatte er sich noch keine tödliche Geschlechtskrankheit zugezogen, und seine Frau konnte ihm vergeben. Im Grunde begannen sie ein neues gemeinsames Leben, indem sie einander lieben lernten, wie Jesus Christus sie liebte.

Wenn Sie die Dynamik dieser Geschichte verstehen, können Sie auch besser begreifen, was in der neutestamentlichen Kultur regelmäßig geschah, vor allem bei Heiden. Das ist unserer Meinung nach der Hauptgrund, warum Paulus von einem Ältesten/Aufseher verlangt, „Mann einer Frau" zu sein.[39]

Dem eigenen Haus gut vorstehen

Gleich im Anschluss an die erste Anforderung in beiden Briefen, „untadelig" zu sein, verlangt Paulus von einem Ältesten/Aufseher, „Mann einer Frau" zu sein. Im Titusbrief spricht er gleich darauf von einem Mann, der „gläubige Kinder hat, die nicht eines ausschweifenden Lebens beschuldigt oder aufsässig sind" (Tit 1,6). Eine parallele Voraussetzung findet sich auch im Timotheusbrief (1Tim 3,4-5).

Gläubige Kinder

Was bedeutet es, „gläubige Kinder" zu haben? Verlangt Paulus zuerst einmal von einem Ältesten, Kinder zu haben? Wenn ja, müssen diese alt genug sein, um das Evangelium zu verstehen und Christen zu werden? Wenn nun eines dieser Kinder ein neugeborenes Baby ist? Muss er warten, bis dieses Kind alt genug ist, um die Botschaft von der Errettung zu verstehen, obwohl seine älteren Kinder gläubig sind?

Die Frage, ob ein Ältester/Aufseher verheiratet sein muss, haben wir bereits behandelt. Unsere Antwort lautet Nein, folglich muss ein Ältester/Aufseher auch keine Kinder haben. Im Grunde sagt Paulus, *wenn* ein Mann verheiratet ist, muss er seiner Frau ein treuer Ehemann sein. Und *wenn* er Kinder hat, die alt genug sind, um das Evangelium zu verstehen und es bewusst anzunehmen oder abzulehnen, dann ist ihre Reaktion ein Maßstab dafür, ob er als Ältester/Aufseher ausgewählt werden soll. Paulus geht aber noch einen Schritt weiter, indem jene Kinder, die alt genug sind um das Evangelium abzulehnen, nicht „ausschweifend" oder „aufsässig" sein sollen.

Paulus spricht hier nicht von kleinen Kindern, nicht einmal von Jugendlichen. Hier steht dasselbe Wort für „Kinder" wie im Timotheusbrief, wo von der Fürsorge von Kindern für eine verwitwete Mutter die Rede ist. Er denkt also wahrscheinlich an erwachsene Kinder, die vielleicht selbst schon verheiratet sind und Kinder haben (1Tim 5,4).

„Ausschweifend und aufsässig"

Die Begriffe „ausschweifend und aufsässig" (Tit 1,6) sprechen von älteren Kindern, die tief in Sünde verstrickt sind. Das griechische Wort *asotia* meint ein „zügelloses" Verhalten. Petrus verwendet dieses Wort in einem anderen Zusammenhang für verschiedenste sündige Verhaltensweisen: „Denn die vergangene Zeit ist genug, den Willen der *Nationen* vollbracht zu haben, als ihr wandeltet in *Ausschweifungen, Begierden, Trunkenheit, Festgelagen, Trinkgelagen* und *frevelhaften Götzendiensten.* Hierbei befremdet es sie, dass ihr nicht mehr mitlauft in demselben Strom der *Heillosigkeit [asotia],* und sie lästern" (1Petr 4,3-4).

Das griechische Wort für „aufsässig" oder „ungehorsam" ist *anhypotaktos.* Betrachten wir wiederum den Zusammenhang, in dem Paulus dieses Wort gebraucht: „[Wir wissen], dass für einen Gerechten das Gesetz nicht bestimmt ist, sondern für *Gesetzlose* und *Widerspenstige [anhypotaktos],* für *Gottlose* und *Sünder,* für *Heillose* und *Unheilige, Vatermörder* und *Muttermörder, Mörder, Unzüchtige, Knabenschänder, Menschenräuber, Lügner, Meineidige,* und wenn etwas Anderes der gesunden Lehre entgegensteht" (1Tim 1,9-10).

Offenbar spricht Paulus von erwachsenen Kindern, die das Evangelium von Jesus Christus vollkommen ablehnen und einen heidnischen Lebensstil führen, ähnlich wie die Söhne Elis in der alttestamentlichen Kultur: „ruchlose Männer, sie hatten den Herrn nicht erkannt" (1Sam 2,12). Sie lebten nicht nur unmoralisch, sondern „verachteten die Opfergabe des Herrn" (2,17).

Die Großfamilie

Dieses Problem war in der neutestamentlichen Zeit natürlich umso schwerwiegender, als erwachsene Kinder und ihre Ehepartner mit ihrem Anhang oft im selben Haus wie die Eltern wohnten. Die Gemeinschaft der Großfamilie war ein Teil dieser Kultur. So konnte ein erwachsenes Kind, das den Glauben seiner Eltern ablehnte und noch dazu einen total verkommenen Lebensstil führte, seinen Eltern Kritik und schwere Vorwürfe einbringen, insbesondere natürlich dem Vater.

In unserer heutigen westlichen Kultur haben die familiären Strukturen unserer mobilen Gesellschaft natürlich auch Auswirkungen darauf, wie die Menschen unsere Familie sehen. Wenn Kinder ausziehen, heiraten und dann gottlos leben, hat das nicht unbedingt einen Einfluss auf den Ruf des Vaters. Außerdem haben wir auch als gottesfürchtige christliche Eltern keine Garantie, dass unsere Kinder gottgerechte Christen werden, wenn sie einmal ausgezogen sind, auch wenn wir ihnen gute Vorbilder waren und sie die biblischen Prinzipien eines christlichen Lebens gelehrt haben.

Leider kann das Weltsystem manchmal alles zunichte machen, was Eltern aufgebaut haben. Sofern der Ruf eines Mannes dadurch nicht schwer angeschlagen ist, sollten ihn solche seltenen Einzelfälle nicht davon abhalten, zum Ältesten/Aufseher ernannt zu werden. Die meisten Männer, die ich im Lauf der Jahre kennen gelernt habe, die Gott lieben und deren familiäre Dynamik der Sache Christi schaden könnten, entscheiden sich eigentlich selbst dafür, keine geistliche Führungsrolle zu erstreben oder anzunehmen. Manche nehmen diese Voraussetzung so ernst, dass sie überreagieren und wir ihnen zusichern müssen, dass ihr Dienst als Ältester/Aufseher kein Stolperstein für Gläubige oder Ungläubige sein wird.

Auch das ist kein Versuch, den Maßstab für geistliche Leiter herunterzuschrauben. Wir müssen nur klar verstehen, was Paulus im Sinn hat. Dazu müssen wir nicht nur die Bedeutung der Worte bedenken, die er für charakterliche Qualitäten verwendet, sondern auch den Gebrauch dieser Worte vor ihrem historischen und kulturellen Hintergrund beachten. Paulus war es vor allem ein Anliegen, dass jeder Mann, der als Ältester/Aufseher ausgewählt und eingesetzt wird, einen guten Ruf hat, und zwar sowohl in der Gemeinde als auch im weiteren Bekanntenkreis.

Das ist somit die wichtigste Voraussetzung, um das Familienleben eines Mannes zu beurteilen: sein Ruf. Wenn aber mehrere Kinder in der Familie eines Mannes gegen Jesus Christus rebellieren, stellt sich uns dieselbe Frage, die Paulus im Timotheusbrief aufwirft: „Wenn aber jemand dem eigenen Haus nicht vorzustehen weiß, wie wird er für die Gemeinde Gottes sorgen?“ (1Tim 3,5).

21. Mit Freude Dienen (66-70 n. Chr.)

ZURÜCK ZUR QUELLE

Bevor Sie fortfahren, lesen Sie bitte Philipper 1,20-26 und 2Timotheus 4,6-18. Achten Sie in beiden Texten, die während der ersten und zweiten Gefangenschaft des Apostels Paulus entstanden, auf seine Einstellung zu einem möglichen Märtyrertod.

Als der biblische Bericht über Älteste/Aufseher und andere Gemeindeleiter mit dem Hebräerbrief abgeschlossen wurde, waren sowohl Paulus als auch Petrus wahrscheinlich bereits den Märtyrertod gestorben. Manche glauben sogar, dass diese beiden großen Führer, die in Rom gefangen gehalten wurden, am selben Tag hingerichtet wurden. Nach Hieronymus war das am 29.Juni im 14.Jahr von Kaiser Nero, also im Jahr 67 n. Chr. Petrus wurde mit dem Kopf nach unten gekreuzigt, Paulus hingegen an der Via Appia enthauptet.[40]

Wenn Paulus und Petrus bereits dieses größte Opfer gebracht hatten, lässt sich gut verstehen, was der Autor des Hebräerbriefes mit diesen Worten meint: „Gedenkt eurer Führer, die das Wort Gottes zu euch geredet haben! Schaut den Ausgang ihres Wandels an, und ahmt ihren Glauben nach!" (Hebr 13,7).

Wir können nicht mit Sicherheit sagen, wer den Hebräerbrief geschrieben hat, auch den Zeitpunkt seiner Abfassung kennen wir nicht genau, es könnte aber sehr gut nach dem Märtyrertod von Petrus und Paulus gewesen sein. Wir wissen auch nicht, warum der Autor einen allgemeineren Begriff für geistliche Leiter verwendet.[41]

„Gedenkt eurer Führer"

Diese Ermahnung steht in der Zeitform der Gegenwart. Möglicherweise spricht der Autor von den Missionaren, die ihnen das Evangelium brachten, als sie noch nicht gläubig waren, und die sie letztlich zum Glauben an Jesus Christus führten.

Märtyrer für den Glauben

Indem diese Gläubigen an ihre Missionare dachten, sollten sie „den *Ausgang* ihres Wandels" betrachten und „ihren Glauben nachahmen". Das griechische Wort *ekbasis* für „Ausgang" wird oft als Hinweis auf den Tod dieser Gläubigen verstanden. Spielt dieser Text vielleicht auf Paulus und Petrus und andere Missionare an, die ihr Leben gegeben hatten, damit die Empfänger des Briefs zum wahren Glauben an Jesus Christus finden konnten?

Warum ruft der Briefschreiber seine Leser auf, an diese Männer und Frauen zu denken, die als standhafte Heilige gestorben waren? Die Empfänger des Briefes waren offenbar unreif und schwankend in ihrem Glauben. Sie waren geistlich kaum gewachsen. Sie ernährten sich immer noch von „Milch" statt von „fester Speise" und mussten endlich „das Wort vom Anfang des Christus lassen und [sich] der vollen Reife zuwenden" (Hebr 5,11-6,1).

Später erinnert der Schreiber dieselben Christen, dass sie in ihrem „Kampf gegen die Sünde noch nicht bis aufs Blut widerstanden" haben (12,4), ganz im Gegensatz zu vielen, die ihnen das Wort Gottes gebracht hatten. Da sie nun in der Versuchung standen, in ihr altes Leben zurückzukehren, mussten sie also innehalten und über jene Führer nachdenken, die buchstäblich ihr Leben gegeben hatten, damit sie das Wort Gottes hören konnten. Im Erinnern an diese selbstlosen Vorbilder sollten sie fähig werden, zumindest ein gottgerechtes Leben zu führen und nicht wieder in einen sündhaften Wandel zurückzufallen.

Wir brauchen gottgerechte Vorbilder

Eine der großartigsten Möglichkeiten, um unreife und wankelmütige Gläubige zu gewinnen, sind geistliche Vorbilder im Glauben und in der Gerechtigkeit. Deshalb ruft der Hebräerbrief diese Christen auf, den „Glauben" jener „nachzuahmen", die in früheren Zeiten gelebt hatten, aber auch jener, die im ersten Jahrhundert als Botschafter für Christus ihr Leben gelassen hatten, damit sie das Evangelium hören konnten (Hebr 11).

„Gehorcht euren Führern“

Ein paar Verse später geht es anscheinend nicht mehr um jene „Führer“, die als Apostel und Gemeindegründer unter den Lesern gewirkt hatten (Vergangenheit), sondern um jene, die seither als Älteste/Aufseher in ihren lokalen Gemeinden dienten (Gegenwart): *„Gehorcht und fügt euch euren Führern,* denn sie wachen über eure Seelen, als solche, die Rechenschaft geben werden, damit sie dies mit Freuden tun und nicht mit Seufzen; denn dies wäre euch nicht nützlich“ (Hebr 13,17).[42]

Es ist eine sehr schwierige Aufgabe, Christen zu ermahnen, die absichtlich außerhalb des Willens Gottes leben. So ahnt der Briefschreiber schon voraus, dass viele, denen der Hebräerbrief vorgelesen werden würde, ihn ablehnen würden. Etliche Leser waren ja fleischlich und unreif. Das kommt schon an früherer Stelle klar zum Ausdruck: „Darüber haben wir viel zu sagen, und es lässt sich schwer darlegen, weil ihr im Hören träge geworden seid. Denn während ihr der Zeit nach Lehrer sein solltet, habt ihr wieder nötig, dass man euch lehre, was die Anfangsgründe der Aussprüche Gottes sind“ (5,11-12).

Zwar kommt der Begriff „Vollmacht“ in diesem griechischen Text nicht vor, er schwingt aber mit, indem diese Christen aufgefordert werden, zu „gehorchen“ und sich zu „fügen“. Interessanterweise sind die im Originaltext verwendeten Wörter „weicher“ als die gewöhnlich gebrauchten Ausdrücke für „Gehorsam“ und „Unterordnung“, sie sind aber immer noch deutlich und stark genug. Genauer wiedergegeben, fordert er seine Leser auf, im Einklang mit der Lehre ihrer Leiter zu leben und dem Willen Gottes zu entsprechen.[43]

Warum gehorchen?

Der Text führt drei Gründe an, warum Christen gehorchen und sich fügen sollen:

1. *Diese Leiter hatten ein ehrliches Anliegen für das geistliche Wohl der Gläubigen (wörtlich: „sie wachen über eure Seelen“).* Nichts ist wichtiger als unsere Beziehung zu Gott. Für einen geistlichen Leiter ist es sehr schmerzhaft zu erleben, wie Christen willentlich dem

Herrn ungehorsam sind und damit dem emotionalen, geistlichen und körperlichen Verfall und Untergang entgegen gehen.

2. *Diese Leiter vertraten Jesus Christus und würden eines Tages „Rechenschaft geben" müssen, wie sie ihrem Auftrag als Hirten nachgekommen sind.* Paulus äußert im Korintherbrief eine Warnung, die ein klares Licht auf diese Ermahnung im Hebräerbrief wirft. Jeder geistliche Leiter muss sorgfältig darauf achten, wie er auf das Fundament aufbaut, das die Apostel gelegt haben, indem sie am Anfang das „Wort Gottes geredet haben". Das „Fundament" ist Jesus Christus. Es kommt ein Tag der Rechenschaft für alle geistlichen Leiter, und wer mit „Gold, Silber, kostbaren Steinen" gebaut hat, dessen Werk wird bestehen bleiben und ihm Lohn einbringen. Wer aber mit „Holz, Heu, Stroh" gebaut hat, dessen Werk wird „verbrennen". Er selbst wird zwar errettet, wird aber keinen Lohn empfangen (1Kor 3,10-15).

3. *Diese Christen sollten ihr Leben mit der empfangenen Lehre in Einklang bringen, damit ihre geistlichen Leiter einen unmittelbaren Lohn erhielten - „Freude" statt Traurigkeit und Enttäuschung.* Auch dafür ist Paulus ein Beispiel, den es innerlich sehr schmerzte, wenn Christen im Glauben nicht wuchsen. Er schreibt sogar von *„Geburtswehen* ..., bis Christus in euch Gestalt gewonnen hat - ich wünschte aber, jetzt bei euch anwesend zu sein und meine Stimme zu wandeln, denn ich bin wegen euch im Zweifel" (Gal 4,19-20). Für Paulus war es ein schmerzhafter Prozess, Menschen zur „Neugeburt" zu verhelfen, und wenn sie nicht von „Milch" zu „fester Speise" gelangten, dann litt er die Schmerzen der Geburt ein zweites Mal. Auf der anderen Seite gibt er seiner „Freude" und Begeisterung Ausdruck, als Timotheus mit einem ermutigenden Bericht aus Thessalonich zurückkommt: „Denn was für Dank können wir Gott eurethalben abstatten für *all die Freude,* womit wir uns *euretwegen* freuen vor unserem Gott?" (1Thes 3,9).

Die Folgen von Ungehorsam

Eine letzte Warnung schließt sich der Aufforderung an, den Leitern der Ortsgemeinde zu „gehorchen" und sich ihnen zu „fügen". Die Folgen des Ungehorsams wären „euch nicht nützlich". Es ist also eine schmerzhafte Erfahrung, nicht nur die Gemeinschaft mit Gott zu verlassen, sondern auch mit jenen in Zwietracht zu stehen, die für unser geistliches Wohl verantwortlich sind. Sind wir ärgerlich, so können wir nicht mit offenem Herz und Verstand auf die Wahrheit hören. Wir wollen gar nicht hinhören! Wir meiden sogar die Gesellschaft von Glaubensgeschwistern, die im Gehorsam leben. Kein Wunder, dass wir uns unwohl und sogar elend fühlen. Leben wir hingegen nach dem vollkommenen Willen Gottes, so erfahren wir Freude und Frieden (Röm 12,1-2).

Ein schönes Werk

Als Ältester/Aufseher zu dienen, ist eine gewaltige Verantwortung. Gott legt uns als geistlichen Leitern ganz eindeutig die Last auf, treu zu dienen. Deshalb ist unser Text auch einer von nur zwei Stellen im biblischen Bericht, wo die „Schafe" aufgefordert werden, sich von den „Hirten" führen zu lassen.

Nach allem, was wir gelernt haben, können wir unseren Nachfolgern am ehesten eine positive Reaktion entlocken, indem wir unseren Auftrag als Verwalter und Hirten fleißig wahrnehmen, zuerst indem wir ein Vorbild für das Leben Jesu sind, und dann indem wir vor dem Hintergrund eines glaubhaften Christseins beständig „die Wahrheit in Liebe sagen". Wie Paulus an Timotheus schreibt, ist dieser Dienst ein „schönes Werk", es muss aber mit demütigem Herzen angestrebt werden und mit dem festen Vorsatz angenommen werden, ein gottgerechter dienender Leiter zu sein. Dasselbe Prinzip gilt natürlich für jede Leitungsaufgabe in der Gemeinde - ebenso wie für den Auftrag, ein guter Ehemann und Vater oder eine gute Ehefrau und Mutter zu sein.

Teil Drei: Beobachtungen aus der Bibel

In den folgenden Kapiteln rekapitulieren wir den biblischen Bericht, den wir in Teil 2 in chronologischer Reihenfolge untersucht haben. Wir werden vierzehn konkrete Beobachtungen herausschälen, die uns helfen werden, unsere Gedanken über mehrere wichtige Fragen im Hinblick auf Gemeindeleitung zu sammeln: wie sie bezeichnet wurden, welche Aufgaben sie hatten, wie sie ausgewählt und eingesetzt wurden, wie sie im Team arbeiteten und wie wichtig ein Hauptleiter war. Teil 3 bietet nicht nur eine systematische Zusammenfassung, sondern untermauert unsere Beobachtungen über den biblischen Bericht mit weiteren Hintergrundinformationen.

Im Folgenden fassen wir vorausschauend die *vierzehn Beobachtungen* zusammen, die wir aus dem biblischen Bericht über geistliche Leiterschaft abgeleitet haben.

Beobachtung 1: *Der Begriff „Älteste"*
Am Anfang der Christenheit wurden die geistlichen Leiter von Ortsgemeinden durchgehend als „Älteste" (*presbyteroi*) bezeichnet.

Beobachtung 2: *Der Begriff „Aufseher"*
Als Paulus und seine Missionarsmitarbeiter ihren Gemeindegründungsdienst auf Gegenden ausweiteten, wo hauptsächlich Nichtjuden wohnten, wurden geistliche Leiter schließlich auch „Aufseher" oder „Bischöfe" (*episkopoi*) genannt.

Beobachtung 3: *Vorstehen*
Die Gesamtaufgabe von Ältesten/Aufsehern wird im Neuen Testament unter Anderem mit dem Begriff „vorstehen" (*proistemi*) beschrieben.

Beobachtung 4: *Weiden*
Der zweite Grundbegriff, mit dem das Neue Testament die Gesamtaufgabe von Ältesten/Aufsehern bezeichnet, ist das „*Weiden* oder *Hüten* (*poimaino*) der Herde Gottes".

Beobachtung 5: *Ein schönes Werk*
Indem Paulus diese übergreifenden Aufgaben von Ältesten/Aufsehern skizziert, stellt er es jedem geistlich qualifizierten Mann frei, dieses „schöne Werk“ anzustreben (1Tim 3,1).

Beobachtung 6: *Konkrete Aufgaben*
Damit die Ältesten/Aufseher die übergreifende Aufgabe erfüllen können, der Gemeinde „vorzustehen“ und die Herde Gottes als treue und einfühlsame Leiter zu „weiden“, beschreibt und definiert das Neue Testament mindestens sechs konkrete und wesentliche Aufgaben.

Beobachtung 7: *Qualifikationen*
Das Neue Testament nennt sehr konkrete Voraussetzungen, um als Gemeindeleiter dienen zu können. Diese wurden aber erst schriftlich festgelegt, als Paulus nach seiner ersten Gefangenschaft in Rom seine Briefe an Timotheus und Titus schrieb (1Tim 3,1-13; Tit 1,5-9).

Beobachtung 8: *Menschliche Verantwortung*
Je weiter sich der biblische Bericht entfaltet, desto mehr wird die menschliche Verantwortung hervorgehoben, „qualifizierte Leiter“ weise auszuwählen und einzusetzen.

Beobachtung 9: *Apostolische Vertreter*
Obwohl in Ephesus und auf Kreta Timotheus und Titus als apostolische Repräsentanten von Paulus beauftragt waren, Leiter auszuwählen und einzusetzen, wissen wir nicht, wie andere Gemeinden im Neuen Testament diesen Auftrag wahrnahmen.

Beobachtung 10: *Ein einiges Team*
Je weiter sich der biblische Bericht im Neuen Testament entfaltet, desto klarer stellt sich heraus, dass jede Ortsgemeinde von einem einigen Team gottgerechter Männer geleitet werden soll.

Beobachtung 11: *Ein Hauptleiter*
Das Neue Testament zeigt durch Lehre und Beispiel, dass ein Leitungsteam einen Hauptleiter benötigt, der dem Team selbst vorsteht.

Beobachtung 12: *Rechenschaft*
In den Anfangsjahren der Gemeinde waren die Ältesten/Aufseher einander rechenschaftspflichtig, mussten aber auch außerhalb ihrer lokalen Arbeit Rechenschaft geben.

Beobachtung 13: *Delegieren*
Das Neue Testament lehrt, dass Älteste/Aufseher ihre Prioritäten wahren müssen, indem sie Verantwortung an andere qualifizierte Männer und Frauen abgeben, die ihnen beim Vorstehen und Weiden behilflich sein können.

Beobachtung 14: *Aufgaben und Formen*
Der biblische Bericht über die lokale Gemeindeleitung beschreibt keine konkreten „Formen“ – nur „Funktionen“ und „Anweisungen“.

22. Bezeichnungen und Aufgaben

Beobachtung 1: *Der Begriff „Älteste“*
Am Anfang der Christenheit wurden die geistlichen Leiter von Ortsgemeinden durchgehend als „Älteste“ (presbyterοi) bezeichnet.

Hier sind in chronologischer Reihung jene Ereignisse im biblischen Bericht aufgelistet, in denen von „Ältesten“ die Rede ist:

- 45 n. Chr.: Barnabas und Paulus (damals noch Saulus genannt) überbringen die Gabe der Gemeinde von Antiochien an „die Ältesten“ von Jerusalem (Apg 11,29-30).
- 45-47 n. Chr.: Jakobus, der Halbbruder Christi, inzwischen Hauptleiter der Ältesten in Jerusalem, schreibt einen Brief an jüdische Gläubige, „die in der Zerstreuung sind“ (Jak 1,1), und fordert sie auf, „die *Ältesten der Gemeinde*“ zu sich zu rufen, um für verschiedenste Krankheiten beten zu lassen (Jak 5,14).
- 47 n. Chr.: Paulus und Barnabas ernennen „Älteste“ in den Gemeinden von Lystra, Ikonium und Antiochien (Apg 14,23).
- 49 n. Chr.: Die „Apostel und *Ältesten*“ in Jerusalem wirken als Team zusammen, um den Streit über Gesetz und Gnade beizulegen (Apg 15,2.4-6.22-23).
- 49-52 n. Chr.: Paulus, Silas und Timotheus, „als sie aber die Städte durchzogen“, überbrachten sie „zur Befolgung die Beschlüsse ... von den Aposteln und Ältesten in Jerusalem“ (Apg 16,4).

Eine biblische Geschichte der Ältesten

Die Ältesten in Israel
Den Juden war die Bezeichnung „Älteste“ schon seit Jahrhunderten vertraut, und zwar seit ihrer Versklavung in Ägypten (2Mo 3,16). Damals waren die „Ältesten Israels“ Männer, die als Vertreter der

verschiedenen Gruppen vom Volk ausgewählt worden waren. Nach der Besiedlung von Kanaan vertraten „Älteste" die verschiedenen Stämme und Bezirke. Diese Männer gewannen schließlich viel Macht und Einfluss über das ganze Volk (1Sam 8,4).

Die Ältesten behielten sogar unter den Königen Saul, David und Salomo großen Einfluss. Im babylonischen Exil wurden sie zur aristokratischen Elite. Sie hatten die „Ältestenschaft" inne, weil sie zum Adel der Nation gehörten.

Zur Zeit Jesu Christi hatte jede bedeutende Stadt im römischen Reich, in der eine größere Zahl von Juden lebte, einen Rat von 23 Ältesten, genannt „Sanhedrin". Ihre Hauptaufgabe bestand darin, das mosaische Gesetz auszulegen und Gesetzesübertretungen zu bestrafen.

In Jerusalem gab es den „großen Sanhedrin" (den „Hohen Rat") aus siebzig Ältesten. In diesem Gremium waren zahlreiche Parteien vertreten (Priester, wohlhabende Familien, Pharisäer, Sadduzäer), die „Ältestenschaft" genannt wurden (Lk 22,66). Diese Elitegruppe in Israel gab es auch noch nach der Geburt der christlichen Gemeinde.

Älteste in der Gemeinde

Vor diesem historischen Hintergrund können wir leicht verstehen, warum die Urgemeinde den Begriff „Älteste" für ihre geistlichen Leiter wählte. Worin bestanden aber die funktionellen Unterschiede zwischen den „Ältesten Israels" und den „Ältesten der Gemeinden"? Thomas M. Lindsay bringt den Unterschied auf den Punkt:

> *Wo wir von „Ältesten" lesen, die für die Gemeinschaft in Jerusalem verantwortlich waren und die Hilfslieferungen für die Notleidenden in Empfang nahmen, die in der Hungersnot unter Kaiser Klaudius in Bedrängnis geraten waren,* so gibt es keinen Zweifel daran, dass diese Bezeichnung von der jüdischen Umgebung übernommen worden war. *Zugleich dürfen wir niemals vergessen, dass die christlichen „Ältesten" ganz andere Aufgaben hatten ... und dass in diesem Fall* nichts als der Name übernommen worden war *[Hervorhebung hinzugefügt].*[44]

Wir pflichten dieser Beobachtung Lindsays bei. Die Ältesten in den Gemeinden hatten vielleicht denselben *Titel* wie die Ältesten in Israel, aber vollkommen andere *Aufgaben.*

Beobachtung 2: *Der Begriff „Aufseher"*
Als Paulus und seine Missionarskollegen ihren Gemeindegründungsdienst in Gegenden ausweiteten, die hauptsächlich von Nichtjuden bewohnt waren, wurden geistliche Leiter schließlich auch „Aufseher" oder „Bischöfe" (episkopoi) genannt.

Hier sind jene Ereignisse des biblischen Berichts, wo von „Aufsehern" die Rede ist chronologisch aufgelistet:

- 58 n. Chr.: Die Ältesten in Ephesus werden auch „Aufseher" genannt (Apg 20,17.28).
- 61 n. Chr.: Paulus grüßt die geistlichen Leiter in Philippi als „Aufseher" (Phil 1,1).
- 63 n. Chr.: In seinem ersten Brief an Timotheus verwendet Paulus die Begriffe „Aufseher" und „Ältester" gleichbedeutend (1Tim 3,1-2; 5,17-20).
- 65 n. Chr.: Auch in seinem Brief an Titus auf Kreta verwendet Paulus die Begriffe „Älteste" und „Aufseher" gleichbedeutend (Tit 1,5-7).

Älteste und Aufseher: Zwei Bezeichnungen für dieselbe Funktion

Die Römer verwendeten den Titel *episkopos* oft für den Aufseher oder Leiter einer Kolonie. Daher waren Christen aus heidnischen Kulturen mit diesem Titel für Leiter wohl vertraut.

Natürlich wusste auch Paulus, wie diese Bezeichnung bei den Heiden verwendet wurde. So entlehnte er dieses Wort aus der römischen Kultur, möglicherweise unter dem Einfluss von Lukas, und verband es wiederum mit ganz anderen Aufgaben als in der heidnischen Welt. Wo sich in bestimmten Gemeinden Juden sehr stark mit Nichtjuden mischten, bezeichnete er die geistlichen Leiter *sowohl* als „Älteste" als auch als „Aufseher". Die Aufgaben blieben aber dieselben. Die beiden Titel bezeichnen keine unterschiedlichen Funktionen. Das beweist die Freiheit der neutestamentlichen Leiter, die „sprachlichen Formen" zu verändern, um verschiedenen Kulturen zu begegnen und die Arbeit besser voranzubringen.

Dieses Vorgehen verwässerte die biblische Wahrheit nicht. Die Apostel ließen sich auf keinen Synkretismus, die Vermischung von christlichem und heidnischem Gedankengut, ein – wodurch sie die Grundwahrheiten der Schrift verleugnet hätten. Die „Amtsbezeichnungen" gehörten vielmehr zu jenem, das Paulus meint, indem er schreibt: „Ich bin allen alles geworden, damit ich auf alle Weise einige errette" (1Kor 9,22).

Vorstehen und Weiden: Eine übergreifende Aufgabe

So wie die biblischen Autoren die Titel *Älteste* und *Aufseher* austauschbar verwendeten, so beschreiben sie auch die Grundfunktion dieser Leiter mit zwei Begriffen, um der Gemeinde Richtungsweisung zu geben.

Beobachtung 3: *Vorstehen*
Die Gesamtaufgabe von Ältesten/Aufsehern wird im Neuen Testament unter Anderem mit dem Begriff „vorstehen" (proistemi) beschrieben.

Im Folgenden sind in zeitlicher Reihenfolge jene Situationen angeführt, wo die Aufgabe des „Vorstehens" in der Bibel erwähnt wird:

- 51 n. Chr.: In seinem ersten Brief an die Thessalonicher verwendet Paulus das Grundwort für „vorstehen" (*proistemi*), um die Aufgabe von „Ältesten" oder „Aufsehern" zu beschreiben (1Thes 5,12).
- 63 n. Chr.: Im ersten Timotheusbrief kommt der Begriff „vorstehen" zweimal vor (1Tim 3,4-5).

Beachten Sie etwas sehr Wichtiges! Als Paulus von der Fähigkeit eines Mannes spricht, „Aufsicht“ über seine Familie auszuüben, verwendet er für die „Aufsicht“ über die Gemeinde einen anderen Begriff: „der dem eigenen Haus gut vorsteht [*proistemi*] ... wenn aber jemand dem eigenen Haus nicht vorzustehen [*proistemi*] weiß, wie wird er für die Gemeinde Gottes *sorgen* [*epimeleomai*]?“ (1Tim 3,4-5).

Das Wort für „sorgen“ (*epimeleomai*) stammt vom selben Grundwort, das Jesus in einem Gleichnis verwendet, wo es um die religiösen Führer der Juden geht (von denen viele als „Älteste“ bezeichnet wurden). Jesus zeigt in diesem Beispiel, was das Gebot bedeutet: „Liebe deinen Nächsten wie dich selbst“ (Lk 10,25-29). Studieren Sie die folgende Nacherzählung aufmerksam:

> *Ein Samariter fand einen Mann, der auf der Straße von Jerusalem nach Jericho von Räubern überfallen und niedergeschlagen worden war. Obwohl zwei Männer, die in Israel als „Älteste“ galten - ein „Priester“ und ein „Levit“ – die Straße entlang kamen, ignorierten beide die verzweifelte Lage dieses Mannes und gingen vorüber. Nicht so der Samariter. Er „sorgte“ (epimeleomai) für den verletzten und geschlagenen Mann. Er „verband seine Wunden“ und „führte ihn in eine Herberge“. Dort kümmerte er sich die ganze Nacht um den Fremden. Am nächsten Tag bezahlte er den Wirt dafür, weiter für die Pflege des Verletzten zu sorgen. (Lk 10,30-35)*

Dieses Gleichnis zeigt sehr plastisch, was Paulus mit dieser besonderen Qualifikation für Älteste/Aufseher meint. Die Fähigkeit, der Gemeinde „vorzustehen“ und für sie zu „sorgen“, erwächst aus dem Familienmodell und braucht einen mitfühlenden, fürsorglichen Vater (siehe auch 1Tim 3,12; 5,17).

Beobachtung 4: *Weiden*
Der zweite Grundbegriff, mit dem das Neue Testament die Gesamtaufgabe von Ältesten/Aufsehern bezeichnet, ist das „Weiden oder Hüten (poimaino) der Herde Gottes“.

Hier sind in chronologischer Abfolge die Bibeltexte, in denen der Begriff „weiden“ aufscheint, wiedergegeben:

- 56 n. Chr.: Paulus verwendet diesen Begriff erstmals in der Schrift, als er dafür eintritt, dass sich die Gläubigen der materiellen Bedürfnisse jener Menschen annehmen sollen, die ihnen das Wort Gottes treu verkünden (1Kor 9,7).
- 58 n. Chr.: Paulus ruft die Ältesten von Ephesus auf, treue „Hirten“ zu sein und die „Herde“ vor „grausamen Wölfen“ zu beschützen (Apg 20,28-30).
- 63 n. Chr.: In seinem ersten Brief ruft Petrus die Ältesten/Aufseher auf, treue „Hirten“ zu sein, die bereitwillig und eifrig dienen (1Petr 5,1-4).

Beobachtung 5: *Ein schönes Werk*
Indem Paulus diese übergreifenden Aufgaben von Ältesten/Aufsehern skizziert, stellt er es jedem geistlich qualifizierten Mann frei, dieses „schöne Werk“ anzustreben (1Tim 3,1).

Die Aussage von Paulus über „Hirten und Lehrer“ im Epheserbrief wird oft als Hinweis auf den Dienst von Ältesten/Aufsehern in Ortsgemeinden verstanden. Ich möchte eine andere Auslegung vorschlagen.

Bedenken wir erstens, dass diese „Gaben“ einigen Menschen gegeben werden „zur Ausrüstung der Heiligen für das Werk des Dienstes“:

„Und er [Jesus Christus] hat
- *die einen* als Apostel gegeben
- und *andere* als Propheten
- und *andere* als Evangelisten
- und *andere* als *Hirten und Lehrer*“ (Eph 4,11).

Vergleichen wir die „selektive“ Verteilung der Gaben durch Jesus, wie sie in diesem Absatz im Epheserbrief dargestellt wird, mit den Anweisungen von Paulus an Timotheus im Hinblick auf die Auswahl und Einsetzung von Ältesten/Aufsehern, so finden wir dort keinen Hinweis auf eine „Hirten-“ oder „Lehr-“ Begabung (siehe den Abschnitt „Die Pastoralbriefe“ in Kapitel 24, wo wir genauer auf die Voraussetzung der „Lehrfähigkeit“ eingehen werden). In den Eignungsvoraussetzungen finden wir im Grunde überhaupt nichts über eine spezielle Gabe der „Leiterschaft“ oder des „Vorstehens“ (*proistemi*), die überhaupt nur in einem Schriftvers vorkommt (Röm 12,8: „der vorsteht, mit Fleiß“). Außerdem beschränkt Paulus die Rolle des Ältesten/Aufsehers nicht auf einige wenige, die Jesus Christus auf übernatürliche Weise mit verschiedenen Begabungen ausgestattet hat. Vielmehr steht dieses „schöne Werk“ jedem Mann offen, der ernsthaft und ehrlich das Verlangen hat, als „Hirte“ oder „Pastor“ zu dienen und der die erforderlichen Charaktermerkmale aufweist.

Was meint Paulus somit im Epheserbrief? Ich glaube, er denkt an eine bestimmte Gruppe von Personen, die Jesus ausgewählt und eindeutig dazu begabt hat, die Gemeinde insgesamt zu gründen. Kurz zuvor schreibt Paulus, dass auch die Nichtjuden „Mitbürger der Heiligen und Gottes Hausgenossen“ sind, *„aufgebaut auf der Grundlage der Apostel und Propheten,* wobei Christus Jesus selbst der Eckstein ist“ (Eph 2,19-20). Die Liste in Epheser 4,11 meint mit Sicherheit die ursprünglichen „Apostel“ gemeinsam mit anderen - Männern wie Timotheus und Titus („Hirten und Lehrern“) -, die dazu begabt waren, im ganzen römischen Reich zu helfen, Gemeinden zu gründen. Dabei rüsteten sie andere zu, letztlich als Älteste/Aufseher zu dienen.

Kurz vor seinem Tod fasst Paulus diese Schlussfolgerung in seinem letzten Aufruf an Timotheus zusammen: „Und was du [Timotheus] von mir [*einem Apostel und Propheten*] in Gegenwart vieler Zeugen gehört hast, das vertraue treuen Menschen an [*Ältesten/Aufsehern*], die tüchtig sein werden, auch andere zu lehren“ (2Tim 2,2).

Paulus spricht zwar nicht konkret von Ältesten/Aufsehern, als er von „treuen Menschen“ spricht, aber es ist nur logisch anzunehmen, dass er hauptsächlich an sie dachte, insbesondere wenn wir daran denken, wie diese Strategie sich im Laufe des gesamten biblischen Berichts entfaltet.[45]

23. Konkrete Aufgaben der Leiter

<u>**Beobachtung 6:**</u> *Konkrete Aufgaben*
Damit die Ältesten/Aufseher den allumfassenden Auftrag erfüllen können, der Gemeinde „vorzustehen" und die Herde Gottes als treue und einfühlsame Leiter zu „weiden", beschreibt das Neue Testament auf verbindliche Weise mindestens sechs konkrete und wesentliche Aufgaben.

Wenigstens sechs wesentliche Aufgaben von Ältesten werden im biblischen Bericht beschrieben. Gehen wir diese der Reihe nach durch.

1. Die biblische Wahrheit lehren

Die konkrete und grundlegende Verantwortung der Ältesten/Aufseher, das Wort Gottes zu „lehren", verweist uns zurück auf den Missionsbefehl. Als die elf Jünger dem Gebot Jesu gehorsam waren, nach Galiläa zu gehen und dort auf einem bestimmten Berg mit ihm zusammenzutreffen, gab ihnen Jesus zwei Aufträge. Zuerst: „Macht alle Nationen *zu Jüngern*" (Mt 28,19), verkündigt also das Evangelium und arbeitet darauf hin, dass Menschen sich zu Christus bekehren (die Bekehrten wurden zuerst „Jünger" und erst später „Christen" genannt, Apg 11,26). Zweitens sollten sie diese Jünger erbauen und sie *„lehren"*, alles zu halten, was Jesus *gelehrt und geboten* hat (Mt 28,20).[46]

Die Gemeinde in Jerusalem
Gleichzeitig mit dem Geburtstag der Gemeinde zu Pfingsten begann dieser Prozess des Lehrens. Die dreitausend, die sich durch die Erklärung und Verkündigung von Petrus bekehrten, „verharrten in der *Lehre der Apostel* [*didache*]" (Apg 2,41-42).

Die Gemeinde in Antiochien

Als die Apostel schließlich hörten, dass sich in Antiochien auch Nichtjuden zum Evangelium bekehrt hatten, sandten sie Barnabas, um die Lage zu beurteilen. Als er nach seiner Ankunft herausfand, dass diese „Heiden" tatsächlich die Gnade Gottes erfahren hatten, genau wie die Juden zu Pfingsten, begann Barnabas sofort damit, sie zu *lehren,* „mit Herzensentschluss bei dem Herrn zu verharren" (11,23).[47] Als sich dann Paulus (Saulus) ihm anschloss, „*lehrten*" diese beiden Männer die Jünger ein ganzes Jahr lang (11,26).

Die Gemeinden in Galatien

Als Paulus und Barnabas gemeinsam die erste Missionsreise unternahmen und in Antiochien in Pisidien, Ikonium und Lystra „viele zu Jüngern gemacht hatten", kehrten sie nochmals in diese drei Städte zurück, „*befestigten* die Seelen der Jünger und *ermahnten* sie, im Glauben zu verharren" (Apg 14,21-22). Hier verwendet Lukas erstmals das griechische Grundwort *episterizo,* das auch „gründen" bedeutet. Danach kommt das griechische Wort *parakaleo,* mit dem er schon zuvor den Lehrdienst von Barnabas in Antiochien bezeichnet hatte.

Den Stab weitergeben

Das führt uns zum nächsten Schritt in diesem Prozess, nämlich Älteste/Aufseher in jeder Gemeinde zu ernennen, die den *Lehrauftrag,* den Jesus Christus im Missionsbefehl erteilt hat, weiter übernehmen. Dies war Teil der paulinischen Strategie. Sowohl Timotheus als auch Titus sollten in Ephesus und Kreta den Stab an die Ältesten/Aufseher weitergeben, die ihrerseits wiederum als treue Hirten die Herde Gottes „hüten" und „nähren" würden. Beachten Sie nochmals die Worte des Apostels Paulus an Titus über jene Männer, die er zu Ältesten/Aufsehern ernennen sollte: (Nur jenen zu wählen,) „der an dem *der Lehre gemäßen zuverlässigen Wort* festhält, damit er fähig sei, ... mit der *gesunden Lehre* zu ermahnen" (Tit 1,9a).

2. Mit gutem Beispiel vorangehen

Um die biblische Wahrheit umfassend weiterzugeben, demonstrierte Paulus in seinem Dienst eine doppelte Lehrstrategie, indem er einerseits als *Beispiel* für ein christusgemäßes Leben vorangeht und zugleich die Gläubigen *mit Worten unterweist.* In seinem Brief an die Thessalonicher erinnert er sie daran, wie er, Silas und Timotheus diese beiden Dimensionen in ihrer Verkündigung praktiziert hatten.

> *Ihr Vorbild.* „Ihr seid Zeugen und Gott, wie *heilig* und *gerecht* und *untadelig* wir gegen euch, die Glaubenden, waren." (1Thes 2,10)
>
> *Ihr Lehrdienst.* „Wie ihr ja wisst, dass wir euch, und zwar jeden Einzelnen von euch, wie ein Vater seine Kinder ermahnt und getröstet und beschworen haben, des Gottes würdig zu wandeln, der euch zu seinem Reich und seiner Herrlichkeit beruft." (1Thes 2,11-12)

Als Paulus Timotheus ermutigt, der gerade in Ephesus ist, betont er dieselbe zweifache Methode:

> *Das Vorbild.* „Niemand verachte deine Jugend, sondern sei ein Vorbild der Gläubigen im Wort, im Wandel, in Liebe, im Glauben, in Keuschheit." (1Tim 4,12)
>
> *Sein Lehrdienst.* „Bis ich komme, halte an mit dem Vorlesen, mit dem Ermahnen, mit dem Lehren." (1Tim 4,13; siehe auch Tit 2,7-8).

Alle Ältesten/Aufseher sollen diesem zweidimensionalen Kommunikationsmuster folgen. Hier liegt einer der Hauptgründe dafür, warum die Liste der Eignungsvoraussetzungen von Paulus das Gewicht auf den *Charakter,* nicht auf Gaben, Fähigkeiten und/ oder Fertigkeiten legt.

3. Die Reinheit der Lehre bewahren

Diese konkrete Aufgabe des „Vorstehens“ und „Weidens“ der Ältesten/Aufseher ist eindeutig eine Ergänzung zum „Lehren der biblischen Wahrheit“.

Gesunde Lehre

Zum ersten Mal werden Älteste im Zusammenhang mit theologischen Streitfragen erwähnt, als Paulus und Barnabas von Antiochien nach Jerusalem reisen, um Rat und Hilfe zu suchen. Bezeichnenderweise ging es dabei um die grundlegendste Lehre der Christenheit überhaupt. Jahrhunderte später beschäftigte Martin Luther dasselbe Grundthema: Wir werden durch Glauben gerettet, nicht durch Werke.

Im biblischen Bericht sehen wir, dass nach dem Apostelkonzil von Jerusalem die Leiter der jeweiligen Ortsgemeinden dafür verantwortlich waren, allezeit die Reinheit der Lehre zu bewahren. Aus diesem Grund ermahnt Paulus die Ältesten von Ephesus: „Habt [beständig] Acht“ auf jene, die „aufstehen [und] *verkehrte Dinge reden*“ werden (Apg 20,20-31).

Die konkretesten Anweisungen des Apostels Paulus über das Reinhalten der Lehre finden wir im Titusbrief. Titus sollte Älteste/Aufseher ernennen, die nicht nur die „gesunde Lehre“ weitergeben, sondern auch *„die Widersprechenden überführen“* würden (Tit 1,9b). Das war auf Kreta besonders wichtig, weil Irrlehrer bereits einen verderblichen Einfluss ausübten.

Lehrfähig

Paulus legt im ersten Timotheusbrief die Anforderungen an Älteste/Aufseher fest, dass sie „lehrfähig“ sein sollten (1Tim 3,2). Erst in seinem zweiten und letzten Brief erklärt er genauer, was er damit meinte. Timotheus sollte „lehrfähig“ (*didaktikos*) sein, indem er die „Frucht des Geistes“ an Menschen bewies, die lehrmäßig in die falsche Richtung unterwegs waren. So schreibt Paulus:

Aber die törichten und ungereimten Streitfragen weise ab, da du weißt, dass sie Streitigkeiten erzeugen. Ein Knecht des Herrn aber soll nicht streiten, sondern gegen alle milde sein, lehrfähig, duldsam, und die Widersacher in Sanftmut zurechtweisen, ob ihnen Gott nicht etwa Buße gebe zur Erkenntnis der Wahrheit und sie wieder aus dem Fallstrick des Teufels heraus nüchtern werden, da sie von ihm für seinen Willen gefangen worden sind.
(2Tim 2,23-26)

„Lehrfähig" zu sein, ist also eine charakterliche Eigenschaft. Timotheus sollte „falsche Lehre" mit einer sanften, einfühlsamen und belehrbaren Gesinnung zurechtweisen, ohne sich auf Streit und Zank einzulassen. Nur in einer solchen christuszentrierten Umgebung werden die Menschen unvoreingenommen zuhören und hoffentlich die Wahrheit erkennen. Älteste/Aufseher sollen „die Wahrheit sagen", allerdings „in Liebe" (siehe Eph 4,15).

Irrlehrer zum Schweigen bringen

Paulus ermutigt aber nicht nur zu einem vom Heiligen Geist bestimmten Eintreten für die Wahrheit, er distanziert sich auch klar von den Irrlehrern, die daran festhalten, Menschen auf Abwege zu führen. Das verdeutlicht er im Titusbrief mit einigen sehr direkten und unmissverständlichen Aussagen: „*... denen man den Mund stopfen muss*" (Tit 1,11). Auch am Ende desselben Briefs kommt er auf dieses Thema zurück. Wie Timotheus soll auch Titus „törichte Streitfragen" sowie „Zänkereien und gesetzliche Streitigkeiten" meiden (3,9). Wo aber ein sanfter, einfühlsamer und belehrbarer Umgang nicht zum Erfolg führt, muss ein weiterer Schritt folgen:

„Einen sektiererischen Menschen weise nach einer ein- und zweimaligen Zurechtweisung ab, da du weißt, dass ein solcher verkehrt ist und sündigt und durch sich selbst verurteilt ist" (Tit 3,10-11).

Eine konkrete Aufgabe von Ältesten/Aufsehern, ein Teil des „Vorstehens" und „Weidens" der Gemeinde, ist nicht nur die proaktive *Lehre* des Wortes Gottes und das *Vorbild* eines gottgerechten Lebens, sondern auch das *Reinhalten der Lehre.* Wenn eine Ortsgemeinde von der Wahrheit abweicht, insbesondere auf der Leitungsebene, so wird der „ganze Leib" von einer tödlichen Krankheit befallen, was letztlich zum geistlichen Niedergang führt. Leider geschah dies bereits in neutestamentlicher Zeit. Paulus erinnert Timotheus an Hymenäus und Philetus, die Irrlehren zu verbreiten begannen, indem sie „um sich fressen wie Krebs" (2Tim 2,17-18).

4. Die Ungehorsamen in Zucht nehmen

So wie Väter dafür verantwortlich sind, ihre aufsässigen und rebellischen Kinder in Zucht zu nehmen, so ist es die Aufgabe der Ältesten/Aufseher, als „Vaterteam" in der „Gemeindefamilie" Gläubige zu disziplinieren, die sich entschlossen zeigen, dem Willen Gottes bewusst zu widerstehen. Dieser Auftrag umfasst mehrere Kommunikationsebenen.

Ermahnen

Paulus fordert im Thessalonicherbrief dazu auf, „zu ermahnen" (*noutheteo*). Einige der dortigen Christen hatten ein falsches Bild von der Wiederkunft Christi und verwendeten anscheinend die Wahrheit vom bevorstehenden Kommen des Herrn aus Vorwand, um faul zu sein, anstatt mit Fleiß für ihren eigenen Lebensunterhalt und ihre Familien zu sorgen. In dieser Situation kam den Ältesten/Aufsehern die schwere Verantwortung zu, diese Gläubigen zu *ermahnen* und *zurechtzuweisen*, ihr verantwortungsloses Handeln aufzugeben (1Thes 5,12-13; siehe auch 1Kor 4,14).

Biblisches Eingreifen

In enger Verbindung zu den Anweisungen des Apostels an die geistlichen Leiter in Thessalonich stehen seine Ermahnungen an die Galater. Paulus erwähnt dort zwar nicht direkt die Ältesten/Aufseher, er muss aber besonders an sie gedacht haben, als er sich an die „Geistlichen" wendet: „Brüder, wenn auch ein Mensch von einem Fehltritt übereilt wird, so bringt *ihr, die Geistlichen,* einen solchen im Geist der Sanftmut wieder zurecht. Und dabei gib auf dich selbst Acht, dass nicht auch du versucht wirst. Einer trage des anderen

Lasten, und so werdet ihr das Gesetz des Christus erfüllen" (Gal 6,1-2).

Hier denkt Paulus an einen Gläubigen, der sich vor den Augen der Gemeinde in einem Netz der Sünde verfangen hat. Diesen Menschen wieder auf den rechten Weg zu bringen, ist somit die Aufgabe mehrerer gottgerechter Christen. Aus diesem Grund verwendet Paulus die Mehrzahl - *„ihr Geistlichen"*.

Persönliche Verletzungen

Während seines Wirkens auf der Erde legt Jesus fest, wie man mit persönlichen Verletzungen umgehen solle.

Schritt 1: *Wenn aber dein Bruder sündigt, so geh hin, überführe ihn zwischen dir und ihm allein. Wenn er auf dich hört, so hast du deinen Bruder gewonnen.*
Schritt 2: *Wenn er aber nicht hört, so nimm noch einen oder zwei mit dir, damit aus zweier oder dreier Zeugen Mund jede Sache bestätigt werde.*
Schritt 3: *Wenn er aber nicht auf sie hören wird, so sage es der Gemeinde;*
Schritt 4: *wenn er aber auch auf die Gemeinde nicht hören wird, so sei er dir wie der Heide und der Zöllner.* (Mt 18,15-17)

Es ist schwer, genau festzulegen, was Jesus meinte, weil das Wort *ekklesia* („Gemeinde") in der römischen Kultur oft für eine „Versammlung von Leitern" verwendet wurde. Als es beispielsweise in Ephesus zu einem Volksaufruhr kam, schreibt Lukas, „die *Versammlung [ekklesia]* war in Verwirrung" (Apg 19,32). Hier bezieht sich das Wort auf eine wild gewordene Menschenmenge. Später aber, als „der Stadtschreiber die Volksmenge beruhigt hatte" (19,35), sicherte er ihnen zu, dass ihr Anliegen „in der gesetzlichen *Versammlung [ekklesia]* erledigt werden" würde (19,39). Nun bezieht sich das Wort auf eine Ratssitzung.

So war auch der jüdische Sanhedrin in den örtlichen Synagogen die „gesetzliche *'ekklesia'* in Israel." Vielleicht meint Jesus dieses Gremium, als er empfiehlt, ein persönliches Vergehen „der Gemeinde" zu sagen. Wir dürfen nicht vergessen, dass seine Zuhörerschaft zu jenem Zeitpunkt aus Juden bestand. Trotzdem lassen sich die Anweisungen Jesu mit Sicherheit darauf anwenden, wie Älteste/ Aufseher mit persönlichen Verletzungen umgehen sollen, die sich auf der zwischenmenschlichen Ebene nicht lösen lassen. Hat der Geschädigte eine oder mehrere weitere Personen in die Konfrontation involviert und gibt es immer noch keine Lösung, so kann sich der Betreffende zweifellos an die *ekklesia* (die „Versammlung") wenden. In der lokalen Gemeinde besteht diese „Versammlung" sicherlich aus den Ältesten/Aufsehern. In diesem Sinne sind die Ältesten/Aufseher „die Gemeinde".

Diese Vorgangsweise steht in Einklang damit, wie der biblische Bericht ihre Verantwortung als Hirten beschreibt. Der Umgang mit Sünde ist die Aufgabe der *„Geistlichen"*, nicht einer „allgemeinen Versammlung" (*ekklesia*) oder einer „Gemeinde von Christen", von denen viele vielleicht „Mitglieder" der Gemeinde (der gesamten Gemeinschaft) sind, die geistlich gar nicht die notwendigen Qualifikationen haben, um zur Sünde anderer Christen Stellung zu nehmen, geschweige denn eine Entscheidung über Gemeindezucht zu treffen. Werden Entscheidungen über disziplinäre Maßnahmen von der ganzen Gemeinde getroffen, so öffnen wir geradezu dem Teufel eine Tür zu diesen Menschen. Deshalb warnt Paulus: „Gib auf dich selbst Acht, dass nicht auch du versucht wirst" (Gal 6,1b).

5. Für die Finanzen sorgen

Unterstützung für die Bedürftigen

Nicht durch Zufall geht es bei der ersten Erwähnung von Ältesten/ Aufsehern um finanzielle Aufgaben (Apg 11,30). Wir erfahren zwar nichts Konkretes darüber, wie die Ältesten in Jerusalem das von Barnabas und Saulus (Paulus) überbrachte Geld verteilten, wir brauchen aber nicht viel Fantasie, um die fehlenden Informationen über diese „Herkulesarbeit" zu ergänzen. Sie mussten dafür Sorge tragen, die Gelder gerecht und ausgewogen unter den bedürftigen Christen zu verteilen, nicht nur in Jerusalem, sondern auch in anderen Gemeinden in ganz Judäa. Weil das bestimmt eine extrem zeitaufwändige Arbeit war, ernannten sie mit Sicherheit qualifizierte Helfer, die ihnen zur Seite standen.

Gerechter Lohn

Weil die Ältesten/Aufseher die primären Leiter der Gemeinde waren, mussten sie auch die Verteilung der Gelder in ihrer eigenen Gruppe regeln. Manche Leiter hatten beispielsweise Anspruch auf „doppelte Ehre“ (finanzielle Vergütung). Auch diese Beiträge mussten gerecht und ausgewogen verteilt werden. Wir erfahren zwar nicht, wer für diese Aufgabe verantwortlich war, sie musste aber gewissenhaft ausgeführt werden.

Paulus ist das beste Vorbild für Rechenschaft in diesem Bereich. Erstens verzichtete er zeitweise auf seine „Rechte“, um Christen wie Nichtchristen keinen Anstoß zu geben (1Kor 9,18; 1Thes 2,9). Zweitens achtete er peinlich darauf, Missverständnisse zu vermeiden, sooft er um Spenden warb. Als er beispielsweise Geld für die bedürftigen Christen in Jerusalem sammelte, nahm er die Spenden nicht persönlich entgegen. Vielmehr ersuchte er die Korinther, das Geld zu sammeln und aufzubewahren, bis er kommen konnte, um Personen auszuwählen denen sie vertrauten, um die Gabe zu überbringen (1Kor 16,3-4). Paulus wollte „über jeden Verdacht erhaben“ sein, denn niemand sollte ihm vorwerfen können, zum eigenen Nutzen zu sammeln. So konnte er die Ältesten/Aufseher in Ephesus mit reinem Gewissen und voller Zuversicht daran erinnern, dass er während seines Dienstes in Ephesus „von niemandem Silber oder Gold oder Kleidung begehrt“ hat (Apg 20,33). Zwischen den Zeilen fordert er sie auf, seinem Beispiel zu folgen.

6. Für die Kranken beten

Als Hauptleiter der Ältesten/Aufseher in Jerusalem weist Jakobus in seinem sehr früh entstandenen Brief auf die wichtige Aufgabe hin, für die Kranken zu beten. Obwohl wir diese Verantwortung an letzter Stelle erwähnen, ist sie sehr wichtig. Alle Gläubigen sollen wissen, dass sie die Ältesten/Aufseher um Gebet für körperliche, psychische und geistliche Heilung bitten dürfen (Jak 5,13-16). Wo die geistlichen Leiter diesem biblischen Auftrag nicht regelmäßig nachkommen, vernachlässigen sie einen wichtigen Dienst, der unbedingt dazu gehört, der Gemeinde „gut vorzustehen" und sie als „gute Hirten" zu weiden.

Eine genauere Erläuterung über diesen Absatz im Jakobusbrief finden Sie in Anhang B.

24. Älteste auswählen und einsetzen

Beobachtung 7: *Qualifikationen*
Das Neue Testament nennt sehr konkrete Voraussetzungen, um als Gemeindeleiter dienen zu können. Diese wurden aber erst schriftlich festgelegt, als Paulus nach seiner ersten Gefangenschaft in Rom seine Briefe an Timotheus und Titus schrieb (1Tim 3,1-13; Tit 1,5-9).

Zwar schrieb Paulus die Pastoralbriefe mindestens dreißig Jahre nach der Geburt der Gemeinde in Jerusalem, wir dürfen aber mit Sicherheit annehmen, dass er viele der Gedanken, die er an Timotheus und Titus schrieb, schon zuvor gefasst hatte. Er wird sie auch immer wieder auf seinen Missionsreisen seinen Missionarskollegen mitgeteilt haben, zum Beispiel was die Eignungsvoraussetzungen von Ältesten betrifft. Hier eine kombinierte Liste dieser Qualifikationen:

1. untadelig (ein Mann mit einem guten Ruf)
2. Mann einer Frau (der moralisch rein lebt)
3. nüchtern (ausgewogen in Worten und Taten)
4. sittsam (weise und demütig)
5. ehrbar (ein gutes Vorbild für seine Rolle)
6. gastfrei (selbstlos und großzügig)
7. lehrfähig (einfühlsam im Mitteilen, ohne Drohung und Einschüchterung)
8. nicht dem Wein ergeben (nicht süchtig auf irgendwelche Stoffe)
9. nicht eigenmächtig (keine selbstsüchtige und dominierende Persönlichkeit)
10. nicht jähzornig (ohne Zorn, der zur Sünde wird)
11. kein Schläger (der anderen keine Gewalt antut)
12. nicht streitsüchtig (der keine Zwietracht und Spaltung verursacht)
13. gütig (ein einfühlsamer, liebevoller und freundlicher Mensch)
14. nicht Geld liebend (nicht materialistisch)
15. dem eigenen Haus gut vorstehen (ein guter Ehemann und Vater)

16. ein gutes Zeugnis vor denen, die draußen sind (ein guter Ruf bei den Nichtgläubigen)
17. das Gute liebend (eifrig um gottgerechte Werke bemüht)
18. gerecht (weise, unterscheidungsfähig, vorurteilsfrei und fair)
19. heilig (hingegeben)
20. kein Neubekehrter (ein erfahrener Christ)[48]

Die Auswahl von Leitern

Beobachtung 8: *Menschliche Verantwortung*
Je weiter sich der biblische Bericht entfaltet, desto mehr wird die menschliche Verantwortung betont, „qualifizierte Leiter" weise auszuwählen und einzusetzen.

Fallstudie: Johannes Markus und Timotheus
Die Rolle der menschlichen Verantwortung bei der Auswahl von Gemeindeleitern wird klar, als Paulus seinem Gefährten Barnabas vorschlägt, jene auf der ersten Missionsreise gegründeten Gemeinden zu besuchen. Barnabas stimmt zu und will Johannes Markus mitnehmen, um ihm eine zweite Chance zu geben. Nun vertreten diese beiden gottgerechten Männer eindeutig gegensätzliche Ansichten, was klar die menschlichen Elemente in dieser Entscheidung zeigt. Paulus hielt es offenbar für einen Fehler, Johannes Markus auf die erste Reise mitgenommen zu haben. Als er schließlich Timotheus auswählt, wollte er sicher gehen, nicht nochmals eine falsche Entscheidung zu treffen.

Lukas betont nicht zufällig, dass der junge Timotheus einen ausgezeichneten Ruf bei den Gemeindeleitern in Lystra und in der Nachbarstadt Ikonium genoss (Apg 16,2). Darauf legte Paulus großen Wert! Weil Timotheus sowohl bei den Christen als auch in seiner Familie angesehen war, traf Paulus eine klare Entscheidung: Er „wollte, dass dieser mit ihm ausziehe" (16,2-3).

Die Pastoralbriefe
Als Paulus Jahre später an Timotheus und Titus schrieb und dabei

die Voraussetzungen für geistliche Leiter festlegte, sehen wir das menschliche Element noch stärker ausgeprägt (siehe Kapitel 12). Erstens ist die Aufgabe eines Ältesten/Aufsehers ein „schönes Werk", das *jedem qualifizierten christlichen Mann offen steht* (1Tim 3,1). Es ist keine besondere „Berufung" notwendig, wie sie die ursprünglichen Apostel oder Paulus auf der Straße nach Damaskus hatten. Ein Leiter musste auch nicht durch eine besondere prophetische Botschaft „beiseite gesetzt" sein. Nicht einmal eine bestimmte Geistesgabe war notwendig, um in einer Ortsgemeinde der Herde „vorzustehen" und sie zu „weiden".

Wie wir bereits erläutert haben, verstehen wir unter „lehrfähig" (*didaktikos*) nicht die „Gabe des Lehrens". Es wäre auch nicht folgerichtig, würde Paulus die „Lehrgabe" verlangen, nicht aber die „Hirtengabe", um die „Herde Gottes zu weiden", was doch eine Hauptaufgabe der Ältesten/Aufseher ist (Eph 4,12; 1Petr 5,2). Noch unlogischer wäre es, in der Liste der Voraussetzungen nicht einmal die „Leitungsgabe" (Röm 12,8) zu erwähnen, die vom selben Grundwort stammt, mit dem Paulus davon spricht, wie ein Leiter „dem eigenen Haus gut vorsteht [*proistemi*]" (1Tim 3,4-5). Vollends verwirrend wäre es, würde Paulus von einem „Vater" die „Leitungsgabe" verlangen (*proistemi*), um seine Familie gut anzuleiten. Damit wären „nicht begabte" Väter eindeutig im Nachteil.

In Wahrheit ist diese „Geistesgabe" *keine* Voraussetzung. Stattdessen weist Paulus stark darauf hin, dass alle christlichen Väter diese Eigenschaft und Fähigkeit des „Vorstehens" und „Weidens" entwickeln sollen, schon um gute Väter zu sein. Bewährten sie sich in ihrer eigenen Familie, dann würden sie als Älteste/Aufseher der Familie Gottes in Frage kommen.

Natürlich meinen wir damit *nicht,* dass der Heilige Geist keine Rolle spielte oder heute keine Rolle spielt, um Älteste/Aufseher und ihre Helfer auszuwählen. In Wahrheit ist die dritte Person der Dreieinheit *direkt* beteiligt, wo immer gottgerechte Männer und Frauen im Gebet und mit aller Sorgfalt den Charakter eines potenziellen Leiters prüfen, indem sie das vom Heiligen Geist inspirierte Wort Gottes benützen und zugleich einfühlsam auf seine persönliche Gegenwart und Anleitung in ihrem eigenen Leben achten. Je mehr dieser Prozess zu einer geistgeleiteten „Gemeinschaftsaufgabe" wird, desto gewisser können wir sein, richtige Entscheidungen bei der Auswahl von Leitern zu treffen. Das soll immer ein sehr wichtiger göttlicher und menschlicher Vorgang sein.

Beobachtung 9: *Apostolische Vertreter*
Obwohl in Ephesus und auf Kreta Timotheus und Titus als apostolische Repräsentanten von Paulus beauftragt waren, Leiter auszuwählen und einzusetzen, wissen wir nicht, wie andere Gemeinden im Neuen Testament diesen Auftrag wahrnahmen.

Diese Beobachtung wirft eine sehr wichtige Frage auf: Wie wurden die Ältesten/Aufseher in den übrigen Gemeinden eingesetzt?

Andere apostolische Vertreter

Offenbar hatte Paulus, als er von Ephesus aufbrach und Timotheus zurückließ, seinem jüngeren Mitarbeiter die Verantwortung übertragen, nur qualifizierte Männer als Älteste/Aufseher einzusetzen (1Tim 3,1). Bei Titus, der auf der Insel Kreta zurückblieb, erwähnt Paulus diesen Auftrag ganz konkret (Tit 1,5). Abgesehen von diesen Fällen haben wir keine Informationen im biblischen Bericht, wer diese wichtige Aufgabe ausführte. Wir begegnen aber einer ganzen Anzahl anderer Männer und Frauen, die als apostolische Vertreter dienten und möglicherweise an der Einsetzung lokaler Gemeindeleiter beteiligt waren.

Barnabas und Johannes Markus
Nachdem Barnabas sich von Paulus getrennt hatte, bildete er mit Markus ein Missionsteam (Apg 15,39). Ganz bestimmt gründeten auch sie Gemeinden und setzten Leiter ein. Außerdem übte Barnabas einen wichtigen Einfluss auf Johannes Markus aus. Dieser wurde schließlich sowohl für Paulus als auch für Petrus ein wichtiger Helfer (1Petr 5,13). Während der ersten Gefangenschaft des Apostels Paulus in Rom stand ihm Markus zur Seite und reiste möglicherweise

nach Kolossä, um der dortigen Gemeinde zu dienen (Kol 4,10). Als Paulus dann ein zweites Mal im Gefängnis saß und seinen letzten Brief an Timotheus schrieb, bat er ihn, zu ihm zu kommen und Johannes Markus mitzubringen, um ihm in seinem Dienst zu helfen (2Tim 4,11).

Aquila und Priscilla
Als Paulus im Römerbrief Grüße an Priscilla und Aquila richtet, nennt er dieses Ehepaar „meine Mitarbeiter in Christus Jesus“, denen *„alle Gemeinden der Nationen“* für ihren Dienst zutiefst dankbar waren (Röm 16,3-4). Weil so viele Gemeinden ihnen verbunden waren, halfen sie möglicherweise „gemeinsam“ bei der Einsetzung von Ältesten/Aufsehern in diesen Glaubensgemeinschaften, so wie sie „gemeinsam“ Apollos halfen, das Evangelium von Jesus Christus genauer zu verstehen (Apg 18,24-26).

Apollos
Apollos war ein glänzender alttestamentlicher Gelehrter. Nachdem Aquila und Priscilla ihn in die Jüngerschaft genommen hatten, reiste er nach Korinth und half den Juden, insbesondere indem er ihnen begreiflich machte, dass Jesus tatsächlich der verheißene Messias war (Apg 18,27-28). Einige Jahre später, als Paulus seinen Brief an Titus schrieb, ermutigte er Titus, alles in seiner Macht Stehende zu tun, um Apollos bei seinen Reiseplänen behilflich zu sein (Tit 3,13). Auch er hat möglicherweise Älteste/Aufseher in verschiedenen Gemeinden eingesetzt.

Tychikus und Artemas
Als Paulus an Titus schreibt, der auf Kreta Älteste/Aufseher einsetzte, erwähnt er seinen Plan, entweder Artemas oder Tychikus zu senden, damit Titus zu ihm nach Nikopolis fahren konnte (Tit 3,12). Paulus hatte also genug Vertrauen zu Tychikus, um ihm die schwierige Aufgabe zu übertragen, die Titus begonnen hatte, nämlich dafür Sorge zu tragen, dass nur geistlich qualifizierte Männer die Gemeinden auf Kreta leiteten (siehe auch Apg 20,4; Eph 6,21-22; Kol 4,7). Obwohl Artemas im Neuen Testament sonst nirgends vor-

kommt, brachte er ganz offenbar dieselben Voraussetzungen mit wie Tychikus.

Andronikus und Junias und andere

Als Paulus seinen Brief an die Römer mit einer Reihe von Grußworten abschließt, erwähnt er auch zwei Menschen, von denen viele Kommentatoren glauben, dass sie ein Ehepaar waren:[49] „Grüßt Andronikus und Junias, meine Verwandten und meine Mitgefangenen, *die unter den Aposteln ausgezeichnet sind,* die schon vor mir in Christus waren" (Röm 16,7).

Hier verwendet Paulus das Wort „Apostel" in derselben Bedeutung wie für Silas und Timotheus in seinem ersten Brief an die Thessalonicher (2,7). Wir können somit durchaus annehmen, dass dieses Ehepaar genau wie Aquila und Priscilla Paulus dabei half, Älteste/Aufseher in Ortsgemeinden auszuwählen und einzusetzen.

Es gibt noch eine ganze Reihe anderer gottgerechter Männer, die Paulus erwähnt und die gewiss als apostolische Vertreter gewirkt haben könnten, um geistliche Leiter in den lokalen Gemeinden einzusetzen: Sopater aus Beröa (Apg 20,4), Aristarchus und Sekundus aus Thessalonich (20,4), Gajus aus Derbe (20,4), Trophimus aus Ephesus (20,4; 21,29) und Urban (Röm 16,9).

Die Gemeinde im Kleinformat

Um nachzuvollziehen, wie die Ernennung von Leitern in den neutestamentlichen Gemeinden vonstatten ging, dürfen wir nicht vergessen, dass sich oft ganze Familien zu Christus bekehrten und jede dieser Familien eine „Miniaturgemeinde" wurde. Eine lokale Gemeinde begann also im Grunde mit einer Großfamilie. Das mag in Kolossä geschehen sein, als Philemon sich als Erster zum Christentum bekehrte, dazu sein ganzer Haushalt einschließlich der Sklaven. In diesem Fall mag Philemon automatisch in einer Doppelfunktion gewirkt haben, zuerst als hingegebener Vater und schließlich als verantwortlicher Ältester/Aufseher.[50]

Die Einsetzung von Leitern

Selbsternannte Leiter

In einigen Fällen taten sich Männer hervor und wirkten als Älteste/Aufseher, egal ob sie offiziell anerkannt waren oder nicht. In anderen Fällen waren sie „selbsternannte" Leiter. Das kann durchaus unproblematisch gewesen sein, sofern diese Männer reine Motive hatten und qualifiziert waren. Bisweilen aber führte dieser Weg in die Katastrophe, beispielsweise auf Kreta. Das war ein Hauptgrund dafür, warum Titus auf der Insel zurückblieb, um qualifizierte Älteste/Aufseher einzusetzen und jene zum Schweigen zu bringen, die bereits „ganze Häuser umkehren, indem sie um schändlichen Gewinnes Willen lehren, was sich nicht geziemt" (Tit 1,11). Als selbsternannte Leiter bewirkten sie mehr Schaden als Nutzen.

Leiter, die von Leitern ernannt wurden

Waren an einem bestimmten Ort bereits qualifizierte Älteste/Aufseher eingesetzt, wählten sie zweifellos weitere Männer aus, um mit ihnen zu dienen. Möglicherweise übernahmen sie diese Aufgabe auch in anderen Gegenden und wirkten damit über ihre eigene Ortsgemeinde hinaus, um anderen Gemeinden bei dieser schwierigen Aufgabe zur Hand zu gehen. Es ist beispielsweise möglich, dass die Ältesten in Jerusalem geistliche Leiter in anderen Gemeinden in Judäa auswählten und einsetzten, oder dass die Ältesten/Aufseher in Ephesus dasselbe in den Gemeinden Asiens taten, die durch den Dienst des Apostels Paulus in der Schule des Tyrannus entstanden waren.

Leiter, die von Gemeinden ernannt wurden

Manche nehmen an, dass Ältesten/Aufseher in diesen verschiedenen neutestamentlichen Gemeinden irgendwie durch eine offizielle „Gemeindewahl" ausgewählt und eingesetzt wurden. Wir wissen, dass diese Vorgangsweise irgendwann im Laufe der Kirchengeschichte in Erscheinung trat, aber in der Frühzeit der Gemeinde muss es praktisch unmöglich gewesen sein, Leiter auf diese Weise einzusetzen, denn zuerst ist eine starke geistliche Leiterschaft notwendig, um überhaupt eine Gruppe von Christen hervorzubringen, die reif genug ist, um derartige Entscheidungen zu treffen. Ohne intensive geistliche Anleitung organisieren sich lokale Gruppen von Gläubigen nicht einfach selbst auf der Grundlage von geistlichen Werten.

Welche Vorgangsweise?

Welche Methode zur Einsetzung von Leitern ist die richtige? Aus dem biblischen Bericht wird klar, dass keine konkrete Vorgangsweise für die Einsetzung von geistlichen Leitern festgelegt wird, weder für Älteste/Aufseher noch für Diakone. Über die Diakone sagt Paulus nur: „Lass sie aber auch zuerst erprobt werden, *dann* lass sie dienen, wenn sie untadelig sind" (1Tim 3,10). Wir haben aber *keine konkreten Anweisungen, wie diese Männer und Frauen erprobt werden sollen.* Paulus gibt Timotheus und damit uns nur Voraussetzungen bekannt, Richtlinien und Prinzipien, wobei er darauf vertraut, dass wir als Leser seiner Briefe geeignete Methoden finden werden, um zielführend festzustellen, ob jemand dazu qualifiziert ist, geistlich zu dienen.

25. Mehrköpfige Leiterschaft

<u>Beobachtung 10:</u> *Ein einiges Team*

Je weiter sich der biblische Bericht im Neuen Testament entfaltet, desto klarer stellt sich heraus, dass jede Ortsgemeinde von einem einigen Team gottgerechter Männer geleitet werden soll.

Diese Beobachtung stützt sich auf die Mehrzahlform in jenen Texten, wo im neutestamentlichen Umfeld von den Leitern der verschiedenen Gemeinden die Rede ist. Hier die betreffenden Stellen in chronologischer Reihenfolge:

- Die *Ältesten* in Jerusalem (Apg 11,30)
- „Er rufe die *Ältesten* der Gemeinde zu sich" (Jak 5,14)
- „Als [Paulus und Barnabas] ihnen aber in jeder Gemeinde Älteste gewählt hatten..." (Apg 14,23)
- Die Apostel und *Ältesten* in Jerusalem (Apg 15,2.4.6.22.23)
- Anerkennt die, *„die* unter euch arbeiten und euch *vorstehen* im Herrn ... und dass ihr sie ganz besonders in Liebe achtet" (1Thes 5,12-13)
- Paulus „sandte nach Ephesus und rief die *Ältesten* der Gemeinde herüber" (Apg 20,17)
- „Habt Acht auf *euch selbst* und auf die ganze Herde, in welcher der Heilige Geist euch als *Aufseher* gesetzt hat" (Apg 20,28a)
- „Alle *Ältesten* [von Jerusalem] kamen dahin" (Apg 21,18)
- „Wenn jemand nach einem *Aufseherdienst* trachtet, so begehrt er ein schönes Werk" (1Tim 3,1)
- „Der *Aufseher* nun muss untadelig sein" (1Tim 3,2)
- „Die *Ältesten,* die gut vorstehen, lass doppelter Ehre würdig geachtet werden" (1Tim 5,17)
- „Gegen einen *Ältesten* nimm keine Klage an, außer bei zwei oder drei Zeugen. *Die* da sündigen, weise vor allen zurecht, damit auch *die übrigen* Furcht haben" (1Tim 5,19-20)

- „Die *Ältesten* unter euch nun ermahne ich, der Mitälteste ...: Hütet die Herde Gottes, die bei euch ist" (1Petr 5,1-2)
- Titus sollte „in jeder Stadt *Älteste* anstellen ... wenn jemand untadelig ist" (Tit 1,5-6)
- „Denn der *Aufseher* muss untadelig sein als Gottes Verwalter" (Tit 1,7)
- „Gehorcht und fügt euch euren *Führern*" (Hebr 13,17)

In diesem bunten Strauß von Belegstellen für Gemeindeleiter zeigt sich, dass Gottes idealer Plan darin besteht, jede Ortsgemeinde unter der Obhut von mehreren Ältesten/Aufsehern zu sehen. (Beachten Sie, wie Paulus und Petrus die Mehrzahl verwenden, selbst wo sie sich in 1Tim 3,1.2; 5,19-20; Tit 1,5-7; 1Petr 5,1 an einzelne Älteste/Aufseher wenden.)

Das neutestamentliche Umfeld

Um zu verstehen, wie ein mehrköpfiges Leiterteam in der neutestamentlichen Kultur funktioniert haben mag, dürfen wir den Gemeinden des ersten Jahrhunderts nicht unsere gegenwärtigen, westlichen Formen überstülpen. Im Gegensatz zur Vielzahl von „Ortsgemeinden", die wir heute in unseren großen Städten haben, finden wir im Neuen Testament überall, wo mehrere Leiter erwähnt sind, eine *einzige Gemeinde in jeder einzelnen Stadt.* Im biblischen Bericht gibt es nur *je eine Gemeinde* in Jerusalem, in Antiochien in Syrien, in Lystra, in Ikonium, in Antiochien in Pisidien, in Thessalonich und in Ephesus. Aus demselben Grund blieb Titus in Kreta zurück, um *„in jeder Stadt Älteste* anzustellen" (Tit 1,5). Diese Gemeinden bestanden aus allen Gläubigen, die in einem bestimmten geographischen Gebiet lebten. Möglicherweise kamen sie an verschiedenen Orten in der ganzen Stadt zusammen, um zu lehren, Gemeinschaft zu haben und anzubeten, sie galten aber trotzdem als *eine Gemeinde,* geleitet von einer *einzigen Gruppe von Ältesten.*[51]

Dieser strukturelle Aufbau unterscheidet sich natürlich stark von der heutigen Situation in vielen Kulturen. In unseren Großstädten und sogar in vielen kleinen Städten finden wir oft unterschiedliche

Gruppen von Gläubigen aus den verschiedensten Konfessionen vor, die sich in getrennten Gebäuden vielleicht sogar in derselben Straße treffen. Jede lokale Gruppe hat ihre eigene Gemeindeleitung, selbst wenn mehrere Gruppen in derselben Stadt zur selben Denomination gehören.

Wie standen nun in der neutestamentlichen Welt die Ältesten in jedem geographischen Gebiet der Gemeinde vor, wie wurden sie ihrem Hirtendienst gerecht? Nachdem wir aus erster Hand keine Antwort auf diese Frage haben, können wir nur spekulieren, *wie* die neutestamentlichen Leiter ihre Aufgabe erfüllten. Wir sollten aber nicht darüber enttäuscht sein, dass wir im Neuen Testament keine Einzelheiten erfahren. Das ist von Gott so gewollt. Nach dem Willen Gottes sollen die Gläubigen in jeder Kultur fähig sein, einen Plan für eine mehrköpfige Leitung zu entwerfen, der in ihrem Umfeld funktioniert, egal ob sie im ersten Jahrhundert oder im einundzwanzigsten leben.

Die Gemeinde in Jerusalem: eine funktionelle Perspektive

Werfen wir vor diesem Hintergrund einen Blick darauf, was wir sehr wohl aus dem biblischen Bericht erfahren. Die „Gemeinde in Jerusalem“ begann mit dreitausend getauften Gläubigen, die sich anfangs an zwei Orten trafen: in den Tempelhallen und in ihren Wohnhäusern (Apg 2,46). Die Tempelhallen wurden von den Aposteln hauptsächlich für die Lehre und für die Verkündigung der Botschaft Christi verwendet, weil sich dort große Gruppen von Juden zu religiösen Zwecken versammelten. Indem die Gläubigen aber „verharrten in der Apostel Lehre und in der Gemeinschaft“, trafen sie sich auch in Wohnhäusern in ganz Jerusalem (Apg 2,42-47). Nach dem Märtyrertod von Stephanus und der „großen Verfolgung“, die damals in Jerusalem ausbrach (8,1), kamen die Tempelhallen als Versammlungsort nicht noch in Frage. Sie hatten gar keine andere Wahl, als sich nur mehr in den Wohnhäusern über die ganze Stadt verteilt zu treffen. Selbst das war schwierig genug. „Saulus“ nämlich verfolgte „die Gemeinde, indem er der Reihe nach in die Häuser ging; und er schleppte sowohl Männer als Frauen fort und überlieferte sie ins Gefängnis" (8,3).

Von der Bauweise her waren manche dieser Wohnungen damals ziemlich klein, andere sehr groß und viele irgendwo in der Mitte. Das wurde mir bewusst, als ich Reisen nach Israel zu veranstalten begann. Mehrmals besuchten wir das herrliche Freiluftmodell von Jerusalem, das diese alte Stadt so darstellt, wie sie zur Zeit Jesu ausgesehen hatte. Von der „Ostseite" des Modells aus betrachtete ich den Herodestempel und die vielen verschiedenen Häuser, die sich an den Abhängen der Hügel aneinander drängten, und las mit neuem Verständnis den Bibeltext:

> *Sie verharrten aber in der Lehre der Apostel und in der Gemeinschaft, im Brechen des Brotes und in den Gebeten ... Täglich verharrten sie einmütig im Tempel und brachen zu Hause das Brot, nahmen Speise mit Frohlocken und Schlichtheit des Herzens. (Apg 2,42.46)*

Noch aufschlussreicher war es für mich, als ich die Möglichkeit hatte, die unterirdischen Ausgrabungen in der Nähe des Tempelberges zu besichtigen. Die Archäologen haben dort mehrere große Wohnungen entdeckt, die mehr als 650 Quadratmeter groß waren und bis zu zwanzig Räume hatten. Wegen der römischen Invasion des Jahres 70 n. Chr., als auch der Tempel zerstört wurde, waren sie natürlich vollkommen von Staub und Schutt bedeckt, die Räume aber blieben im Grunde unversehrt. Eines dieser Häuser oder ein anderes, ähnlich gebautes, mag Maria gehört haben, bei der sich viele Gläubige versammelt hatten, als Petrus auf wunderbare Weise aus dem Gefängnis befreit wurde (siehe Apg 12,11-17).

Über Jerusalem hinaus

Als später Gemeinden in Städten gegründet wurden, die hauptsächlich von Nichtjuden bewohnt waren, wurde es noch wichtiger, sich in Privatwohnungen zu treffen. Obwohl Paulus und seine Reisegeführten oft die Synagogen aufsuchten, wenn es in der jeweiligen Stadt genügend Juden gab, wurde ihre Botschaft dort schließlich abgelehnt. In Ephesus beispielsweise sah sich Paulus bald starkem Widerstand ausgesetzt und wich in die „Schule des Tyrannus" aus, wo er täglich von Jesus Christus sprach.

In mancher Hinsicht bot diese „Schule" eine ähnliche Umgebung wie damals die Tempelhallen in Jerusalem. So wie die Apostel im Tempel die Botschaft von Christus vor den Juden predigen konnten, so bot der Saal des Tyrannus dem Apostel Paulus die Möglichkeit, das Evangelium Tausenden weiterzusagen, die aus der ganzen Provinz Asien nach Ephesus strömten. So wurden viele gläubig, kehrten anscheinend in ihre Heimatstädte zurück und gründeten dort Gemeinden. Wieder hatten diese Gläubigen aber nur eine Möglichkeit, sich zu Anbetung und Gemeinschaft zu treffen - ihre eigenen Wohnungen. In Wahrheit wissen wir im römischen Reich nichts von eigenen Gebäuden für den christlichen Gottesdienst, die „vor der Mitte oder dem Ende des dritten Jahrhunderts" gebaut wurden.[52]

Organisatorische Fragen

Nun müssen wir uns der Grundfrage im Hinblick auf die Aufgaben der Ältesten/Aufseher stellen. Wie organisierten diese Männer ganz praktisch ihren Dienst als Hirten in den verschiedenen Städten und Dörfern? War jeder Älteste/Aufseher einer bestimmten „Hausgemeinde" zugeteilt? Gab es in größeren „Hausgemeinden" mehrere Älteste/Aufseher? Oder wurde ein Ältester/Aufseher gebeten, zwei oder mehreren kleineren „Hausgemeinden" zu dienen? (Die Leitungsstrukturen der Gemeinden von Jerusalem, Antiochien, Ephesus und Kreta sind in Abbildung 9 dargestellt.)

Das sind „Formfragen", die im biblischen Bericht nicht beantwortet werden. Wo aber ein Haus groß genug für mehrere hundert Menschen war, muss mehr als ein Ältester/Aufseher als Hirte für diese Gläubigen zuständig gewesen sein, um einen zielführenden Dienst tun zu können. Die Archäologen haben in manchen Gebieten des römischen Reichs Wohnhäuser entdeckt, die allein im Gar-

ABBILDUNG 9:
DIE LEITUNGSSTRUKTUR IN VIER FRÜHEN GEMEINDEN

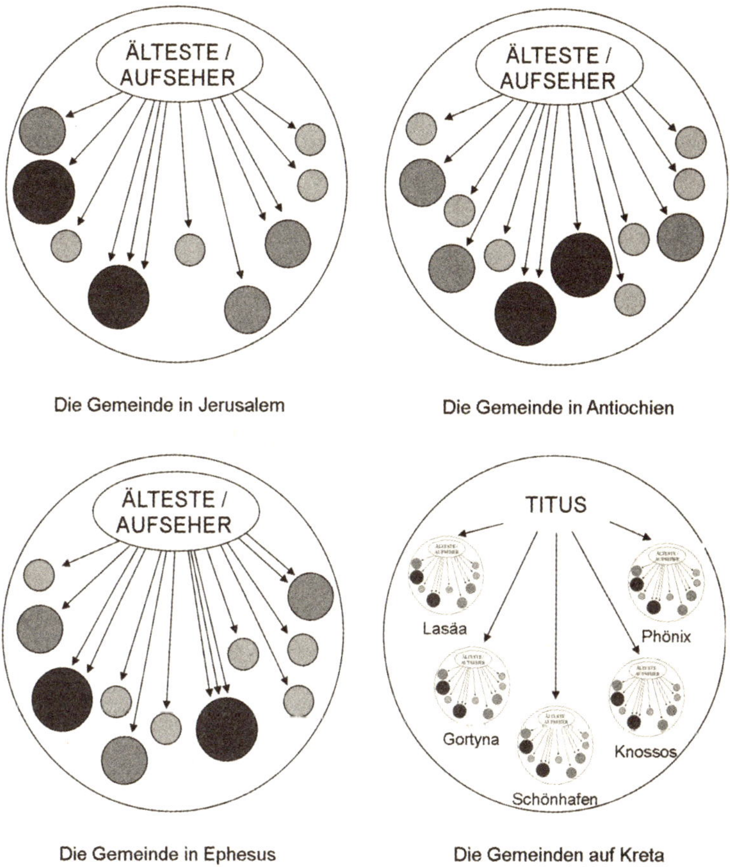

Die Gemeinde in Jerusalem

Die Gemeinde in Antiochien

Die Gemeinde in Ephesus

Die Gemeinden auf Kreta

tenzimmer Platz für bis zu fünfhundert Menschen boten. Diese Häuser gehörten offenbar wohlhabenden Männern wie Kornelius in Cäsarea oder Philemon in Kolossä.

Die Schrift beschreibt eindeutig keine Formen, nur Funktionen. Der Grund dafür liegt auf der Hand. Die Ältesten/Aufseher haben die Freiheit, Vorgangsweisen zu entwickeln, die es ihnen ermöglichen sollen, in ihrer eigenen Kultur effektiv als Vorsteher und Hirten zu wirken. Wächst eine Gemeinde zahlenmäßig, so muss auch die Gruppe von Ältesten/Aufsehern größer werden, um ihren Dienst gut zu versehen. Damit stellt sich aber eine „Formfrage", die wir in Kapitel 35 ansprechen werden: Wie groß soll eine Gruppe von Ältesten/Aufsehern in einer durchschnittlichen Gemeinde in unserer Zeit sein, um zielführend zu funktionieren?

Nur qualifizierte Leiter

Obwohl das Neue Testament eine mehrköpfige Leitung lehrt und beispielhaft vorzeigt, bedeutet das nicht, dass die Apostel und ihre Helfer in jeder lokalen Gemeinde mehrere Älteste/Aufseher ernannten, nur um eine Gruppe geistlicher Leiter zu haben. Diese Männer wurden *nur* ernannt, wenn sie auch qualifiziert waren, um in dieser Stellung zu dienen. Zweifellos werden aus genau diesem Grund keine Ältesten/Aufseher in Antiochien in Syrien und in Korinth genannt, zwei sehr stark heidnisch geprägten Städten. Es dauerte Jahre, bis sich dort Männer und Familien fanden, die reif genug waren, um den geistlichen Kriterien des Apostels Paulus für Älteste/Aufseher zu entsprechen.

26. Die Notwendigkeit eines Hauptleiters

<u>**Beobachtung 11:**</u> *Ein Hauptleiter*
Das Neue Testament zeigt durch Lehre und Beispiel, dass ein Leitungsteam einen braucht, der als Hauptleiter des Teams fungiert.

Überraschenderweise liefert der biblische Bericht wenig Material über die Hauptleiterschaft einer Gemeinde. Wir sollten aber bedenken, dass der biblische Bericht keine in sich geschlossene Einheit bildet. Aus dem Zusammenhang gerissen, kann er zu sehr falschen und praxisfernen Schlussfolgerungen führen. Um die Richtigkeit der oben getroffenen Beobachtung zu verstehen, ist es notwendig eine *biblische Gesamtperspektive* zu gewinnen.

Der Zurüstungsdienst Jesu

Die Stellung von Petrus
Als Jesus vom Ölberg aus in den Himmel stieg, hinterließ er keine „führerlose Mannschaft" von Aposteln. Petrus war ihr Leiter und Sprecher, mit Johannes an seiner Seite. Während seines irdischen Dienstes hatte Jesus selbst als ihr Hauptleiter gedient. Dabei hatte er sich fast drei Jahre Zeit genommen, um sie alle darauf vorzubereiten, den Missionsbefehl zu erfüllen. Zugleich aber konzentrierte er sich besonders auf Petrus, der nach seiner Rückkehr zum Vater ihr Leiter werden sollte.

Als Matthäus, Markus und Johannes ihre Evangelien und Lukas seine beiden Schriften abfassten, erwähnten sie Petrus wesentlich häufiger als die anderen Apostel (siehe Abbildung 10). Betrachten wir gar jene „Episoden", wo es um Petrus geht, so gibt es *wesentlich mehr* Berichte über ihn als über irgendeinen anderen Apostel. Zum Beispiel wird Petrus in 57 Berichten konkret erwähnt, sein Bruder Andreas aber nur in acht (siehe Abbildung 11).

Natürlich hätte wesentlich mehr über Jesus und seine Beziehungen zu diesen Männern berichtet werden können (Joh 21,25), aber wir können annehmen, dass die niedergeschriebenen Ereignisse nur eine Auswahl dessen repräsentieren, was tatsächlich geschehen ist. Jesus konzentrierte sich eindeutig darauf, Petrus zum Hauptleiter zuzurüsten. In weiterer Hinsicht widmete er sich Johannes, der sein Gefährte werden sollte (siehe wiederum die Statistiken in den Abbildungen 10 und 11).

Eine geniale Strategie

Als Jesus nämlich Petrus berief, seine Funktion im Fischereigeschäft aufzugeben, war dieser raue Galiläer bereits der Hauptleiter eines Unternehmens. Sein Bruder Andreas und seine Freunde Jakobus und Johannes werden als seine „Gefährten" bezeichnet (Lk 5,7.10). Strategisch betrachtet war die Wahl dieser vier Männer genial, denn die soziale und psychologische Infrastruktur des neuen Leitungsteams war bereits vorhanden. Andreas, Jakobus und Johannes betrachteten Petrus bereits als ihren Leiter. Als Jesus dann weitere Männer zu diesem Team hinzufügte, stand Petrus bereits als derjenige fest, der schließlich ihr Anführer werden würde.

Der Obersaal

Als die Apostel nach der Himmelfahrt Christi nach Jerusalem zurückkehrten und den Obersaal betraten, „stand Petrus in der Mitte der Brüder auf" (Apg 1,15) und leitete die Gruppe in einem Entscheidungsprozess an, um einen Ersatz für Judas zu finden. Jesus hatte ihn auf diesen Augenblick vorbereitet, und alle anwesenden 120 Personen wussten, das Petrus ihr Anführer war. Jesu Gebet für diesen Mann war erhört worden. Nachdem der Teufel ihn versucht und geprüft hatte, selbst nachdem er den Herrn dreimal verleugnet hatte, war er nun fähig, seine „Brüder" zu stärken und zu leiten (Lk 22,31-32). Sie waren zwar seine Mithirten, aber zugleich auch Schafe, die einen Hirten brauchten (Joh 21,15-17). Diese Rolle gehörte Petrus.

ABBILDUNG 10

NENNUNGEN DER ZWÖLF APOSTEL IN DEN EVANGELIEN UND IN DER APOSTELGESCHICHTE

APOSTEL	EVANGELIEN	APG	GESAMT
Petrus (Simon), Kephas	117	72	189
Johannes	35	15	50
Jakobus	16	2	18
Andreas	12	1	13
Philippus	16	1	17
Bartholomäus (Nathanael)	0	1	1
Thomas	10	1	11
Matthäus (Levi)	8	1	9
Jakobus, Sohn des Alphäus	6	1	7
Thaddäus (Judas)	3	1	4
Simon der Zelot	3	1	4
Judas Ischariot	20	2	22

ABBILDUNG 11

BERICHTE ÜBER DIE EINZELNEN APOSTEL IN DEN EVANGELIEN UND IN DER APOSTELGESCHICHTE

APOSTEL	BERICHTE IN DEN EVANGELIEN*	BERICHTE IN DER APG	BERICHTE GESAMT
Petrus (Simon), Kephas	35	22	57
Johannes	19	9	28
Jakobus	10	2	12
Andreas	7	1	8
Philippus	6	1	7
Bartholomäus (Nathanael)	3	1	4
Thomas	6	1	7
Matthäus (Levi)	3	1	4
Jakobus, Sohn des Alphäus	2	1	3
Thaddäus (Judas)	1	1	2
Simon der Zelot	1	1	2
Judas Ischariot	7	2	9

* Episoden, die in mehreren Evangelien vorkommen, sind nur einmal gezählt.

Petrus zu Pfingsten

Obwohl diese zwölf Männer vor Jesu Himmelfahrt und vor dem Pfingstereignis kein klares Bild davon hatten, wozu Jesus sie letztlich berufen hatte, waren sie alle bereit, sich Petrus als ihrem Leiter unterzuordnen. Als er am Pfingsttag aufstand und das Geschehen aus dem Propheten Joel erläuterte, zögerte keiner der Apostel, ihm zu folgen. Selbst Jakobus und Johannes hatten eine neue Sicht gewonnen. Nie wieder versuchten sie, Petrus zu übergehen, um sich selbst an die Spitze zu manövrieren. Ja sogar Jakobus, der ältere Bruder von Johannes, gab seinem jüngeren Bruder den Vortritt, der in der Anfangszeit der Gemeinde mit Petrus gemeinsam die Leitung wahrnahm. An vielen Stellen lesen wir, dass „Petrus und Johannes" vorangingen, aber obwohl sie eng zusammen arbeiteten, standen sie nicht auf derselben Stufe. Petrus war und blieb der Hauptleiter, während ihm Johannes zur Seite stand und die Botschaft vom Tod und von der Auferstehung Christi bekräftigte.[53]

Dienende Leiter werden

Selbst nach diesem wichtigen und erhebenden Augenblick im Leben von Petrus musste er als geistlicher Leiter noch wachsen und reifen. Im Laufe seines Dienstes erkannte er immer mehr, was Jesus gemeint hatte, als er die ersten Jünger in der dienenden Leiterschaft unterwies. Deshalb konnte Petrus gegen Ende seines Lebens die Ältesten/Aufseher in verschiedenen Gemeinden in seinen Briefen als „Mitälteste" ansprechen (1Petr 5,1).

Dieselbe Beziehung sehen wir bei den anderen Aposteln. Obwohl Petrus eindeutig ihr Leiter war, unterstand auch er einer Leitung. Als Philippus nach Samaria ging und das Evangelium predigte, wurden viele Menschen gläubig. Da lesen wir: „Als *die Apostel* in Jerusalem gehört hatten, dass Samaria das Wort Gottes angenommen habe, *sandten sie Petrus und Johannes* zu ihnen" (Apg 8,14).

Das ist eine sehr wichtige Beobachtung. Obwohl Petrus eindeutig zum Leiter dieser Männer zugerüstet und befähigt war und selbstbewusst voranging, vergaß er nie die Worte Jesu im Obersaal beim Passahfest: Der größte von allen soll ein Diener sein. Er handelte nicht eigenmächtig, ohne zuvor den Rat und die Zustimmung der anderen Apostel eingeholt zu haben. Er war definitiv ein dienender Leiter.

Weitere Missionsteams

Dieselbe Dynamik erkennen wir, als der Heilige Geist Leitungsteams zusammenstellte, um das Evangelium in der nichtjüdischen Welt zu verbreiten. Zuerst waren es Barnabas und Saulus (später Paulus genannt) mit Johannes Markus als ihrem Helfer. Anfangs war Barnabas der Leiter des Teams. Nachdem sie aber Zypern verlassen hatten, ist von „Paulus und seinen Begleitern" die Rede, die weiter nach Galatien zogen (13,13). Auf der nächsten Reise war es wiederum Paulus, der diesmal mit drei anderen „Begleitern" auszog: Silas, Timotheus und Lukas (siehe Abbildung 12).

Jakobus und die Ältesten in Jerusalem

Was das Prinzip Hauptleiter betrifft, können wir einen Prozess in der Gemeinde von Jerusalem beobachten, wo Jakobus, der Halbbruder Christi, als Leiter unter den Ältesten in Jerusalem hervortritt. Nachdem Petrus aus dem Gefängnis befreit worden war, ging er zum Haus Marias, wo er eindeutig die Führungsrolle von Jakobus anerkennt (Apg 12,17). Auch während des Konzils, bei dem es um die Streitfrage von Gesetz oder Gnade ging, vertrat Petrus die Apostel (15,7-11), Jakobus hingegen die Ältesten von Jerusalem (15,13-21). Als Paulus Jahre später nach Jerusalem zurückkehrte, ging er zuerst „zu Jakobus, und *alle* Ältesten kamen dahin" (21,18). Wie auch immer wir ihn nennen wollen, Jakobus war eindeutig der Hauptleiter dieser Gemeinde.

ABBILDUNG 12

PAULUS UND SEIN TEAM IN DER APOSTELGESCHICHTE

DER TEXT	DAS TEAM	DIE WICHTIGSTEN ORTE
13,1-13	Barnabas, Paulus und Markus	Von Antiochien nach Paphos und Perge
13,14 - 14,28	Paulus und Barnabas	Von Perge nach Galatien und zurück nach Antiochien
15,1-35	Paulus und Barnabas	Von Antiochien nach Jerusalem und zurück
15,39 - 16,1	Paulus und Silas	Von Antiochien nach Lystra
16,2-8	Paulus, Silas und Timotheus	Von Lystra nach Troas
16,9-40	Paulus, Silas, Timotheus und Lukas	Von Troas nach Philippi
17,1-15	Paulus, Silas und Timotheus	Von Philippi nach Beröa
17,16 - 18,4	Paulus	Von Athen nach Korinth
18,5-17	Paulus, Silas und Timotheus	Von Korinth nach Ephesus
18,18	Paulus, Priscilla und Aquila	Von Ephesus nach Antiochien
18,19-22	Paulus	Von Antiochien nach Ephesus
18,23 - 20,1	Paulus, Timotheus und Erastus	Von Ephesus nach Philippi
20,2-4	Sekundus, Gajus, Timotheus, Tychikus und Trophimus	
20,5 - 23,30	Paulus und Lukas	Von Philippi nach Jerusalem
23,31 - 26,32	Paulus	Von Jerusalem nach Cäsarea
27,1 - 28,29	Paulus und Lukas	Von Cäsarea nach Rom
27,30-31	Paulus	Zwei Jahre in Rom

Timotheus und Titus

Auch Timotheus und Titus sind ein Beispiel dafür, wie wichtig es ist, in jeder Situation einen Hauptleiter zu haben. In den neutestamentlichen Gemeinden gab es apostolische Vertreter. Sie hatten zwar keine dauerhafte Funktion in den lokalen Gemeinden, ergriffen aber doch in Ephesus und auf Kreta die Initiative, um qualifizierte Leiter einzusetzen. Auf der Grundlage dessen, was wir im gesamten biblischen Bericht über Leiterschaft erfahren, können wir nur annehmen, dass sie auch einen Hauptleiter einsetzten, dem die anderen Ältesten als ihrem dienenden Leiter folgen und vertrauen würden.

Es ist der Plan Gottes, angefangen von Männern wie Mose, Josua, Samuel und Nehemia im Alten Testament bis hin zu Petrus, Paulus, Timotheus und Titus im Neuen, immer einen Schlüsselleiter zur Hand zu haben, um sein Volk zu führen. Warum sollte es bei Ältesten/Aufsehern in einer Ortsgemeinde anders sein? Wer diese Frage damit beantwortet, dass eine richtige Sicht der „Geistesgaben" es einem Leitungsteam möglich macht, auch ohne einen Hauptleiter zielführend zu arbeiten, der muss auch erklären, warum es in den Anforderungen an Älteste/Aufsehern in den Pastoralbriefen keinen Hinweis auf diese „Gaben" gibt.

Ein offenes Ende

Wie bereits erklärt, hat der biblische Bericht über die Gemeindeleitung, wie er in der Apostelgeschichte und in den neutestamentlichen Briefen festgehalten ist, ein „offenes Ende." Wir dürfen ihn nicht isoliert betrachten und aus seinem Zusammenhang reißen. Jesus bereitete den Boden vor, damit Älteste/Aufseher in Ortsgemeinden dienen können, indem er die Apostel zurüstete. Mit Petrus als ihrem Anführer waren sie ein Prototyp für ein Team von Ältesten/Aufsehern in einer Gemeinde. Wir wissen zwar nicht, wer die Ältesten/Aufseher dauerhaft leitete, nachdem Timotheus, Titus und die anderen apostolischen Vertreter in andere Gemeinden weiterzogen, es muss aber unmittelbar darauf oder wenig später zu einer

Regelung gekommen sein. Wo das Neue Testament endet und die Apostel sowie ihre Vertreter den Schauplatz verlassen, können wir sicher sein, dass jene Männer, die nunmehr zu Hauptleitern werden sollten, nicht über Nacht plötzlich auftauchten. Sie waren bereits eingesetzt, wie wir in einigen Briefen der frühen Kirchenväter erfahren.

Denken wir an Jakobus, der diese Leitungsposition in der Gemeinde von Jerusalem innehatte. Das Neue Testament bezeichnet seine besondere Führungsrolle zwar nie mit einem konkreten Titel, später wurden aber andere, die seine Funktion bekleideten, als *episkopoi* bezeichnet, als Aufseher oder Bischöfe.

Neue Definitionen und Funktionen: Die Briefe von Ignatius

Veränderten Definitionen und Funktionen begegnen wir erst in den Briefen von Ignatius, der selbst als zweiter „Bischof" von Antiochien in Syrien diente. Diese Briefe, die irgendwann gegen Ende des ersten Jahrhunderts entstanden, wurden nicht als inspirierte Schrift anerkannt. Dennoch ist ihre Echtheit mit großer Wahrscheinlichkeit erwiesen, womit sie uns ein zutreffendes Bild für die Ereignisse in verschiedenen Gemeinden nach dem Ende des „biblischen Berichts" vermitteln.

Beim Lesen dieser Briefe wird klar, dass Ignatius sich ernsthafte Sorgen um Irrlehrer und ihren Einfluss auf die Lehre und Einheit der Gemeinden macht. Stellen Sie sich einmal vor, wie Sie ohne die Bibel in ihrer heutigen Form mit solchen Problemen umgehen würden. Außerdem war mit Johannes (der möglicherweise der Mentor von Ignatius war) der letzte Apostel gestorben. Überall gab es selbsternannte „Apostel", „Propheten" und „Lehrer", die viele Menschen in die Irre führten.

Ein dreistufiges Modell

Angesichts der Situation, die er für bedrohlich hielt, drängt Ignatius die Gemeinde zu einem dreistufigen Leitungssystem. Der Hauptleiter der Ältesten/Aufseher in verschiedenen Gemeinden wurde in den frühen Jahren des Christentums als „Bischof" bezeichnet. Ignatius gebrauchte die Freiheit der Begriffswahl für geistliche Leiter, die wir im neutestamentlichen Bericht gesehen haben, und definierte den Begriff *episkopos* neu, indem er ihn ausschließlich auf den Hauptleiter der „Ältesten" bezog. So waren die „presbyteroi" oder „Ältesten" direkt einem einzigen „Bischof" unterstellt, die „Diakone" der Ortsgemeinde wiederum den „Ältesten", die sie ebenso wie den „Bischof" in ihren Diensten unterstützten. Im Lauf der Zeit gewann der „Bischof" in einer Glaubensgemeinschaft immer mehr Macht, hauptsächlich wohl aufgrund der Lehre von Ignatius (siehe Abbildung 13: Das ursprüngliche Hierarchiemodell von Ignatius).[54]

ABBILDUNG 13:
Das ursprüngliche Hierarchiemodell von Ignatius

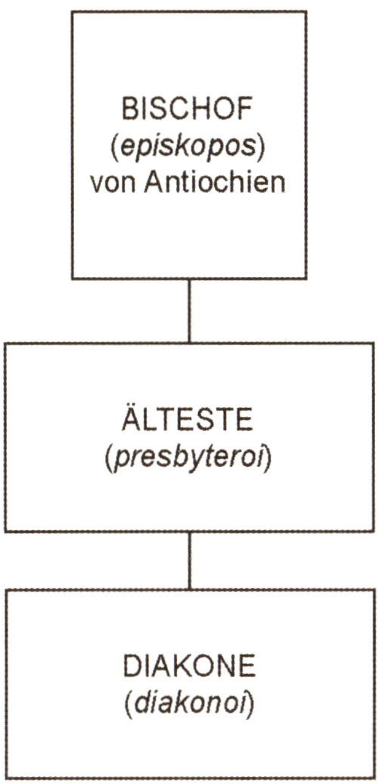

Unter dem Einfluss von Ignatius breitete sich diese hierarchische Struktur in der ganzen neutestamentlichen Welt aus. Onesimus wurde „Bischof von Ephesus", Polycarp „Bischof von Smyrna" und Clemens „Bischof von Rom", um nur ein paar der bekanntesten Namen zu nennen. Leider war dieses System Ursache für spätere folgenschwere Fehlentwicklungen im Leitungssystem von Gemeinden, die über Jahrhunderte hinweg das Christentum schwer belasteten (siehe Abbildung 14: Das erweiterte Hierarchiemodell von Ignatius).

Aber nur weil Ignatius ein System der Leiterschaft entwickelte, das gegen die biblischen Prinzipien verstieß und noch heute verstößt, bedeutet das nicht, ein Team von Ältesten/Aufsehern in einer bestimmten Ortsgemeinde brauche keinen Hauptleiter. „Hirten" brauchen einen „Hirten", der dem Vorbild des Oberhirten, Jesu Christi selbst, folgt, indem er sich nicht bedienen lässt, sondern dient. Praktisch gesprochen heißt das, ein Hirte von Hirten soll ein dienender Leiter sein.

ABBILDUNG 14:
Das erweiterte Hierarchiemodell von Ignatius

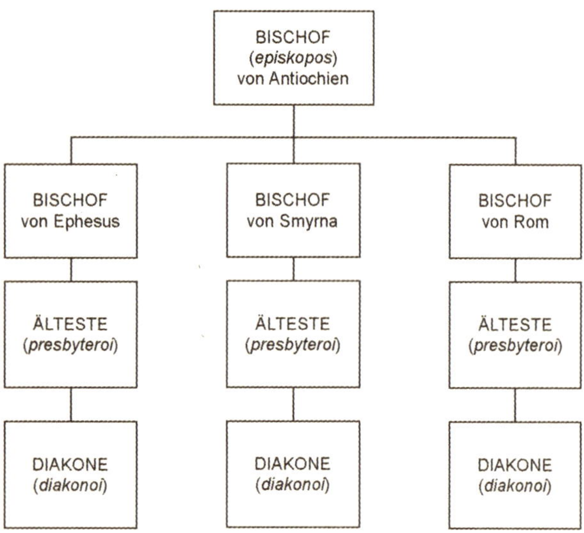

27. Rechenschaft ablegen, Verantwortung Delegieren, Funktion und Form

Beobachtung 12: *Rechenschaft*
In den Anfangsjahren der Gemeinde mussten die Ältesten/Aufseher einander Rechenschaft ablegen über sich selbst und darüber hinaus auch über ihren lokalen Dienst.

Die Ältesten/Aufseher sollten aneinander Rechenschaft üben. Das wird ganz besonders deutlich, als Paulus die Ältesten von Ephesus ermahnt: „Habt Acht auf euch selbst ... aus eurer eigenen Mitte werden Männer aufstehen, die verkehrte Dinge reden, um die Jünger abzuziehen hinter sich her“ (Apg 20,28.30).

Es gab aber eindeutig auch eine Rechenschaftspflicht über die Gemeinde hinaus. Ein Beispiel dafür ist jene Situation, als Paulus sich in Milet mit den Ältesten von Ephesus trifft und sie auffordert, einander Rechenschaft zu geben (siehe Apg 20,17-18.28-30). Im Grunde begann es in den Anfangsjahren der Gemeinde in Jerusalem. Petrus und Johannes waren einflussreiche Leiter, die vielleicht Älteste/Aufseher einsetzten. Ihre apostolische Autorität erstreckte sich aber über Jerusalem hinaus, als sich die Apostel einig wurden, Petrus und Johannes nach Samarien zu schicken, um die Nacharbeit für den Dienst von Philippus zu übernehmen (Apg 8,14-17). Beachten wir dabei, dass diese zwei großen Leiter nicht eigenmächtig handelten.

Rechenschaft zur Zeit des Paulus und danach

Mehr Informationen über diese Art von Rechenschaft gewinnen wir, wenn wir Paulus auf seinen Missionsreisen begleiten und seine Briefe lesen. In seinem Schreiben an die Korinther zögert er beispielsweise nicht, seine gottgegebene Vollmacht als Apostel einzusetzen, indem er sie ermahnt und zur Verantwortung zieht. Gegen Ende seines zweiten Briefs erinnert er sie, dass dies nun sein

„dritter Besuch" bei ihnen sein würde: „Ich habe es im Voraus gesagt und sage es im Voraus, wie das zweite Mal anwesend, so auch jetzt abwesend, denen, die zuvor gesündigt haben, und allen übrigen, dass, wenn ich wieder komme, ich nicht schonen werde. Denn ihr fordert ja einen Beweis dafür, dass Christus in mir redet" (2Kor 13,2-3).

Das ist apostolische Autorität. Und indem er Timotheus und Titus ermächtigt, Älteste/Aufseher einzusetzen und sie zur Rechenschaft zu ziehen, delegiert er diese Autorität an seine apostolischen Vertreter.

Nachdem die Apostel und ihre direkten Vertreter den Schauplatz verlassen haben, finden wir kaum mehr biblische Informationen darüber, wie diese Art von Rechenschaft fortgeführt wurde, insbesondere gegen Ende des ersten Jahrhunderts. Lesen wir aber die Briefe von Ignatius, so stellt sich heraus, dass lokale Bischöfe auftraten, um die Ältesten/Aufseher in ihren jeweiligen Städten anzuleiten.

Als Ignatius als Bischof von Antiochien wirkte, weitete er seine Vollmacht auf die Leiter anderer Gemeinden aus, die er beeinflusste und unterwies, wie sie ihren Dienst versehen sollten. Seine Briefe hatten damals großen Einfluss. So stellt Hansen fest: „Die Entwicklung einer hierarchischen Struktur in der Kirche nimmt mit den Briefen des Ignatius von Antiochien eine weitere wichtige Wende. Während im *1.Klemensbrief* die Bischöfe noch dieselben Personen sind wie die Presbyter, führt bei Ignatius 'der Bischof den Vorsitz an Gottes Statt, und die Presbyter an des Apostelkonzils Statt', während die Diakone den Dienst Jesu Christi versehen."[55]

Im Verlauf der Kirchengeschichte des zweiten und dritten Jahrhunderts können wir beobachten, wie diese „Hierarchie" entstand, die oft zu ernsthaften theologischen Irrtümern und zu einem Machtmissbrauch geführt hat, der in manchen Kirchen in verschiedener Weise bis heute andauert. Diese Fehlentwicklung heißt aber nicht, dass die Ältesten/Aufseher keine „Rechenschaft" jenseits ihrer eigenen Gruppe mehr brauchen.

Beobachtung 13: *Delegieren*
Das Neue Testament lehrt, dass Älteste/Aufseher ihre Prioritäten wahren müssen, indem sie Verantwortung an andere qualifizierte Männer und Frauen abgeben, die ihnen beim Vorstehen und Weiden behilflich sein können.

Im biblischen Bericht geht es bei den ersten Ernennungen von Leitern in Ortsgemeinden immer um Männer, die eine ganzheitliche geistliche Aufsicht wahrnehmen sollten (Apg 14,23; Tit 1,5). Da die Gemeinden zahlenmäßig zunahmen und die Verantwortung größer wurde, mussten diese geistlichen Leiter qualifizierte Männer und Frauen einsetzen, die ihnen bei der Erfüllung ihrer wichtigen Aufgaben zur Seite stehen sollten.

Delegierte Autorität

Im Neuen Testament
Im Neuen Testament werden diese Helfer „Diakone" genannt, wobei sich die Schrift auf ihre Aufgaben, nicht ihre Bezeichnungen konzentriert. Im Grunde sollen die Diakone in jeder erdenklichen Weise den Ältesten/Aufsehern helfen, sich auf ihre eigenen wichtigen Dienste zu konzentrieren.

Wo es aber um die Ernennung dieser Helfer geht, legt die Schrift großen Wert darauf, dass jene Männer und Frauen, denen diese Verantwortung anvertraut wird, im Grunde genauso qualifiziert sind wie die Ältesten/Aufseher. Die Gründe dafür liegen auf der Hand. Wo geistliche Leiter ihre Verantwortung an Menschen delegieren, die geistlich nicht qualifiziert sind, wird ihre Last keineswegs leichter. Ihr Dienst wird dadurch nur erschwert.

Im Alten Testament
Die Weitergabe von Autorität durch geistliche Leiter begegnet uns an mehreren Schlüsselstellen der alttestamentlichen Geschichte. Im 2.Buch Mose finden wir ein höchst dramatisches Beispiel dafür, warum es wichtig ist, Aufgaben an qualifizierte Helfer zu delegieren. Als die Kinder Israels nach dem Auszug aus Ägypten in der

Wüste lagerten, versuchte Mose mit allen Problemen allein fertig zu werden – eine übermenschliche Aufgabe! Da gab ihm sein Schwiegervater einen guten Rat. Um nicht körperlich und emotionell zusammenzubrechen, sollte Mose „tüchtige Männer" als seine Helfer aussuchen, *„gottesfürchtige* Männer, *zuverlässige Männer, die ungerechten Gewinn hassen"* (2Mo 18,21).

Mose nahm diesen Rat an und konnte somit einerseits den Bedürfnissen der Menschen begegnen, gleichzeitig aber seine eigenen Prioritäten wahren, nämlich vor Gott für sein Volk einzustehen und die Israeliten in den Gesetzen und Geboten Gottes zu unterweisen.

Stellen Sie sich vor, was geschehen wäre, hätte Mose ungeeignete Helfer eingesetzt, unehrliche und selbstsüchtige Menschen, die das Volk übervorteilt hätten. Seine Probleme hätten sich vervielfacht. Genauso sollen Älteste/Aufseher Aufgaben an bestens qualifizierte Männer und Frauen delegieren, die alles in ihrer Macht Stehende tun, damit diese geistlichen Leiter ihren Prioritäten im Dienst gerecht werden können.

Beobachtung 14: *Aufgaben und Formen*
Der biblische Bericht über die lokale Gemeindeleitung beschreibt keine konkreten „Formen" - nur „Funktionen" und „Anweisungen".

Wie wir im Verlauf dieser Untersuchung oftmals feststellen konnten, ist die biblische Betonung von Aufgaben und Anweisungen im Gegensatz zu äußeren Formen gottgewollt. Wie bei vielen Aspekten der Gemeindelehre schreibt das Neue Testament keine „Formen" vor, um die „kulturübergreifenden Prinzipien", die sich aus dieser Untersuchung ergeben, konkret anzuwenden. In den meisten Fällen werden nicht einmal die damaligen Formen beschrieben. Genau das macht den biblischen Bericht so einzigartig. Nur der Heilige Geist konnte dieses Projekt beaufsichtigen, bei dem verschiedene Schlüsselautoren über viele Jahre hinweg von Pfingsten (33 n. Chr.) bis zu den 90er Jahren eine einzigartige Sammlung von Dokumenten verfassten.

Deshalb ist die christliche Botschaft, sofern sie richtig ausgelegt wird, kulturübergreifend. Das Christentum ist keine volksgebundene

Religion, so eng mit ihrer Kultur verzahnt, dass sie nur im Rahmen dieser funktionieren kann. Überall in der Welt und zu jedem Zeitpunkt der Geschichte können wir biblisches Christsein ausleben, weil wir die Freiheit haben, jene besonderen „Formen“ zu entwickeln, die es uns ermöglichen, als echte Christen zu leben, ohne den Kern der biblischen Botschaft zu verändern. Wie wir sehen werden, gilt das auch für die Frage, wie lokale Gemeindeleiter in verschiedenen Kulturen auf der ganzen Welt dienen können.

Teil Vier: Kulturübergreifende Prinzipien und praktische Anwendung

Diese abschließenden Kapitel sollen uns helfen, die Brücke aus dem ersten ins 21. Jahrhundert zu schlagen, um geeignete Formen zu finden, die (1) mit den biblischen Prinzipien in Einklang stehen, (2) den Erfahrungen aus der Geschichte gerecht werden und (3) kulturelle Erkenntnisse aus Vergangenheit und Gegenwart berücksichtigen (wie in Abbildung 1 dargestellt).

Biblische Leiterschaft ist ein dynamischer, fortschreitender Prozess, bestehend aus dem Studium der biblischen Berichte, der Bewertung vergangener Erfahrungen aus der Geschichte (einschließlich unserer eigenen) und einem Verständnis für die kulturellen Gegebenheiten. Was Gott gesagt hat, ist natürlich grundlegend. Hoffentlich werden die Prinzipien, die wir aufgelistet haben, dem in der Schrift offenbarten Willen Gottes gerecht.

Teil 4 erläutert nicht nur diese Prinzipien, wie wir sie verstehen, sondern auch unsere Versuche, einige dieser biblischen Richtlinien praktisch umzusetzen. Wie Sie sehen werden, konzentriere ich mich dabei auf unsere Erfahrungen in der Gemeindegründungsarbeit der letzten Jahre. Ich bin zwar dankbar und voll Freude über alles, was wir „richtig gemacht" haben, glaube aber, dass meine hilfreichsten Beispiele aus jenen Bereichen stammen, wo wir es hätten besser machen können. (Anmerkung: In diesen letzten Kapiteln verwende ich ausschließlich den Begriff „Älteste", weil wir uns in unserer Gemeinde für diese Bezeichnung entschieden haben.)

Beginnen Sie beim Lesen der folgenden „Prinzipien" gleich mit der Bewertung Ihrer eigenen Arbeit, indem Sie folgende Fragen überlegen:

1. Werden diese Prinzipien den biblischen Grundlagen gerecht?
2. Wenn ja, welchen Niederschlag finden diese Prinzipien in meinem eigenen Leitungsverständnis?

Hier sind die *vierzehn Prinzipien der Gemeindeleitung,* die wir aus dem biblischen Material abgeleitet haben:

Prinzip 1: *Offizielle Einsetzung*
Wenn neue Ortsgemeinden gegründet werden, sollen geistliche Leiter eingesetzt werden, die fähig sind, der Gemeinde allgemeine Anleitung zu geben. Sie sollen aber erst eingesetzt werden, wenn sie auch qualifiziert sind.

Prinzip 2: *Ein einiges Team*
Es sollte das Ziel jeder Ortsgemeinde sein, qualifizierte Leiter einzusetzen, die gemeinsam als geeintes Team dienen.

Prinzip 3: *Eignungsvoraussetzungen*
Alle geistlichen Leiter sollen auf der Basis des Reifeprofils ausgewählt werden, welches Paulus in den Pastoralbriefen darlegt.

Prinzip 4: *Grundlegende Ethik und Moral*
Wenn Sie qualifizierte Leiter suchen, berücksichtigen Sie zuerst jene Männer und ihre Familien, die in einer Umgebung aufgewachsen sind, deren Werte von jüdisch-christlicher Ethik und Moral geprägt waren.

Prinzip 5: *Ein Leiter von außen*
Falls es in einer Gemeinde keine geeigneten Anwärter gibt, die als offizielle geistliche Leiter dienen können, muss ein qualifizierter Leiter von außen entweder vorübergehend oder dauerhaft eingesetzt werden, bis andere in der Gemeinde ausreichend zugerüstet sind, um diese Rolle zu übernehmen.

Prinzip 6: *Ein Hauptleiter*
Jede Gruppe von geistlichen Leitern braucht einen Hauptleiter, der sowohl vorangeht als auch dient und der seinen Mitleitern rechenschaftspflichtig ist.

Prinzip 7: *Bezeichnungen*
Was die Bezeichnungen für die geistlichen Leiter in der Ortsgemeinde betrifft, so ist ihre *Funktion* weit wichtiger als ihr *Titel.*

Prinzip 8: *Eine Gruppe von Vätern*
Geistliche Leiter sollen die Gemeinde verwalten und hüten, wie Väter für ihre Familien und Hirten für ihre Schafe sorgen.

Prinzip 9: *Prioritäten*
Alle geistlichen Leiter sollen darauf achten, ihre Gemeinde gut zu verwalten und zu hüten, indem sie sechs wichtige Aufgaben im Auge behalten: das Wort Gottes lehren, mit gutem Beispiel vorangehen, die Reinheit der Lehre bewahren, die Ungehorsamen in Zucht nehmen, für die materiellen Bedürfnisse der Gemeinde sorgen und für die Kranken beten.

Prinzip 10: *Rechenschaft voreinander*
Geistliche Leiter in der Gemeinde sollen einander für ihr geistliches Leben und für ihren Dienst zur Rechenschaft ziehen.

Prinzip 11: *Rechenschaft nach außen*
Nach dem Vorbild der neutestamentlichen Gemeinde soll jede Gruppe von Gemeindeleitern ein System der Rechenschaft haben, das über die lokale Gemeinde hinausgeht, vor allem im Hinblick auf den Hauptleiter.

Prinzip 12: *Qualifizierte Helfer*
Um ihre Prioritäten wahren zu können, sollten geistliche Leiter qualifizierte Helfer einsetzen, damit den Bedürfnissen aller Gläubigen in der Gemeinde begegnet werden kann.

Prinzip 13: *Finanzielle Unterstützung*
Geistliche Leiter sollen darauf achten, dass Menschen, die beträchtliche Zeit für den Dienst aufwenden, vor allem für die Unterweisung im Wort Gottes, finanziell versorgt werden.

Prinzip 14: *Geeignete Formen*
Geistliche Leiter müssen geeignete Formen finden, damit die Gemeinde den Aufgaben gerecht wird, die in den biblischen Prinzipien enthalten sind.

28. Prinzipien für die Ernennung von Leitern (Teil 1)

<u>**Prinzip 1:**</u> *Offizielle Einsetzung*
Wenn neue Ortsgemeinden gegründet werden, sollen geistliche Leiter eingesetzt werden, die fähig sind, der Gemeinde allgemeine Anleitung zu geben. Sie sollen aber erst eingesetzt werden, wenn sie auch qualifiziert sind.

Wann ist die rechte Zeit?

Die Länge der Zeitspanne, bis qualifizierte Leiter zur Verfügung stehen, hängt von mehreren Faktoren ab. Einmal schreibt Paulus in seinem ersten Brief an Timotheus, keinen Neubekehrten zum Ältesten/Aufseher zu ernennen, „damit er nicht, aufgebläht, dem Gericht des Teufels verfalle“ (2Tim 3,6). Das wäre nicht nur eine Katastrophe für den Betroffenen und seine Familie, sondern könnte buchstäblich die Einheit der Gemeinde zerstören. Ich habe selbst erlebt, wie neue Christen zu rasch auf ein Podest gestellt wurden, wo sie viel Aufmerksamkeit und sogar Ruhm erhielten. Stolz ist ein heimtückischer Feind, und der Teufel setzt ihn meisterhaft ein, um junge Christen in die Selbstzerstörung zu treiben.

Reife braucht Zeit
Auf dem Weg zur Reife gibt es keine Abkürzung. Selbst Jesus benötigte fast drei Jahre, um die Apostel auf ihre Rolle vorzubereiten. Obwohl sie von einem jüdischen Hintergrund kamen und die alttestamentlichen Werte grundsätzlich verstanden, waren mehrere Krisenerfahrungen notwendig, um sie in eine echte Hingabe an Christus zu führen. Gewiss erfuhren sie eine dramatische Veränderung, als nach der Himmelfahrt Jesu der Heilige Geist kam. Es war aber nicht diese einzigartige Erfahrung an sich, die diese Veränderung bewirkte. Es war vielmehr die jahrelange Vorbereitung, die sie für das Wirken des Heiligen Geistes geöffnet hatte.

Noch länger braucht es, bis Männer und Familien aus einem heidnischen, weltlichen oder nichtchristlichen Hintergrund für geistliche Leitungspositionen reif werden. Das sehen wir in den Gemeinden von Antiochien und Korinth. Auch heute wird es in manchen Kulturen Jahre dauern, bis Männer und Frauen die Qualitäten erkennen lassen, die Paulus in den Pastoralbriefen darlegt.

Eine gescheiterte Ehe

Ich erinnere mich noch gut an einen der ersten Ältesten, den wir in der ursprünglichen Fellowship Bible Church einsetzten. Einige Menschen hatten zwar ihre Sorge ausgedrückt, was die Ehe dieses Mannes betraf, wir ernannten ihn aber dennoch zum Ältesten. Wir wussten um Probleme, die es in der Vergangenheit gegeben hatte, inzwischen schien aber alles in Ordnung zu sein. Als wir das Paar auf die Situation ansprachen, erklärten sich sowohl der Mann als auch die Frau bereit, die Leitungsposition anzunehmen.

Leider gab es in dieser Beziehung aber ernsthafte Probleme, die ungelöst geblieben waren. Folglich verschlechterte sich die Ehe dieses Mannes und endete schließlich in einer Scheidung. Das war für uns alle eine schmerzliche Lektion. Nichts gefährdet eine Ehe mehr, als einen Mann und eine Frau in eine Hirtenstellung zu berufen, obwohl ungelöste Probleme in ihrer Ehe bestehen. Die Einsetzung zum Ältesten setzte diesen Mann vermehrten Angriffen des Satans aus. Das ist einer der Gründe, warum Paulus Timotheus warnt: „Die Hände lege niemand schnell auf“ (1Tim 5,22).

Bitte verstehen Sie mich nicht falsch. Das bedeutet nicht, ein Ehepaar müsse eine perfekte Ehe führen. Sonst wäre niemand qualifiziert. Manche „Beziehungswunden“ brauchen aber mehr Zeit, um zu heilen, und diese Erfahrung hat uns gelehrt, bei der Auswahl und Einsetzung von Ältesten viel sorgfältiger vorzugehen.

Älter, aber nicht reifer

Nur zu gut erinnere ich mich an eine weitere persönliche Erfahrung, die ebenfalls beweist, wie wichtig dieses Prinzip ist. Ein Bibelschüler kam mit seiner Familie in unsere Gemeinde. Er war älter als normale Bibelschüler, weil er vorher einige Jahre als Unternehmer gearbeitet hatte. Nachdem er und seine Frau Christen geworden waren, entschlossen sie sich, die Firma zu verkaufen und sich auf einen vollzeitlichen Dienst vorzubereiten. Offenbar war er hoch motiviert, Jesus Christus zu dienen. Nach unserem Gefühl war es nur „logisch“, dass dieser Mann, nennen wir ihn Jakob, ein Ältester in unserer Gemeinde werden sollte. Schließlich wuchs unsere Gemeinde rasch und wir brauchten Männer und Frauen, um „die Herde zu weiden“.

Nachdem er eine Zeitlang als Ältester gedient hatte, saßen Jakob und seine Frau eines Nachmittags auf unserer Veranda und klagten über die Spannungen in ihrer Beziehung, insbesondere weil sich die Frau nicht mit der Rolle ihres Mannes als Ältester identifizieren konnte. Dann erst bekannten sie uns die ganze Wahrheit über Jakobs Hintergrund. Vor Jahren hatte er in seiner Firma zwei verschiedene Buchhaltungen geführt - eine legale und eine illegale. Durch diese „Hintertür“ verdiente er sehr viel Geld. In diesen fetten Jahren hatte seine Frau keine Ahnung davon, dass ein großer Teil ihres Einkommens ungesetzlich erworben war.

Als Jakob gläubig wurde, bekannte er seiner Frau seine Sünde und brachte sein Geschäft in Ordnung. In dieser Zeit des raschen geistlichen Wachstums beschlossen sie, ihr schönes Haus zu verkaufen und auf die Bibelschule zu gehen. In Dallas angekommen, stießen sie auf unsere Gemeinde und begannen mitzuarbeiten.

Nachdem Jakob aber Ältester geworden war und einen Bibelkreis leitete, machten sich bei seiner Frau tief liegende Gefühle der Bitterkeit bemerkbar, die sich mit der Zeit auf ihre Beziehung auswirkten. Er hatte zwar um Vergebung gebeten, sie kam aber nicht darüber hinweg, dass er sie jahrelang betrogen hatte. Jakob bekannte auch, dass er trotz seiner geistlichen Führungsposition in der Gemeinde seine Frau nicht so liebte und ihr nicht so diente, wie Gott es wollte.

Wir hatten diesen Mann vorschnell als Ältesten eingesetzt, die Geschichte ging aber dennoch gut aus. Ich denke oft an den Abend, als die beiden vor die Ältesten traten und von ihrem inneren Kampf berichteten. Jakob reichte aus freien Stücken und in aller Demut seinen Rücktritt ein, und als Älteste versammelten wir uns um sie, während er und seine Frau nebeneinander knieten. Wir legten unsere Hände auf sie beide und beteten um Heilung in ihrer Beziehung.

Sie gingen gemeinsam in die Eheseelsorge und arbeiteten ihre Probleme auf. Die schönste Erfahrung war dann, als wir Jakob Jahre später wieder als Ältesten einsetzten. Gott hatte ihre Ehe geheilt, und inzwischen stehen sie schon viele Jahre im vollzeitlichen Dienst.

Diese Geschichte beweist wieder einmal, wie wichtig es ist, bei der Ernennung in diesen Hirtendienst sorgfältig vorzugehen. Natürlich hätten wir die Probleme erkennen müssen, *bevor* wir sie in diese verwundbare Position brachten. Glücklicherweise stellten sie sich den Problemen tapfer und siegreich. Hätten sie das nicht getan, wäre diese voreilige Einsetzung in bitterer Enttäuschung geendet, und letztlich hätten sie den Dienst ganz aufgeben müssen.

Jakob ist inzwischen hauptamtlicher Pastor. Im Rückblick auf diese Ereignisse vor vielen Jahren schreibt er:

> *Wenn ich daran zurückdenke, wie ich als Ältester zurücktrat, beeindruckt mich am meisten der Heilungsprozess, der daraufhin einsetzte. Ich hatte zwar beruflichen Erfolg, war aber nicht der liebevolle, zärtliche, gottgefällige Ehemann, der jeder Mann nach der Schrift sein sollte. Durch den Schmerz des Rücktritts erkannte ich, wie meine Prioritäten durcheinander gekommen waren. Nach der Bibel musste ich meine Frau vor die Arbeit in der Gemeinde stellen. Versagte ich an ihr, so würde ich nicht der Ehemann sein, den 1. Timotheus 3 beschreibt, und wäre daher gar nicht für den Dienst qualifiziert.*
>
> *Ich erkannte auch, wie wichtig es ist, in einer „sicheren" Umgebung zurücktreten zu dürfen. Ich wusste mich geliebt und umsorgt. Die Ältesten hatten das Wohl meiner Familie vor Augen. Mit dieser Gewissheit war ich frei, zurückzutreten, weil mir klar war, dass es für mich das Beste war. Heute weiß ich, ohne diese sichere Atmosphäre hätte ich den Rücktritt verweigert. Aber weil ich den Leitern vertraute, konnte ich die richtigen Schritte setzen ... und heute bin ich froh darüber.*
>
> *Ein dankbarer Pastor*

Prinzip 2: *Ein einiges Team*
Es sollte das Ziel jeder Ortsgemeinde sein, qualifizierte Leiter einzusetzen, die gemeinsam als geeintes Team dienen.

Gründe für eine Teamleitung

Als Jesus die Apostel lehrte, einander so zu lieben, wie er sie geliebt hatte (Joh 13,34), und als er für ihre Einheit betete, so wie er eins mit dem Vater war (17,20-21), legte er die Grundlage für dieselbe Dynamik unter den Ältesten einer Ortsgemeinde. Es gibt einige sehr praktische Gründe dafür, Leitungsteams einzusetzen, die in dieser Liebe und Einheit dienen.

Zielführender Dienst
Mehrere gottgefällige Hirten in einer Ortsgemeinde zu haben, wird den Dienst dieser Männer wirksamer werden lassen. Paulus ist ein gutes Beispiel für diese Dynamik, als er, Silas und Timotheus gemeinsam in Thessalonich wirkten. Als Dreierteam konnten sie wie Eltern für diese neugeborenen Christen sorgen. Paulus erinnert sich: „Wir sind in eurer Mitte zart gewesen, wie eine stillende Mutter ihre Kinder pflegt" und „wie ein Vater seine Kinder ermahnt und tröstet" (1Thes 2,7.11).

Mehrere Vorbilder
Wer als Ältester/Aufseher dient, soll (falls er verheiratet ist) ein moralisch reiner Ehemann sein, der seiner Frau treu ist. Falls er Kinder hat, soll er ein gottgefälliger Vater sein, der seiner Familie gut vorsteht. In diesem Sinne werden er und seine ganze Familie als Vorbild für alle Gläubigen dienen. Wo gottgefällige Männer und Familien zusammenkommen, gibt es *vielfache Vorbilder* der geistlichen Reife.

Die Macht von Liebe und Einheit
Jesus betrachtet die „Einheit" unter Christen als eine kraftvolle Botschaft an die Nichtgläubigen, dass Jesus Christus eins mit dem Va-

ter ist und als Retter der Welt gekommen ist. Die Einheit unter den Aposteln ist ein machtvolles Modell für die Ältesten in jeder lokalen Gemeinde. Wo gottgefällige Männer, unterstützt von gottgefälligen Frauen, die Gemeinde in Liebe als geeintes Leitungsteam verwalten und weiden, entsteht ein dynamisches Vorbild für alle Gläubigen, wie eine Gemeinde auszusehen hat. Wo die Gemeinde die Einheit Jesu mit dem Vater widerspiegelt, wird unser Zeugnis gegenüber der Welt kraftvoll sein (Joh 17,23).

Breite Unterstützung

Nichts schenkt einem Hauptleiter und seiner Familie mehr Zuversicht als eine Gruppe gottgefälliger Männer und Frauen, die „mit einem Herzen und einem Sinn" hinter ihm stehen. Andererseits erzeugt nichts mehr Unsicherheit, Schmerz und Angst als Leiter, die ablehnend und distanziert sind.

Jahrelang diente ich gemeinsam mit einem sehr hingegebenen und tüchtigen Pastor, der ebenfalls vollzeitlicher Mitarbeiter unserer Gemeinde war. Davor war er Hauptpastor in einer anderen Gemeinde gewesen. Leider waren viele seiner dortigen Ältesten keine gottgefälligen Leiter. Ein paar Männer vereitelten hartnäckig die ernsthaften Versuche meines Freundes, die Gemeinde zu einer stärkeren Gemeinschaft der Liebe und des Zeugnisses in der Welt zu machen. Lange Zeit hindurch kam dieser Mann von jedem Ältestentreffen buchstäblich mit Magenschmerzen nach Hause. Einige Male ging er schnurstracks zur Toilette und übergab sich.

Wie tragisch! Ich weiß noch, wie ich ihn in dieser schwierigen Leitungssituation beriet und ihn endlich einlud, als Hilfspastor zu uns zu kommen, wo er als Teil eines Teams arbeiten konnte, das in Liebe und Einheit zusammenwirkte. Dieser Wechsel veränderte sein Leben und erneuerte seine Begeisterung, den Missionsbefehl auszuführen. Er war immer ein gottgefälliger, einfühlsamer und fürsorglicher Pastor gewesen. Leider hatten sich in seine Gemeindeleitung, um Paulus in seiner Warnung an die Ältesten von Ephesus zu zitieren, einige „Wölfe" eingeschlichen, die sich den „Haupthirten" als ihr Opfer ausgesucht hatten (Apg 20,29-30). Ein Team, das einander Unterstützung gibt, kräftigt den Dienst eines Hauptleiters. Natürlich kann eine ablehnende Gruppe von Ältesten den Dienst des Pastors schwächen, und umgekehrt kann ein geeintes Team ihm die Energie geben, seinen Aufgaben als Hirt nachzukommen.

Prinzip 3: *Eignungsvoraussetzungen*
Alle geistlichen Leiter sollen auf der Basis des Reifeprofils ausgewählt werden, welches Paulus in den Pastoralbriefen darlegt.

Die Eignung feststellen

Das Neue Testament nennt uns keine konkrete Vorgangsweise, um das biblische Reifeprofil anzuwenden. Aus den Berichten des Neuen Testaments ist aber klar, dass die Auswahl qualifizierter Leiter sorgfältiges Nachdenken, Gebet und Arbeit verlangt. Zwar offenbarte der Heilige Geist manchmal, insbesondere ganz am Anfang, wer für die Leitung ausgesondert werden sollte, das ist aber eher die Ausnahme als die Regel.

Verwechseln wir unsere „Intuition" mit der „Stimme des Geistes", so können wir schwere Fehler begehen, besonders was die Beurteilung des Charakters betrifft. Außerdem versuchen die meisten Menschen, bei ihrer Beurteilung einen möglichst positiven Eindruck zu hinterlassen. Deshalb hat Gott uns einen *sehr konkreten und objektiven Maßstab* gegeben, um geistliche Reife zu beurteilen (siehe 1Tim 3,1-7 und Tit 1,5-9).

Ein Ansatzpunkt

Als ich 1972 daran ging, die erste Fellowship Bible Church zu gründen, traf ich mich mit einer Gruppe von Männern zum Bibelstudium. Ich schlug vor, die Charaktermerkmale zu studieren, die Paulus in seinen Briefen an Timotheus und Titus erwähnt. Das wurde für uns alle eine lebensverändernde Erfahrung von 20 Wochen. Wir hielten für jede Eigenschaft ein Treffen ab, definierten sie biblisch und tauschten darüber aus, wie wir diese Eigenschaft in unserem Leben fördern konnten, um bessere Ehemänner, Väter und Diener des Herrn zu werden, wo auch immer wir dienten. Aufgrund dieses Studiums setzten wir schließlich unsere ersten Ältesten ein. Kurz danach wurde ich dazu angeregt, ein Buch über diese zwanzig Eigenschaften zu schreiben, das den Titel *Der Mann aus biblischer Sicht* trug. Damals ahnte ich nicht, dass dieses Buch noch nach dreißig Jahren als Schulungsunterlage verwendet werden würde.[56] Das Buch behandelt diese Eigenschaften wie in Abbildung 7 (Kapitel 19) dargestellt.

Dieses zwanzigwöchige Bibelstudium war für jeden von uns eine gewaltige Erfahrung, es stellte sich aber letztlich nur als erster Ansatzpunkt heraus, um Männer zu geistlichen Leitern der Gemeinde zuzurüsten. Bei verheirateten Ältesten müssen wir auch ihre Frauen mit einbeziehen. Wir müssen auch Menschen, die sie gut kennen, die Gelegenheit geben, ihr Leben als leitendes Ehepaar (oder als Lediger) zu beurteilen. Seit damals haben wir unsere Vorgangsweise stark verfeinert (siehe Kapitel 34).

Ein vorrangiges Prinzip

Die Eignungsvoraussetzungen des Apostels Paulus ernst zu nehmen, ist eines der wichtigsten Prinzipien der Leiterschaft, die aus dem biblischen Bericht hervorgehen. Es sollte das vorrangige Prinzip sein. Es ist der Schlüssel um Menschen in der Gemeinde christliches Verhalten vorzuleben. Es ist auch der Schlüssel zu Liebe, Einheit und Einigkeit unter den Ältesten, indem sie die Gemeinde anleiten, den Missionsbefehl auszuführen. Es genügt ein einziger eigenwilliger und selbstsüchtiger Ältester/Aufseher, um die Einheit der Gemeindeleitung zu zerstören. Leider schadet das auch oft der Einheit der Gesamtgemeinde.

Die Anwendung dieses Prinzips dürfen wir niemals verwässern, falls das neutestamentliche Vorbild einer mehrköpfigen Leitung funktionieren soll. Verstoßen wir gegen dieses Prinzip und ernennen unqualifizierte Männer und Frauen in dieses „schöne Werk“, stehen wir schon am Rande einer Katastrophe. Wo andererseits eine Gruppe gottgefälliger Männer und Frauen weiß, wer sie in Jesus Christus sind, wo sie mit dem Geist Schritt halten und nur davon beseelt sind, treue Hirten und Diener des Volkes Gottes zu sein, dort werden erstaunliche Dinge geschehen.

Meine schmerzhaftesten Lektionen

Diese Eignungsvoraussetzungen ernst zu nehmen, gilt nicht nur für die Auswahl von Männern und Frauen als „Laienälteste“, sondern ist noch wichtiger, wenn wir Älteste auswählen, die „doppelter Ehre“ würdig sind, also der Gemeinde als Hauptleiter vorstehen sollen (1Tim 5,17). Einer meiner schwersten Fehler war es, meine Stellung als Hauptpastor meinem jüngeren Zweitpastor zu übergeben, als ich die „Stammgemeinde“ verließ, um in einem anderen Teil von Dallas eine weitere Gemeinde ins Leben zu rufen. Ich vertraute ihm eine große Gruppe von Ältesten und mehrere vollzeitliche Mitarbeiter an, fest überzeugt, dass er diesem dynamischen und wachsenden Dienst gerecht werden würde. Leider war mir und anderen verborgen geblieben, dass er schwerwiegende Probleme in seiner Ehe hatte. Bei späteren Gesprächen mit ihm stellte ich fest, dass er sich der Ernsthaftigkeit seiner Probleme selbst nicht bewusst war. Dazu trugen persönliche Schwächen bei, die ganz bestimmt auch seine Eheprobleme verstärkten. Er hatte zwar einen hervorragenden Studienabschluss vorzuweisen, als er meine Position übernahm, wie wir aber später entdeckten, war seine Frau immer dagegen gewesen, dass er überhaupt eine Bibelschule besuchte oder in den vollzeitlichen Dienst ging.

Als in seiner neuen Stellung der Druck zunahm, kamen seine Probleme an die Oberfläche, und er teilte sie einigen anderen „jüngeren Ältesten“ mit. Leider hatten sie selbst nicht die nötige Reife, um ihm zu helfen.

Am Ende fiel er in ernsthafte moralische Probleme, die ihn sogar ins Gefängnis brachten, aber erst nachdem er die Gemeinde gespalten hatte. Leider hatte ich jede Handhabe aufgegeben, um das Problem zu lösen. Ich versuchte zwar einzugreifen, konnte aber letztlich nur schmerzerfüllt zusehen, wie diese tragische Geschichte ihren Lauf nahm und letztlich hunderte von Menschen verletzte.

Manche, die diese tragischen Ereignisse aus nächster Nähe miterlebt haben, würden behaupten, dass ich zu viel Verantwortung für den geistlichen Niedergang dieses Mannes übernehme. Das mag schon stimmen, es hat aber „Signale“ in seinem Leben gegeben, die ich völlig übersehen habe. Als einer meiner erfahrensten Ältesten die Fähigkeit dieses Mannes in Frage stellte, sich seinen eigenen Gefühlen und den Gefühlen anderer Menschen zu stellen, beruhigte ich ihn mit der Behauptung, das sei kein Problem. Heute weiß ich, dass ich den Erfolg dieses Mannes so sehr wünschte, dass ich mir nicht genug Zeit nahm, um diese wichtige Entscheidung sorgfältig zu treffen und ihm auch die schwierigen Fragen zu stellen – und mir ebenso! In diesem Sinn hätte mein Urteil auf einer gründlicheren Bewertung seiner geistlichen und menschlichen Reife basieren müssen.

Das war eine sehr schmerzhafte Lektion. Ich musste nicht nur den Niedergang dieses Mannes mit ansehen, sondern auch den seiner Familie. Inzwischen hat er seine Haft abgebüßt und geht wieder mit Gott. Er hat Buße getan und um Vergebung gebeten. Der Schaden aber ist nicht wieder gut zu machen. Obwohl dieser Mann im Grunde selbst für seine Entscheidungen verantwortlich ist, die ihn in eine persönliche Katastrophe geführt haben, kann ich heute doch erkennen, dass der Satan sich die Schwäche dieses Mannes als geistlicher Leiter in einer wichtigen und verantwortlichen Stellung zunutze gemacht hat.

Noch immer glaube ich an die Menschen. Anderen zu vertrauen ist für einen erfolgreichen Leiter wesentlich. Hoffentlich bin ich aber durch meine Fehleinschätzungen heute urteilsfähiger geworden. Niemals werde ich vergessen, was einer meiner Ältesten in dieser schwierigen Zeit sagte: „Gene, deine größte Stärke ist es, dass du den Menschen vertraust. Aber deine größte Schwäche ist es, dass du Menschen vertraust, die es nicht verdient haben.“ Er hatte Recht! Und hoffentlich habe ich inzwischen ein wenig gelernt, diesen Fehler zu vermeiden.

Wiederholte Beurteilung

Jene von uns, die bereits Gemeindeälteste sind, dürfen natürlich nicht mehr von anderen verlangen als von sich selbst. Wann immer unser Ältestenteam mögliche Kandidaten beurteilt, haben wir die Gelegenheit, nochmals unser eigenes Leben im Licht der göttlichen Maßstäbe zu betrachten. Das soll nicht zu stumpfer Nabelbeschau führen, sehr wohl aber zu einer sorgfältigen Betrachtung unseres Charakters als Christen. Paulus ist uns dabei im Korintherbrief ein Vorbild. Am Beispiel eines Sportlers erklärt er sein beständiges Training, damit er nicht „anderen gepredigt, selbst verwerflich werde“ (1Kor 9,27). Leider sind viele christliche Leiter heute achtlos geworden und werden dadurch zum Opfer der bösartigen Angriffe Satans. Das muss nicht sein, wenn wir beständig „die ganze Waffenrüstung Gottes“ anziehen (Eph 6,11).

29. Prinzipien für die Ernennung von Leitern (Teil 2)

Prinzip 4: *Grundlegende Ethik und Moral*
Wenn Sie nach qualifizierten Leitern suchen, berücksichtigen Sie zuerst jene Männer und ihre Familien, die in einer Umgebung aufgewachsen sind, deren Werte von jüdisch-christlicher Ethik und Moral geprägt waren.

Oft wird die Frage gestellt, wie Paulus und Barnabas auf ihrer ersten Missionsreise so rasch Männer fanden, die dazu geeignet waren, in den Gemeinden in Lystra, Ikonium und Antiochien als Älteste zu dienen. Schließlich waren die Bewohner dieser Städte stark vom römischen Heidentum beeinflusst.

Wir müssen bedenken, dass in diesen Gebieten sowohl gottesfürchtige Juden als auch Heiden lebten. Deshalb reifte Timotheus, der in Lystra aufwuchs, so rasch geistlich heran. Seine jüdische Mutter hatte ihn von klein auf im Alten Testament unterwiesen (2Tim 3,15). Als er Christ wurde, machten sich die Früchte des Vorbildes seiner Mutter und ihrer Unterweisung rasch bemerkbar.

Die Bedeutung biblischer Werte

Wenn das schon in der neutestamentlichen Umgebung zutrifft, wie viel mehr dann in einer Umgebung, deren Kultur entscheidend von christlichen Werten geprägt ist. Es gibt zum Beispiel zahlreiche Kirchen, deren Besucher grundsätzlich den christlichen Werten verbunden sind. Sie sind in christlichen Familien aufgewachsen und akzeptieren im Großen und Ganzen die Zehn Gebote. Leider haben viele von ihnen nie eine persönliche Bekehrung erlebt. Sobald sie aber das Evangelium verstehen und den Herrn Jesus Christus als ihren Retter annehmen, machen sie Riesenschritte in ihrer geistlichen Reife, weil sie die christlichen Werte bereits verstanden haben. Diese Neubekehrten wachsen sehr schnell zu Kandidaten für Leitungspositionen heran.

Ich denke da an ein Ehepaar, das viele Jahre lang mit mir gemeinsam in der Fellowship Bible Church North gedient hat. Mike und Sharon Cornwall sind beide in religiösen Familien aufgewachsen. Sharon hatte sogar Religion studiert, und als sie bereits verheiratet waren, unterrichtete Mike in seiner Gemeinde die Sonntagsschule und diente als Ältester. Wie sie aber selbst zugaben, kannten sie den Herrn Jesus Christus nicht als ihren persönlichen Heiland. Durch ein Ehepaar aus unserer Gemeinde, das in ihrer unmittelbaren Nachbarschaft wohnte, wurden Mike und Sharon endlich wiedergeborene Christen. Wie zu erwarten war, wuchsen sie rasch im Glauben. Bereits als Nichtgläubige hatten sie durch ihren religiösen Hintergrund starke ethische, moralische und geistliche Werte aufgebaut.

Ich weiß noch, wie ich Mike und Sharon anfragte, ob sie als „Ältestenpaar" dienen wollten. Im Vergleich zu den anderen Männern und ihren Frauen, die mit mir gemeinsam dienten, waren sie relativ junge Christen. Aber sie waren rasch gereift, weil das biblische Wertesystem ihr Verhalten schon lange beeinflusst hatte, sowohl in ihrer Ehe und Familie als auch im Berufsleben. Sie hatten zwar geglaubt, sich das Heil durch Werke erarbeiten zu müssen, sobald sie aber verstanden hatten, dass sie durch Gnade und nicht durch Werke errettet waren, bauten sie mit großem Eifer auf jenen Werten auf, die bereits in ihren Einstellungen und Handlungen angelegt waren, nicht mehr, um sich das Heil zu verdienen, sondern um aus Liebe und Dankbarkeit für die Gabe des ewigen Lebens zu dienen. Durch Mike und Sharon kann ich verstehen, nach welchen Menschen Paulus und Barnabas auf ihrer Rückreise in Lystra, Ikonium und Antiochien Ausschau hielten, um Älteste in jeder Gemeinde zu ernennen.

Prinzip 5: *Ein Leiter von außen*
Falls es in einer Gemeinde keine geeigneten Anwärter gibt, die als offizielle geistliche Leiter dienen können, muss ein qualifizierter Leiter von außen entweder vorübergehend oder dauerhaft eingesetzt werden, bis andere in der Gemeinde ausreichend zugerüstet sind, um diese Rolle zu übernehmen.

Manchmal stehen in einer neu gegründeten Gemeinde einfach keine qualifizierten Männer zur Verfügung, um als offizielle geistliche Leiter zu fungieren. In diesem Fall muss ein anderer geeigneter Leiter einspringen, bis Männer für eine Leitungsfunktion bereit sind.

Ein Leiter von aussen in Aktion

Dieses Prinzip geht aus dem Neuen Testament klar hervor. Natürlich dienten die Apostel als primäre Leiter der Gemeinde von Jerusalem, bis sie Älteste ernennen konnten. Barnabas und Saulus (Paulus) dienten in Antiochien in dieser Funktion, bis qualifizierte geistliche Leiter vorhanden waren. Sowohl Timotheus als auch Titus halfen Gemeinden zu festigen, bis sie dauerhafte Leiter hatten.

Im Jahre 1972 gründeten meine Frau und ich unter Mithilfe mehrerer anderer Männer und ihrer Familien die erste Fellowship Bible Church in Dallas. Ganz am Anfang galt ich aber als der einzige „offizielle" Pastor/Älteste. Mindestens sechs Monate diente ich in dieser Funktion, bevor wir andere qualifizierte Männer ernannten, um an meiner Seite zu dienen.

Bei einer unserer letzten Gemeindegründungen in McKinney, Texas, setzten wir einen meiner langjährigen Helfer aus der Fellowship Bible Church North als Gründungspastor und Ältesten ein. In enger Zusammenarbeit mit Bruce nahmen sich unsere Ältesten ein volles Jahr Zeit, um die Grundlage für diese neue Arbeit zu schaffen. Während dieses Jahres rüstete Bruce drei andere Männer und ihre Frauen, alle aus unserer Gemeinde, als mögliche „Ältestenpaare" zu. Wir luden diese Männer sogar ein, als Beobachter an unseren eigenen Sitzungen teilzunehmen. Im Grunde dienten wir als Leiter der Fellowship Bible Church North eine Zeitlang gleichzeitig als Älteste der neu gegründeten Gemeinde. Das änderte sich erst, als wir alle (einschließlich der Kandidaten für die Ältestenschaft) zu dem Schluss kamen, dass sie nun bereit waren, diese Rolle offiziell in ihrer eigenen Gemeinde zu übernehmen. Inzwischen hat diese Gemeinde diesen Prozess weiter nach Norden getragen und eine Gemeindeneugründung in Frisco, Texas, begonnen. Der Hauptleiter der neuen Gemeinde war einer der hauptamtlichen Pastoren der Gemeinde von McKinney.

Es gibt viele Möglichkeiten, um dieses Prinzip in verschiedenen kulturellen Situationen anzuwenden. Auf jeden Fall sollen geistliche Leiter erst ernannt werden, wenn sie qualifiziert sind. Das ist zweifellos eine der größten Herausforderungen, denen sich Missionare und Gemeindegründer in heidnischen Kulturen stellen müssen. Es ist zwar wichtig, diese Gläubigen zu einer bodenständigen *ekklesia* zu verbinden, aber wenn dieses Werk Bestand haben soll, müssen wir die Gemeinde unbedingt qualifizierten Leitern anvertrauen, die unter Umständen Jahre zu ihrer Entwicklung brauchen.

Prinzip 6: *Ein Hauptleiter*
Jede Gruppe von geistlichen Leitern braucht einen Hauptleiter, der sowohl vorangeht als auch dient und der seinen Mitleitern rechenschaftspflichtig ist.

Nach dem gesamten neutestamentlichen Zeugnis entspricht es nicht dem Willen Gottes, dass eine Gruppe von Männern ohne einen Hauptleiter dient. Es ist auch nicht sein Plan, dass eine Gemeinde eine Zweierleitung hat (siehe Kapitel 26).

Warum keine Zweierleitung?

Anfangs mag es zwar scheinbar funktionieren, eine Gemeinde als Zweierteam zu leiten, mit der Zeit kommt es aber normalerweise zu völliger Ineffizienz und potenziellen Konflikten, vor allem wenn die Arbeit wächst und mehrere Mitarbeiter hauptamtlich angestellt sind.

Probleme der Zweierleitung: Eine persönliche Erfahrung
Ehrlich gesagt versuchte ich in den Anfangsjahren meiner Gemeindegründungsarbeit, eine Zweierleitung aufrecht zu erhalten, wenn auch nur für kurze Zeit. Wir waren beide davon überzeugt, dass es funk-

tionieren würde. Letztlich kam es aber nicht nur zu Effizienzproblemen, sondern auch zu Verwirrung bei den anderen Mitgliedern unseres Teams.

Was unsere eigene Rolle betraf, so zögerten mein Kollege und ich bei Entscheidungen, weil wir einander nicht übergehen wollten. Oft nahmen wir auch beide an Besprechungen teil, wo es gar nicht nötig gewesen wäre und im Grunde Zeitverschwendung war. In einigen Fällen war es auch unklar, wer von uns die Besprechung leiten sollte. Was unser gesamtes Leitungsteam betraf, so war es zeitweise nicht eindeutig, wer wem gegenüber verantwortlich war. Weil die haupt- und ehrenamtlichen Mitarbeiter ihre Zweierleitung nicht vor den Kopf stoßen wollten, wussten sie manchmal nicht, bei wem sie Rat und Seelsorge suchen sollten.

Probleme der Zweierleitung: Die Erfahrung eines anderen Pastors
Neulich erhielt ich folgenden Brief von einem jungen Mann, der seit einiger Zeit in einer Zweierleitung dient. Er ist sich zwar der Vorteile dieser Struktur bewusst, weist aber auch auf die Schwachpunkte hin:

> *Seit mehreren Jahren arbeite ich in einem Modell der Zweierleitung, und es gibt mehrere Vorteile, die ich wirklich zu schätzen weiß ... Dazu gehört die „geteilte Last" und der abwechselnde Predigtdienst ... Dennoch muss ich zugeben, dass ich mit der Zeit immer mehr frustriert bin über unser Zweiermodell. Gott hat mich zum Leiter berufen, aber die Zweierstruktur erlaubt mir nicht, meine Begabung voll zum Wirken zu bringen. Selbst wo eine Zweierleitung sehr gut funktioniert, wie es bei uns der Fall ist, weil wir eine ähnliche Einstellung zum Dienst haben, so haben wir doch unterschiedliche Vorstellungen und leicht abweichende Ansichten darüber, wo die Gemeinde strategisch hingehen sollte. Das hält beide Pastoren davon ab, die Gemeinde wirksam nach vorne zu bringen. Es gibt keinen primären, visionären Leiter, und das schadet unserer Gemeinde, so wie ich es sehe. Ich halte das Zweiermodell für ein gesundes Gegengewicht gegenüber einem dominierenden Pastor, der im Grunde nicht im Team mit anderen Ältesten und hauptamtli-*

chen Mitarbeitern arbeitet. Aber nach mehreren Jahren Erfahrung mit dem Zweiermodell habe ich den Eindruck, dass das Pendel zu weit in die andere Richtung ausschlägt, wo Teamwork und Gemeinsamkeit so überbetont werden, dass niemand mehr mutig vorangehen kann. In meiner nächsten Pastorenstelle werde ich Teamarbeit und gemeinsamen Dienst stark betonen, aber der Hauptleiter und Visionär werde ich sein, und damit werde ich hoffentlich die Vorteile aus beiden Modellen verbinden können.

Die Ergebnisse dieses Versuchs der Zweierleitung dürfen uns nicht überraschen. Erstens gibt es kein neutestamentliches Vorbild für dieses Zweiermodell. Zweitens verstößt es gegen die Prinzipien, die wir beim Familien-Modell erkannt haben. Nach dem Willen Gottes soll der Ehemann als primärer dienender Leiter in einer Ehebeziehung vorangehen. Gehen aus einer Ehe Kinder hervor, soll der Vater der primäre dienende Leiter der Familie sein. Selbst in diesen vertrauten und einzigartigen Beziehungen muss eine Person die oberste Autorität der Leitung haben.

Überdies beobachte ich, dass in einigen Fällen der angeblichen „Zweierleitung" gar keine echte Zweierleitung vorliegt. Funktionell und pragmatisch ist einer von beiden der Hauptleiter. Sie geben nur nicht offiziell zu, was in Wirklichkeit offenkundig ist.

Der Hauptleiter als dienender Leiter

Immer ein Diener

Ganz klar erkennen wir aus dem Neuen Testament, dass ein Hauptleiter, der dem Willen Gottes entspricht, immer ein *dienender* Leiter sein muss. Im Leib Christi gibt es keinen Platz für autoritäre, manipulative und selbstherrliche Leiter. Die Ältesten sollen keine Jasager sein, die als „Marionettenkabinett" die diktatorischen Beschlüsse ihres geistlichen Führers abstempeln.

In der Anfangszeit meines Dienstes als Gemeindegründer war mir die Teamarbeit sehr wichtig und zugleich war ich so tief enttäuscht von Gemeinden, die anscheinend ganz auf eine willensstarke Einzelperson zugeschnitten waren, dass ich mich selbst nicht als Hauptleiter betrachtete. Wie bereits in der Einleitung des Buches festgestellt, antwortete ich auf die Frage nach dem Leiter der Gemeinde: „die Ältesten". Das war im Grunde richtig. Wurde ich dann gefragt, wer „die Ältesten" leitet, so gab ich zurück: „Wir leiten die Gemeinde zusammen". Auch das war richtig, aber es war keine ausreichende Antwort auf die Frage.

In Wirklichkeit leitete ich die Ältesten, und gemeinsam leiteten wir die Gemeinde. Leider predigte ich in diesen Anfangsjahren ein Leiterschaftsmodell, das ich nicht wirklich lebte.

Meine derzeitige Rolle

Seit einigen Jahren veranschauliche ich meine Funktion durch eine Grafik mit drei Ebenen (siehe Abbildung 15), die auch in meine Positionsbeschreibung eingebaut wurde.

ABBILDUNG 15:
Leitungsstruktur einer Gemeinde (drei Ebenen)

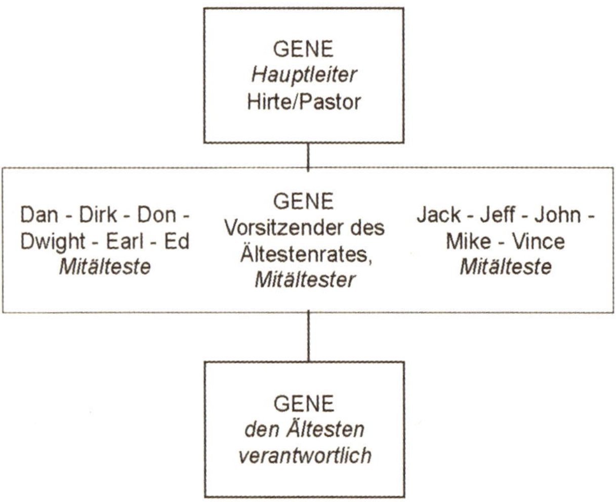

Erstens sind meine Mitältesten meine geistlichen Seelsorger und Ratgeber. Letztlich bin ich ihnen Rechenschaft schuldig. Ich habe sie gebeten, die Letztverantwortung dafür zu übernehmen, dass ich meiner Rolle bestmöglich gerecht werde. Sie haben die Autorität, mich anzuleiten, zu korrigieren und nötigenfalls abzusetzen, falls ich als geistlicher Leiter versage.

Zweitens sehe ich meine Rolle als Ältester/Pastor, als „einer unter Gleichen" im Entscheidungsprozess. Obwohl ich Vorschläge mache und Empfehlungen ausspreche, werden die Entscheidung von der Ältestenschaft *gemeinsam* getroffen. Ich betrachte mich als einen von jenen, die Entscheidungen treffen, auch wenn ich dabei den Vorsitz führe.

Drittens diene ich den Ältesten als Pastor und Leiter. Jeder von ihnen hat das Recht, mich als seinen geistlichen Hirten zu betrachten. In diesem Sinne bin ich ein „Pastor der Pastoren" und ein „Leiter der Leiter". Ich bin auch dafür verantwortlich, zusammen mit den anderen Ältesten sicherzustellen, dass alle haupt- und ehrenamtlichen Leiter den biblischen Qualifikationen entsprechen und ihrer Rolle gerecht werden.

Leiterschaft in der Bewährungsprobe

Es gibt Zeiten, wo ein Hauptleiter besonders gefragt ist, zum Beispiel in Krisen und beim Start wichtiger Projekte. In unserer Gemeinde hatten wir eine Gruppe von Menschen, die sich stark für einen übergemeindlichen Dienst engagierten, bei dem unser Kinder- und Jugendprogramm durch zusätzliche Ausbildungen ergänzt wurde. Für einige Familien war der Hauptgrund, warum sie in unsere Gemeinde kamen, dass ihre Kinder an diesem Programm teilnehmen konnten. Wie vorherzusehen war, kam es dadurch bald zu Uneinigkeiten unter den Familien in der Gemeinde.

Als Älteste bemühten wir uns in vielen Treffen, die Krise zu lösen und diesen übergemeindlichen Dienst in unser Gesamtprogramm einzubetten. Zugleich baten wir mehrere unserer hauptamtlichen Pastoren, an der Behebung der Spannungen zu arbeiten. Schließlich wurde die Frage so kritisch, dass ich als Hauptpastor eingreifen musste, um uns alle durch diesen schwierigen Prozess zu begleiten. Ich musste sehr viel Zeit aufwenden, um allen beteiligten Ältesten und Mitarbeitern zu helfen, diese Krise in Einigkeit aufzuarbeiten. Schließlich wurde das Problem gelöst, indem wir als Team eine gemeinsame Entscheidung trafen, die schließlich die Einheit der Gemeinde wieder herstellte.

Es war zwar schmerzhaft, einige Familien zu verlieren, die unsere Entscheidung nicht akzeptieren konnten, aber diese Krise und andere ähnliche Ereignisse zeigen, warum es manchmal besonders wichtig ist, einen „Hauptleiter" zu haben.

Sie beweist aber auch, wie wertvoll ein starkes Leitungsteam ist. Obwohl ich es war, der unsere Entscheidung öffentlich vortrug, wussten doch alle, dass es nicht meine Entscheidung war, sondern die unseres gesamten Teams. Das verlieh mir natürlich ein hohes Maß an Sicherheit und Gewissheit, obwohl auch emotionaler Schmerz mit unserer Lösung verbunden war.

Ein Zerrbild der Teamleitung

Wie es nicht funktionieren kann

Leider treibt der Gedanke der Teamleitung in manchen Gemeinden seltsame Blüten. Ich weiß von Gemeinden, in denen die Ältesten von einem ehrenamtlichen Leiter angeführt werden, der nicht nur den Ältestenrat, sondern gleich die ganze Gemeinde in der Hand hat. Der Hauptpastor gilt entweder nicht als Ältester oder berichtet an die Ältesten. Das verstößt nicht nur gegen biblische Prinzipien, sondern bringt den primären Diener-Leiter in eine sehr schwierige Position. Er widmet sich zwar vollzeitlich der Gemeinde, kann aber in Wahrheit nicht ohne die volle Unterstützung der Ältesten leiten.

In dieser Situation fand sich neulich ein Pastorenkollege, den wir Bill nennen wollen. Als er sich um die Stelle als Hauptpastor bewarb, fand er heraus, dass er zwar „die Ältesten leiten", aber selbst nicht als Ältester gelten sollte. Daher würde er kein offizielles Stimmrecht im Ältestenrat haben. Im Grunde müsste er sich seine Autorität Schritt für Schritt „verdienen".

Trotz dieser eindeutigen Warnsignale nahm Bill die Stelle an und hoffte, diese Vereinbarung kippen zu können. Leider war eine Abänderung nicht möglich, was schließlich zu schwerwiegenden Problemen führte. Obwohl die Gemeinde im Allgemeinen ihn als den Hauptleiter ansah, nützte der Vorsitzende der Ältesten den Status des Pastors als Nicht-Ältester aus, um ihn zu wichtigen Sitzungen nicht einzuladen. Dort besprachen die Ältesten dann die Beschwerden einiger älterer Gemeindemitglieder, die sich gegen Veränderungen sträubten, die unter der Leitung dieses Pastors umgesetzt werden sollten.

Als Bill bemerkte, was vor sich ging, stellte er die Verantwortlichen zur Rede. Er war selbstverständlich bereit, sich mit den Beschwerden zu befassen, hielt es aber für unfair und unangemessen, „hinter seinem Rücken" Besprechungen einzuberufen, um über diese Anliegen zu reden. Leider überzeugten einige der Ältesten die anderen Männer, diese Vorgangsweise trotzdem beizubehalten.

Der Ausgang der Geschichte ist vorhersagbar. Obwohl Bill verzweifelt versuchte, das Problem offen und in geistlich reifer Weise zu lösen, hatte er mit Widerstand von den Ältesten zu kämpfen und beschloss schließlich, seinen Rücktritt einzureichen. Seinem Empfinden nach hatten diese Männer sein Vertrauen getäuscht, und so war es auch. Er trat in Würde zurück, aber bis heute glauben die meisten Mitglieder der Gemeinde, dass er von den Ältesten schlecht behandelt worden war. Durch diese funktionsuntüchtige Regelung der Teamleitung verlor die Gemeinde mehrere Familien, heute steht sogar ihr Überleben auf dem Spiel. Natürlich war das auch für meinen Pastorenkollegen und seine Familie eine sehr schmerzhafte Erfahrung.

Leider hat der Ältestenrat in diesem Fall ein sehr wichtiges biblisches Prinzip verletzt. Es kann nicht zwei Hauptleiter in einer Gemeinde geben – einen ehrenamtlichen Ältesten und den Hauptpastor.

Ein Umkehrschluss

Um beispielhaft zu illustrieren, wie unlogisch eine derartige Regelung ist, verwende ich manchmal einen hypothetischen „Umkehrschluss“. Nehmen wir an, ich werde als hauptamtlicher Pastor, der zwischen fünfzig und sechzig Wochenstunden im Dienst seiner Gemeinde verbringt, von einer großen Bank eingeladen, den Vorsitz in ihrem Aufsichtsrat zu übernehmen (Gott bewahre!). Nach den Statuten würde der Vorstandsvorsitzende dieser hochkomplexen Organisation an mich und die anderen Aufsichtsräte berichten, die ebenfalls anderswo berufstätig wären. Wir würden ihn leiten, statt dass er uns leitet!

Es wäre natürlich extrem anmaßend, unrealistisch und unverzeihlich arrogant von mir zu glauben, ich könne diese Organisation leiten, in deren tägliches Geschäft ich gar nicht eingebunden bin. Mir würden ganz sicher das Wissen und die Fertigkeiten fehlen, um dieses vielseitige Unternehmen zu betreiben. Außerdem habe ich einen mehr als fordernden Beruf anderswo, der meine Zeit und meine Kraft beansprucht.

Hoffentlich ist klar, was ich sagen will. Es wäre genauso unlogisch, wenn ein Geschäftsmann, der fünfzig Wochenstunden für seinen Beruf aufwendet, zusammen mit anderen Geschäftsleuten (die ebenfalls Vollzeitberufe haben) meine Gemeinde leiten und dem hauptamtlichen Pastor praktisch keine Autorität zugestehen würde, die Ältesten oder die Gemeinde zu leiten. Manche Ältesten bestehen darauf, dass der Pastor die Gemeinde „lehrt“, sie aber „leiten“ sollen.

Das ist eindeutig ein Missverständnis der Teamleitung und anderer biblischer Prinzipien. Ich habe noch nie einen Pastor kennen gelernt, der in einer derartigen Gemeinde arbeitet und nicht total entmutigt ist, und das kann ich gut verstehen! Das ist keine biblische Regelung!

Leider haben sich manche Pastoren selbst in eine solche Position hineinmanövriert. Sie glauben so fest an ihre Rolle als dienende Leiter, dass sie unbewusst ihre Autorität aufgegeben haben. In bewundernswerter Weise haben sie sich selbst den übrigen Ältesten verantwortlich gemacht, haben damit aber ihre Fähigkeit aufgegeben, die Gemeinde zu leiten. Damit ist es fast unmöglich geworden, das Problem richtig zu stellen, ohne sich Vorwürfen von Eigennutz, Machtgier und Statusdünkel auszusetzen.

30. Prinzipien für die Aufgaben von Leitern (Teil 1)

Prinzip 7: *Bezeichnungen*
Was die Bezeichnungen für die geistlichen Leiter in der Ortsgemeinde betrifft, so ist ihre Funktion weit wichtiger als ihr Titel.

Das Neue Testament stellt uns frei, die geistlichen Leiter einer Ortsgemeinde unterschiedlich zu bezeichnen. Sowohl Petrus als auch Paulus nützten diese Freiheit, indem sie die Begriffe „Älteste" *(presbyteroi)* und „Aufseher" *(episkopoi)* austauschbar verwendeten.

Bezeichnungen für Gemeindeleiter wählen

Richtlinien
Es gibt aber einige biblische, historische und kulturelle Richtlinien für die Benennung von Gemeindeleitern. Erstens ist es nicht notwendig, andere Bezeichnungen zu verwenden als im Neuen Testament, sofern damit kein Vorteil für die Erfüllung des Missionsbefehls verbunden ist.

Zweitens hat der „Aufseher" oder „Bischof" (abgeleitet von *episkopos*) in der nachbiblischen Zeit eine andere Bedeutung im Hinblick auf seine Autorität und Position bekommen. Dieser Begriff kann heute durch die Entwicklungen der Kirchengeschichte falsch verstanden werden. Deshalb wird es einer Gemeinde vermutlich leichter fallen, sich auf die ursprünglichen, biblischen Aufgaben der Gemeindeleiter zu beziehen, indem sie die Bezeichnung „Älteste" wählt. So habe ich das zumindest in meinem eigenen Gemeindegründungsdienst erlebt. Das ist ein Grund, warum wir von „Ältesten" statt von „Bischöfen" oder „Aufsehern" sprechen.

Freiheit der Begriffswahl
Trotz dieser Beobachtung müssen wir aber daran festhalten, dass die Freiheit, die sich die Leiter der Urgemeinde im zweiten Jahr-

hundert gestatteten, auf ein biblisches Prinzip zurückgeht. Wie wir sahen, wurde mit Ignatius der Begriff *„episkopos"* (im Deutschen gewöhnlich mit „Bischof" wiedergegeben) als Bezeichnung für den Hauptleiter der „Ältesten" einer Stadtgemeinde gebräuchlich. Diese Freiheit der Benennung entspricht durchaus dem Neuen Testament, nicht aber die *Autorität*, die Ignatius diesen Männern zugestand und die letztlich gegen biblische Prinzipien verstieß (siehe Fußnote 1 von Kapitel 27). Folglich muss eine Gemeinde oder eine Gruppe von Gemeinden, die den Titel „Bischof" verwendet, sorgfältig darauf achten, dessen Aufgaben biblisch zu definieren und zu beurteilen.

Heute nützen viele Gemeinden diese Freiheit, um den Hauptleiter ihrer Ältesten als „Pastor", in größeren Gemeinden auch „Hauptpastor" zu bezeichnen. Andere Gemeinden nennen ihren Hauptleiter weiterhin „Bischof". Ein Bischof ist aber oft ein Leiter, der für eine ganze „Gemeinschaft von Gemeinden" verantwortlich ist. Eine Kirchengemeinschaft nennt diese Person „Superintendent". Auch das bleibt im Rahmen der Freiheit, die uns das Neue Testament bei der Bezeichnung von Leitern zugesteht. Die entscheidende Frage ist nicht, wie sie *genannt werden,* sondern welche *Funktion* sie erfüllen. Ist ihre Stellung biblisch begründbar?

Freiheit der Formen in Brasilien

Mein guter Freund Jim Petersen, der 25 Jahre für die Navigatoren in Brasilien arbeitete, lud mich eines Tages ein, zu den Leitern einiger „Kleingruppen" zu sprechen. Ich sollte biblische Grundbegriffe der Ortsgemeinde erläutern. Weil er für eine nebengemeindliche Organisation arbeitete, hielt er es für einen wichtigen Schritt, diese brasilianischen Gläubigen über Gottes Sicht der Gemeinde zu unterweisen.

Während ich diesen Leitern diente, erklärte mir Jim die Entstehungsgeschichte dieses einzigartigen Jüngerschaftsprogramms. Als Jim und seine Frau ihre Arbeit in Brasilien aufnahmen, hatten sie einen ganz bestimmten Ausschnitt der Bevölkerung ins Auge gefasst, nämlich höherstehende Berufsschichten wie Ärzte, Architekten und Führungskräfte in der Wirtschaft. Weil die brasilianische

Gesellschaft damals stark von der marxistischen Ideologie beeinflusst war, hatten diese Akademiker oft eine sehr negative Einstellung zur „Kirche“, wie sie sie kannten. Das portugiesische Wort für Kirche oder Gemeinde *(igreja)* stellte sich als ernsthaftes Hindernis für die biblische Verkündigung heraus. Zweitens gab es sehr negative Reaktionen auf die portugiesischen Wörter für „Pastor“ *(pastor)* und „Priester“ *(padre)*. Beide erinnerten an eine institutionelle Religion, die sie längst aus ihrem Leben gestrichen hatten.

Um diese Barriere zu überwinden, brachte Jim die biblische Freiheit der Begriffsfindung zur Anwendung. Statt seine Kleingruppen „Gemeinden“ *(igrejas)* zu nennen, bezeichnete er sie als *„turmas“*, ein portugiesisches Wort für zusammenhängende „Gruppen“. Für diese Menschen stand dieser Begriff dem griechischen Grundwort *ekklesia* näher als *igreja*. Das neutestamentliche Wort meint natürlich keine Institution, auch kein Gebäude, sondern die „Menschen“, die zueinander gehören, in diesem Falle mit Gott und miteinander verbunden sind.

Um die negativen Reaktionen auf die Begriffe *pastor* und *padre* zu überwinden, nannte Jim den Leiter einer *turma* den *mestre* („Lehrer“). Diese *mestres* bildeten wiederum ein *equipe local,* ein „lokales Team“ von Leitern.

Diese veränderte Begriffswahl öffnete die Tür für eine wirksame Verkündigung, sowohl bei der Zielgruppe, die sie mit dem Evangelium erreichen wollten, als auch bei den neuen Gläubigen, die in diese *turmas* integriert wurden. Diese Vorgangsweise ist auch ein Beispiel für die Einstellung von Paulus, der schreibt: „Ich bin allen alles geworden, damit ich auf alle Weise einige errette“ (1Kor 9,22). Manchen Gemeinden ist es aber so wichtig, wie sie ihre Leiter nennen, dass sie dafür Uneinigkeit in Kauf nehmen. Sie sind sich offenbar nicht bewusst, dass der Heilige Geist uns die Freiheit gegeben hat, jene Begriffe zu wählen, die in unserem kulturellen Umfeld am besten geeignet sind. Wiederum ist nicht wichtig, wie wir sie *nennen,* sondern welche *Funktion* sie erfüllen.

Prinzip 8: *Eine Gruppe von Vätern*
Geistliche Leiter sollen die Gemeinde verwalten und hüten, wie Väter für ihre Familien und Hirten für ihre Schafe sorgen.

Sollen Älteste für ihre Gemeinden Verwalter und Hirten nach Gottes Willen sein, müssen sie unbedingt verstehen, wie umfassend die Rolle ist, die ihnen zufällt. Indem wir die zwei Bilder untersuchen, die Paulus für den Dienst der Ältesten verwendet, können wir glücklicherweise ziemlich gut erkennen, welche Grundlagen für die „göttliche Arbeitsbeschreibung" von Ältesten gelten.

Zwei Modelle für den Dienst von Leitern

Das Familienmodell
Das „Familienmodell" ist das vertrautere der beiden, weil Familienleben eine allgemein-menschliche Erfahrung ist. Im idealen Plan Gottes ist ein „Vater" letztlich dafür verantwortlich, dieser gesellschaftlichen Einheit Anleitung zu christlichem Verhalten zu geben. Nach diesem Vorbild definiert Paulus die Gesamtaufgabe der Ältesten. Zusammen mit anderen Männern, die ebenfalls als Väter qualifiziert sind, werden die Ältesten *gemeinsam* zu einer „Gruppe von Vätern", die der Familie Gottes vorsteht. Ihre Frauen, die Mütter ihrer Kinder, sollen im Grunde mit ihnen gemeinsam dienen, so wie sie in der Familie als Vater-Mutter-Team arbeiten. (Den wichtigen Platz von unverheirateten Männern und Frauen in diesem Modell behandeln wir in Kapitel 15.)

Das führt zu einer sehr wichtigen Frage. Wenn der Vater „dem eigenen Haus gut vorsteht", für welche Bereiche des Familienlebens ist er dann nicht verantwortlich und rechenschaftspflichtig? Biblisch betrachtet gibt es keine Ausnahmebereiche, auf die sich die Gesamtverantwortung eines Familienvaters nicht erstreckt. Das bedeutet natürlich nicht, dass er die ganze Arbeit machen soll, aber letztlich muss er dafür sorgen, dass alle Mitglieder seiner Familie geliebt, versorgt, ermutigt und im Wort Gottes unterwiesen werden. Er ist auch dafür zuständig, dass jedes Familienmitglied gemäß seinem Alter seine Aufgaben innerhalb der Familie erfüllt.

Das führt uns zu einer anderen wichtigen Frage. Wenn das Familienmodell besagt, dass ein Vater nach Gottes Willen für alles verantwortlich ist, was in seiner Familie geschieht, welche Aufgaben in der Gemeinde sind dann von der Zuständigkeit der Ältesten ausgenommen? In anderen Worten, für welche Bereiche des Gemeindelebens sind diese Männer *nicht* verantwortlich und rechenschaftspflichtig? Die Antwort ist natürlich im Grunde dieselbe wie bei der natürlichen Familie eines Vaters. Es gibt keine Unzuständigkeiten von Ältesten. Nach der Schrift sind sie letztlich vor Gott für alles verantwortlich, was in der Gemeinde getan werden muss.

Wiederum heißt das nicht, dass sie die ganze Arbeit machen müssen. Indem die Gemeinde zahlenmäßig und geistlich wächst, brauchen die Ältesten eine Gruppe von gottgerechten Helfern, von Paulus „Diakone" genannt, Männer und Frauen, die den Ältesten auf jede Weise helfen können, ihrer Gesamtverantwortung gerecht zu werden und der Gemeinde gute Vorsteher und Hirten zu sein.

Das Hirtenmodell

Wir können das „Hirtenmodell" im Grunde genauso auslegen wie das „Familienmodell". Zwar ist diese Art von Leiterschaft vielen von uns kulturell und erfahrungsmäßig unbekannt, die folgende Frage können wir aber trotzdem leicht beantworten: Wenn es um die Obsorge für eine Herde Schafe geht, für welche Bereiche ist der Hirte nicht zuständig? Auf die Ältesten als Gruppe von Hirten angewandt, welche Aufgaben liegen jenseits ihrer Verantwortung?

Wieder liegt die Antwort auf der Hand. Als Hirten müssen die Ältesten letztlich dafür sorgen, dass die Schafe Unterkunft und Nahrung finden, vor Wölfen sicher sind und bei Krankheit und Verletzung gepflegt werden. Und sollte ein ungehorsames oder naives „Lamm" oder „Schaf" in gefährliches Terrain abwandern, sich verirren oder im Dickicht verheddern, so sehen gute Hirten zumindest darauf, dass sich jemand um dieses verlorene Lamm kümmert.

Prinzip 9: *Prioritäten*
Alle geistlichen Leiter sollen darauf achten, ihre Gemeinde gut zu verwalten und zu hüten, indem sie sechs wichtige Aufgaben im Auge behalten: das Wort Gottes lehren, mit gutem Beispiel vorangehen, die Reinheit der Lehre bewahren, die Ungehorsamen in Zucht nehmen, für die materiellen Bedürfnisse der Gemeinde sorgen und für die Kranken beten.

Sechs wesentliche Bereiche

Prinzip 9 weist auf sechs Kernbereiche hin, um die sich die geistlichen Leiter einer Gemeinde kümmern müssen. Von der Unterweisung im Wort Gottes bis zum Gebet für die Kranken sind das die Pflichten, die eine Gemeindeherde braucht, um gut versorgt zu sein.

1. Das Wort Gottes lehren
Sobald Menschen an Jesus Christus gläubig werden und „neu geboren" sind, liegt der Schlüssel zu ihrem geistlichen Wachstum in der Ernährung mit dem Wort Gottes (1Petr 2,2). Älteste sind dafür verantwortlich, nach Kräften dafür zu sorgen, dass das Wort Gottes gelehrt wird. Manche widmen sich besonders dieser wichtigen Aufgabe. In gewissem Grad sollen aber alle diese Leiter lehren. Die wichtigsten „Lehrmomente" sind nämlich im Grunde die persönlichen Begegnungen, bei denen Menschen Rat suchen, wie sie den Willen Gottes Tag für Tag ausleben können. Das ist genau das Zentrale am „Vatersein" (5Mo 6,4-9).

Neulich baten mich ein Geschäftsmann und seine Frau, ihnen zwei Männer zu empfehlen, die eine mögliche Geschäftsgründung beurteilen sollten. Ich schlug zwei unserer Ältesten vor, einen pensionierten Bankdirektor und einen jüngeren Ältesten, der eine eigene Personalberatungsfirma hat. Sie hörten sich die Visionen und Pläne dieses Mannes genau an und rieten ihm dann von der Aktion ab, weil die Unsicherheiten und Risken einfach zu groß waren.

Bei ihren Gesprächen empfahl einer dieser Männer, zusätzlich einen anderen unserer Ältesten um Rat zu fragen, der mit größeren unternehmerischen Operationen zu tun hat. Das taten sie und erhielten den gleichen Rat, was das Ergebnis der ersten Beratungen nur bestärkte.

Obwohl diese Ältesten nicht formell das „Wort Gottes lehrten", nahmen sie eine sehr wichtige „Lehrfunktion" wahr, die im Hinblick auf die praktische Anwendung wahrscheinlich viel wirksamer war als viele Predigten. Außerdem hatten diese Männer mehr Lebensweisheit als viele ausgebildete Pastoren, die kaum oder überhaupt nie im Geschäftsleben gestanden sind. Aus diesem Grund sollen jene von uns, die theologisch ausgebildet sind, nach Ältesten Ausschau halten, die einen Hintergrund in der Geschäftswelt haben und in diesen Bereichen Rat geben können.

2. Mit gutem Beispiel vorangehen

Oft lernen wir mehr vom Leben als vom Lehren anderer. Diese Beobachtung stützt sich auf eine wichtige biblische Wahrheit. Es ist zwar wichtig, Gottes Wort *didaktisch* zu verkündigen, in Wahrheit erhalten unsere Worte aber ihr Gewicht davon, was die Menschen an uns beobachten. Deshalb sind die Eignungsvoraussetzungen für Älteste auch so wichtig. Wenn wir das Wort Gottes wirksam lehren wollen, müssen wir es auch leben. Diese zwei Bereiche dürfen wir niemals trennen.

Im Laufe der Zeit habe ich darin einen der wichtigsten Faktoren erkannt, damit unsere Leute in Jesus Christus wachsen und reif werden. Wie oft höre ich, wie sehr unsere Leute die Ältesten und ihren hingebungsvollen Glauben bewundern. Sie wissen natürlich, dass wir die Voraussetzungen von Paulus ernst nehmen. Sooft wir einen neuen Ältesten einsetzen, erläutern wir der ganzen Gemeinde die biblischen Kriterien und legen dar, wie jeder Älteste und seine Frau sich selbst an diesem biblischen Maßstab gemessen haben. Dadurch machen wir uns als geistliche Leiter der ganzen Gemeinde rechenschaftspflichtig. Unser Leben ist wie ein „offenes Buch". Natürlich wissen sie, dass wir lange nicht vollkommen sind, aber auch dass wir das Verlangen haben, dasselbe sagen zu können wie Paulus in seinem Brief an die Thessalonicher von sich selbst, von Silas und Timotheus sagt: „Ihr seid Zeugen und Gott, wie heilig und gerecht und untadelig wir gegen euch, die Glaubenden, waren“ (1Thes 2,10).

3. Die Reinheit der Lehre bewahren

Es ist ein Unterschied, ob wir nur die Wahrheit *lehren* oder ob wir auch darauf achten, dass niemand in der Gemeinde Irrlehren verbreitet. Wir standen konkret vor dieser Herausforderung, als eine Leiterin in einer Frauengruppe falsche Ansichten über die Wiederkunft Christi zu verbreiten begann. Diese Frau war noch dazu von einem Mann beeinflusst, der behauptete zu wissen, wer der Antichrist sei und wann Christus wiederkommen würde. Sie vertrat diese Lehre mit solcher Überzeugung, dass einige Frauen verwirrt wurden. Einige waren sogar bereit, ihre Häuser zu verkaufen und in eine Gegend zu ziehen, wo sie vor der Trübsalszeit der Offenbarung sicher sein würden.

Als Älteste mussten wir uns einfühlsam, aber deutlich zu dieser Frage äußern. Wir konnten die Angelegenheit an einen unserer Pastoren delegieren, der sich mit diesen Frauen traf, die falsche Endzeitlehre entlarvte und diese Lehrerin aufforderte, zurückzutreten. Das tat sie, aber wie zu erwarten war, verließ sie unsere Gemeinde und war immer noch von ihrer Meinung überzeugt. Der Schaden war minimal, aber hätten wir nicht rechtzeitig eingegriffen, hätten sich Verwirrung und Uneinigkeit ernsthaft breitmachen können. Es war und ist unsere Aufgabe als Älteste, die Reinheit der Lehre zu wahren.

4. Die Ungehorsamen in Zucht nehmen

Vielleicht die schwierigste Aufgabe eines guten Hirten ist es, Zucht zu üben. Es kann aber auch die lohnendste Aufgabe sein. Paulus war tief beunruhigt über Christen, die geistlich nicht wuchsen (Gal 4,19-20). Er jubelte hingegen über jene, die sich von der Wahrheit Gottes leiten ließen.

Diese Art des Hirtendienstes braucht Zeit und Energie, viel mehr als das formelle Lehren. Es ist einfacher, Predigten vorzubereiten und zu halten als sich persönlich mit Sünde und möglicher Ablehnung auseinander zu setzen. Wer aber bereit ist, diesen Dienst auf sich zu nehmen, beweist sein wahres Hirtenherz.

Ich habe hier zwei persönliche Erinnerungen. Einmal beschloss ein sehr bekannter gläubiger Mann aus unserer Gemeinde, seine Frau und seine Kinder zu verlassen, um mit einer verheirateten Frau zusammen zu sein. Ich kannte diesen Mann gut und war schockiert. So ging ich mit einem meiner Ältesten zu seinem Arbeitsplatz, stürmte direkt in sein Büro und erklärte ihm, dass wir ihm helfen wollten, seine Entscheidung zu überdenken. Er schäumte vor Wut und schickte uns hinaus. Wir aber weigerten uns zu gehen, sofern er uns nicht mit Gewalt hinauswarf. Verstehen Sie bitte, uns beide verband eine tiefe Freundschaft mit diesem Mann.

Als er endlich einsah, dass wir uns nicht abwimmeln ließen, erklärte er sich bereit, in einem anderen Raum mit uns zu reden. Einmal bei diesem Gespräch legte mein Mitältester, selbst ein Geschäftsmann, seinem Freund die Hand auf den Arm, wobei ihm die Tränen das Gesicht hinunterliefen, und flehte ihn an, seine Entscheidung rückgängig zu machen. Nach zwei Stunden war er endlich bereit, einen gläubigen Seelsorger aufzusuchen, den wir ihm empfahlen. Sowohl mein Mitältester als auch ich waren einverstanden, bei der ersten Sitzung dabei zu sein. An dieser Stelle verpflichtete er sich, mindestens sechs Seelsorgesitzungen zu machen. Später gab er zu, dass er dieses Versprechen nur gemacht hatte, um uns loszuwerden.

Ich werde nie vergessen, wie dieser Mann eines Tages von hinten den Gemeindesaal betrat. Einige Monate waren vergangen. Nach dem Gottesdienst kam er mit Tränen in den Augen zu mir. Er umarmte mich und sagte: „Gott sei Dank, dass ihr mich nicht aufgegeben habt.“ Seine Beziehung zu seiner Frau war wieder hergestellt, und Gott gab ihm noch zehn wunderschöne gemeinsame Jahre mit ihr, bis sie an Krebs starb. Während dieses ganzen Prozesses der Wiederherstellung sagte er einmal: „Gene, ich bin dir für den Rest meines Lebens Dank schuldig.“ Solche Aussagen lassen einen wahren „Hirten“ alle Zeit, alle Anstrengung und sogar die ursprüngliche Ablehnung vergessen.

Das ist natürlich eine großartige Geschichte. Wir sind heute noch immer gute Freunde. Wären doch alle derartigen Begegnungen so gut ausgegangen. Ich erinnere mich aber auch an einen anderen Ältesten, mit dem zusammen ich ähnliche Bemühungen bei einem anderen Mann unternahm, der seine Familie verlassen hatte. Obwohl wir ihn anflehten, seine Entscheidung zu überdenken, kamen wir einfach nicht an ihn heran. Er lehnte alle unsere Bitten ab und weigerte sich, Rat und Hilfe anzunehmen. Tag für Tag saß er in seinem Mobilheim und spielte das weltliche Lied: „I've Got to Be Me." Er war fest entschlossen, nach seinen eigenen Vorstellungen zu leben.

Schließlich ließ er sich von seiner Frau scheiden und lebte ganz außerhalb des Willens Gottes. Es gibt natürlich keine Verheißung, dass unsere Versuche, verirrte Schafe zurück zu gewinnen, immer erfolgreich sein werden. Hoffentlich wird dieser Mann aber niemals unsere Liebe und Fürsorge vergessen und eines Tages seine Sünde bekennen. Soweit wir wissen, ist das bisher leider noch nicht geschehen.

5. Für die materiellen Bedürfnisse der Gemeinde sorgen

Manche Gemeinden glauben, die Aufsicht über die Finanzen und andere materiellen Bedürfnisse sei nicht die Aufgabe der Ältesten, sondern einer anderen Gruppe von Gemeindeleitern. Sie trennen zwischen einem „geistlichen" Hirtendienst und der „nicht-geistlichen" Finanzverwaltung. Das „Familienmodell" gestattet aber eine derartige Aufteilung nicht. Ein „Vater" ist letztlich auch für das materielle Wohl seiner Familie verantwortlich, denn auch das ist eine sehr wichtige geistliche Dimension seines Auftrags.

Auf keinen Fall sollen sich geistliche Leiter durch Einzelheiten und Aufgaben festnageln lassen, die sie von wichtigeren Dingen abhalten. Genau deshalb ist es so wichtig, Aufgaben an qualifizierte Helfer zu delegieren. Schließlich und endlich aber sind die Ältesten rechenschaftspflichtig, was das finanzielle und materielle Wohl der Gemeindefamilie betrifft.

Unsere eigene Gemeinde ist groß genug, um den ganzen Budgetprozess unserem Verwalter zu überlassen, der auch ein hauptamtlicher Pastor ist und der gemeinsam mit den anderen hauptamtlichen Mitarbeitern einen Budgetentwurf erstellt. In weiterer Folge haben die Ältesten zwei aus ihrem Kreis gebeten, die hauptamtlichen Mitarbeiter in diesem Prozess zu begleiten und anzuleiten. Weitere zwei Älteste sind beauftragt, gemeinsam mit dem Hauptpastor (also mit mir) und dem Verwalter die Gehälter zu überprüfen und die neuen Gehaltsansätze in den Budgetentwurf einzuarbeiten. Ist der Budgetentwurf fertig, sind es die vier ehrenamtlichen Ältesten, die den Antrag auf Genehmigung des Budgets im Ältestenrat einbringen.

Es gibt natürlich eine Menge Möglichkeiten, um den Budgetprozess effizient und gründlich zu bewältigen. Letztlich aber sind es immer die Ältesten, die für das finanzielle Wohl der Gemeinde verantwortlich sind.

6. Für die Kranken beten

Obwohl zuletzt erwähnt, taucht das Gebet für die Kranken im biblischen Bericht von der Gemeinde sehr früh auf. Jakobus, der Hauptleiter der Jerusalemer Gemeinde, schrieb ohne Zweifel den frühesten neutestamentlichen Brief, in dem er die kranken Gläubigen ermutigt: „Er rufe die Ältesten der Gemeinde zu sich, und sie mögen über ihm beten" (Jak 5,14). Für Jakobus war das eine wichtige Aufgabe der Ältesten (siehe 5,13-16).

In unserer eigenen Gemeinde versuchen wir, diese Priorität ernst zu nehmen. Wir haben eine Gruppe von extra ausgebildeten Leitern, Stephanusdiener genannt, die nach jedem Gottesdienst für Gebet zur Verfügung stehen. Als Älteste betonen wir aber, dass wir bereit sind, uns mit jedem zu treffen, der Gebet um Heilung wünscht, was auch immer es für eine Krankheit sein mag. Oft treffen wir uns zwischen und nach Gottesdiensten ganz persönlich mit Menschen. Im Bedarfsfall besuchen wir sie aber auch im Krankenhaus oder zu Hause.

Dieses Studium, das wir gemeinsam durchgeführt haben, hat uns nur noch stärker motiviert, für die Menschen verfügbar zu sein. Gott hat unsere Bemühungen mit ungewöhnlichen Gebetserhörungen gesegnet, indem er die Menschen, für die wir gebetet haben, mit besonderer Gnade überschüttet hat. (Ein ausführliches Studium über die Ermahnung von Jakobus an die Ältesten, für das Gebet für die

Kranken verfügbar zu sein, finden Sie in Anhang B. Der Anhang endet mit einem Beispiel aus unserer Zeit.)

31. Prinzipien für die Aufgaben von Leitern (Teil 2)

Prinzip 10: *Rechenschaft voreinander*
Geistliche Leiter in der Gemeinde sollen einander für ihr geistliches Leben und für ihren Dienst zur Rechenschaft ziehen.

„Habt Acht auf euch selbst", fordert Paulus die Ältesten von Ephesus auf (Apg 20,28), und das erlaubt nur eine Auslegung: wechselseitige Rechenschaftspflicht. Ein System der Rechenschaft einzuführen und aufrecht zu erhalten, ist aber wahrscheinlich eine der größten Herausforderungen für christliche Leiter. Es widerspricht dem natürlichen Denken der meisten Menschen! Es macht uns verwundbar, deshalb fühlen wir uns bedroht. Von Natur aus laden wir andere Menschen nicht in unser Leben ein.

Rechenschaft einführen

Wie können wir dieses Prinzip in einer Gruppe von geistlichen Leitern anwenden? Erstens bin ich überzeugt, dass der Hauptleiter den ersten Schritt machen und mit gutem Beispiel vorangehen muss. Wenn ich als Hauptpastor nicht die Initiative ergreife und mich für meine Einstellungen und Handlungen zur Verantwortung ziehen lasse, wird es für meine Mitältesten und Pastorenkollegen sehr schwer sein, so ein System in Gang zu bringen. Je wichtiger es uns ist, geistlich zu wachsen und die Frucht des Heiligen Geistes zu erleben, desto leichter wird es uns natürlich fallen, uns zur Verantwortung ziehen zu lassen. Hüten wir aber geheime „Lieblingssünden", für die wir uns schämen, werden wir genügend Ausreden finden.

Zwei Ebenen der Rechenschaft
Unter geistlichen Leitern einer Ortsgemeinde gibt es offenbar zwei Ebenen der Rechenschaftspflicht. Sooft die Ältesten zusammenkommen, soll es eine Zeit des Austauschs über persönliche Nöte und

Anliegen geben. Wie tief dieser Austausch geht, ist im Grunde ein Hinweis darauf, wie reif diese Männer in Wahrheit sind.

Auf einer zweiten Ebene muss jeder Leiter eine verbindliche Beziehung zu einem oder zwei anderen Männern haben, wo noch mehr Offenheit und Verwundbarkeit im Hinblick auf heikle und persönliche Bereiche besteht. Das erfordert vollständiges Vertrauen, aber auch die Bereitschaft, sich biblisch ermahnen zu lassen.

Fragen für eine Beziehung auf Ebene zwei
Diese verbindliche Beziehung dient zugleich als dynamisches Vorbild für alle Männer in der Gemeinde. In meinem Buch „Der Mann aus biblischer Sicht" schlage ich mehrere Fragen vor, die zumindest als Startpunkt für diesen Austausch mit einer Vertrauensperson dienen können. Das sind die Fragen:

1. Wie oft bist du diese Woche Gott begegnet?
2. Was hat Gott dir diese Woche durch sein Wort gesagt?
3. Welche Sünden hast du diese Woche in deinem privaten oder beruflichen Leben begangen, die du bekennen solltest?
4. Spendest du regelmäßig und angemessen für das Werk des Herrn? Wie viel Prozent hast du im letzten Monat gespendet?
5. Welche Filme hast du diese Woche gesehen? Hast du ein gutes Gefühl dabei, solche Filme zu sehen? Was hast du im Internet angeschaut? Könntest du den Mitchristen in deiner Gemeinde ohne Probleme erzählen, was du gesehen hast?
6. Wie hast du diese Woche an deiner Ehe und an deiner Familie gearbeitet? Welchen positiven Einfluss hast du ausgeübt? Welchen negativen? Was könntest du tun, um in diesem Bereich stärker zu werden?
7. Hast du diese Woche für mich/uns gebetet?
8. Welche Herausforderungen oder Kämpfe beschäftigen dich innerlich?
9. Welche Menschen hast du diese Woche für Christus beeinflusst?
10. Hast du mich gerade angelogen?

Diese letzte Frage zieht immer ein Lachen nach sich. Aber sie ist wichtig. Selbst wenn ich fest entschlossen bin, einem Freund Rechenschaft zu geben, und selbst wenn ich eine Liste von Fragen vor mir habe, gibt es keine Garantie dafür, dass ich wirklich offen bin. Zu guter Letzt funktioniert jedes System der Rechenschaft nur in dem Maße, wie wir aufrichtig sind.

Ich denke da an einen früheren hauptamtlichen Pastor unserer Gemeinde, dem ich stillschweigend vertraute. Als Team hatte jeder von uns einen Rechenschaftspartner, er traf sich mit einem anderen Pastor. Leider hatte dieser Mann insgeheim über mehrere Monate hinweg ein Verhältnis mit einer Frau in der Gemeinde. Trotzdem traf er sich regelmäßig mit seinem Rechenschaftspartner. Erst im Nachhinein gelang es uns herauszufinden, wie er diesen Fragen auswich. „Wir sind doch erwachsene Leute", sagte er einmal zu seinem Mitpastor, „wir brauchen doch diese Fragen nicht. Reden wir einfach miteinander!" Das hätte ein erster Hinweis sein sollen, dass etwas nicht stimmte, später bekannte der andere Pastor aber, dass er dieses Warnsignal einfach übersehen hatte.

Letztlich kann jede Methode der Rechenschaft versagen. Das bedeutet aber nicht, dass wir als geistliche Leiter die Ermahnung des Apostels Paulus an die Ältesten von Ephesus einfach ignorieren können: „Habt Acht auf euch selbst" (Apg 20,28).

Prinzip 11: *Rechenschaft nach außen*
Nach dem Vorbild der neutestamentlichen Gemeinde soll jede Gruppe von Gemeindeleitern ein System der Rechenschaft haben, das über die lokale Gemeinde hinausgeht, vor allem im Hinblick auf den Hauptleiter.

Das Prinzip der Rechenschaft nach außen ist nicht einfach anzuwenden, besonders in unabhängigen Gemeinden, die keinem Bund angeschlossen sind. In Bünden besteht aber oft ein bürokratisches System, das zu einer toten Institution geworden ist.

Im Rückblick auf meine Erfahrungen bei der Gründung unabhängiger Gemeinden muss ich sagen, *falls* ich noch einmal von vorne beginnen könnte, würde ich ein System der Rechenschaft unter unseren Gemeinden einführen, zumindest innerhalb unserer Kernregion um Dallas. Damals wollte ich diese Verantwortung nicht auf mich laden. Ich wollte mich dem Dienst als Pastor einer Ortsgemeinde widmen und mithelfen, neue Gemeinden zu gründen. Heute glaube ich aber, es wäre besser gewesen, einen anderen qualifizierten Leiter mit dem Überschauer-Dienst zu betrauen. Sooft eine neue Gemeinde entstand, hätten wir wechselseitiges Einvernehmen herstellen sollen, dass der Hauptleiter der neuen Gemeinde mit diesem Mann ein Maß an Rechenschaft wahren wird. Zwar soll ein Gemeindepastor vorrangig seinen Ältesten verantwortlich sein, während er zugleich ihr Leiter ist, es ist aber weise, außerhalb der Gemeinde eine oder mehrere Personen zu haben, denen er ebenfalls Rechenschaft schuldig ist. Zum Mindesten sollte er sich von ihnen raten lassen, wie er mit möglichen Spannungen zwischen ihm und seinen Ältesten umgehen soll. Wird diese Vorgangsweise von Anfang an zwischen allen Beteiligten vereinbart, sind künftige Probleme im Bedarfsfall leichter zu lösen.

Wirksame Regeln für Rechenschaft

Ich weiß noch, wie eines Tages der Pastor einer großen und einflussreichen denominationsgebundenen Gemeinde angeklagt wurde, einen Mordversuch gegen seine Frau begangen zu haben. Leider blieb sie nach diesem Angriff behindert und unansprechbar. Abgesehen davon, dass zahlreiche Indizien für die Schuld des Mannes sprachen, wurde das Problem in der Gemeinde rasch gelöst. Die ganze Angelegenheit stimmte mich zwar zutiefst traurig, andererseits war ich aber ermutigt, wie mit dieser Tragödie umgegangen wurde. Weil es in diesem Gemeindebund klare Regelungen gab, trat der Pastor sofort zurück, obwohl er seine Unschuld beteuerte. In der Zwischenzeit übernahm der „Bischof" vorübergehend die pastorale Verantwortung für die Gemeinde.

Für die Gemeinde war das zwar eine sehr schmerzliche Erfahrung, sie blieb aber praktisch ohne Unterbrechung funktionsfähig. Wäre sie eine typische unabhängige Gemeinde gewesen, hätte es vermutlich eine Gemeindespaltung gegeben, allein schon weil der

Angeklagte an seiner Schuldlosigkeit festhielt. In solchen Situationen neigen Pastoren dazu, auf ihrer Unschuld zu bestehen, auch wenn sich später herausstellen sollte, dass sie ihre Sünde nur vertuscht hatten. Die Folgen sind unabsehbar. Oft kommt es zu Spaltungen, und das Zeugnis unter den Nichtgläubigen in der Nachbarschaft ist dauerhaft beschädigt.

Pastorale Unfähigkeit

Lassen Sie mich über eine weitere persönliche Erfahrung berichten, um die Notwendigkeit von Rechenschaft über die Ältesten der Gemeinde hinaus zu beleuchten. In einer unserer Tochtergemeinden wurde ein Hauptpastor ernannt, der sowohl bei der Mitarbeiterführung als auch bei Predigtvorbereitung und Lehre versagte. Er steckte voll Begeisterung, brachte in diesen Bereichen aber nichts zustande. Rückblickend wissen wir, dass er dieser wichtigen Verantwortung damals einfach nicht gewachsen war.

Einige ältere und erfahrenere Älteste seiner Gemeinde legten ihm nahe, zurückzutreten. Die jüngeren Ältesten aber, die ungefähr in seinem Alter waren, unterstützten ihn in der Erwartung, er würde in seine Aufgabe hineinwachsen. Daraufhin nahmen einige der älteren Männer, die zuvor schon Leiter in der Heimatgemeinde gewesen waren, mit mir Kontakt auf. Sie baten mich, mit diesem jungen Mann in Verbindung zu treten und ihm nahe zu legen, dass er besser zurücktreten sollte. Ehrlich gesagt war ich ganz ihrer Meinung, was die Fähigkeiten des Mannes betraf. Ich redete dem Pastor gut zu, er solle zum Wohl seiner Gemeinde seinen Posten räumen. Leider hatten wir im Vorhinein keine Vereinbarungen im Hinblick auf Rechenschaft getroffen. Als er seinem eigenen Leitungsteam meine Vorschläge unterbreitete, reagierten jene Ältesten, die auf seiner Seite standen, verständlicherweise entrüstet über meine Vorgangsweise. Zwar hatte ich bei der Gründung der Gemeinde mitgeholfen, jetzt hatten sie aber den Eindruck, ich wollte mich einmischen. Einerseits war ich der Hauptpastor der Gemeinde, aus der diese Arbeit hervorgegangen war, andererseits waren sie jetzt selbständig, und ich hatte jede Befugnis aus der Hand gegeben, ihrem Pastor den Rücktritt nahe zu legen. Sie waren im Recht!

Am Ende trat dieser junge Pastor doch zurück, aber erst nachdem einige der älteren und erfahreneren Männer stillschweigend in die Heimatgemeinde zurückgekehrt waren. Endlich waren auch die jüngeren Männer der Meinung, der Pastor sollte besser zurücktreten. Hätten wir von Anfang an ein System der Rechenschaft über die Ältesten der Gemeinde hinaus eingerichtet, wäre es uns möglich gewesen, die Lage viel rascher in den Griff zu bekommen.

Da ist noch etwas, was mir persönlich eine Lehre geworden ist. Als dieser Mann endlich zurücktrat, stand die Gemeinde kurz vor dem Zusammenbruch. Die Ältesten luden dann einen älteren, reifen Pastor ein, auf Teilzeitbasis einzuspringen, nur um zu lehren und die Ältesten zu beraten. Innerhalb weniger Wochen richtete sich das „Schiff", das „Schlagseite" bekommen hatte, wieder auf. Davon habe ich gelernt, dass der Hauptpastor einer neu gegründeten Gemeinde genug Erfahrung haben muss, um dieses Werk zu leiten. Die meisten Neugründungen sind zwar gut gelaufen, ich kann aber die Gründe für den Erfolg oder Misserfolg jeder einzelnen Gemeinde genau nennen. Der „Hauptleiter" macht in Wahrheit den Unterschied.

Eine moralische Frage

In einer anderen Tochtergemeinde beobachtete ich ein ähnliches Muster. Diesmal war es allerdings ein moralisches Problem. Der Pastor verbrachte Stunden hinter verschlossenen Türen mit seiner Sekretärin. Als ihn die Ältesten wegen dieses ungehörigen Verhaltens zur Rede stellten, leugnete er jedes Unrecht. Er hielt an seinem Verhalten fest und spaltete damit die Ältestenschaft und schließlich die Gemeinde. Wie vorherzusehen war, hatte er gelogen. Schließlich kam die Wahrheit ans Licht, aber erst nachdem die Gemeinde schweren Schaden erlitten hatte.

Wieder traten die erfahreneren Ältesten an mich heran und baten mich, ihnen zu helfen. Ich war in einer schwierigen Lage. Ich hatte keine Befugnis, ihrer Bitte nachzukommen, obwohl wir selbst diese neue Gemeinde gegründet hatten. Durch die vorhergehende Erfahrung klüger geworden, beschloss ich, mich nicht einzumischen, um jene nicht zu verärgern, die auf der Seite des Pastors standen. Hätten wir wiederum im Vorhinein Vereinbarungen getroffen, hätte ich gemeinsam mit unseren Ältesten Maßnahmen ergreifen und wenigstens die lange Zeit der Schmerzen verkürzen können. Als endlich die Wahrheit ans Licht kam, trat der Pastor natürlich zurück, bis dahin hatte er aber sehr viele Menschen verletzt.

Die Kraft rechtzeitiger Abmachungen

Es gibt keine hieb- und stichfeste Methode, um solche Probleme zu lösen. Diese Erfahrungen aus dem wirklichen Leben weisen aber auf die Not von Gemeindestrukturen hin, in denen die Ältesten niemandem außer sich selbst Rechenschaft schuldig sind. In solchen Situationen sind Spaltungen und Uneinigkeit fast unvermeidlich, außer alle Beteiligten stimmen zu, Hilfe von außen anzunehmen. Bis dahin kann der Riss aber so tief sein, dass die eine oder andere Seite sich nichts mehr sagen lässt.

Es ist von entscheidender Bedeutung, vorausschauende Abmachungen zu treffen. Selbst dann ist es noch schwierig, aber wenigstens nicht unmöglich. Aus eben diesem Grund konnten Paulus und seine Bevollmächtigten in Gemeinden kommen und Probleme mit unreifen Leitern lösen. Sie hatten apostolische Autorität. Heute haben wir diese Autorität an sich nicht, aber es gibt ein „Prinzip der Autorität“, das in Kraft gesetzt und von allen Betroffenen anerkannt werden sollte.

Folgerungen

Eine neue Gemeindegründung
Als wir daran gingen, unsere jüngste Tochtergemeinde zu gründen, ergriff der Pastor, den wir mit dem Projekt betraut hatten, zusammen mit unseren Ältesten die Initiative, eine Vereinbarung aufzusetzen und zu unterzeichnen, in der wir alle uns verpflichten, als Schiedsrichter zur Verfügung zu stehen, falls der neue Ältestenrat sich je mit dem Hauptleiter überwerfen sollte. Im Grunde sagten

der Pastor und die Ältesten alle zu, unsere Empfehlungen zu Versöhnung und Streitbeilegung anzunehmen. Diesem Pastor muss zugute gehalten werden, dass er sich die zuvor berichteten Vorfälle zu Herzen genommen hatte und Maßnahmen traf, damit so etwas in seiner Gemeinde nicht passieren konnte.

Hoffentlich werden wir nie zu einem solchen Treffen gehen müssen. Aber in mindestens zwei unserer Tochtergemeinden wäre eine solche Vereinbarung eine große Hilfe gewesen, um die anstehenden Probleme zu lösen. Das ist eine sehr wichtige Lektion, die wir durch bittere Erfahrung gelernt haben. Wir müssen „Formen" entwickeln, damit die Leiter arbeiten können, ohne bürokratisch und autoritär zu sein, ohne sich in die Angelegenheiten einer Ortsgemeinde einmischen zu müssen. Jede Gemeinde soll die biblischen Prinzipien in allen Aspekten ihres Dienstes frei anwenden können und doch rechenschaftspflichtig sein.

Eine persönliche Anwendung

Während dieses Studiums bemerkte ich, dass ich diese erweiterte Rechenschaftspflicht für mich selbst als Hauptpastor niemals eingerichtet hatte. Folglich trat ich mit der Zustimmung meiner Ältesten an drei andere Hauptpastoren in unserer Stadt heran und übergab ihnen eine unterschriebene Vollmacht, im Bedarfsfall jederzeit als Schiedsrichter zwischen mir und meinen Mitältesten zu fungieren. Wiederum hoffe ich natürlich, dass dieser Fall nie eintreten wird.

32. Prinzipien für die Aufgaben von Leitern (Teil 3)

Prinzip 12: *Qualifizierte Helfer*
Um ihre Prioritäten wahren zu können, sollten geistliche Leiter qualifizierte Helfer einsetzen, damit den Bedürfnissen aller Gläubigen in der Gemeinde begegnet werden kann.

Das in den Dienst nehmen qualifizierter Helfer ist in der Apostelgeschichte und in den Briefen klar erkennbar, besonders im ersten Pastoralbrief des Apostels Paulus. An die Eignungsvoraussetzungen für Älteste schließt er eine ähnliche Liste für Diakone an, für Männer und Frauen also, die als Helfer dienen (1Tim 3,8-13).

Heute brauchen wir diese Männer und Frauen, um die Ältesten in allen Aspekten ihres Dienstes zu unterstützen. In einigen Gemeinden beschränkt sich die Rolle der Diakone auf die materiellen Bedürfnisse der Gemeinde. Freilich können viele finanzielle und organisatorische Aspekte des Dienstes an Diakone delegiert werden, wie wir aber an den Beispielen im Neuen Testament erkennen, sollen die Diakone ihre Ältesten in allen Aspekten ihres Leitungs- und Hirtendienstes unterstützen: Lehre, Vorbild, Gebet usw.

Dauerhafte und vorübergehende Ämter

Die Rolle des „Helfers" kann je nach kulturellen Bedürfnissen dauerhaft oder vorübergehend sein. In unserer eigenen Gemeinde haben wir beispielsweise hunderte von Menschen, die den Ältesten auf Dauer dienen. Einige dieser Menschen sind voll- oder teilzeitlich angestellt, andere arbeiten ehrenamtlich mit. Wir betrachten die folgenden Leiter alle als Helfer unserer Ältesten:

- alle hauptamtlichen Pastoren, die nicht offiziell Älteste sind
- alle voll- und teilzeitlichen Mitarbeiter, die nicht als „Pasto-

ren" eingestuft sind, darunter Büroangestellte und Sekretärinnen
- die Stephanusdiener
- die Kleingruppenleiter (die wir auch „Pastoren" nennen)
- die Kinder- und Jugendmitarbeiter
- die Hausverwalter

Zusätzlich zu diesen auf Dauer angelegten Stellen beauftragen unsere Ältesten manchmal Mitarbeiter mit befristeten Aufgaben. In einer tiefen Wirtschaftskrise ernannten wir einmal eine so genannte „Apostelgeschichte 6-Gruppe". Zufällig saßen in diesem Ausschuss „sieben Männer", obwohl wir es nicht darauf abgezielt hatten. Das war am Beginn der Wirtschaftskrise in den Achtzigerjahren, die unsere Spendeneingänge natürlich stark in Mitleidenschaft zog. Diese Gruppe hatte die Aufgabe, nicht nur die Vorgänge im damaligen Wirtschaftsklima zu beobachten, sondern auch deren Auswirkungen auf unsere Gemeinde zu verfolgen und Maßnahmen zu überlegen, um die Probleme zu lösen.

Eine der Empfehlungen dieser Gruppe an die Ältesten bestand darin, dass ich als Hauptpastor eine Predigtreihe über das Spenden halten sollte. Die Ältesten hielten das für eine großartige Idee. Ich begegnete ihr aber mit einer Gegenbitte: Die „Apostelgeschichte 6-Gruppe" und die Ältesten sollten mit mir gemeinsam die Bibel durchforschen, wie wir als Christen mit unserem materiellen Besitz umgehen sollen. So sollten sie mir helfen, die Grundlagen für die Vorbereitung der Predigtserie zu schaffen. Sie waren einverstanden!

Dem Hauptleiter bei der Vorbereitung helfen

Damals ahnten wir nicht, welch ungeheure Aufgabe auf uns zukam. Ein halbes Jahr lang trafen wir uns jeden Mittwochabend zum Studium. Am Ende hatten wir 126 kulturübergreifende Prinzipien entdeckt, wie Christen mit ihrem Besitz umgehen sollen. Dann hielt ich meine Predigtserie. Die Beteiligung dieser Männer an der Vorbereitung und wie sie sich die biblischen Prinzipien angeeignet hatten, gab mir während dieser Predigtserie immensen Auftrieb! Am Ende der Geschichte mussten wir keine Leute entlassen wie einige andere Gemeinden in und um Dallas, sondern wir stellten neue Mitarbeiter ein, um den Bedürfnissen der wachsenden Gemeinde besser begegnen zu können. Gott segnete dieses „Gemeinschaftsprojekt".

Nach vollbrachter Aufgabe wurde die „Apostelgeschichte 6-Gruppe" nicht mehr benötigt. Diese Männer hatten eindeutig in einer *vorübergehenden* Aufgabe als „Diakone" gewirkt, was für uns vollkommen in Einklang mit einem sehr wichtigen Prinzip steht. Diakone sollen nach dem Neuen Testament die Ältesten auf jede nur mögliche Weise unterstützen, ihrem Leitungs- und Hirtendienst gerecht zu werden.

Prinzip 13: *Finanzielle Unterstützung*
Geistliche Leiter sollen darauf achten, dass Menschen, die beträchtliche Zeit für den Dienst aufwenden, vor allem für die Unterweisung im Wort Gottes, finanziell versorgt werden.

Dieses Prinzip findet Rückhalt in der ganzen Schrift. Wie es umgesetzt wird, ist von einem Kulturkreis zum anderen verschieden. Jene geistlichen Leiter aber, die sich darum mühen, das Wort Gottes zu verbreiten, verdienen einen gerechten Lohn. Denken wir dabei an die Anweisung des Apostels Paulus über Älteste, die der Gemeinde vorstehen: „Lass [sie] doppelter Ehre würdig geachtet werden, besonders die in Wort und Lehre arbeiten" (1Tim 5,17).

Gehälter festlegen

Im vorhergehenden Abschnitt berichtete ich über eine besondere Arbeitsgruppe, die unsere Ältesten und mich darin unterstützten, indem sie die gesamte Schrift danach untersuchten, wie wir mit unserem materiellen Besitz umgehen sollen. Ein weiteres Ergebnis dieser Untersuchung kam für uns völlig unerwartet. Obwohl wir uns in einer finanziellen Notlage befanden, schlugen diese Männer vor, die Gehaltsstrukturen unserer Mitarbeiter sorgfältig zu durchleuchten. Durch allgemeine Beobachtung und Gespräche waren sie zu dem Schluss gekommen, dass wir unsere Mitarbeiter zu schlecht bezahlten.

Angesichts einer Wirtschaftsflaute war diese Empfehlung doch recht ungewöhnlich. Die Ältesten nahmen den Vorschlag an und baten wiederum die Apostelgeschichte 6-Gruppe um Mithilfe. Wir legten dieser Arbeitsgruppe ausführliche Aufgabenbeschreibungen aller Mitarbeiter vor, dazu Informationen wie Bildungsabschluss, Vordienstzeiten und so weiter. Wir sagten ihnen aber nicht, wie hoch die Gehälter gegenwärtig waren. Wir baten sie nur um Empfehlungen, einerseits auf der Grundlage der allgemeinen finanziellen Bedürfnisse in unserer Kultur und andererseits auf der Basis der Aufgabenbeschreibungen und Qualifikationen.

Schließlich empfahlen diese Männer erhebliche Gehaltserhöhungen für die meisten Mitarbeiter, ohne unsere tatsächlichen Gehaltsstrukturen überhaupt zu kennen. In diesem Sinne war das ein sehr objektiver Prozess, noch dazu ungewöhnlich in einer wirtschaftlich schwierigen Zeit. Aber Gott segnete den Entschluss der Ältesten, das Prinzip anzuwenden. Tatsächlich erhöhten wir mitten in der wirtschaftlichen Not die Gehälter unserer Angestellten, und wir erreichten unser Budget. Natürlich teilten wir der Gemeinde mit, was wir taten und warum. Sie reagierten offenbar im Gehorsam gegenüber dem Wort Gottes.

Interessenskonflikte vermeiden

Als Gläubige haben wir also eine biblische Verantwortung, gut für unsere Mitarbeiter zu sorgen. Andererseits besteht auch eine Gefahr für jene von uns, die Pastoren großer und bekannter Gemeinden sind. In unserer westlichen Kultur ist es möglich, im christlichen Dienst sehr erfolgreich zu sein und davon auch finanziell zu profitieren. In diesem Bereich brauchen wir einen guten Plan, um einen Interessenskonflikt zu vermeiden.

Ich weiß noch genau, wie ich vor einigen Jahren vor genau dieser Herausforderung stand. Ich hatte so viele Einladungen zu Konferenzen, dass mir der Interessenskonflikt zu einem Anliegen wurde. Ich stand in der Gefahr, viel Zeit und Energie dem Dienst außerhalb der Gemeinde zu widmen. Diese Dienste waren mit attraktiven Honoraren belegt, andererseits aber bezog ich ein Gehalt für meine vollzeitliche Mitarbeit in der Gemeinde.

Nach viel Nachdenken und Gebet fasste ich einen Plan, von dem ich bis heute überzeugt bin. Ich informierte die Ältesten, dass ich ein spezielles Missions-Reisekonto einrichten wollte. Alle Vortragshonorare und anderen Einkünfte, die über mein Gemeindegehalt hinausgingen, würde ich in dieses Konto einzahlen. Zugleich bat ich um die Erlaubnis, dieses Geld für besondere Missionsprojekte auszugeben, beispielsweise für Reisen in Missionsfelder und zu Missionaren, die mich nicht bezahlen konnten. Meine Mitältesten erklärten sich einverstanden, und seither wird dieses Konto monatlich im Rahmen des normalen Finanzberichts überprüft.

Ich habe diese Entscheidung niemals bereut. Erstens ist mein Gewissen von jedem Interessenskonflikt frei. Zweitens bin ich nicht versucht, Einladungen aufgrund des angebotenen Honorars anzunehmen oder abzulehnen. Drittens brauche ich keine Honorare verlangen, die meine Vortragstätigkeit lenken würden. Viertens wird das Zusatzeinkommen für die verschiedensten Dienste nutzbar.

Ehrlich gesagt habe ich lange gezögert, ob ich diese Erfahrung hier weitergeben soll, denn manche Pastoren werden so schlecht bezahlt, dass sie jedes Recht auf ein Zusatzeinkommen haben. Dennoch glaube ich, ohne andere verurteilen zu wollen, dass im Grunde jeder prominente Christ sich im Lichte der biblischen Prinzipien über diese Angelegenheit Gedanken machen sollte. Als Älteste, die wir „doppelte Ehre" empfangen, müssen wir auch hier Rechenschaft üben, um finanziell über jeden Verdacht erhaben zu sein.

Prinzip 14: *Geeignete Formen*
Geistliche Leiter müssen geeignete Formen finden, damit die Gemeinde den Aufgaben gerecht wird, die in den biblischen Prinzipien enthalten sind.

Wie sollen geistliche Leiter die biblischen Aufgaben erfüllen, die in den obigen Prinzipien enthalten sind? Wie bereits festgestellt, sind die kulturellen Formen variabel, die grundlegenden biblischen Aufgaben aber sind es nicht. Die Form muss sich dem jeweiligen kulturellen Umfeld anpassen.

Einige Möglichkeiten dazu habe ich bereits dargelegt. Es gibt aber weitere „Formfragen", die wir ansprechen müssen:

1. Wie alt sollen diese geistlichen Leiter sein?
2. Welche konkrete Vorgangsweise sollen wir verwenden, um qualifizierte geistliche Leiter auszuwählen und einzusetzen?
3. Wie viele Älteste sollen eine einzige Gemeinde leiten?
4. Wie lange sollen diese Ältesten dienen?
5. Wie soll ein Ältestenrat Entscheidungen treffen?
6. Gibt es eine biblische Grundlage für eine Gemeinde, die von bezahlten Mitarbeitern geleitet wird?
7. Sollten nicht alle hauptamtlichen Mitarbeiter Älteste sein?
8. Wer soll die letzte Entscheidung treffen - die versammelte Gemeinde oder die Ältesten?
9. Welche strukturellen Änderungen braucht eine Gemeinde, die zahlenmäßig stark wächst?
10. Wie funktioniert das „Familienmodell"?

Obwohl das Neue Testament keine konkreten Antworten auf diese „Formfragen" gibt, werden wir in den nächsten Kapiteln einige Lektionen weitergeben, die wir im Laufe der Jahre gelernt haben.

33. Altersgrenzen

Wie bei vielen anderen Aspekten des Gemeindelebens wissen wir aus dem Neuen Testament nicht, wie die kulturübergreifenden Prinzipien aus dieser Untersuchung angewandt werden sollen oder überhaupt angewandt wurden. Genau deshalb ist der biblische Bericht so wichtig. Wie in der Einleitung erklärt, ist dieses großartige Schriftstück eindeutig das Werk des Heiligen Geistes. Die „göttliche Vorsehung" macht die christliche Botschaft, wo sie richtig verstanden wird, von jeder Kultur unabhängig. Überall auf der Welt und zu jedem Zeitpunkt der Geschichte können wir die biblische Wahrheit wirksam ausleben, weil uns der Heilige Geist die Freiheit gegeben hat, unsere eigenen Formen zu entwickeln, um als echte Christen zu leben, ohne das Wesentliche an der biblischen Botschaft zu verändern.

In diesem und den folgenden Kapiteln werden wir Antworten auf einige „Formfragen" geben. Dabei gibt es natürlich keine absoluten Antworten. Wir dürfen aber weitergeben, wie wir in unserem eigenen Gemeindegründungsdienst mit diesen Fragen umgegangen sind.

Ein Wort der Warnung

Ich erwähne die Beispiele in den folgenden Kapiteln aus einem einzigen Grund: Ich möchte anderen Gemeindeleitern helfen, mit diesen Fragen in ihren eigenen Gemeinden richtig umzugehen. Keinesfalls sollen sie unsere „Formen" kopieren. Wenn unsere Methoden anwendbar und hilfreich sind, dürfen Sie sich frei fühlen, es genau wie wir zu machen. Ich bin aber überzeugt, dass wir keine Formen von außen übernehmen dürfen, ohne *zuvor die biblischen Prinzipien verstanden zu haben, die diesen Formen zugrunde liegen.*

Eine Frage des Alters

Unsere erste Formfrage ist: Wie alt sollen diese Leiter sein?

Das Neue Testament spricht die Frage des Alters nicht direkt an, nicht einmal in den Eignungsvoraussetzungen. Dasselbe trifft auf die Diakone zu. Weil der Begriff „Ältester" *(presbyteros)* manchmal mit „ältere Männer" übersetzt wird (1Tim 5,1; Tit 2,2), schließen manche daraus, dass nur ein „älterer Mann" in diese Stellung eingesetzt werden soll. Dieser Schluss ist aber nicht auf das Wort „Bischof" oder „Aufseher" anwendbar *(episkopos)*, das bedeutungsgleich mit „Ältester" verwendet wird.

Als wir die Geschichte der Gemeindeleitung im Neuen Testament betrachteten und auch an unsere eigenen Erfahrungen bei der Auswahl von Ältesten dachten, kamen wir zu dem Schluss, dass es im Allgemeinen ratsam ist, geistliche Leiter zu ernennen, die durch Jahre der Erfahrung Weisheit und Urteilsvermögen erworben haben. Andererseits ist das Alter an sich noch keine Garantie für Reife. Wiederum dürfen wir nicht glauben, jüngere Männer könnten keine strategischen Leitungspositionen einnehmen.

Die Kulturelle Dynamik im ersten Jahrhundert

Der sehr junge Timotheus

Indem wir eine Antwort auf die Altersfrage versuchen, müssen wir uns kulturelle Erwartungen vor Augen führen. Das erkennen wir besonders deutlich bei Timotheus. Er war ungefähr zwanzig Jahre alt, als Paulus ihn zu seinem Begleiter bei der zweiten Missionsreise auswählte. In den meisten Kulturen gilt das als *sehr* jung für eine solche Funktion. In der griechisch-römischen Welt war das besonders unüblich. Selbst als Timotheus mit etwa 33 Jahren in Ephesus zurückblieb, um Älteste auszuwählen und einzusetzen, galt er immer noch als „jung". Deshalb weist ihn Paulus an: „Niemand verachte deine Jugend, sondern sei ein Vorbild der Gläubigen im Wort, im Wandel, in Liebe, im Glauben, in Keuschheit" (1Tim 4,12).

Timotheus ist der beste Beweis, dass sehr junge Menschen bereits reife Leiter sein können. Paulus hat ihm wahrscheinlich schon in seinen mittleren oder späten Zwanzigern schwierige Aufgaben übertragen (Phil 2,19-24; 1Thes 3,1-2).[57]

Ein großer Mentor
Diese Reife von Timotheus war kein Zufall. Schon bevor er Christ wurde, unterwies ihn seine Mutter „von Kind auf" in den Heiligen Schriften (2Tim 3,15). Als Timotheus seine ersten Erfahrungen als Missionar sammelte, wurde Paulus ihm ein „Vaterersatz" und ein großartiger Mentor, der ihn oft vor Erfahrungen bewahrte, denen er nicht gewachsen gewesen wäre.

Möglicherweise ist das der Grund, warum Paulus und Silas in Philippi eingesperrt und brutal geschlagen wurden, ihr Begleiter Timotheus hingegen nicht. Vielleicht verfuhren die römischen Beamten auch weniger streng mit ihm, weil er noch so jung war. Ich persönlich glaube, dass Paulus seinen Schützling Timotheus vor schwierigen Situationen bewahrte, die ihn überwältigt und eingeschüchtert hätten. Sonst hätte er vielleicht dasselbe Schicksal erlitten wie Johannes Markus, der sich davonmachte, als der Druck zu groß wurde. In diesem Sinne glaube ich, dass Paulus dazugelernt hatte.

Die kulturelle Dynamik heute

Was sollen relativ junge und unerfahrene Männer heute tun, die von der Bibelschule kommen oder ihr Studium abschließen und Hauptleiter einer Gemeinde werden wollen, besonders in einer Kultur, in der die Kraft der Jugend vergöttert und die Weisheit der Alten oft ignoriert wird? Ich schlage normalerweise vor, eine Stelle als Hilfspastor zu suchen, wo sie zusammen mit einem älteren Leiter und Mentor dienen können, vorzugsweise einem Hauptpastor.

Mein erster persönlicher Mentor
Das war eine meiner wichtigsten Erfahrungen, als ich in meinen frühen Zwanzigern dabei war, mein Studium abzuschließen. Ein

erfahrener Pastor war in die Schule zurückgekehrt, um einen höheren Abschluss zu erwerben. Während dieser Zeit lud ihn eine relativ kleine Gemeinde ein, ihr Pastor zu sein. Er wiederum bat mich, als sein Zweitpastor einzusteigen. Wir dienten zwar beide teilzeitlich, für mich persönlich war das aber eine großartige Erfahrung. Ich habe dabei einige meiner wichtigsten Lektionen gelernt.

Einmal brachte ich mich selbst in ziemliche Schwierigkeiten, indem ich ein junges Mädchen und ihren Freund ansprach, die im Gottesdienst allzu heftige Liebesbeweise austauschten. Die Eltern des Mädchens waren sehr geachtete Gemeindemitglieder und reagierten gelinde gesagt erbost auf meine Vorgangsweise. Sie beschwerten sich bei meinem Hauptpastor und er riet ihnen, mich persönlich anzusprechen.

Ehrlich gesagt, ich fürchtete mich zu Tode. Ich erinnere mich noch gut, wie dieser Pastor mich beiseite nahm und mir eröffnete, dass ich das Gespräch alleine führen sollte. Er sicherte mir aber zu, mir da herauszuhelfen, falls ich der Sache nicht gewachsen sein sollte. Insgesamt hielt er das aber für eine wichtige Lernerfahrung. Ich hatte mir den Konflikt selbst eingebrockt, und er hielt es für wichtig, dass ich ihn auch selber löste. Das gelang mir auch, allerdings stand ich dabei furchtbare Ängste durch. Danach führte er ein weiteres Gespräch mit mir und half mir, die richtigen Schlüsse aus dieser Erfahrung zu ziehen. Ich wünsche jedem jungen Mann, der in den vollzeitlichen Dienst geht, eine solche Mentorbeziehung.

Was die Entscheidung betrifft, andere junge Männer zu Ältesten zu ernennen, so sind dabei mehrere wichtige Fragen zu bedenken. Gibt es ältere Männer, die besser geeignet wären? In welchem Alter befinden sich die meisten Gemeindemitglieder? Wie reif sind diese jungen Männer?

Gute Kommunikation von Mann zu Mann

Ich erinnere mich an einen jüngeren Ältesten, einen Bibelschulabgänger, der bei einem Leitungstreffen einen Vorschlag machte. Ganz offenbar hielt er seine Ideen für weltbewegend! Ein älterer Leiter, ein Geschäftsmann, hörte ihm zu und nannte dann auf eine einfühlsame, aber direkte Art mindestens fünf Gründe, warum der

Vorschlag nicht funktionieren würde. Leider reagierte der jüngere Mann mit verstecktem Zorn. Anstatt ein Gespräch „von Mann zu Mann“ zu führen, benahm er sich wie ein Halbwüchsiger, wie ein Sohn, der sich gegen seinen Vater zur Wehr setzt. Leider konnte dieser junge Mann seine Unreife nicht überwinden und er versagte schließlich auch als geistlicher Leiter.

Andererseits kenne ich auch junge Männer, die offen, belehrbar und respektvoll mit der Kritik und den Vorschlägen älterer Männer umgehen. Sie wollen lernen, und das gelingt ihnen auch! So ein Mann muss Timotheus gewesen sein, als Paulus ihn zu seinem Begleiter wählte. Reife Männer, ob jünger oder älter, gehen wie Erwachsene miteinander um.

Eine Lektion in Demut

Ich denke an einen unserer älteren Ältesten, der Bedenken über einen bestimmten Vorschlag hatte. Obwohl alle anderen dafür waren, sagte er ganz offen, dass er sich mit der Idee nicht leicht tat. Er bat um Bedenkzeit, wollte darüber beten und sich eine ausgewogene Sicht schenken lassen. Am besten erinnere ich mich aber an seine Stellungnahme beim nächsten Treffen. Er eröffnete die Diskussion mit der Mitteilung, er sei zu dem Schluss gekommen, dass seine Bedenken unbegründet gewesen waren. Er stimmte jetzt völlig mit uns überein.

Da lernte ich eine wichtige Lektion als Pastor. Dieser Mann war wirklich demütig. Obwohl er ein sehr starker Leiter in seinem Beruf und in der Gemeinde war, konnte er offen bekennen, dass seine ursprünglichen Bedenken nicht richtig gewesen waren. Natürlich gewann er durch dieses Bekenntnis unser aller Respekt in noch höherem Maße, als es schon zuvor der Fall gewesen war.

Verschiedene Hintergründe

Ehrlicherweise müssen wir zugeben, dass solche Geschichten von Demut und Weisheit jeden von uns irgendwann in unseren Jugendjahren berührt haben. Es gibt eben Dinge, die wir nicht verstehen, bis die Lebenserfahrung uns auf unsere eigenen blinden Flecken aufmerksam macht. Manche Menschen sind aber reifer, als ihre Lebensjahre das vermuten ließen, und zwar aus verschiedenen Gründen. Manche haben Lebenskrisen durchlitten, von denen die meisten von uns verschont geblieben sind. In diesem Sinne sind sie „vorzeitig gealtert“, *falls* es ihnen gelungen ist, durch diese schwierigen Erfahrungen zu wachsen anstatt sich vor dem Schmerz in Selbstschutz zurückzuziehen, wie Rationalisierung, Kontrolltaktiken und andere Verteidigungsmechanismen.

Andererseits sind Alter und Erfahrung allein noch keine Garantie für Reife. Ich kenne jüngere Männer, die weit mehr Leitungsweisheit haben als manche ältere Männer. Niemand ist störender als ein fünfzig- oder sechzigjähriger Mann, der seine eigenen Unsicherheiten hinter Kontrolltaktiken versteckt. Das zeigt sich normalerweise daran, dass er eigenwillig ist, starr auf seinen Meinungen beharrt und keine Fehler zugeben kann. Nach meiner Erfahrung ist das aber die Ausnahme, nicht die Regel. Die meisten älteren Männer, die für Jesus Christus leben, haben aus den Jahren der Erfahrung gelernt und aus ihnen Weisheit und Urteilskraft gewonnen.

34. Die Auswahl von Leitern

Wenden wir uns einer zweiten Formfrage zu, die uns helfen soll, den biblischen Funktionen der Leiterschaft gerecht zu werden: Welche Vorgangsweise sollen wir anwenden, um qualifizierte geistliche Leiter auszuwählen und einzusetzen?

In meiner eigenen Gemeindegründungsarbeit hat sich mit der Zeit eine Vorgangsweise herauskristallisiert. Wir haben die Eignungsvoraussetzungen für geistliche Leiter immer ernst genommen. In den ersten Jahren unseres Dienstes hatten wir aber keine geeignete Methodik, um zu prüfen, wie weit der einzelne diese Eigenschaften in Ehe, Familie und Dienst erfüllte. Wir baten die Betroffenen (meist Ehepaare), sich selbst anhand der paulinischen Kriterien in den Pastoralbriefen zu bewerten. In mancher Hinsicht war das besser als ein „Beliebtheitswettbewerb" in der Gemeinde insgesamt, aber es war nicht genug. Daraus entstanden einige ziemlich schwerwiegende Fehlurteile, die weder für die neuen Leiter noch für die Gemeinde gut waren.

Heute haben wir den Beurteilungsprozess erweitert und vertieft. Zugegebenermaßen ist unsere Vorgangsweise eng mit den besonderen Gemeindestrukturen verbunden, die wir im Laufe der Jahre entwickelt haben. Bitte bedenken Sie beim Lesen, dass dies nur „unsere Geschichte" ist.

Seit der Gründung der ersten Fellowship Bible Church stützen wir uns auf Kleingruppen statt der in Amerika üblichen Sonntagsschule für Erwachsene. Wir nennen diese Gruppen „Minigemeinden". Die meisten dieser „Glaubensgemeinschaften" werden von Ehepaaren geleitet, die wir oft als „Pastoren der Minigemeinden" bezeichnen. Sie sind dafür verantwortlich, ihre „kleinen Herden" zu weiden.

Diese Kleingruppenleiter sind es dann, aus denen wir die Kandidaten für das Ältestenamt auswählen. Wir halten Ausschau nach erfolgreichen Leitern von Minigemeinden. Natürlich erwarten wir nicht, „vollkommene kleine Gemeinden" vorzufinden. Wir achten vielmehr auf Treue im Hirtendienst, selbst wenn einige der „Schafe" schwierig zu leiten sind. Aber auch die allgemeine geistliche Gesundheit der Kleingruppe ist normalerweise ein Hinweis auf gute Leitungsarbeit.

Wir haben diese Richtlinie festgelegt, weil wir es für sehr wichtig halten, dass ein Mann einer kleineren Gruppe vorstehen kann, bevor er eine Verantwortung für den Leitungs- und Hirtendienst in der Gesamtgemeinde übernimmt. Letztlich führen wir unter den Gläubigen in der Minigemeinde eine „letzte Vertrauensabstimmung" durch, denn als Älteste brauchen wir ihre Zusicherung, dass sie ihre eigenen „pastoralen Leiter" für geeignet halten, als „Ältesten-Ehepaar" zu dienen.

Ein laufender Prozess

Vor kurzem haben wir folgende acht Schritte unternommen, um vier neue Älteste zu ernennen.

Schritt 1: Mögliche Kandidaten auswählen
Als Älteste diskutierten wir unter Einbeziehung unserer Frauen über mögliche Anwärter – Kleingruppenleiter, die über einen längeren Zeitraum treu gedient haben. Einige der Ältesten, die wir kürzlich ernannten, blicken auf zehn oder zwanzig Jahre Erfahrung als Kleingruppenleiter zurück. Wir hielten auch Ausschau nach Menschen, die den charakterlichen Qualitäten in den Paulusbriefen entsprachen, die treu von ihrer Zeit, ihren Gaben und ihren Schätzen gaben. Bei der Auswahl von Anwärtern hatten wir 100 Prozent Zustimmung unter den Ältesten. Bei so wichtigen Entscheidungen würden wir ohne diese Einmütigkeit nicht vorangehen.

Schritt 2: Eine Einladung zur Beurteilung aussprechen
Nachdem wir uns auf einige wenige Anwärter geeinigt hatten, traten wir an diese Ehepaare heran und erklärten ihnen, warum wir sie in Betracht zogen. Wir fragten sie, ob sie bereit wären, eine Beurteilung auf sich zu nehmen, wie sie in den folgenden Schritten dargestellt ist. Wir sicherten ihnen zu, dass sie keineswegs verpflichtet

wären, am Ende des Prozesses die Aufgabe zu übernehmen. Auch wir waren nicht verpflichtet, ihnen letztlich das Amt anzubieten.

Schritt 3: Die biblischen Voraussetzungen studieren

Dann baten wir die voraussichtlichen Kandidaten, mehrere Wochen hindurch gemeinsam mit meinem Zweitpastor und seiner Frau die zwanzig Charaktermerkmale zu studieren, die Paulus im Timotheus- und im Titusbrief darlegt. In diesem Fall verwendeten sie mein Buch *Der Mann aus biblischer Sicht* als Diskussionsgrundlage. Alle Teilnehmer, auch mein Zweitpastor und seine Frau, beurteilten sich selbst anhand der biblischen Kriterien und nahmen sich eine Eigenschaft als „Charakterprojekt" für den Rest des Studiums vor.

Wie ich in Kapitel 37 erklären werde, befinden wir uns im dritten Jahr eines siebenjährigen Nachfolgeplans. Demnach soll mein Zweitpastor mich im Jahr 2007 ablösen. Bis dahin wollen wir auch eine neue Gruppe von Leitern eingesetzt haben, weil die meisten unserer gegenwärtigen Ältesten ausscheiden werden. Aus diesem Grund baten wir meinen Zweitpastor, die Ehepaare durch dieses Bibelstudium über die Eigenschaften von Leitern zu führen. In Zukunft werden sie hauptsächlich mit ihm zusammenarbeiten. Wie einer meiner leitenden Ältesten im Auswahlprozess feststellte, ist es absolut unumgänglich, dass mein Nachfolger sich mit den neuen Ältesten zu 100 Prozent einverstanden erklärt.

Schritt 4: Eine vertiefte Beziehung eingehen

Am Ende des Bewertungsprozesses verbrachte mein Zweitpastor mehrere Tage mit diesen Männern und einigen gegenwärtigen Ältesten in Klausur auf einer Privatranch auf dem Land. Dort hatten sie Gelegenheit, einander noch besser kennen zu lernen. Sie studierten gemeinsam das Wort, beteten miteinander und tauschten aus. Sie verbrachten auch Zeit allein mit Gott in der umliegenden Halbwüste. Einer unserer längstdienenden Ältesten moderierte Gruppengespräche über die Rolle und Aufgaben von Ältesten und gab seine eigenen Erfahrungen und Sichtweisen über Ältestenschaft weiter.

Schritt 5: Die Kandidaten beurteilen

Im nächsten Schritt füllten die folgenden Personen je einen Bewertungsbogen über die Kandidaten und ihre Frauen aus: (1) die gegenwärtigen Ältesten und ihre Frauen, (2) unsere leitenden hauptamtlichen Mitarbeiter und (3) die Mitglieder der Minigemeinde, die von diesem Ehepaar geleitet wurde.

Für uns ist die Beurteilung durch die Kleingruppe sehr wichtig, denn diese Menschen kennen die Kandidaten am besten, insbesondere was ihre Ehe- und Familienbeziehung betrifft. Sie sind persönlich am engsten mit diesen Menschen verbunden.

Unser Beurteilungsbogen ist in Anhang C abgedruckt. Die Fragen über den Charakter stützen sich auf die Eignungsvoraussetzungen, die Paulus in 1Timotheus und Titus erläutert.

Schritt 6: Die Einladung aussprechen

Alle Beurteilungsbögen wurden von den Ältesten bewertet. Nachdem keine schwerwiegenden Bedenken geäußert wurden, luden wir diese Ehepaare formell ein, sich als Älteste zur Verfügung zu stellen. Wir betrachten diese Ehepaare als „Vater-Mutter-Teams" in der Leitung der Gemeinde. (Siehe wiederum Kapitel 15, wo das „Familienmodell" als biblische Basis für diese Vorgangsweise erläutert wird.)

Schritt 7: Die neuen Ältesten der Gemeinde vorstellen

Dann stellten wir diese Ehepaare der versammelten Gemeinde vor und erklärten, warum und wie wir sie ausgewählt hatten. Wir verwiesen auf die Eignungsvoraussetzungen in den Paulusbriefen und baten darum, falls jemand ernsthafte Bedenken hatte, sich bis nächsten Mittwoch mit mir (als dem Hauptpastor) in Verbindung zu setzen.

Wir baten auch alle Anwesenden, die sich vielleicht nicht als Teil unserer Gemeinde betrachteten, die diese Ehepaare aber aus Beruf, Freizeit, Nachbarschaft und so weiter kannten, um ihren Beitrag. Die Grundlage dafür ist die Bedingung, dass ein Ältester „ein gutes Zeugnis von denen [haben muss], die draußen sind" (1Tim 3,7), aber natürlich auch von innerhalb der Gemeinde.

An diesem Punkt lassen wir vor der Gemeinde keinen Zweifel aufkommen, dass es sich hier um keine „Abstimmung“ handelt, sondern um eine Gelegenheit, Vorbehalte offen und direkt auszusprechen. Sollte es Bedenken geben, würden sich die Kandidaten persönlich mit den Betroffenen in Verbindung setzen, um die notwendigen Änderungen in ihrem Leben durchzuführen. Gleichzeitig machten wir deutlich, dass wir keine anonymen Briefe berücksichtigen würden.

Schritt 8: Öffentlich einsetzen
Der letzte Schritt ist die Präsentation der Ehepaare vor der ganzen Gemeinde. Alle unsere Ältesten und ihre Frauen legten diesen Ehepaaren die Hände auf und hießen sie offiziell in ihrer neuen Position willkommen.

Verschiedene Anliegen

Was geschieht, falls während dieses Prozesses ernsthafte Vorbehalte zum Ausdruck gebracht werden? Wir sprechen mit dem Betreffenden und seinem Ehepartner darüber. Das kann sehr gewinnbringend sein. Ich möchte hier etwas sehr Ermutigendes berichten. Ein Mann hatte in mehreren Beurteilungen schlechte Noten auf bestimmte Fragen bekommen. Mehrere Menschen hatten Bedenken, weil er anscheinend streitsüchtig und rechthaberisch war. Seine Frau hingegen kam überall gut weg.

Nun war es meine Aufgabe als Hauptpastor, gemeinsam mit einem anderen Ältesten mit diesem Ehepaar über die Bedenken zu sprechen. Das war eine schwierige, aber letzten Endes eine sehr lohnende Aufgabe. Ed Buford schreibt im Rückblick auf diese schwierige Zeit in seinem Leben:

> Als Maureen zustimmte, dass ich rechthaberisch und streitsüchtig sein konnte und meine festen Überzeugungen manchmal zu heftig verteidigte, wusste ich, dass Gott mich auf etwas aufmerksam machen wollte. Im Grunde war mir auch klar, dass diese

> Bewertung stimmte. Als ich Gott um Hilfe bat, machte er mir klar, dass ich die Geistesfrucht namens Sanftmut erwerben musste.
> Er gab mir auch einen Plan. Ich sollte mich meiner Familie rechenschaftspflichtig machen. Eines Abends trommelte ich meine Familie zusammen und bat jeden Einzelnen, mir zu vergeben, weil ich nicht sanftmütig war, und mir zu helfen. Jedes Mal, wenn ich sie mit meiner Überredungskunst überrollen, meine Stimme erheben, zornig oder irgendwie rechthaberisch reagieren würde, sollten sie ein X auf den Familienkalender in der Küche malen. Zu meiner Bestürzung bekam ich am nächsten Tag gleich fünf X. Ich dachte darüber nach, ob ich die Regeln nicht wieder ändern sollte! Aber ich hatte meinen Vorsatz gefasst, und meine Familie half mir, sanftmütig zu werden.
> Was als Vernichtungsschlag gegen mein Macher-Image begonnen hatte, verwandelte sich in einen wunderbaren Segen in meinem Leben. Ich weiß heute, dass feste Ansichten, mit Sanftmut und Elan ausgesprochen, beim Zuhörer viel besser ankommen. Ich bin sicher noch nicht am Ziel angekommen, aber ich bin auf dem Weg.[58]

Wir alle, die wir Ed gut kennen, stellten sofort eine Änderung bei ihm fest. Schließlich wurde er Ältester. Sein Herz schlägt für Gott, für den Dienst und für die Menschen. Das war schon immer so gewesen. Er musste nur seinen Kommunikationsstil ändern. Er wollte gar nicht rechthaberisch, autoritär, streitsüchtig oder dominierend sein. Als er aber merkte, dass andere reife Leiter ihn für rechthaberisch und dominierend hielten, leitete er eine dauerhafte Veränderung ein. Ich habe bei mehreren Gelegenheiten gehört, wie er diese Erfahrung in unserer Gemeinde und gegenüber anderen Menschen weitergab. Jedes Mal war er den Tränen nahe, nicht aus Trauer, sondern aus Dankbarkeit. Er hat sich sogar öffentlich bei mir bedankt, weil ich mitten in diesem Veränderungsprozess weiter an ihn glaubte. Das ist natürlich ein lohnendes Ergebnis, obwohl es mir ursprünglich schwer fiel, ihm diese Bedenken mitzuteilen.

Vergessen, was dahinten ist

Auf keinen Fall betrachtet sich irgendeiner von den Leitern der Fellowship Bible Church North als „vollkommen“. Bisweilen werden wir alle den Anforderungen nicht gerecht, dann aber haben wir den festen Vorsatz, nötigenfalls um Vergebung zu bitten und uns zu ändern. Wie der Apostel Paulus wollen wir sagen können:

> *Nicht dass ich es schon ergriffen habe oder schon vollendet sei; ich jage ihm aber nach, ob ich es auch ergreifen möge, weil ich auch von Christus Jesus ergriffen bin. Brüder, ich denke von mir selbst nicht, es ergriffen zu haben; eines aber tue ich: Ich vergesse, was dahinten, strecke mich aber aus nach dem, was vorn ist, und jage auf das Ziel zu, hin zu dem Kampfpreis der Berufung Gottes nach oben in Christus Jesus. (Phil 3,12-14)*

Die Vorgangsweise, die ich soeben beschrieben habe, hat sich im Lauf der Zeit so entwickelt. Jedes Mal gibt sie uns allen, Männern wie Frauen, die Möglichkeit, einen neuen Blick auf unser Leben zu werfen und uns anhand biblischer Kriterien, die das Leben und Wesen des Herrn Jesus Christus widerspiegeln, selbst zu überprüfen. Außerdem eröffnet sie uns neu die Möglichkeit, die Vorgangsweise weiter zu verfeinern.

35. Anzahl und Amtszeit von Leitern

Zwei weitere Formfragen über biblische Leiterschaft sind praktischer Natur: Wie groß soll der Ältestenrat sein und wie lange sollen die Leiter dienen?

Wiederum lassen sich diese Fragen nicht aus der Bibel direkt beantworten. Wie bereits festgestellt, bezieht sich die „Gemeindeform" der neutestamentlichen Welt auf eine „einzige Gemeinde" in einer „einzigen Stadt" (siehe Kapitel 25). Diese kulturelle Dynamik wirkte sich zweifellos auf die Anzahl der Ältesten in einer bestimmten Stadt aus. Es gibt Spekulationen, dass es in Jerusalem genau so viele christliche Älteste gab wie jüdische Älteste im Hohen Rat (also 70).

Zahlengrenzen

Um ganz ehrlich zu sein, glaube ich, dass wir bei meiner ersten Gemeindegründung einen schweren Fehler machten. Weil wir eine Kleingruppenarbeit gegründet hatten, in der jede Gruppe einen Pastor brauchte, kam ich zu dem Fehlschluss, nur offizielle Älteste und ihre Frauen könnten diesen Dienst tun. Schließlich erwartet die Schrift von diesen Leitern, „die Herde Gottes zu weiden". Da wir in einer sehr rasch wachsenden Gemeinde ständig neue Gruppen gründeten, ernannten wir am laufenden Band Älteste als Leiter dieser Minigemeinden.

Das Ergebnis wäre vorhersehbar gewesen. Am Ende hatten wir einen Ältestenrat, der nicht mehr funktionsfähig war. Außerdem waren wir bei der Ernennung der Ältesten nicht sorgfältig genug. Um einem Bedürfnis zu begegnen, stürmten wir zu rasch voran. Rückblickend betrachtet waren wir damals mehr pragmatisch als biblisch. Im Grunde entsprachen einige dieser Personen nicht wirklich den Charaktermerkmalen, die in der Schrift gefordert werden.

Meiner Erinnerung nach umfasste die Ältestenschaft schließlich 45 Männer. Daraus entstand ein weiteres Problem. Wegen Geschäftsreisen, Familienterminen oder Notfällen fehlte bei jedem Treffen ungefähr ein Viertel bis ein Drittel der Ältesten. Beim nächsten Treffen waren diese Männer dann anwesend, dafür fehlten andere. So ging das jedes Mal! Wir verloren die Kontinuität und mussten ständig die Gründe für unsere Entscheidungen neu durchkauen. Dadurch wurde die Arbeit unglaublich ineffizient und die Kommunikation war schwer aufrecht zu erhalten.

Solche Situationen können Anlass zu Uneinigkeit geben. Als Gegenmaßnahme verbrachte ich oft viele Stunden am Telefon mit jenen Männern, die ein konkretes Treffen versäumt hatten, um sie für das nächste Treffen auf den aktuellen Stand zu bringen. Das war eine große Hilfe, um das Kommunikationsproblem zu lösen, leider wurde ich aber dadurch von anderen biblischen Aufgaben eines Hauptpastors abgehalten.

Heute bemühen wir uns, den Ältestenrat auf ungefähr sieben oder acht Männer zu begrenzen. Weil wir uns aber gerade mitten in einem Nachfolgeplan befinden (siehe Kapitel 37), haben wir momentan zwölf Älteste. Im Laufe der nächsten paar Jahre werden sie vielleicht noch mehr, bis der Übergang geschafft ist. Dann sollte die Gruppe wieder kleiner werden, weil viele unserer langjährigen Ältesten die Leitung an jene weitergeben werden, die in den letzten Jahren ernannt worden sind. Wir sind zuversichtlich, dass der Plan aufgehen wird. Das wird aber erst die Zeit zeigen.

Was den Hirtendienst für die Kleingruppen betrifft, so haben wir eine große Gruppe von „Pastoren" gegründet, die nicht Älteste sind, die aber zweifellos geistlich qualifiziert sind, als Hirten zu dienen. Der grundlegende Unterschied zwischen diesen Leitern von Minigemeinden und unseren Ältesten liegt darin, dass die Ältesten die Entscheidungsbefugnis haben, die Gemeinde insgesamt zu verwalten und zu hüten. Die Leiter der Minigemeinden sind dafür verantwortlich, eine „kleine Herde" innerhalb der „größeren Herde" zu verwalten und zu weiden, immer aber unter der Anleitung der Ältesten.

Ein geschlossenes System

Wenn wir die Größe des Ältestenrats begrenzen, um zielführender arbeiten zu können, schaffen wir damit nicht ein „geschlossenes System"? Das ist tatsächlich eine echte Gefahr. In einer wachsenden Gemeinde verschließt dieser Plan vielen gottgefälligen Männern und Frauen die Tür zu einem Dienst als Älteste. Ich weiß von einer bestimmten Gemeinde, die mit einer kleinen Gruppe von Ältesten begann. Während die Gemeinde wuchs, blieb das Leitungsgremium gleich groß und wurde in seiner Entscheidungsfindung immer „abgehobener". Weil diese Männer keinen wirksamen Plan hatten, um weiterhin Hirten zu sein, trafen sie ihre Entscheidungen oft ohne echten Bezug zu den Bedürfnissen der Menschen. Sie wurden immer mehr zu „Administratoren".

Die weitere Entwicklung ist vorhersehbar! In der Gemeinde gab es gottgefällige Männer und Frauen, die nicht mehr verstehen konnten, was die „Mächtigen" in der Gemeinde taten. Ihre Versuche, sich mit ihren Bedenken Gehör zu verschaffen, verhallten aus ihrer Sicht ungehört. Leider spaltete sich diese Gemeinde dann. Glücklicherweise lernten diese Männer schließlich ihre Lektion, allerdings zu spät, um die Spaltung noch zu verhindern.

Ich kenne diese Situation gut, denn ich wurde als Berater von außen eingeladen, um das Geschehen zu beurteilen. Diese Männer waren wirklich gottgefällig und entsprachen den Eignungsvoraussetzungen der Schrift. Sie hatten einzig eine „Form" gewählt, die mit dem Wachstum der Gemeinde nicht Schritt halten konnte. Ich war zwar in dieser Situation ein Berater, lernte aber selbst etwas sehr Wichtiges. Wir müssen „Formen" wählen, die es den Ältesten gestatten, mit den Menschen in Kontakt zu bleiben, egal wie groß die Gemeinde ist.

Ein Rotationssystem

Eine Möglichkeit, um dieses Problem zu lösen, ist ein Rotationssystem. Dabei kommen aber oft neue Leiter zum Zug, die im Hinblick auf ihre Diensteinstellung und Erfahrung nicht an die vorige Leitung anschließen und die früheren Entscheidungsgründe nicht kennen. Fragen Sie einen beliebigen Hauptpastor, was er von diesem System hält! Es kann ein ganzes Jahr dauern, bis diese neuen Ältesten und ihre Frauen voll mithalten können. Dann aber dreht sich das Rad wieder von vorne, und neue Leute kommen in die Leitung. Das ist ein Grund dafür, warum sich manche Gemeinden lieber von den vollzeitlichen Mitarbeitern leiten lassen. Ein Leitungsteam darf nicht durch häufige Wechsel lahm gelegt werden.

Eine Alternative: Kleingruppenleiter

Um dieses Problem in unserer eigenen Gemeinde zu vermeiden, haben wir entdeckt, dass die von einer großen Anzahl an „Laienpastoren“ geleiteten Kleingruppen eine gute Möglichkeit sind, um zahlreichen reifen Menschen einen sehr befriedigenden Hirtendienst zu ermöglichen. Es gibt aber noch einen anderen Aspekt. Die meisten unserer Ältesten dienen als „Hirten der Hirten“ diesen Pastoren der Minigemeinden, damit sie mit den Bedürfnissen dieser Leiter und ihrer Gruppen in Kontakt bleiben. Falls beispielsweise in diesen Kleingruppen ein ernsthaftes Bedürfnis entsteht, hören die Ältesten normalerweise sehr bald davon. Die „Kleingruppenpastoren“ wissen genau, dass sie sich jederzeit an die Ältesten wenden können. Wir sind nicht nur ihre Leiter, sondern auch ihre Diener.

Das ist natürlich unser eigentliches Ziel. Wir Ältesten arbeiten nicht immer so zielführend, wie wir es gerne tun würden. Wir haben aber festgestellt, dass wir auf diese Weise die Anzahl der Ältesten in einer vernünftigen Größenordnung halten und zugleich die Kontinuität wahren können, ohne ein vollkommen „geschlossenes System“ zu erzeugen, das nur noch nach innen blickt. Trotzdem bleibt es für uns als Älteste wichtig, weiterhin Hirten zu sein, sonst versagen wir in den Aufgaben, die wir nach der Schrift erfüllen müssen. Wir werden sonst zu „Verwaltern“, die wir nach der Schrift nicht sein sollen. Wo das geschieht, verlieren wir das Vertrauen der Menschen.

Noch etwas ist bei dieser Vorgangsweise unabdingbar. Sooft wir wichtige Entscheidungen für die ganze Gemeinde treffen, sind die Leiter der Minigemeinden die ersten, die es erfahren, *bevor* es passiert. Weil sie außerdem unsere „Augen" und „Ohren" sind, geben sie uns wertvolle Informationen über den Pulsschlag in der Gesamtgemeinde, wodurch wir bessere Entscheidungen treffen können. Wir haben gelernt, dass gute Kommunikation der Schlüssel ist, um Vertrauen aufzubauen und Einheit zu wahren.

Amtszeit

Was die Amtszeit betrifft, so wird oft die Meinung vertreten, wer einmal Ältester sei, müsse immer einer bleiben. Diese Annahme gründet sich darauf, dass es in der Schrift keine Richtlinien für die Länge des Dienstes gibt. Nachdem keine konkreten Anweisungen da sind, halten sie es für den Willen Gottes, dass diese Männer „Älteste auf Lebenszeit" sind. Damit übertragen wir aber wieder unsere „Formen" auf die Schrift. Außerdem argumentieren wir damit aus dem Schweigen der Schrift.

In Wahrheit lässt der biblische Bericht diesen Punkt offen. Viele Details bleiben ungenannt, und zwar absichtlich. Nach dem Willen Gottes soll jede lokale Gemeinde „Formen" entwickeln, die es den Ältesten gestatten, als „Verwalter" und „Hirten" der Gemeinde in ihrer Kultur optimal zu dienen.

In diesem Sinne bleibt ein Rotationssystem ganz gewiss im Rahmen der biblischen „Formenfreiheit". Wie aber oben festgestellt, ist der Verlust an Kontinuität und die Ineffizienz eine Hauptschwäche dieses Systems. Manche Gemeinden versuchen das Problem zu lösen, indem sie Ältesten gestatten, mehrmals hintereinander zu kandidieren. Wo die Ältesten aber tatsächlich mit einer unbeschränkten Amtszeit ernannt werden, wie es in unserer Gemeinde der Fall ist, stehen wir vor der Herausforderung, wie wir mit Ältesten umgehen sollen, die ihren Aufgaben nicht gerecht werden oder ihnen nicht mehr gewachsen sind. Was sollen wir tun, wenn sie den Voraussetzungen nicht mehr entsprechen?

Wir haben die Erfahrung gemacht, wenn wir die Eignungsvoraussetzungen ernst nehmen (wie es bei uns der Fall ist) und wenn die Ältesten einander Rechenschaft schuldig sind (was wiederum gegeben ist), dann werden Männer von sich aus zurücktreten, wenn dies angemessen ist. Haben sie den Eindruck, nicht mehr qualifiziert zu sein, sollte es ihnen erlaubt werden, in Würde zurückzutreten (siehe den Bericht über Jakob in Kapitel 28: „Älter, aber nicht reifer"). Ist jemand zeitlich zu sehr von anderen Aufgaben in Beschlag genommen, kann er ebenfalls mit der vollen Gebetsunterstützung durch die anderen Ältesten zurücktreten. Im Laufe der Jahre haben wir solche Situationen erlebt, aber nicht weil diese Männer aus irgendeinem Grund zum Rücktritt aufgefordert wurden, sondern weil sie selbst es so wollten.

Es kann aber auch vorkommen, dass ein Ältester streitsüchtig wird und aus Stolz oder selbstsüchtigem Ehrgeiz nicht zurücktreten will. Um mit diesem möglichen Problem umzugehen, sollte jeder gegenwärtige und zukünftige Älteste eine Verpflichtungserklärung unterschreiben, dass er zurücktreten wird, falls die anderen Ältesten diesen Schritt für richtig halten. Glücklicherweise sind wir noch nie in dieser Situation gewesen, und wir beten darum, dass es nie notwendig sein wird.

Eine der ehrenvollsten Entscheidungen, die ein Ältester treffen kann, ist seine Position zur Verfügung zu stellen, um sich mehr seiner Familie zu widmen. Wer kann diesem Mann etwas vorwerfen? Nur Menschen, die nicht geistlich gesonnen sind, können eine solche Entscheidung angreifen. Diejenigen, „die geistlich sind", können diesen Schritt nur bewundern.

36. Weitere Formfragen

In den Kapitel 33 bis 35 haben wir vier Formfragen durchgenommen, Fragen der Methodik und Vorgangsweise, die einer Ortsgemeinde helfen können, die biblische Wahrheit wirksam auszuleben. Diese Fragen waren: (1) Wie alt sollen geistliche Leiter sein? (2) Welche konkrete Vorgangsweise sollen wir verwenden, um qualifizierte geistliche Leiter auszuwählen und einzusetzen? (3) Wie viele Älteste sollen eine einzelne Gemeinde leiten? (4) Wie lange sollen diese Ältesten dienen?

Hier sind nun sechs weitere Formfragen.

Frage 5: Wie soll ein Ältestenrat Entscheidungen treffen?

Einstimmigkeit

Ganz am Anfang meiner Tätigkeit als Gemeindegründer war ich geradezu vernarrt in das „Konsensprinzip". Wir lassen uns doch alle vom Heiligen Geist leiten, sollten wir da nicht in allen Fragen zu einer übereinstimmenden Meinung kommen? Das klingt sehr geistlich und kann in einer kleinen Gruppe und bei unkritischen Entscheidungen durchaus funktionieren. Bald aber entdeckte ich mehrere Problempunkte an dieser Methode.

Erstens setzt die Forderung nach „Konsens" jeden Ältesten, der Vorbehalte bei einer bestimmten Entscheidung hat, unter enormen Druck. Damit sie der Beschlussfassung nicht im Wege stehen, stimmen manche Männer äußerlich zu, obwohl sie innerlich dagegen sind. Das führt oft zu inneren Spannungen, vielleicht sogar zu unterdrückter Bitterkeit.

Zweitens wird jede Gruppe, die auf Einstimmigkeit besteht, irgendwann in eine Situation geraten, wo ein oder zwei Älteste sich bei einer wichtigen Entscheidung querlegen. Dann neigen wir als „Hauptleiter" dazu, insgeheim Druck auf diese Männer auszuüben. Das geschieht zwar aus dem ehrlichen Anliegen, in der Sache voranzukommen, diese Ältesten spüren aber unsere Enttäuschung und stehen wieder in der Gefahr, dem Druck nachzugeben, nur um nicht „Sand im Getriebe" zu sein. Wieder gelangen wir zu äußerlicher Übereinstimmung ohne innere Überzeugung. Die Folgen sind wieder Bitterkeit und das Gefühl, manipuliert zu werden. Vielleicht haben die Querdenker unter uns auch eine besondere Sicht zu vertreten, die wir als Gruppe durchaus anhören und bedenken sollten.

Eines Tages dämmerte es mir, dass das Streben nach Einstimmigkeit schlicht und einfach ein „Wahlsystem mit Schlagseite" war. Ich fragte gewöhnlich: „Hat jemand etwas dagegen?" Das Schweigen deuteten wir dann als vollkommene Zustimmung. Es stellte sich aber heraus, dass nicht jeder seine Stimme erhob, weil er fürchtete, als Querulant und Hindernis dazustehen.

Einmütigkeit

Damals beschlossen wir, bei bestimmten Entscheidungen eine Abstimmung abzuhalten. Wir haben die parlamentarischen Gepflogenheiten übernommen, die sich schließlich über lange Jahre hinweg bewährt haben. Liegt ein Antrag auf dem Tisch, dem jemand nicht zustimmen kann, so erhält er die Gelegenheit, in einer offenen Diskussion seine Bedenken vorzubringen. Ist er danach noch immer nicht überzeugt, wogegen die Mehrheit der Ältesten zustimmen würde, dann kann er dagegen stimmen, sich aber einverstanden erklären, den Mehrheitsbeschluss mitzutragen. Das ist im Grunde ein wirksamer Weg, um zu einem „Konsens" zu gelangen.

Haben aber mehrere Älteste anhaltende Bedenken zu einem bestimmten Vorschlag, so ist es auf jeden Fall weise, den Antrag zurückzustellen, noch ausgiebiger darüber nachzudenken und zu beten, und die Frage später erneut einzubringen. Ich bin inzwischen überzeugt, dass auch sehr gottgefällige Menschen nicht immer über alle Fragen einer Meinung sind. Das sollte uns nicht überraschen. Ich habe zwar meine persönlichen Meinungen über Paulus und Barnabas und ihren heftigen Streit, bei dem sie sich trennten, aber ihren gottgefälligen Charakter stelle ich in keiner Weise in Frage. Beide Männer waren „Propheten und Lehrer" und erhielten direkte

Botschaften vom Heiligen Geist. Trotzdem kamen sie im Hinblick auf Johannes Markus zu gegensätzlichen Schlussfolgerungen.

Frage 6: Ist eine von bezahlten Mitarbeitern geleite Gemeinde biblisch?

Stärken und Schwächen des Pastorensystems

Nichts in der Schrift spricht gegen ein System, wo bezahlte Mitarbeiter eine Gemeinde leiten. Wie bei jeder Organisationsform gibt es auch hier Stärken und Schwächen. Normalerweise sind hauptamtliche Pastoren jüngere Leiter, denen die Einsichten des Alters und der Erfahrung noch fehlen. Ich habe auch entdeckt, dass gottgefällige Männer, die in der Geschäftswelt erfolgreich sind, eine Weisheit im Entscheidungsprozess mitbringen, die uns hauptamtlichen Pastoren allesamt fehlt, einfach weil wir nicht über lange Zeit hinweg in einer solchen Umgebung gearbeitet haben. Damit will ich keineswegs behaupten, Geschäftsleute wären automatisch gute Älteste. Sie stehen manchmal sogar in der Gefahr, ein Geschäftsmodell in die Gemeinde hineinzubringen, das im Widerspruch zu den biblischen Leitungsprinzipien steht. Trotzdem geht nichts über einen erfahrenen Geschäftsmann, der geistlich reif ist, eine biblische Sicht von Leiterschaft besitzt und diese biblischen Begriffe in seinen Leitungsstil eingearbeitet hat.

Eine Fallstudie für die Zusammenarbeit zwischen Ältesten und Pastoren

Im Zuge der Entwicklung unserer Formen gab es eine Episode, wo die Ältesten unsere bezahlten Mitarbeiter einluden, regelmäßig mit beratender Stimme an den Ältestentreffen teilzunehmen. Eines Tages aber kam jenes für mich unvergessliche Treffen, als mehrere Älteste einen sehr wichtigen Punkt vorbrachten: Wird unsere Gemeinde von den Ältesten oder von den Pastoren geleitet? Ich war sehr dankbar für diese Offenheit. Ohne Absicht hatten die hauptamtlichen Mitarbeiter bei diesen Treffen so viel Einfluss gewonnen, dass die Ältesten nicht mehr sicher waren, ob sie noch die Leitung innehatten. Im Grunde hatten die hauptamtlichen Mitarbeiter begonnen, wie Älteste zu funktionieren. Nach diesem Treffen baten die Ältesten unsere bezahlten Mitarbeiter, nicht mehr zu den Treffen zu kommen.

Nach kurzer Zeit sahen wir alle den Unterschied. Einige waren zwar ein bisschen vor den Kopf gestoßen, letztlich aber sahen alle ein, wie weise diese Entscheidung war. Einer unserer Pastoren war enttäuscht, weil er ernsthaft so viel wie möglich von den Ältesten und ihren Besprechungen lernen wollte. Aber auch er verstand die Grundlage dieser Entscheidung.

Um das Gespräch zwischen den Ältesten und den Pastoren in Gang zu halten, planen wir viel Zeit der Gemeinschaft zwischen beiden Gruppen ein, wobei wir oft die Ehefrauen mit einschließen. Sooft wir als Pastoren in Klausur gehen, laden wir alle Ältesten ein, mit uns zu kommen, sofern es ihre beruflichen Termine zulassen.

Frage 7:
Sollten nicht auch hauptamtliche Mitarbeiter Älteste sein?

Pastoren mit in den Ältestenrat aufzunehmen, kann in einer kleinen Gemeinde mit nur wenigen hauptamtlichen Mitarbeitern gut funktionieren. Sobald aber die Gemeinde wächst und die Zahl der bezahlten Pastoren steigt, wären sie gegenüber den ehrenamtlichen Ältesten bald in der Überzahl. In der Fellowship Bible Church North haben wir derzeit an die zwanzig hauptamtliche Pastoren. Wären sie alle offiziell Älteste, wären wir schon aus Zahlengründen nicht mehr arbeitsfähig. Außerdem wären sie ein ungesunder Machtblock, insbesondere bei Entscheidungen, wo bezahlte Mitarbeiter ein eindeutiges Eigeninteresse haben.

Zwar sollte jeder Pastor zum Ältesten qualifiziert sein, die Schrift verlangt aber an keiner Stelle von ihm, dass er die Vollmacht eines Ältesten haben muss.

Frage 8:
Was ist biblischer – eine kongregationale oder von Ältesten geleitete Gemeinde?

Ob die Gemeindeversammlung oder der Ältestenrat die höchste Entscheidungsbefugnis hat, ist eindeutig eine Formfrage, weil die Schrift sie weder eindeutig noch absolut beantwortet. Indem wir den biblischen Bericht sorgfältig analysieren, können wir aber Einsichten gewinnen, die uns helfen, die verschiedenen Ansätze der Leitungsstruktur biblisch zu bewerten.

Entscheidungen der Gemeinde oder der Leitung in der Urgemeinde
Manche Leiter und Gemeinden vertreten sehr vehement die Meinung, die einzig biblische Leitungsstruktur sei die kongregationalistische Form, in der die Gemeindeversammlung das letzte Wort hat. Als Beispiel verweisen sie auf Texte aus der Apostelgeschichte: „Die Zwölf aber beriefen *die Menge der Jünger*" und beauftragten sie: „Seht euch nun um, Brüder, nach sieben Männern", die für die hellenistischen Witwen sorgen sollten. Letztlich wählte „die ganze Menge" diese Männer aus, worauf sie von den Aposteln bestätigt wurden (Apg 6,2-6).

Das sieht nach einer Entscheidung in der „Gemeindeversammlung" von Jerusalem aus. Wir müssen aber bedenken, dass es zu dieser Zeit vielleicht fünfzig- oder hunderttausend Gläubige in Jerusalem gab, die sich unmöglich an einem einzigen Ort versammeln konnten. Eine genauere Untersuchung des Texts zeigt, dass sich die Apostel wahrscheinlich nur mit jenen hellenistischen Juden trafen, deren Witwen betroffen waren, nicht mit den hebräischen Gläubigen, die in Jerusalem und Judäa wohnhaft waren. Wahrscheinlich handelte es sich überhaupt nur um eine relativ kleine Anzahl an Vertretern aus der Gemeinde. Das ist eindeutig kein Vorbild für „Kongregationalismus". Würden wir diesen Schluss ziehen, so hätten wir eine Form in die Schrift hineininterpretiert, die dort gar nicht zu finden ist.

Manche verweisen auch auf die Entscheidungen des Konzils zum Thema Gesetz kontra Gnade (Apg 15). Als Judas und Silas bestimmt wurden, um Paulus und Barnabas nach Jerusalem zu begleiten, lesen wir, dass die „ganze Gemeinde" an diesem Auswahlprozess beteiligt war (v22). Wir dürfen aber nicht vergessen, dass Lukas diese Sammelbegriffe („alle", „ganze") häufig auch für ausgewählte oder vertretungsbefugte Gruppen verwendet. Wenn er beispielsweise nach dem Tod von Stephanus schreibt: „Alle wurden in die Landschaften von Judäa und Samaria zerstreut, ausgenommen die Apostel" (8,1), so meinte er vielleicht nur die sechs verbleibenden hellenistischen Juden, die zum Dienst an den Tischen bestimmt worden waren (siehe den Abschnitt in Kapitel 5: „Die Gesamtsituation").[59]

Auch als die „ganze Gemeinde" an der Auswahl von Judas und Silas beteiligt war, mag Lukas nur eine relativ kleine Gruppe von hingegebenen Gläubigen gemeint haben, die sich freiwillig den Aposteln und Ältesten angeschlossen hatten, als sie über „Gesetz und Gnade" diskutierten. Vielleicht kamen sie im Haus der Maria zusammen, so wie damals, als Petrus aus dem Gefängnis befreit wurde (Apg 12,12). Das war keine „Gemeindeversammlung" im heutigen Sinn.

Eine persönliche Meinung zu Gunsten von Entscheidungen durch die Ältesten

Nachdem ich sowohl das Gemeinde- als auch das Ältesten dominierte System erlebt habe, muss ich meine eigene Befangenheit zugeben. Die Schwächen des kongregationalistischen Systems sehe ich fast zur Gänze darin, dass Mitglieder in die Entscheidungen eingebunden sind, die keine gereiften Gläubigen sind. Die Mitgliedschaft gründet sich oft auf ein Bekenntnis zum Glauben und auf die Taufe. Das garantiert aber keine persönliche Reife in Christus, um kritische Entscheidungen für die Gemeinde zu treffen.

In welcher Familie wäre es einem Dreijährigen erlaubt, über eine Übersiedlung oder einen Berufswechsel des Vaters abzustimmen? Würden wir kleine Kinder über das Familienbudget bestimmen lassen? Welcher Vater würde sein Kind einbeziehen, wenn es um Strafmaßnahmen gegen einen Bruder oder eine Schwester ginge? Ebenso gibt es auch „Säuglinge in Christus", die sich der Gemeinde angeschlossen haben, die aber nicht reif sind, um wichtige Entscheidungen treffen zu helfen. Hier liegt ein wunder Punkt der gemeindezentrierten Leitungsstruktur.

Es gibt aber auch Gefahren, wenn die Ältesten die letztgültigen Entscheidungen treffen. Nimmt eine Gemeinde die Eignungsvoraussetzungen für Älteste nicht ernst genug oder hat sie kein wirkungsvolles System, um geistliche Leiter auszuwählen und zu ernennen, so hat diese Gemeinde womöglich eine Gruppe unreifer Christen, die alle Entscheidungen für die Gemeinde trifft. Nichts ist schädlicher für eine Gemeinde als fleischliche Gläubige, die als Älteste dienen.

Ein weiteres Problem hat damit zu tun, wem die Ältesten selbst Rechenschaft geben. Selbst wenn die letztgültige Autorität bei der lokalen Gemeinde liegt, ist die Gemeinde nicht vor Spaltungen gefeit. Eine Spaltung im Ältestenrat führt gewöhnlich auch zu einer Spaltung der Gemeinde. Die sicherste Methode liegt darin, eine Rechenschaft „nach außen" statt „nach innen" einzurichten, wie in Prinzip 11 (Kapitel 31) erläutert.

Ich persönlich arbeite seit Beginn meiner Gemeindegründungstätigkeit in einem System, in dem die Ältesten das letzte Wort haben. Ehrlich gesagt hatten die schwierigsten Probleme dabei mit leitenden Männern und Frauen zu tun, die nicht den charakterlichen Voraussetzungen entsprachen. Wo aber diese Qualifikationen sorgfältig beachtet und angewandt werden, gibt es meiner Erfahrung nach kein wirksameres Entscheidungsmodell. Sofern diese Männer und ihre Frauen nur ein Ziel vor Augen haben, nämlich anderen und nicht sich selbst zu dienen, sind sie ein großer Segen für die ganze Gemeinde.

Es bleibt zu ergänzen, dass die biblische Freiheit es einem Leiter erlaubt, diese beiden Ansätze auf verschiedene Arten miteinander zu verbinden. Entscheidend ist, die Leitungsprinzipien der Schrift anzuwenden und unsere besonderen Formen an diesen Prinzipien zu messen. So werden wir herausfinden, was in unserer besonderen kulturellen Situation am besten funktioniert.

Frage 9:
Welche strukturellen Änderungen braucht eine Gemeinde, die zahlenmäßig stark wächst?

Eine kleine Gemeinde mit einer Hand voll Ältesten und einem einzigen hauptamtlichen Pastor ist relativ leicht zu leiten. Wenn aber eine Gemeinde wächst und weitere Pastoren anstellt, braucht sie unbedingt klare hierarchische Strukturen. Ich weiß von Gemeinden, wo mehrere hauptamtliche Pastoren den Ältesten als Gruppe berichtspflichtig sind. Im Hinblick auf Rechenschaftsbeziehungen entstehen dadurch natürlich gewaltige Herausforderungen. Es ist in höchstem Maße unrealistisch, von ehrenamtlichen Leitern zu erwarten, als Gruppe mehrere Pastoren wirksam anzuleiten, insbesondere weil diese Leiter ja nicht in die tägliche Arbeit eingebunden sind. Solche Strukturen öffnen ernsthaften Zerwürfnissen, Machtspielen und Eigenmächtigkeiten Tür und Tor.

Noch wichtiger wird diese Frage, sobald es um Leistungsbeurteilung und Gehaltsfragen geht. Hier ist es unabdingbar, einen Hauptleiter zu haben. Die Pastoren müssen diesem Leiter verantwortlich sein, der wiederum an die Gesamtheit der Ältesten berichtet und ihnen Vorschläge macht. Je mehr bezahlte Mitarbeiter es gibt, desto notwendiger ist es, ein gutes System der Rechenschaft zu entwickeln, das die gesamte Organisation umfasst, ohne institutionalistisch und bürokratisch zu sein.

In unserer eigenen Gemeinde, die nun fast zwanzig hauptamtliche Pastoren beschäftigt, sind nur zwei von uns zugleich Älteste, nämlich ich selbst und mein Zweitpastor. Als Älteste konzentrieren wir uns gemeinsam darauf, der Gemeinde insgesamt Anleitung zu geben, die tägliche Arbeit aber delegieren wir an die bezahlten Mitarbeiter. Es ist meine Aufgabe als Hauptpastor (gemeinsam mit meinem Zweitpastor), die Mitarbeiter gebührend zu vertreten und ihnen regelmäßig gegenüber den Ältesten eine Stimme zu verleihen, um die Bedürfnisse aus ihren Diensten wahrzunehmen. Zugleich ist es meine Aufgabe, gemeinsam mit meinem Zweitpastor die Ältesten gegenüber den bezahlten Mitarbeitern zu vertreten.

Frage 10: Wie funktioniert das „Familienmodell"?

Der wertvolle Beitrag der Frauen der Ältesten
Wie in Kapitel 15 dargestellt, haben die Frauen unserer Ältesten ihre Aufgabe an der Seite ihrer Männer, genau wie in der Familie. Sie nehmen oft an Schulungen in der Gemeinde und an Besprechungen teil, arbeiten an denselben Projekten wie die Ältesten und leisten einen wertvollen Beitrag. Manchmal laden wir diese Frauen auch zu besonderen Sitzungen der Ältesten ein, damit sie uns ihre Meinung über wichtige Fragen sagen können. Sie haben deshalb nicht den Status von „Ältesten", genauso wenig wie sie in der Familie „Ehemänner" oder „Väter" sind.

Was den Beitrag von Frauen zum Gemeindeleben betrifft, so bietet das „Familienmodell" gewaltige Möglichkeiten. Eine unserer schönsten Erfahrungen als Gemeinde ist es immer, wenn ein Kleingruppenleiter (der Pastor einer „Minigemeinde") einen Vater tauft, dieser dann die Mutter und die Mutter, neben ihrem Mann stehend, die Kinder. In einem anderen Fall taufte der Ehemann seine Frau und die Frau wiederum ihren Mann. Oder eine junge Frau, die treu in unserer Gemeinde dient, führte einen jungen Mann zu Christus und taufte ihn in einem unserer Hauptgottesdienste. Wir sehen das als vollwertigen Ausdruck unseres „Familienmodells".

Manche kirchlich orientierten Gruppen würden darin einen Verstoß gegen die Schrift sehen. Sie betrachten die „Ordinierung" als biblisches Kriterium, um Menschen zu taufen, das Herrenmahl auszuteilen und sogar das Opfer einzuheben. Das Neue Testament definiert die „Ordinierung" aber nicht so wie manche Kirchen unserer Tage. Diese Praxis hat sich abseits der biblischen Geschichte entwickelt. Sie hat ihre Wurzeln in der Tradition, nicht in der Schrift.

Damit behaupte ich nicht, eine offizielle „Ordinierung" sei unzulässig. In manchen Staaten ist ein offizieller Einsetzungsakt notwendig, um Steuervorteile zu genießen oder Hochzeiten durchführen zu können. Die „Ordinierung" darf aber nicht dazu dienen, Glieder am Leib Christi an ihren oben beschriebenen Funktionen zu hindern, denn damit würden wir dem Neuen Testament eine sehr restriktive Form aufbürden.

Das Herrenmahl in der Gemeinde

Was das Herrenmahl betrifft, so ermutigen wir gläubige Väter und Mütter, zusammen mit ihren gläubigen Kindern des Herrn zu gedenken, und zwar im Rahmen der normalen Mahlzeiten, so wie zur Zeit des Neuen Testaments. Bedenken wir, die Urgemeinde konnte sich in den meisten Fällen nur in Privathäusern versammeln. Sie hatten in den ersten zwei Jahrhunderten keine offiziellen Gemeindegebäude. Außerdem wurde das „Herrenmahl" eine Erweiterung des jüdischen Passamahls. So brachen die neuen Gläubigen in Jerusalem „zu Hause das Brot [und] nahmen Speise mit Frohlocken und Schlichtheit des Herzens" (Apg 2,46).

Was das Herrenmahl betrifft, so sollten wir daran denken, dass die meisten Gemeinden das „symbolische Mahl" erst viel später in der Kirchengeschichte einführten. Vielen Gläubigen ist gar nicht bewusst, dass wir im Vergleich zum Vorbild der Urgemeinde hier bereits „Freiheit der Form" praktizieren.

Wir ermutigen auch unsere Minigemeinden, das Herrenmahl gemeinsam in den Privatwohnungen zu halten. So können die Gläubigen diese Erfahrung zusammen mit einem Gemeinschaftsmahl genießen. Zwar leiten meist die offiziellen Pastoren der Minigemeinden dieses Mahl, sie lassen aber auch andere Mitglieder der Gruppe an dieser Verantwortung teilhaben. Hierin sehen wir echte biblische Formenfreiheit.

Ich bin immer überrascht, wenn manche Menschen aus der Bibel ableiten, dass ein Gottesdienst mit Herrenmahl die Anwesenheit eines offiziellen Ältesten oder Diakons erfordert. Sie verstehen natürlich nicht, dass diese „Traditionen" aus der Kirchengeschichte erwachsen sind, nicht aus der Schrift. Andere glauben, das Herrenmahl müsse in einem Kirchengebäude stattfinden, was sogar noch überraschender ist, denn mehrere Jahrhunderte lang konnten sich die Gläubigen gar nicht in besonderen Gebäuden treffen. Sie *mussten* in Privatwohnungen zusammenkommen.

Ein abschließendes Wort

Damit sind wir wieder dort, wo wir diese Untersuchung begonnen haben. Biblische Prinzipien finden sich in biblischen Funktionen und Anweisungen wieder, die uns den Freiraum lassen, jene Formen zu entwickeln, durch die wir biblisches Christsein in jeder Kultur und in jedem Augenblick der Geschichte ausleben können. Indem wir fähig werden, zwischen „Funktionen" und „Formen" zu unterscheiden, können wir festlegen, was sich niemals ändern darf und was sich ändern *muss,* damit wir den Missionsbefehl unseres Herrn Jesus Christus ausführen können.

37. Ein Nachfolgeplan

Sooft ich an all die neuen Megagemeinden denke, die hunderte von Mitarbeitern und millionenschwere Gebäude haben, frage ich mich mit Sorge, was geschehen wird, wenn der Gründungspastor in den Ruhestand geht oder eine andere Arbeit beginnt. Ohne jeden Zweifel ist der Erfolg dieser Gemeinden hauptsächlich auf ihre dynamischen Leiter zurückzuführen. Das meine ich nicht als Kritik, sondern aus realistischer Beobachtung. Gott verwendet die Persönlichkeit und die Begabungen eines Hauptleiters, um wichtige Ziele zu erreichen. Ehrlicherweise muss ich zugeben, dass mein eigener Führungsstil einen wesentlichen Einfluss auf die Fellowship Bible Church North hat, deren Pastor ich bin.

Diese Sorge hat mich zum Nachdenken gebracht, und ich habe mich für eine klare Strategie entschieden. Hier gebe ich unseren Nachfolgeplan weiter, weil Bob Buford und Brad Smith, die dankenswerterweise das Vorwort zu diesem Buch geschrieben haben, mich ermutigt haben, unsere Geschichte zu erzählen. Hoffentlich wird sie sich als hilfreich erweisen.

Im Grunde geht es in diesem Kapitel darum, wie Leiter andere Leiter zurüsten, den nächsten Hauptleiter der Gemeinde und auch die künftigen Ältesten. Falls Sie in einer großen Gemeinde sind oder einer oder mehrere Ihrer Leiter sich dem Rentenalter nähern, sollten Sie über ein solches Modell nachdenken.

Anfänge

Als ich meinen Gemeindegründungsdienst begann, war es mir wichtig, Tochtergemeinden zu gründen anstatt eine zentrale Gemeinde einfach immer größer werden zu lassen. Nicht dass es falsch wäre, eine wirklich große Gemeinde zu bauen. Sehr bald stellte sich heraus, dass die Muttergemeinde trotzdem weiter wuchs, obwohl wir uns um die Gründung von neuen Gemeinden bemühten. Eine attraktive Gemeinde in einem dicht besiedelten Gebiet wächst fast automatisch. Jedenfalls ist das in der Fellowship Bible Church North der Fall. Wir *sind* eine Megagemeinde, ebenso wie einige der von uns gegründeten Gemeinden im Gebiet von Dallas.

Während die Anzahl unserer pastoralen Mitarbeiter in der Fellowship Bible Church North immer weiter wuchs, begann ich meinen Lehr- und Predigtdienst mit einigen dieser Männer zu teilen. Sooft ich auf Reisen oder im Urlaub war, überließ ich ihnen die Kanzel. Ich beschloss, keine Gastredner einzuladen, um „die Kanzel zu füllen" (außer bei sehr seltenen Gelegenheiten), sondern lieber den anderen Pastoren die Gelegenheit zum Predigen zu geben. Jeff Jones, einer von den Männern, die in Abständen diese Verantwortung übernahmen, sah sich bald mit schwierigen Fragen konfrontiert, etwa: „Weißt du womöglich mehr als uns gesagt wurde?" Ganz offenkundig reagierten manche in der Gemeinde in besonderer Weise auf den Lehrdienst von Jeff sowie auf seine Leitungstätigkeit in anderen Bereichen. Darüber hinaus wussten die meisten, dass ich über 65 Jahre alt bin, und so fragten sie sich, ob wir klammheimlich begonnen hatten, Jeff als meinen Nachfolger aufzubauen.

Ein neues Jahrtausend

Die positiven Rückmeldungen und die daran anschließenden Fragen brachten Jeff in eine sehr unangenehme Position. Wir sprachen miteinander darüber und wurden uns einig, dass wir die „Flucht nach vorn" antreten mussten. Spekulationen hinter vorgehaltener Hand können zu falschen Schlussfolgerungen und Gerüchten führen. Folglich traf ich mich einzeln mit den Ältesten und stellte geradeheraus die Frage: „Wenn du an alle unsere hauptamtlichen Mitarbeiter denkst, wer wäre deiner Meinung nach am besten geeignet, in sieben Jahren meine Stelle einzunehmen?" Diese Frage ging natürlich von der Annahme aus, dass ich bis zum Alter von 75 Jahren meinen Aufgaben voll gewachsen sein würde. Obwohl keiner wusste, was die anderen Ältesten dachten, nannte jeder von ihnen ohne Zögern den Namen Jeff Jones. Das war gerade zu Beginn des Jahres 2000, einem sehr wichtigen Zeitpunkt in der Geschichte. Es wurde auch ein sehr wichtiger Augenblick in der Geschichte unserer Gemeinde.

Ich entschloss mich, danach mit den anderen Pastoren zu sprechen, die ebenfalls in meiner Abwesenheit gepredigt hatten. Diese Männer reagierten genauso. Alle bestätigten Jeffs Fähigkeit, die Schrift zu lehren und zielführend zu leiten. Kein einziger fühlte sich übergangen, was für die Reife dieser Männer spricht und den Ältesten als Bestätigung diente, dass Jeff ein sehr geeigneter Kandidat war.

Ein Ehepaar als Team

Mit der Rückendeckung der Ältesten trat ich an Jeff und seine Frau Christy heran und berichtete ihnen, was wir hinter den Kulissen getan hatten. Sie fühlten sich natürlich geehrt über die einstimmige Antwort auf meine Frage. Nach Gebet und Überlegen gemeinsam mit seiner Frau nahm Jeff die Einladung an. Er war sich wohl bewusst, dass sieben Jahre ein langer Zeitraum sind. Trotzdem werde ich seine erste Reaktion auf die Einladung nie vergessen: „Ich werde sieben Jahre brauchen, um in diese Rolle hineinzuwachsen." Mir erschienen sie nicht als bloße Worte oder seltsame Plattitüde, er meinte es ernst!

Als Älteste überlegten wir dann, wie wir unsere Entscheidung der Gemeinde insgesamt mitteilen sollten. Weil wir nicht demokratisch organisiert sind, mussten wir nicht abstimmen. Die Reaktion der Gemeinde war aber spontan und einmütig. Unsere Entscheidung hat alle, die verbindlich zur Gemeinde gehören, sehr ermutigt. Im Grunde verlieh sie ihnen größere Sicherheit im Hinblick auf ihre künftige Zugehörigkeit zur Gemeinde.

Der Schritt zum Zweitpastor

Danach beförderten wir Jeff zum Zweitpastor. In dieser Funktion hält er ungefähr jede dritte Predigt. Außerdem helfe ich ihm gezielt dabei, sein künftiges Team aufzubauen. Inzwischen hat er unser ganzes Leitungsteam erfolgreich durch den Anpassungsprozess geführt. Wir haben zwar unsere vielen verschiedenen Dienste nicht bewusst „aufgeteilt“, im Grunde ist es aber doch passiert. Bei einer Organisation von einer gewissen Größe ist es auch nicht anders zu erwarten. Gemeinden bilden da keine Ausnahme. Sie werden genauso zu Institutionen wie jedes andere große Unternehmen.

Es ist großartig zu erleben, wie alle Leiter unserer einzelnen Dienste am selben Strang ziehen und denselben Werten verpflichtet sind. Jeff hat diese Neuausrichtung angeleitet, und obwohl jeder unserer Mitarbeiter seinen Dienst neu überdenken musste, um seinen Beitrag zu unseren gemeinsamen Werten zu beurteilen, sind wir noch nie so einig über unsere grundlegenden Werte gewesen. Wir beten regelmäßig darum, dass der Satan diesen Prozess nicht stören kann. Wir müssen auf der Hut sein, wie Paulus schreibt: „Befleißigt euch, die Einheit des Geistes zu bewahren durch das Band des Friedens“ (Eph 4,3).

Lassen wir ihn selbst zu Wort kommen

Wie sieht der künftige Leiter einen solchen Nachfolgeplan? Ich habe Jeff gebeten, eine Stellungnahme zu geben und auch etwas über die Auswirkungen auf die Gemeinde zu schreiben. Hier ist sein Bericht:

„Als Gene an mich herantrat und fragte, ob ich sein Nachfolger werden wollte, war ich einerseits begeistert und andererseits fast zu Tode erschrocken. Ich war begeistert, weil ich mir keinen besseren Mentor vorstellen kann. Natürlich hatte ich auch Angst, denn es ist schon viel verlangt, in seine Fußstapfen zu treten. Er ist der Gründer unserer Gemeinde, ein bekannter Lehrer, Schriftsteller und Leiter. Ihn hat Gott verwendet, um meine eigene Leidenschaft für die Ortsgemeinde zu neuem Leben zu erwecken. ...

Ein wichtiger Schlüssel zu einer erfolgreichen Übergangszeit ist, dass beide Leiter ihre Ichsucht ablegen müssen, um gemeinsam zu leiten und zu dienen. Das ist gewöhnlich schwieriger für den abtretenden Leiter als für den Nachfolger. Ein Nachfolgeplan verlangt von ihm, langsam loszulassen, während der andere langsam mehr

Verantwortung übernimmt. Meistens fällt es uns schwerer loszulassen, als unseren Dienst zu erweitern. Gene hat das erstaunlich gut bewältigt.

Gene lässt mir unglaublich viel Freiheit, damit ich leiten und wachsen kann. Unter seiner Aufsicht und gemeinsam mit ihm leite ich die Mitarbeiter an und arbeite mit ihm und den Ältesten zusammen, um den einzelnen Dienstbereichen die Richtung vorzugeben. So konnte ich Leitungsverantwortung auf höchster Ebene übernehmen und doch auf Weisheit und Erfahrung zurückgreifen. In diesem Sinne leiten wir die Gemeinde gemeinsam. Ich achte sorgfältig darauf, nicht loszupreschen, bevor wir beide vollends einmütig sind. Dadurch wird der Entscheidungsprozess langwieriger, unsere Entscheidungen sind aber im Allgemeinen viel besser, als sie es sonst wären. In der Nachfolgephase ist es unbedingt erforderlich, dass beide Teile sich so gut wie möglich mit wichtigen Entscheidungen identifizieren können.

Das erfordert ein hohes Maß an Kommunikation. In den letzten Jahren ist es öfters vorgekommen, dass Gene mich um meine Meinung fragte und ich eine andere Sichtweise hatte als er. Mehrmals habe ich ihn gefragt: 'Gene, welchen Hut soll ich jetzt aufsetzen? Soll ich der Zweitpastor sein? Dann sage ich dir meine Meinung, und wir gehen weiter auf dem Weg, den du vorgeschlagen hast. Oder soll ich den Hut des künftigen Hauptpastors aufsetzen? Dann müssen wir uns auf eine schwierige Diskussion einlassen.' Jedes Mal hat er geantwortet: 'Jeff, setz den Hut des künftigen Pastors auf. Es kann nur so funktionieren. Wenn du so tust, als wäre alles in Ordnung, in Wirklichkeit aber siehst du die Dinge anders, kommt der ganze Nachfolgeplan ins Wanken.

Ein wichtiger Vorteil einer längeren Übergangszeit ist, dass die Schafe meine Stimme kennen lernen können. Indem ich leite und lehre, lernen die Menschen meine Denkweise kennen. Sie lernen nicht nur Gene zu folgen, sondern auch mir. Am Anfang musste ich meine Glaubwürdigkeit von Gene borgen, weil die Leute wussten, wie sehr er an mich glaubte. Mit der Zeit kann ich mir selbst Glaubhaftigkeit als Leiter erwerben, indem sich die Menschen an mich gewöhnen und sich über meine Tätigkeit als Leiter freuen. Dieser natürliche Prozess ist wichtig, wäre für einen innerlich unsicheren Pastor aber bedrohlich.

Leitungsstil

Ein weiterer wichtiger Faktor für den Übergang ist Kontinuität, ohne die Unterschiede zu verwischen. Gene und ich sind unterschiedliche Menschen, deshalb haben wir auch nicht denselben Leitungsstil und sprechen nicht gleich. Als die Ältesten zusammenkamen, um mich zu bitten, Genes Nachfolger zu werden, [erläuterten sie] ... 'Wir wünschen uns Jeff Jones als künftigen Pastor dieser Gemeinde, und wir erwarten und wünschen uns nicht von ihm, dass er versucht, wie Gene zu sein. Leite so, wie Gott dich berufen hat zu leiten.'

Das gibt mir eine unglaubliche Freiheit. Es gibt aber auch der Gemeinde Sicherheit. Obwohl unser Stil unterschiedlich ist, gleichen wir uns in unserer Auffassung vom Dienst. Unsere Werte ähneln sich sehr. Je mehr wir das betonen können, desto besser. Die Menschen lieben es, uns gut voneinander reden zu hören. Sie sehen uns gerne gemeinsam auf dem Podium, sie erleben uns gerne zu zweit. Sie müssen wissen, dass wir zwar verschieden sind, dass wir einander aber lieben und denselben Prinzipien anhängen, die unserer Gemeinde zu Grunde liegen.

Diese drei Jahre sind sehr gut verlaufen, aber ein Übergang ist eben ein Übergang. Es ist nicht immer leicht. Indem die Nachfolge den Menschen stärker bewusst wird, trauern einige, die schon lange da sind, über den bevorstehenden Abschied von Gene. Andere hätten den Übergang lieber heute als morgen abgeschlossen. Manche blicken voll Angst auf die ungewisse Zukunft unter meiner Leitung, andere freuen sich darauf. Nicht nur Gene, auch andere Leiter mussten Dinge loslassen, jüngere Leiter hingegen lernen, Verantwortung zu übernehmen. Alle diese unterschiedlichen Empfindungen sind nur natürlich. Wir kommunizieren so viel wie möglich, damit die Menschen gut mit diesen Gefühlen umgehen lernen.

Den Übergang im Gebet begleiten
Wir sind begeistert von den Veränderungen, aber wir beten auch viel. Wir sehen es als das Beste für unsere Gemeinde, einmütig voranzuschreiten. Wir beten viel, weil wir uns bewusst sind, dass jede Organisation im Übergang verwundbar ist ... Dem Satan wäre nichts lieber, als einen Keil zwischen Gene und mich zu treiben oder die Gemeinde in Gruppen zu spalten."

Jeff schließt seine Beobachtungen mit diesen persönlichen Worten ab:

„Was mich betrifft, so bin ich dankbar für eine Gemeinde, die weitblickend genug ist, um einen Nachfolgeplan zu haben. Ich lobe Gott für die Gelegenheit, mit einem Mentor wie Gene zum Hauptpastor dieser Gemeinde heranzureifen. Und ich bin dankbar für einen Mentor, der mir Kraft gibt, der sein Bestes gibt, damit ich erfolgreich bin und die Gemeinde nach dem Ende seiner Leiterschaft lebendig bleibt. Diese Art von dienender Leiterschaft ist selten."

Nachfolge in der Ältestenschaft

Wie schon im vorigen Kapitel erwähnt, kamen im Zuge unseres Nachfolgeplans die anderen Ältesten zu dem Schluss, dass sie einen ähnlichen Plan brauchten. Folglich kamen sie überein, dass keiner von ihnen länger als bis zum Alter von 75 Jahren als Ältester dienen würde. Weil mehrere dieser Männer seit dem Beginn meines Gemeindegründungsdienstes mit mir zusammen arbeiten, sind sie ungefähr in meinem Alter.

Dann setzten wir einen Plan in Gang, um neue Älteste heranzubilden, durchwegs Männer, mit denen Jeff in Zukunft gerne zusammenarbeiten würde. Sobald wir uns einig waren, wer diese Männer und ihre Frauen sein sollten, übertrugen wir Jeff die Aufgabe, diese Ehepaare für die Ältestenschaft zuzurüsten und vorzubereiten (siehe Kapitel 34). Wir begannen mit zwei Ehepaaren, bis jetzt haben wir zwei weitere hinzugefügt. In den nächsten Jahren werden wir zweifellos noch mehr neue Älteste brauchen, bis der Nachfolgeplan vollständig ist und jene Männer, die lange Jahre hindurch gedient haben, ihre Aufgabe ganz dem neuen Ältestenrat übertragen, der von meinem Zweitpastor geleitet werden wird.

„So der Herr will"

Von Anfang an war uns klar, dass jeder Schritt in der Hand des Herrn liegt. Oft zitiere ich Jakobus:

> *„Wohlan nun, die ihr sagt: Heute oder morgen wollen wir in die und die Stadt gehen und dort ein Jahr zubringen und Handel treiben und Gewinn machen - die ihr nicht wisst, wie es morgen um euer Leben stehen wird; denn ihr seid ein Dampf, der eine kleine Zeit sichtbar ist und dann verschwindet -; statt dass ihr sagt: Wenn der Herr will und wir leben, werden wir auch dieses oder jenes tun." (Jak 4,13-15)*

Keiner von uns weiß, was der nächste Tag bringen wird. Wir können und müssen sagen: „So der Herr will, werden wir diesen Nachfolgeplan zu Ende bringen." Jeff hat die Herausforderung mit „offenen Händen" angenommen, zum Loslassen bereit. Der Prozess kann erst nach einer siebenjährigen Reise vollendet werden, oder auch früher, falls mir etwas Unvorhergesehenes passiert, das es mir unmöglich macht, weiter zu dienen. Die ersten drei Jahre sind zwar erstaunlich gut gegangen, vier Jahre liegen aber noch vor uns. Unser beider Hauptanliegen ist, dass die Gemeinde, die wir lieben, in ihrem Dienst keinen Augenblick zurückfällt, sondern in vier Jahren gesünder ist als heute und nach Vollendung des Nachfolgeplans noch weiter an Kraft zunimmt.

Abschließende Worte

Ein letztes Wort an Männer, die sich in derselben Lebensphase befinden wie ich, vielleicht auch jünger, und Pastoren einer großen Gemeinde sind. Die Zukunft Ihres Dienstes liegt in vielerlei Hinsicht in Ihrer eigenen Hand. Warten Sie nicht, bis es zu spät ist, um mit dem Prozess zu beginnen. Ob Ihr Lebenswerk bleibt oder nicht, hängt von Ihrem Nachfolgeplan ab.

Seit vielen Jahren glaube ich an eine sehr wichtige geistliche und psychologische Richtlinie: „*Wenn ich die Gemeinde mehr brauche als die Gemeinde mich braucht, dann bin ich zu lange geblieben.*“ Anders gesagt, sollten meine ichbezogenen Bedürfnisse stärker sein als die Bedürfnisse der Menschen in meiner Gemeinde, habe ich den festen Grund verlassen und lebe fleischlich statt geistlich.

Zuweilen bitte ich meine Ältesten, mir zu helfen, mir diese Richtlinie vor Augen zu halten. Wir kennen alle Geschichten aus dem Geschäftsleben, wo Firmenchefs sich aus selbstsüchtigen Motiven zu lange an ihre Positionen klammern und damit der Organisation schaden. Leider sind auch Pastoren nicht vor dieser Ichbezogenheit gefeit und können so das Werk des Reiches Gottes behindern. Dann wird der Beifall der Menschen wichtiger als die Zustimmung von Gott. Möge das in meinem Leben niemals geschehen. Darum bete ich mit allem Anhalten - dass ich beständig nach der Zustimmung Gottes strebe und für sie dankbar bin.

Anhang A: Das Wort *ekklesia* (Gemeinde) in der Apostelgeschichte und den Briefen

Vielleicht wollen Sie anhand der folgenden Tabelle jede Bibelstelle in ihrem Zusammenhang nachschlagen. Dieses Studium ist sehr aufschlussreich, denn es wird Ihnen nahe bringen, *warum* die „Gemeinde“ im Neuen Testament ein so grundlegender und umfassender Begriff ist. Vorher sollten Sie aber das folgende Profil überfliegen und diese Fragen überlegen:

1. Wie oft verwenden die neutestamentlichen Autoren das Wort „Gemeinde“ für die *universale* Gemeinde? Stimmen Sie dieser Beurteilung zu? Wenn nein, warum nicht?
2. Wie oft bezieht sich das Wort auf eine *Gruppe von Ortsgemeinden* und auf eine *einzelne Ortsgemeinde?* Stimmen Sie dieser Beurteilung zu? Wenn nein, warum nicht?
3. Welche anderen wesentlichen Beobachtungen machen Sie über dieses Profil?
4. Inwiefern bestätigen diese Beobachtungen Ihre bisherigen Auffassungen von der Gemeinde, und inwiefern stellen sie Ihre Meinung in Frage?

Vers[1]	**Die universale GEMEINDE**	**Eine Gruppe von Ortsgemeinden**	**Eine konkrete Ortsgemeinde**
Apostelgeschichte 5,11			Gemeinde
Apostelgeschichte 8,1			Gemeinde
Apostelgeschichte 9,31		Gemeinden	
Apostelgeschichte 11,22			Gemeinde
Apostelgeschichte 11,26			Gemeinde
Apostelgeschichte 12,1			Gemeinde
Apostelgeschichte 12,5			Gemeinde
Apostelgeschichte 13,1			Gemeinde
Apostelgeschichte 14,23			Gemeinde
Apostelgeschichte 14,27			Gemeinde
Apostelgeschichte 15,3			Gemeinde
Apostelgeschichte 15,4			Gemeinde
Apostelgeschichte 15,22			Gemeinde
Apostelgeschichte 15,41		Gemeinden	
Apostelgeschichte 16,5		Gemeinden	
Apostelgeschichte 18,22			Gemeinde
Apostelgeschichte 20,17			Gemeinde
Apostelgeschichte 20,28			Gemeinde
Jakobus 5,14			Gemeinde
Galater 1,2		Gemeinden	
Galater 1,13	GEMEINDE		
Galater 1,22		Gemeinden	
1Thessalonicher 1,1			Gemeinde
1Thessalonicher 2,14		Gemeinden	
2Thessalonicher 1,1			Gemeinde
2Thessalonicher 1,4		Gemeinden	
1Korinther 1,2			Gemeinde
1Korinther 4,17			Gemeinde
1Korinther 7,17		Gemeinden	
1Korinther 10,32	GEMEINDE		
1Korinther 11,16		Gemeinden	
1Korinther 11,18			Gemeinde
1Korinther 11,22	GEMEINDE		
1Korinther 12,28	GEMEINDE		
1Korinther 14,4			Gemeinde

[1] Nach der Apostelgeschichte sind die neutestamentlichen Briefe in der Reihenfolge ihrer wahrscheinlichen Abfassung aufgelistet.

1Korinther 14,5			Gemeinde
1Korinther 14,12			Gemeinde
1Korinther 14,19			Gemeinde
1Korinther 14,23			Gemeinde
1Korinther 14,28			Gemeinde
1Korinther 14,33		Gemeinden	
1Korinther 14,34		Gemeinden	
1Korinther 14,35			Gemeinde
1Korinther 15,9	GEMEINDE		
1Korinther 16,1		Gemeinden	
1Korinther 16,19		Gemeinden	
2Korinther 1,1			Gemeinde
2Korinther 8,1		Gemeinden	
2Korinther 8,18		Gemeinden	
2Korinther 8,23		Gemeinden	
2Korinther 8,24		Gemeinden	
2Korinther 11,8		Gemeinden	
2Korinther 11,28		Gemeinden	
2Korinther 12,13		Gemeinden	
Römer 16,1			Gemeinde
Römer 16,4		Gemeinden	
Römer 16,5			Gemeinde
Römer 16,16		Gemeinden	
Römer 16,23			Gemeinde
Epheser 1,22	GEMEINDE		
Epheser 3,10	GEMEINDE		
Epheser 3,21	GEMEINDE		
Epheser 5,23	GEMEINDE		
Epheser 5,24	GEMEINDE		
Epheser 5,25	GEMEINDE		
Epheser 5,27	GEMEINDE		
Epheser 5,29	GEMEINDE		
Epheser 5,32	GEMEINDE		
Kolosser 1,18	GEMEINDE		
Kolosser 1,24	GEMEINDE		
Kolosser 4,15			Gemeinde
Kolosser 4,16			Gemeinde
Philipper 3,6	GEMEINDE		
Philipper 4,15			Gemeinde
Philemon 2			Gemeinde
1Timotheus 3,5			Gemeinde
1Timotheus 3,15	GEMEINDE		

1Timotheus 5,16			Gemeinde
Hebräer 2,12	GEMEINDE		
Hebräer 12,23	GEMEINDE		
3Johannes 6			Gemeinde
3Johannes 9			Gemeinde
3Johannes 10			Gemeinde
Offenbarung 1,4		Gemeinden	
Offenbarung 1,11		Gemeinden	
Offenbarung 1,20		Gemeinden	
Offenbarung 2,1			Gemeinde
Offenbarung 2,7		Gemeinden	
Offenbarung 2,8			Gemeinde
Offenbarung 2,11		Gemeinden	
Offenbarung 2,12			Gemeinde
Offenbarung 2,17		Gemeinden	
Offenbarung 2,18			Gemeinde
Offenbarung 2,23		Gemeinden	
Offenbarung 2,29		Gemeinden	
Offenbarung 3,1			Gemeinde
Offenbarung 3,6		Gemeinden	
Offenbarung 3,7			Gemeinde
Offenbarung 3,13		Gemeinden	
Offenbarung 3,14			Gemeinde
Offenbarung 3,22		Gemeinden	
Offenbarung 22,16		Gemeinden	

Anhang B: Eine biblische Betrachtung über Heilung

Die erste in der Bibel konkret genannte Aufgabe von Ältesten ist das Gebet für die Kranken. Jakobus, der Halbbruder Jesu und leitende Älteste der Gemeinde in Jerusalem, betont dies ganz klar. (Der Jakobusbrief ist vermutlich der älteste neutestamentliche Brief.) Die Anweisungen von Jakobus 5,13-16 lauten:

> *„Leidet jemand unter euch? Er bete. Ist jemand guten Mutes? Er singe Psalmen. Ist jemand krank unter euch? Er rufe die Ältesten der Gemeinde zu sich, und sie mögen über ihm beten und ihn mit Öl salben im Namen des Herrn. Und das Gebet des Glaubens wird den Kranken retten, und der Herr wird ihn aufrichten, und wenn er Sünden begangen hat, wird ihm vergeben werden. Bekennt nun einander die Vergehungen und betet füreinander, damit ihr geheilt werdet; viel vermag eines Gerechten Gebet in seiner Wirkung."*

Wenn wir Jakobus richtig verstehen wollen, müssen wir zuerst über den Heilungsdienst Jesu und der Apostel nachdenken, über den in den Evangelien und in der Apostelgeschichte berichtet wird.

Der Heilungsdienst Jesu

Als Jesus seinen Dienst begann, heilte er oft Menschen - ein übernatürlicher Beweis seiner göttlichen Kraft, die ihn als „Fleisch gewordenes Wort" (Joh 1,1-14) auswies. Johannes schrieb sein Evangelium hauptsächlich, um diese Wahrheit zu belegen. Gegen Ende seiner erstaunlichen Darstellung dessen, wer Jesus wirklich ist, fasst er seine Absicht so zusammen: „Auch viele andere *Zeichen* hat nun zwar Jesus vor den Jüngern getan, die nicht in diesem Buch geschrieben sind. *Diese aber sind geschrieben, damit ihr glaubt, dass Jesus der Christus ist, der Sohn Gottes,* und damit ihr durch den

Glauben Leben habt in seinem Namen“ (Joh 20,30-31, Hervorhebung hinzugefügt).

Vier der Wunder, die Johannes für sein Evangelium auswählte, um die Göttlichkeit Christi zu beweisen, sind Heilungen:

- Er heilte den erkrankten Sohn eines königlichen Beamten (4,46-53).
- Er machte in Jerusalem einen Mann gesund, der achtunddreißig Jahre lang gelähmt gewesen war (5,1-13).
- Er gab einem Blindgeborenen das Augenlicht (9,1-41).
- Er erweckte Lazarus zum Leben, nachdem dieser vier Tage zuvor gestorben war (11,38-44).

Der Heilungsdienst der Apostel

Jesus gab diese Vollmacht an die elf Apostel weiter, insbesondere an Petrus, später auch an Paulus, der sich selbst als den „geringsten der Apostel“ bezeichnet, „der ich nicht würdig bin, ein Apostel genannt zu werden, weil ich die Gemeinde Gottes verfolgt habe. Aber durch Gottes Gnade bin ich, was ich bin“ (1Kor 15,9-10).

Interessant und bedeutsam ist, dass zwar an mehreren Stellen allgemein auf die Wundertaten der Apostel verwiesen wird (zB Apg 2,43; 5,12), dass Lukas aber nur drei Heilungen durch Petrus und drei durch Paulus im Detail beschreibt:

Der Apostel Petrus	**Der Apostel Paulus**
Der *Gelähmte* am Tor des Tempels (Apg 3,1-10)	Der *Gelähmte* in Lystra, der von Geburt an lahm gewesen war (Apg 14,8-10)
Äneas, der acht Jahre lang gelähmt an das Bett gefesselt war (Apg 9,32-35)	*Eutychus,* der in Troas von den Toten auferweckt wurde (Apg 20,7-12)
Dorkas wurde vom Tod erweckt (Apg 9,36-43)	*Publius,* der Erste der Insel Malta, wurde geheilt (Apg 28,7-8)

Obwohl Petrus und Paulus zweifellos weitere Heilungen vollbrachten (siehe Apg 5,15-16; 28,9-10), hielt Lukas diese sechs Heilungen (drei durch Petrus und drei durch Paulus) im Detail fest, um ihre Berufung als Apostel zu bekräftigen. Paulus schreibt an die Korinther von seiner besonderen Berufung, die durch Wunder bestätigt wurde: „Die Zeichen des Apostels sind ja unter euch vollbracht worden in allem Ausharren, in Zeichen und Wundern und Machttaten" (2Kor 12,12).

Petrus war zum „Apostel der Juden" berufen, Paulus zum „Apostel der Heiden" (Gal 2,8). Nicht zufällig schildert Lukas drei fast identische Heilungen durch diese beiden Männer, offenbar um ihre apostolische Berufung zu bestätigen.

Heilungen durch andere Jünger

Zwar erwähnt die Apostelgeschichte auch andere Männer, darunter den Evangelisten Philippus (8,5-7), die Wunderheilungen vollbrachten, diese Fähigkeit dürfte der Heilige Geist aber nur einigen wenigen verliehen haben. Paulus erwähnt die „Gabe der Heilung" auch später in seinem Brief an die Korinther (1Kor 12,9), wir verfügen aber über keine konkreten Beispiele, wie diese Gabe ausgeübt wurde.

Das bringt uns zu einer zweiten Beobachtung. Heilungsgaben wurden nicht nur verliehen, um das Apostelamt zu bestätigen, sondern auch um die Evangeliumsbotschaft zu bekräftigen. Der Hebräerbrief betont das folgendermaßen: „[Die Errettung] hat ja den Anfang ihrer Verkündigung durch den Herrn empfangen und ist uns von denen bestätigt worden, die es gehört haben, wobei Gott zugleich *Zeugnis gab durch Zeichen und Wunder und mancherlei Machttaten und Austeilung des Heiligen Geistes* nach seinem Willen" (2,3-4, Hervorhebung hinzugefügt).

Die Anweisung an die Ältesten (Jakobus 5,13-20)

Indem Jakobus die Kranken ermutigt, die Ältesten der Gemeinde zum Gebet zu sich zu rufen, erweitert er den Heilungsdienst auf die geistlichen Leiter der Ortsgemeinde (Älteste oder Aufseher) und auf alle Kranken, die ein Gebet um Heilung wünschen. Die Frage ist nun, an welche „Krankheit“ und an welche „Heilung“ Jakobus dabei dachte.

Dazu müssen wir beachten, dass die Heilungen durch Jesus in den Evangelien und durch einige wenige Christen in der Apostelgeschichte einem bestimmten Zweck dienten. Das Wohl der Betroffenen war zwar wichtig, das ausdrückliche Ziel der Heilungen war allerdings vielfältiger:

- Die Göttlichkeit Christi zu beweisen
- Die Berufung der Apostel zu untermauern
- Die Botschaft des Evangeliums zu beglaubigen

Bei Jakobus geht es hingegen primär um *das Wohl der Gläubigen.* Es ist keine Rede davon, die Berufung oder Position der Ältesten zu bestätigen oder das Evangelium zu beglaubigen, sondern jedem Glied am Leib Christi zu dienen, das ein Gebet um Heilung wünscht.

Um die Frage zu beantworten, welche Krankheit und Heilung Jakobus im Sinn hatte, müssen wir noch eine wichtige Beobachtung ergänzen. Die Bibel garantiert uns an keiner Stelle, dass wir von jeder Krankheit körperlich geheilt werden. Sonst könnten wir den Alterungsprozess aufhalten und den Tod verhindern. Sogar der Apostel Paulus, der mehrere Heilungswunder und eine Totenauferweckung vollbrachte, wurde selbst nicht geheilt. An die Korinther schreibt er von einem „Dorn“ in seinem Fleisch. Wir wissen nicht, worin dieser „Dorn“ bestand. Manche vermuten Blindheit oder eine körperliche Entstellung durch die Schläge und die Steinigung, die er erlitten hatte. Jedenfalls schreibt Paulus: „Um dessentwillen habe ich dreimal den Herrn angerufen, dass er von mir ablassen möge. Und er hat zu mir gesagt: Meine Gnade genügt dir, denn meine Kraft kommt in Schwachheit zur Vollendung“ (2Kor 12,8-9).

Worum geht es also Jakobus? Diese Aussage von Paulus über sich selbst im zweiten Korintherbrief hilft uns, diese Frage zu beantworten, vor Allem wenn wir genau darauf achten, wie Jakobus diese „Krankheit" beschreibt.

Jakobus genau betrachtet

Jakobus verwendet drei griechische Wörter für „Krankheit", die ihre Wurzel alle in der Seele oder im Herzen haben. Jedes dieser Wörter trägt zwar etwas zur Definition dieser „Krankheit" bei, im Grunde sind sie aber gleichbedeutend:

- 5,13 „*Leidet* jemand unter euch?" (Dieses griechische Wort *kakopatheo* bedeutet, geplagt oder von einer Not gequält zu sein.)
- 5,14 „Ist jemand *krank* unter euch?" (Das griechische Wort *astheneo* bedeutet schwach, kraftlos und erschöpft sein.)
- 5,15 „Das Gebet des Glaubens wird *den Kranken* retten" (Dieses Wort *kamno* bedeutet ohnmächtig, müde, ausgelaugt, erschöpft sein.)

Die körperlichen und seelischen Auswirkungen von Stress
In diesem Text spricht Jakobus dieselben Themen an wie in seinem übrigen Brief. In Kapitel 1 erwähnt er „mancherlei Versuchungen" (1,2.12) und in Kapitel 5, kurz vor unserem Text, das „Vorbild des Leidens und der Geduld" der alttestamentlichen Propheten (5,10). Folgerichtig erläutert er danach, was mit Menschen passiert, die verfolgt werden und unter diesen „Nöten" leiden. Es kommt zu psychosomatischen Erscheinungen: Müdigkeit, Erschöpfung und körperliche Schwäche. In diesem Zusammenhang müssen wir den Aufruf von Jakobus verstehen, die Ältesten der Gemeinde zu sich zu rufen, „und sie mögen über ihm beten und ihn mit Öl salben im Namen des Herrn" (5,14).

Heilung für Seele und Leib

Es gibt ein alttestamentliches Sprichwort, das genau dem entspricht, was Jakobus hier meint: „Freundliche Worte sind Honig, Süßes für die Seele und Heilung für das Gebein" (Spr 16,24). Im Grunde sind wir zweidimensionale Wesen, bestehend aus Seele/Geist und Körper. Wir sind sowohl psychisch/geistliche als auch körperliche Geschöpfe. Diese beiden Dimensionen sind ineinander verwoben, deshalb erleben wir „psychosomatische" Erscheinungen (vom griechischen Wort *psyche*, „Seele" und *soma*, „Leib"). Es gibt Zustände, die sowohl die Seele als auch den Körper betreffen. Salomo hält uns in diesem Sprichwort vor Augen, dass freundliche Worte uns sowohl psychisch als auch physisch gut tun.

Salomo sagt aber auch: „Kummer im Herzen des Mannes drückt es nieder, aber ein gutes Wort erfreut es" (Spr 12,25). In seinem neutestamentlichen Umfeld spricht Jakobus bestimmt die Belastung an, die von Verfolgung, Schmähung, Ablehnung und Ähnlichem herrührt und ermutigt die Christen, die Ältesten um Gebet zu bitten.

Wir erleben heute vielleicht nicht solche Verfolgungen, von denen Jakobus in seinem Brief spricht. Trotzdem befinden wir uns oft in Situationen, über die wir keine Kontrolle haben und die sich genauso auf unsere Seele und unseren Körper auswirken: Berufliche Spannungen, Verlust des Arbeitsplatzes, Schwierigkeiten in der Ehe, Probleme mit den Kindern, Krankheit usw. Die größten Quellen der Angst sind natürlich oft körperliche Probleme aufgrund von Unfällen, Behinderung, körperlichem Verfall und dem Alterungsprozess überhaupt. Alle diese Stressfaktoren belasten uns seelisch und körperlich. Wir brauchen Hilfe, um sie zu tragen. In solchen Zeiten haben wir die Möglichkeit, die Ältesten der Gemeinde um Gebet zu bitten. Gott hat durch Jakobus verheißen, dass diese Gebete des Glaubens die Müden, Entmutigten und Erschöpften „retten" wird. Das hier verwendete griechische Wort *sozo* bedeutet „ganz sein".

Das Vorbild von Paulus

Das Zeugnis des Apostels Paulus in seinem Brief an die Korinther hilft uns dabei sehr, die Aussagen von Jakobus über Heilung zu verstehen. Nicht jeder wird von allen körperlichen Gebrechen geheilt. So mancher wird weiter unter seinem „Dorn für das Fleisch" leiden, sei es ein schweres Herzleiden, Diabetes, Alzheimer oder andere geschädigte Körperteile, aber Gott hat verheißen, dass „seine Gnade genügt". Seine „Kraft kommt in Schwachheit zur Vollendung" und befähigt uns, „Wohlgefallen an Schwachheiten, an Misshandlungen, an Nöten, an Verfolgungen, an Ängsten" zu haben (2Kor 12,8-10). Mit Paulus können wir sagen: „Denn wir wissen, dass, wenn unser irdisches Zelthaus zerstört wird, wir einen Bau von Gott haben, ein nicht mit Händen gemachtes, ewiges Haus in den Himmeln" (2Kor 5,1).

Das bedeutet keineswegs, Gott würde niemals durch das Gebet der Ältesten körperliche Heilung bewirken, insbesondere wenn das Problem in Stress und emotionalem Schmerz wurzelt. Die Heilung der Seele bringt oft Heilung für den Leib mit sich. Überdies kann Gott Menschen auch übernatürlich und augenblicklich von einem körperlichen Leiden heilen, das vordergründig biologisch bedingt ist. Vor Kurzem hörte ich aus einer glaubwürdigen Quelle von mehreren ungewöhnlichen Heilungen in moslemischen Familien. In diesen Situationen hat Gott die Evangeliumsbotschaft von Jesus Christus bekräftigt, so wie er es im ersten Jahrhundert tat. In manchen Fällen haben sich dadurch ganze Familien dem Herrn Jesus Christus anvertraut.

Dennoch sind diese Heilungen selten, obwohl Gott heute noch dieselben Wunder vollbringen kann wie sie in den Evangelien und in der Apostelgeschichte bezeugt sind. Wir dürfen Gott keine Grenzen setzen, aber wir dürfen ihm auch keine Worte „in den Mund legen", die er nie gesagt hat, dass wir nämlich *immer* von unseren Krankheiten geheilt werden, wenn wir nur genug Glauben haben. Diese Behauptung erzeugt einerseits falsche Hoffnungen und andererseits Schuldgefühle, weil wir zu wenig glauben. Diese falsche Bibelauslegung führt auch zu Enttäuschung und Zweifeln am christlichen Glauben. Vom Standpunkt christlicher Leiter betrachtet kann es auch zu einem falschen Selbstbild führen, manchmal ehrlich und aufrichtig, manchmal auch in betrügerischer Absicht. Wir wollen so sehr an Wunderheilungen glauben, dass wir alles tun, um die angebliche „biblische Wahrheit" mit unserer persönlichen Erfahrung in Einklang zu bringen. Dabei können wir uns selbst und andere in die Irre führen, so ehrlich wir es auch meinen mögen.

Geistliche Auswirkungen von Sünde

Jakobus führt eine weitere Ursache für die „Krankheit" an, die er in seinem Brief erwähnt. Christen leiden unter psychosomatischen Krankheiten, nicht nur weil sie verfolgt und bedrängt sind, sondern auch weil sie Sünde in ihrem Leben dulden. Jakobus spricht dieses Thema in seinem Brief mehrmals an, zum Beispiel im Zusammenhang mit der Zunge (1,26; 3,1-12). Er zeigt auch auf, wie falsch es ist, die Reichen zu bevorzugen und die Armen zu beleidigen (2,1-12). Ganz konkret spricht er die Kämpfe und Streitigkeiten an, die unter den Gläubigen gang und gäbe waren (4,1-3). In 4,11 schreibt er sogar: „Redet nicht Übles gegeneinander, Brüder [Geschwister]."

„Sündhaftes Verhalten" schadet nicht nur dem Opfer, sondern auch dem Sünder selbst. Als Christen können wir nicht wissentlich außerhalb des Willens Gottes leben, ohne zu „ernten, was wir gesät haben". Auch das ist für Jakobus eine mögliche Ursache für unsere emotionale und körperliche Schwachheit. Manchmal ist sie die Folge unseres geistlichen Zustandes. Deshalb schreibt Jakobus: „Bekennt nun einander die Vergehungen und betet füreinander, damit ihr geheilt werdet" (5,16).

Vergessen wir nicht, unser Bekenntnis voreinander ist keine Bedingung für die Vergebung durch Gott (1Jo 1,9). Es trägt aber sehr viel zur seelischen und körperlichen Gesundung bei. Diese Art von Offenheit gegenüber einer Gruppe von gläubigen Christen macht es anderen möglich, für Heilung zu beten. So werden wir auch fähig, uns selbst zu vergeben, was auch eine wichtige Bedingung für unsere Gesundung ist. Durch dieses Gebet erfahren wir die Liebe und den Rückhalt geistlich reifer Menschen in der Gemeinde, die ehrlich um uns besorgt sind.

Die Anweisungen von Jakobus im 21. Jahrhundert anwenden

Seit unserem Bibelstudium wollen die Ältesten die Anweisungen von Jakobus so ernst nehmen wie nie zuvor. Unsere vertiefte Einsicht hat uns motiviert, die Menschen in unserer Gemeinde zu ermutigen, uns zum Gebet um Heilung einzuladen, egal welcher Natur die Krankheit ist.

Glücklicherweise brauchen wir diese Anweisung nicht darauf beschränken, nur die Ältesten der Gemeinde zu rufen. Alle Gläubigen können andere reife Christen um Gebet bitten. Deshalb schreibt Jakobus: „Viel vermag eines Gerechten Gebet in seiner Wirkung“, und verdeutlicht das am Beispiel von Elia (Jak 5,16b-18).

In der Fellowship Bible Church North haben wir viele leitende Geschwister, die sich nahe an Gott halten. Ganz sicher trifft das auf unsere Kleingruppenleiter zu. Es gilt auch für die Mitarbeiter in unserem Stephanus-Dienst, deren Anliegen es ist, Menschen zu helfen, die gerade durch eine ernste Lebenskrise gehen oder gegangen sind. Dieses Prinzip gilt aber auch für alle Geschwister im Herrn, die nach dem Willen Gottes leben.

Alle wahren Gläubigen haben durch diesen „neuen und lebendigen Weg“, der in Hebräer 10,19-22 so schön beschrieben ist, direkten Zugang zu Gott. Was die „Salbung mit Öl“ betrifft, so glauben wir, dass Öl in der damaligen Zeit als Heilmittel verwendet wurde. Wir halten es aber auch heute für ein gutes Zeichen unserer Fürsorge und der heilenden Berührung durch Gott. Jede Gruppe geistlicher Leiter in der Gemeinde, die nach dem Willen Gottes leben, kann Öl beim Gebet für Kranke verwenden.

Eine Begebenheit aus dem 21. Jahrhundert

In meiner täglichen Radiosendung *Renewal* hatte ich das Vorrecht, Kyle Duncan und seine reizende Frau Suzanne zu interviewen. Ihre Geschichte ist wirklich bemerkenswert. Wegen einer Erbkrankheit war ihr Kind von der Zeugung an nicht lebensfähig. Der kleine Joseph würde entweder noch im Mutterleib oder kurz nach der Geburt sterben. Die Ultraschall-Untersuchungen zeigen eine ganze

Reihe von Störungen und Missbildungen. Im vierten Monat schlug der Arzt vor, dem Fötus Schlafmittel zu verabreichen, was zu einer natürlichen Fehlgeburt führen würde.

Aufgrund ihres Glaubens entschlossen sie sich, das Kind so lange wie möglich zu behalten, obwohl schon eine normale Geburt medizinisch kaum möglich war. Sie waren sich bewusst, dass Gott dieses kleine Kind heilen konnte, obwohl das praktisch eine Neuschaffung etlicher Körperteile sein müsste - des Gehirns, des Herzens usw. Im Vertrauen auf Gottes Fürsorge akzeptierten sie die Missbildungen und den bevorstehenden Tod, waren aber auch für ein Wunder offen. Sie beteten einfach darum, dass Gottes Wille geschehen möge.

Als Joseph auf die Welt kam, fiel es den Ärzten und Schwestern schwer, überhaupt festzustellen, ob er lebte. Kyle hatte noch schnell ein Fläschchen Öl eingesteckt, als er gleich nach der Geburt zu Suzanne in die Klinik fuhr. Er wollte einfach sein neugeborenes Kind salben und es dem Herrn Jesus Christus anvertrauen.

Als Kyle im Krankenhaus ankam, tropfte er etwas von dem Öl auf seinen eigenen Finger. Er nahm sein Kind in den Arm, ohne zu wissen, ob in diesem missgestalteten Körper überhaupt Leben war, und malte mit dem Öl ein Kreuzzeichen auf seine kleine Stirn. Zur Überraschung der Ärzte und Krankenschwestern und aller Anwesenden öffnete Joseph in diesem Augenblick seine Augen.

War er von seinen Krankheiten geheilt? Nein. Aber Gott gab diesem kleinen Kind drei Tage zu leben, die aus medizinischer Sicht völlig ausgeschlossen gewesen waren. Diese wenigen Tage waren ein Geschenk Gottes für jedes Mitglied der Familie, dieses Kind in den Arm zu nehmen und die Gnade Gottes im Leben von Kyle und Suzanne und ihrer beiden kleinen Töchter zu spüren.

Ich erzähle das, um zu zeigen, dass Gott oft ganz anders auf unseren Glauben und unser Gebet antwortet, als wir es erwarten. Obwohl dieses Kind nicht neu geschaffen wurde, sondern zu Jesus ging, belohnte Gott in seiner Gnade den Gehorsam von Kyle gegenüber der Unterweisung im Jakobusbrief. In diesem Fall diente der Vater als Hirte und Ältester seines Hauses, was ganz sicher im Einklang mit der Bibel steht. Die Heilung an diesem Tag betraf die geistliche und emotionale Gesundheit dieser Familie.

Anhang C: Kriterien für den „Reifegrad" eines Christen

In der Fellowship Bible Church North verwenden wir das folgende Formular, das sich auf die Qualifikationen für Älteste in 1.Timotheus 3,1-7 und Titus 1,6-9 stützt, um Kandidaten für die geistliche Leitung der Gemeinde zu beurteilen.

Untadelig
1. Wie beurteilen Sie seinen/ihren Ruf als Christ sowohl unter anderen Gläubigen als auch unter Nichtgläubigen?
Nicht zufriedenstellend 1 2 3 4 5 6 7 Zufriedenstellend

Mann einer Frau
2. Wie beurteilen Sie sein/ihr Verhältnis mit seinem/ihrem Ehepartner?
Nicht zufriedenstellend 1 2 3 4 5 6 7 Zufriedenstellend

Nüchtern
3. Wie beurteilen Sie seine/ihre Ausgewogenheit in seinem/ihrem Christsein?
Nicht zufriedenstellend 1 2 3 4 5 6 7 Zufriedenstellend

Besonnen
4. Wie beurteilen Sie seine/ihre Weisheit und Urteilsfähigkeit?
Nicht zufriedenstellend 1 2 3 4 5 6 7 Zufriedenstellend

Sittsam
5. Wie denken Sie darüber, inwieweit sein/ihr Leben das Leben Jesu Christi widerspiegelt?
Nicht zufriedenstellend 1 2 3 4 5 6 7 Zufriedenstellend

Gastfrei
6. Wie beurteilen Sie seine/ihre Freigebigkeit?
Nicht zufriedenstellend 1 2 3 4 5 6 7 Zufriedenstellend

Lehrfähig

7. Wie beurteilen Sie seine/ihre Fähigkeit, mit Menschen umzugehen, die anderer Meinung sind als er/sie?

Nicht zufriedenstellend 1 2 3 4 5 6 7 Zufriedenstellend

Kein Trinker

8. Wie zufrieden sind Sie mit seiner/ihrer Fähigkeit, die verschiedensten Leidenschaften und Zwänge zu beherrschen?

Nicht zufriedenstellend 1 2 3 4 5 6 7 Zufriedenstellend

Nicht eigenmächtig

9. Wie zufrieden sind Sie mit seiner/ihrer Fähigkeit, mit anderen Menschen umzugehen, ohne selbstsüchtig und beherrschend zu sein?

Nicht zufriedenstellend 1 2 3 4 5 6 7 Zufriedenstellend

Nicht jähzornig

10. Wie zufrieden sind Sie mit seinem/ihrem Umgang mit Zorn?

Nicht zufriedenstellend 1 2 3 4 5 6 7 Zufriedenstellend

Kein Schläger

11. Wie zufrieden sind Sie mit seiner/ihrer Fähigkeit, auf verbale und körperliche Gewalt zu verzichten?

Nicht zufriedenstellend 1 2 3 4 5 6 7 Zufriedenstellend

Gütig

12. Wie objektiv und gerecht ist er/sie in seinen/ihren Beziehungen zu anderen?

Nicht zufriedenstellend 1 2 3 4 5 6 7 Zufriedenstellend

Nicht streitsüchtig

13. Wie zufrieden sind Sie mit seiner/ihrer Fähigkeit, Streit zu meiden?

Nicht zufriedenstellend 1 2 3 4 5 6 7 Zufriedenstellend

Nicht geldliebend
14. Wie zufrieden sind Sie mit seiner/ihrer Fähigkeit, nicht materialistisch zu sein?
Nicht zufriedenstellend 1 2 3 4 5 6 7 Zufriedenstellend

Dem eigenen Haus gut vorstehen
15. Wenn er/sie Kinder hat, wie zufrieden sind Sie mit seiner/ihrer Fähigkeit, die Elternrolle nach dem Plan Gottes auszufüllen?
Nicht zufriedenstellend 1 2 3 4 5 6 7 Zufriedenstellend

Das Gute liebend
16. Wie zufrieden sind Sie mit seinen/ihren Bemühungen, „das Böse mit Gutem zu überwinden“?
Nicht zufriedenstellend 1 2 3 4 5 6 7 Zufriedenstellend

Gerecht
17. Wie zufrieden sind Sie mit seiner/ihrer Fähigkeit, in seinen/ihren Beziehungen zu anderen gerecht und ausgewogen zu sein?
Nicht zufriedenstellend 1 2 3 4 5 6 7 Zufriedenstellend

Heilig
18. Wie zufrieden sind Sie damit, wie sein/ihr Leben die Heiligkeit Gottes erkennen lässt?
Nicht zufriedenstellend 1 2 3 4 5 6 7 Zufriedenstellend

Enthaltsam
19. Wie zufrieden sind Sie mit seiner/ihrer Fähigkeit, ein diszipliniertes Leben als Christ zu führen?
Nicht zufriedenstellend 1 2 3 4 5 6 7 Zufriedenstellend

Geistliche Reife
20. Wie beurteilen Sie insgesamt seine/ihre Reife als Christ?
Nicht zufriedenstellend 1 2 3 4 5 6 7 Zufriedenstellend

Unterschrift: ________________________________

Anhang D: Apostel, Propheten und Lehrer

Bei meinem Studium des Neuen Testaments bin ich vor vielen Jahren zu dem Schluss gekommen, dass es zwei wichtige Phasen der Leiterschaft gibt. In der ersten Phase waren besonders jene Leiter gefragt, die mit den „größeren Gaben" ausgestattet waren und deren Aufgabe darin bestand, im ganzen Leib Christi Älteste/Aufseher und Diakone als dauerhafte Leiter in Ortsgemeinden zuzurüsten. Dieses nochmalige Studium des Neuen Testaments und eine sorgfältige Untersuchung der Schriften der frühen Kirchenväter haben die früheren Schlussfolgerungen bekräftigt.

Es ist auch meine persönliche Meinung und Erfahrung, dass wir diese beiden Phasen nicht verwechseln dürfen. Wie wir im biblischen Bericht gesehen haben, kann jeder qualifizierte Mann zum Ältesten/Aufseher einer Ortsgemeinde und jeder qualifizierte Mann sowie jede qualifizierte Frau zum Diakon oder zur Diakonin ernannt werden. Obwohl diese Leiter als Verwalter und Hirten dienen, werden von ihnen in den Pastoralbriefen keine besonderen Geistesgaben und keine besondere Berufung von Gott verlangt.

Jene Männer aber, deren Auftrag es war, die Gemeinde insgesamt ins Dasein zu rufen, wurden von Gott selbst ausgewählt und ernannt, und wurden vom Heiligen Geist mit ganz besonderen Gaben und Fähigkeiten ausgestattet, um den Missionsbefehl auszuführen. Diese Leiter der ersten Phase waren zu Anfang Zeugen Christi, beginnend in Jerusalem und „in ganz Judäa und Samaria und bis an das Ende der Erde" (Apg 1,8). Als sie aber Ortsgemeinden im ganzen römischen Reich gründeten, ernannten sie Leiter für die Ortsgemeinden, die geistlich qualifiziert waren um zu leiten und zu führen. Dadurch dienten diese Apostel verschiedenen Gemeinschaften von Gläubigen.

Die „größeren Gaben"

Paulus erwähnt die Leiter dieser Anfangsphase hauptsächlich in zwei Schlüsseltexten, zuerst im 1.Korintherbrief und dann im Epheserbrief.

Der Korintherbrief
Als Paulus den ersten Brief an die Korinther schrieb, war die Gemeinde offenbar noch nicht in die zweite Phase eingetreten. Es gibt keinen Hinweis auf Älteste oder Aufseher. Die Gläubigen wurden großteils von jenen betreut, die Paulus als *Apostel, Propheten* und *Lehrer* bezeichnet. Trotzdem waren sie so unreif und fleischlich, dass Paulus sie ermahnen musste, besser auf diese begabten Personen zu achten. Er schreibt:

> *Und die einen hat Gott in der Gemeinde gesetzt erstens zu Aposteln, zweitens andere zu Propheten, drittens zu Lehrern ... Eifert aber um die größeren Gnadengaben. (1Kor 12,28.31; Hervorhebungen vom Autor)*

Die Korinther waren eine geteilte Gemeinde. Manche waren noch immer Anhänger von Paulus. Andere aber lehnten Paulus als apostolischen Leiter ab und folgten Petrus. Wieder andere verwarfen beide und hingen einem Lehrer namens Apollos an. Und dann gab es noch jene, die allen diesen begabten Männern die Gefolgschaft verweigerten und stolz darauf waren, nur Jesus Christus nachzufolgen (siehe 1Kor 1,12).

Um diese Spaltungen zu überwinden, definiert Paulus drei grundlegende Gaben als die wichtigsten und ermahnt die Gläubigen, als ganze Gemeinde, auf jene zu achten, die diese Gaben *hatten* oder eigentlich *waren.*[61]

Der Epheserbrief
Diese „größeren Gnadengaben" aus dem Korintherbrief kommen auch im Epheserbrief wieder vor, nur ausführlicher:

Und er [Jesus Christus] hat
die *einen* als *Apostel* gegeben
und *andere* als *Propheten*
und *andere* als *Evangelisten*
und *andere* als *Hirten* und *Lehrer*,
zur Ausrüstung der Heiligen für das Werk des Dienstes,
für die Erbauung des Leibes Christi (Eph 4,11-12).[62]

Denken wir jetzt genauer darüber nach, wer diese „größeren Gnadengaben“ waren und wie sich ihre Begabung im Neuen Testament entfaltete.

Die Apostel

In den Evangelien
Als Jesus sein öffentliches Wirken begann, wurden jene Menschen, die ihm nachfolgten und seiner Lehre zuhörten, „Jünger“ genannt. Schon früh hatte Jesus vier Fischer auf besondere Weise berufen, nämlich Petrus, Andreas, Jakobus und Johannes, dazu einen Zolleinnehmer namens Matthäus oder Levi (Mt 4,18-22; 9,9). Sie folgten Jesus überall hin, und als die Schar der Jünger wuchs, wählte Jesus schließlich diese fünf Männer und sieben weitere (oft als „die Zwölf“ bezeichnet) zu „Aposteln“ (Mt 10,1-4; Mk 3,13-19; Lk 6,12-16).

Das Wort „Apostel“ (*apostolos)* bedeutet wörtlich „Gesandter“ im Sinne eines Boten oder Botschafters. Obwohl diese zwölf Männer, die Jesus eines Tages auf einem Berg in Galiläa auswählte, zu „Aposteln“ berufen waren, werden sie in den Evangelien weiterhin als *Jünger* bezeichnet. In mehr als 80 Prozent aller Texte, wo in den vier Evangelien ausschließlich einer oder mehrere der zwölf Apostel genannt werden, steht dieses Wort „Jünger“. Das zeigt, wie wichtig diese zwölf Männer im biblischen Bericht genommen werden. Jesus diente zwar auch der Volksmenge und einer kleineren Gruppe, die er als Jünger anerkannte, hauptsächlich konzentrierte er sich aber darauf, diese zwölf Männer dafür vorzubereiten, um nach seiner Rückkehr zum Vater sein Werk fortzusetzen.

In der Apostelgeschichte und in den Briefen

Von Anfang an konzentriert sich Lukas in seinem Bericht über die Entstehung der Gemeinde auf „die Apostel“, die Jesus „sich auserwählt“ hatte (Apg 1,2), nunmehr elf Männer. Selbst nach der Auferstehung hatten sie noch viele Fragen zur Zukunft, zuletzt diese: „Herr, stellst du in dieser Zeit für Israel das Reich wieder her?“ (1,6). Jesus antwortete ausweichend, aber eines war klar. Sie waren jetzt nicht befugt, „Zeiten oder Zeitpunkte zu wissen, die der Vater in seiner eigenen Vollmacht festgesetzt hat“, sie würden aber „Kraft empfangen, wenn der Heilige Geist auf euch gekommen ist“, und sie würden seine Zeugen sein, nicht nur in Jerusalem, sondern „in ganz Judäa und Samaria und bis an das Ende der Erde“ (1,7-8).

Die Apostel gehorchten Jesu letzten Worten und kehrten nach Jerusalem zurück. Sie beteten gemeinsam mit anderen Jüngern in einem Obersaal (1,12-14). Die erste Aufgabe von Petrus als Hauptleiter der Apostel war, Judas durch einen anderen Augenzeugen des Dienstes Christi von der Taufe bis zur Himmelfahrt zu ersetzen. Insbesondere legte Petrus fest, der Nachfolger von Judas müsse „Zeuge seiner Auferstehung mit uns werden“ (1,21-22). Zwei entsprachen den Voraussetzungen, aber Matthias wurde durch das Los gewählt und „den elf Aposteln zugezählt“ (1,26).

Als zu Pfingsten der Heilige Geist kam, wurden diese zwölf Männer durch „zerteilte Zungen wie von Feuer“ ausgezeichnet, „und sie setzten sich auf jeden Einzelnen von ihnen“ (2,3). Weiters wurden sie auf übernatürliche Weise befähigt, verschiedene Sprachen und Dialekte zu sprechen, so dass „Juden, gottesfürchtige Männer, von jeder Nation unter dem Himmel“ die Botschaft der Apostel über den gekreuzigten und auferstandenen Messias hören und verstehen konnten. Erstaunt fragten die Zuschauer bei diesen Erscheinungen: „Sind nicht alle diese, die da reden, Galiläer?“ (2,5-7) Von diesem Zeitpunkt an bestätigte der Heilige Geist die apostolische Berufung dieser zwölf Männer auf übernatürliche Weise durch „Wunder und Zeichen“ (2,43; vgl. 4,33; 5,12).

Paulus, „ein Apostel für die Nationen"
In den ersten Jahren der Gemeinde konzentriert sich das Neue Testament auf die ursprünglichen zwölf Apostel, dann aber berief Gott Paulus, dem der auferstandene Christus auf der Straße nach Damaskus von Angesicht zu Angesicht begegnet war, zu dieser Gruppe. Er wird definitiv aufgrund seines einzigartigen apostolischen Dienstes zu „den Zwölf" gezählt. Der Anspruch von Paulus, er sei „Apostel, nicht von Menschen her, auch nicht durch einen Menschen, sondern durch Jesus Christus und Gott, den Vater", wird auch durch die anderen Apostel bestätigt, insbesondere durch Petrus und Johannes. Sie erkannten Petrus „zum Apostelamt für die Beschnittenen" berufen, Paulus aber „für die Nationen" (Gal 1,1; 2,7-9).

Apostolische Vertreter
Später wurde das Wort „Apostel" auch in weiterem Sinne gebraucht. Zum Beispiel:

- Bei der ersten Missionsreise bezeichnet Lukas sowohl Paulus als auch Barnabas als *Apostel* (Apg 14,14).
- In seinem Brief an die Thessalonicher bezeichnet Paulus nicht nur sich selbst als *Apostel,* sondern auch seine Missionskollegen Silas und Timotheus (1Thes 2,7).
- Im zweiten Korintherbrief bezieht sich Paulus auf eine Gruppe von Brüdern als „Gesandte [*apostoloi*] der Gemeinden" (8,23).
- Im Römerbrief schreibt Paulus von seinen Verwandten Andronikus und Junias (wahrscheinlich ein Ehepaar), sie seien „unter den *Aposteln* ausgezeichnet" (16,7).

Auch an anderer Stelle in den neutestamentlichen Briefen dürfte insbesondere Paulus das Wort *Apostel* ganz allgemein für Missionare verwenden, nicht nur für die von Christus auserwählten Augenzeugen seiner Auferstehung. Der Unterschied ist aber trotzdem klar. Wie der inzwischen verstorbene Theologe George Peters schreibt: „Die einzigartige Stellung der Apostel am Beginn des Dienstes der

Gemeinde ist im ganzen Neuen Testament anerkannt - nur sie sind als die *Apostel Jesu Christi* bekannt, während andere einfach als *Apostel* oder *Apostel der Gemeinde* gelten."[63]

Es hat also den Anschein, als seien die „Apostel" in 1Korinther 12,28 und Epheser 4,11 die besonderen Augenzeugen des Wirkens Christi sowie seines Todes und seiner Auferstehung. Er bezeichnet sie als „Super-Apostel" (wörtlich „höchste Apostel"), weil sie auf besondere Weise berufen waren und weil sie „Zeichen, Wunder und Machttaten" vollbringen konnten (2Kor 12,11-12). Ganz konkret bezeichnet Paulus diese Erweise als „Zeichen des Apostels", womit auch Paulus selbst als Augenzeuge des auferstandenen Christus ausgezeichnet ist, den der Heilige Geist als einen der ursprünglichen Apostel bestätigt hat (12,12). Wegen der Gnade Gottes, ihn zu einem „Apostel für die Nationen" zu erwählen, obwohl er die Gemeinde verfolgt hatte, bezeichnet er sich allen Ernstes als eine „unzeitige Geburt", den „geringsten der Apostel, der ich nicht würdig bin, ein Apostel genannt zu werden" (1Kor 15,8-9).

Die Propheten

Während das Wort *Apostel* im Grunde ein neutestamentlicher Begriff ist, gilt das für den *Propheten* ganz und gar nicht. Das Alte Testament spricht oft und oft von jenen, die dem Volk Israel den Willen Gottes verkündigten. Wie Merrill F. Unger sagt: „Der wahre Prophet war Gottes Sprecher zu den Menschen und gab weiter, was er von Gott empfangen hatte."[64]

Im Alten Testament verkündigten die Propheten die *wahre Lehre* über Gott und seinen Willen ebenso wie sie die Zukunft nach dem Willen Gottes *vorhersagten.* Erhob ein wahrer Prophet das Wort, so waren seine Worte von Gott selbst inspiriert (2Petr 1,20-21). Bezüglich der vorhersagenden Prophetie meinen manche Forscher, dass etwa 25 Prozent der Bibel Aussagen über die Zukunft sind.

In der Apostelgeschichte

Bei Lukas beziehen sich 25 von 34 Aussagen über „Propheten" oder „Prophetie" (also 74 Prozent) auf alttestamentliche Propheten, die das erste Kommen des Messias vorhergesagt hatten.[65] Es gibt zwar nicht so viele Erwähnungen von Propheten, als Gaben an die Gemeinde, dennoch sind sieben dieser 34 Aussagen (21 Prozent) über neutestamentliche Propheten. Da sie im Mittelpunkt unserer derzeitigen Untersuchung stehen, hier die vollständige Liste:

1. Joels Prophetie über neutestamentliche Propheten: „Und es wird geschehen in den letzten Tagen, spricht Gott, dass ich von meinem Geist ausgießen werde auf alles Fleisch, und eure Söhne und eure Töchter werden weissagen [wörtlich *prophezeien*]..." (Apg 2,17).
2. Propheten aus Jerusalem: „In diesen Tagen aber kamen Propheten von Jerusalem nach Antiochien herab" (Apg 11,27).
3. Agabus: „Einer aber von ihnen, mit Namen Agabus, stand auf und zeigte durch den Geist eine große Hungersnot an, die über den ganzen Erdkreis kommen sollte" (Apg 11,28; vgl. 21,10-11).
4. Barnabas, Simeon, Lucius, Manaen und Saulus: „Es waren aber in Antiochien, in der dortigen Gemeinde, Propheten und Lehrer" (Apg 13,1).
5. Judas und Silas aus Jerusalem: „Und Judas und Silas, die auch selbst Propheten waren, ermunterten die Brüder mit vielen Worten und stärkten sie" (Apg 15,32).
6. Zwölf Männer in Ephesus: „Als Paulus ihnen die Hände aufgelegt hatte, kam der Heilige Geist auf sie, und sie redeten in Sprachen und weissagten [wörtlich *prophezeiten*]" (Apg 19,6).
7. Die vier unverheirateten Töchter von Philippus: „Dieser aber hatte vier Töchter, Jungfrauen, die weissagten [wörtlich *prophezeiten*]" (Apg 21,9).

In den Briefen

In den neutestamentlichen Briefen gibt es etwa 42 Bezugnahmen auf „Propheten" und „weissagen".

1. Korinther: Es gibt insgesamt fünfzehn Erwähnungen zur Prophetie im ersten Brief des Paulus an die sehr unreife und fleischliche Gemeinde in Korinth (1Kor 3,1-4). Weil diese Gläubigen die Geistesgaben missbrauchten, gab ihnen Paulus einige ganz konkrete Anweisungen im Hinblick auf die prophetische Gabe. Konkret sollten sie diese Gabe besonders wertschätzen, weil sie von Gott gegeben ist, um die Gläubigen zu erbauen (1Kor 14,1-4). Wir sahen bereits, dass Judas und Silas als *Propheten* nach Antiochien kamen, um ihre dortigen Glaubensbrüder zu *ermuntern* und zu *stärken.* Das war eindeutig ein Hauptzweck dieser „größeren Gnadengabe".

Epheser: In diesem Brief, zweifelsfrei ein Rundbrief, in dem es mehr um die Universalgemeinde als um eine einzelne Ortsgemeinde geht, sehen wir den engen Zusammenhang zwischen den Propheten und den Aposteln im Gesamtplan Gottes für den Leib Christi:

- „So seid ihr ... Gottes Hausgenossen. Ihr seid aufgebaut auf der Grundlage der *Apostel* und *Propheten*" (Eph 2,19-20).
- „ ... das Geheimnis des Christus [die Gemeinde], das in anderen Geschlechtern ... nicht kundgetan, wie es jetzt seinen heiligen Apostel und Propheten durch den Geist geoffenbart worden ist" (Eph 3,4-5).
- Und er hat die einen als *Apostel* gegeben und andere als *Propheten*" (Eph 4,11).

1. Thessalonicher: Im ersten Brief an die Gemeinde in Thessalonich gibt Paulus einige konkrete Anweisungen, um jene zu beurteilen, die angeblich die Gabe der Prophetie haben. Er schreibt: „Den Geist löscht nicht aus! Weissagungen [wörtlich: *Prophezeiungen*] verachtet nicht, prüft aber alles, das Gute haltet fest!" (1Thes 5,19-21).

Eindeutig ermahnt Paulus diese Gläubigen, zwischen „falschen Propheten" und „wahren Propheten" unterscheiden zu lernen. Einerseits sollten sie das Reden des Geistes durch begabte Gläubige nicht einschränken, andererseits sollten sie alle Aussagen überprüfen und nur auf prophetische Botschaften hören, die tatsächlich von Gott kamen.

Offenbarung: Hier finden sich zehn Hinweise auf Propheten und Weissagungen. Die meisten davon beziehen sich auf Menschen, die diese Gabe nach der Entrückung der Gemeinde von dieser Welt erhalten und ausüben werden.[66]

Die Evangelisten

Im Epheserbrief (4,11) zählt Paulus die „Evangelisten" zu den „größeren Gnadengaben", der Begriff (*evangelistes*) findet sich allerdings nur dreimal im Neuen Testament:

1. Philippus: „Am folgenden Tag aber zogen wir aus und kamen nach Cäsarea; und wir gingen in das Haus des Philippus, des Evangelisten, der einer von den Sieben war" (Apg 21,8).
2. Die größeren Gnadengaben: „Und er hat die einen als Apostel gegeben und andere als Propheten und andere als *Evangelisten* und andere als Hirten und Lehrer" (Eph 4,11).
3. Timotheus: „Tu das Werk eines Evangelisten" (2Tim 4,5).[67]

Von evangelizo
Die „Evangelisten" (*evangelistes*) kommen zwar nur dreimal vor, wenn wir aber die Funktionen betrachten, die im Grundwort *evangelizo* zum Ausdruck kommen, gibt es mindestens 40 Erwähnungen in der Apostelgeschichte und in den neutestamentlichen Briefen, die sich fast alle auf Schlüsselmänner wie die Apostel, den Evangelisten Philippus, Paulus, Barnabas, Silas und Timotheus beziehen. Sie *verkündigten* oder *predigten* das Evangelium den Nichtgläubigen.[68]

Von *kerysso*
Wollen wir den Dienst der „Evangelisten" verstehen, so dürfen wir uns nicht auf den Begriff *evangelizo* beschränken, sondern müssen auch andere Wörter betrachten, welche die Tätigkeit der Evangelisation beschreiben. Das Grundwort *kerysso* beispielsweise steht etwa 30mal in der Apostelgeschichte und in den Briefen und wird oft mit „predigen, als Herold auftreten und verkündigen" wiedergegeben.[69]

Wieder beziehen sich fast alle Texte auf dieselben Leiter in Schlüsselfunktionen (Philippus, Petrus, Paulus, Silas und Timotheus), die das Evangelium den Nichtgläubigen erklärten.

Von *katangello*
Auch das Wort *katangello* beschreibt den Dienst der Evangelisation im Neuen Testament. Das Grundwort mit der Bedeutung „mitteilen, etwas einfach, offen und laut darlegen" wird etwa 18mal in der Apostelgeschichte und den Briefen verwendet und bezieht sich ebenfalls primär auf das Wirken der Apostel, das Evangelium an Nichtgläubige weiterzugeben.

Von *diamartyromai*
Das Erklären des Evangeliums wird auch mit dem griechischen Wort *diamartyromai* beschrieben. Es bedeutet „bekräftigen, feierlich bekunden und ernsthaft die Wahrheit der Evangeliumsbotschaft bezeugen". In der Apostelgeschichte wird die Predigt von Petrus, Johannes und Paulus mit diesem Wort bezeichnet.[70]

An diesen biblischen Texten wird deutlich, dass die Gabe der Evangelisation meistens mit der Gabe des Apostelamts eng verbunden war. Vielleicht erwähnt deshalb Paulus in seiner Liste der „größeren Gaben" die „Evangelisten" nicht (1Kor 12,28). Andererseits gab es Christen, die *nicht* Apostel im engeren Sinn waren und dennoch die Gabe der Evangelisation hatten. Konkret lesen wir das zwar nur von Philippus, möglicherweise hatten aber auch Stephanus und die anderen fünf hellenistischen Juden aus Apostelgeschichte 6 diese Gabe. Anscheinend waren zumindest einige dieser Männer unter den ersten, die das Evangelium nach Antiochien brachten.[71]

Hirten-Lehrer

Dort, wo der Begriff *Hirt* gemeinsam mit dem Wort *Lehrer* (wie in Eph 4,11) als spezielle Gabe Gottes beschrieben wird, scheint es sich um eine einzelne Begabung zu handeln. Nur an dieser Stelle steht das griechische Wort *poimen* (Hirt) für eine Geistesgabe.[72]

Zwar sollen auch Älteste/Aufseher Hirten sein, diese Aufgabe wird aber an keiner Stelle als übernatürliche Gabe bezeichnet, sondern vielmehr als Auftrag für jeden Mann, der diese Position innehat. Der Begriff *Lehrer* hingegen (*didaskalos*) begegnet uns viel häufiger und wird als übernatürliche Gabe betrachtet, wie wir in 1Korinther 2,28 und Epheser 4,11 gesehen haben. Interessanterweise gibt es in der Apostelgeschichte nur einen einzigen Hinweis auf begabte Lehrer (13,1). Zweimal spricht Paulus davon, dass er „bestellt worden [ist] als Herold und Apostel und Lehrer" (2Tim 1,11; siehe auch 1Tim 2,7). Wie schon bei den „Evangelisten" wird auch bei den Lehrern die Tätigkeit (*didasko*) öfter erwähnt als der Titel.

In den Evangelien

Um diese besondere Gabe des Hirten-Lehrers zu verstehen, müssen wir jene ungewöhnliche Szene im Obersaal betrachten, kurz bevor Jesus ans Kreuz ging. Der Heiland hatte den elf verbliebenen Aposteln angekündigt, er werde von ihnen genommen. Zur Ermutigung und zum Trost sicherte er ihnen gleich darauf zu, „einen anderen Beistand" zu senden, „den Geist der Wahrheit, ... der wird euch alles lehren und euch an alles erinnern, was ich euch gesagt habe" (Joh 14,16-17.26). Später fügt Jesus hinzu: „Wenn aber jener, der *Geist der Wahrheit,* gekommen ist, wird er euch *in die ganze Wahrheit leiten* ... und *das Kommende* wird er euch verkündigen" (Joh 16,13). Die Apostel würden dazu befähigt werden andere zu lehren, weil Gott selbst sie mit dieser „sich entfaltenden Wahrheit" ausrüsten würde.

In der Apostelgeschichte

Diese Rede im Obersaal (verzeichnet in Joh 13-16) erfüllte sich zu Pfingsten. Als der verheißene Beistand kam, begann der „Geist der Wahrheit" auszuführen, was Jesus vorhergesagt hatte. Indem er die Wahrheit offenbarte, befähigte er die Apostel auf übernatürliche Weise, diese Wahrheit den ungläubigen wie gläubigen Juden zu predigen. Als Reaktion auf diese Wahrheit über den Messias kamen „dreitausend Seelen" zum Glauben und „verharrten in der Lehre [*didache*] der Apostel" (Apg 2,42).

Ab diesem Zeitpunkt verwendet die Apostelgeschichte fast ausschließlich das Wort *lehren* für den evangelistischen Dienst der Apostel, insbesondere unter den Juden. Mehrmals verbindet sich das „Lehren" mit drei anderen Wörtern, die wir bereits betrachtet haben (*evangelizo, kerysso* und *diamartyromai*), die das Predigen des Evangeliums vor Nichtgläubigen meinen. Zum Beispiel lesen wir, wie die Apostel (die Zwölf) in der ersten Zeit „nicht [auf]hörten, ... zu lehren und Jesus als den Christus zu verkündigen" (Apg 5,42). Selbst Jahre später, als Paulus in Rom gefangen saß, hielt er an dieser evangelistischen Lehre vor den nichtgläubigen Juden fest. Wir lesen: „Er *predigte [kerysso]* das Reich Gottes und *lehrte* die Dinge, die den Herrn Jesus Christus betreffen, mit aller Freimütigkeit ungehindert" (Apg 28,31).

In den Briefen

Während das Grundwort für *lehren (didasko)* in der Apostelgeschichte fast ausschließlich für die Apostel verwendet wird, wobei der Schwerpunkt auf der Evangelisation liegt, bezeichnet es in den neutestamentlichen Briefen häufiger, wenn auch nicht ausschließlich, die Erbauung der Gläubigen. Überdies befähigte die *„didache"*, wie sie von „begabten Lehrern" wie Paulus vorgetragen wurde, *alle* Glieder am Leib Christi dazu, einander die biblische Wahrheit mitzuteilen und so in Jesus Christus zu reifen. So schreibt Paulus an die Kolosser: „Das Wort des Christus wohne reichlich in euch; in aller Weisheit *lehrt* und *ermahnt* euch gegenseitig" (Kol 3,16; siehe auch 1,28; 2,6-7).

An Timotheus schreibt Paulus über die Aufgabe, Menschen für besondere Dienste wie die Ältestenschaft zuzurüsten: „Und was du von mir in Gegenwart vieler Zeugen gehört hast, das *vertraue treuen Menschen an, die tüchtig sein werden, auch andere zu lehren*" (2Tim 2,2).[73]

Die Lehre der Apostel

Lehre gibt es in jeder Kultur seit der Erschaffung der Welt. Die Unterweisung in der christlichen Gemeinschaft ist aber etwas Besonderes, weil sie sich auf Gottes offenbarte Wahrheit gründet.

Dieser übernatürliche Prozess begann am Berg Sinai, als Gott seinen Willen dem Volk Israel offenbarte. Danach offenbarte Gott sich selbst und seinen Willen den zahlreichen Propheten des Alten Testaments. Als Jesus dann zu Pfingsten den „Geist der Wahrheit" sandte, begann er jene Wahrheit zu offenbaren, die ursprünglich nur in mündlicher Form vorlag und die als die „Lehre *[didache]* der Apostel" bezeichnet wurde (Apg 2,42).

Wie die Bibel berichtet, dauerte dieser Prozess während des gesamten ersten Jahrhunderts an. In der Anfangszeit der Gemeinde wurden die religiösen Leiter heftig angegriffen. Einmal wurden die Apostel vor den Hohen Rat gebracht. Der Hohepriester wandte sich zornig an sie: „Wir haben euch streng geboten, in diesem Namen nicht zu lehren *[didasko]*, und siehe, ihr habt Jerusalem mit eurer Lehre *[didache]* erfüllt und wollt das Blut dieses Menschen auf uns bringen" (Apg 5,28).

Speziell Paulus verwendet ein anderes griechisches Wort, *didaskalia* für die Gesamtheit der biblischen Wahrheit. In Verwendung beider Begriffe schreibt er an Titus, ein Ältester/Aufseher muss jemand sein, „der an dem der *Lehre [didache]* gemäßen zuverlässigen Wort festhält, damit er fähig sei, sowohl mit der *gesunden Lehre [didaskalia]* zu ermahnen als auch die Widersprechenden zu überführen" (Tit 1,9; siehe auch Eph 4,14; 1Tim 1,10; 2Tim 3,10.16).

Was zu Pfingsten mit der „Lehre der Apostel" begann, dauerte einige Jahrzehnte an und mündete schließlich in eine literarische Sammlung, die wir als das Neue Testament kennen. Diese Dokumente sind im Grunde die *didache* und die *didaskalia*, eine vollkommene Erfüllung dessen, was Jesus im Obersaal verheißen hat. Von den eigentlichen Aposteln gab uns Matthäus eines der Evangelien, Petrus zwei Briefe und Johannes sein Evangelium, drei Briefe und das Buch der Offenbarung. Paulus war natürlich der produktivste Apostel, von ihm haben wir dreizehn Briefe.

Es gab aber noch mindestens vier andere Männer, die der Heilige Geist dazu begabte, die Heiligen Schriften niederzuschreiben. Jakobus, der Halbbruder Jesu, schrieb einen neutestamentlichen Brief, ebenso Jesu Halbbruder Judas. Johannes Markus schrieb ein Evangelium, ein ungenannter Autor den Hebräerbrief. Ich halte alle diese Schreiber für Hirten-Lehrer, die das Neue Testament ins Leben riefen, das die Grundlage bildet, um uns alle zum „Werk des Dienstes" zuzurüsten, damit wir „zur vollen Mannesreife, zum Vollmaß des Wuchses der Fülle Christi" gelangen (Eph 4,12-13). Genau diese geschriebene Wahrheit ist es, die uns davon abhalten kann, „hin- und hergeworfen [zu sein] und umhergetrieben von jedem Wind der *Lehre*" (v14). Wir sollen also kein Lehrgebäude übernehmen, das nicht mit dem offenbarten Willen Gottes übereinstimmt.

Trifft diese Annahme zu, so war die Gabe des *Hirten-Lehrers* eine übernatürliche Offenbarungsgabe wie die Gabe der Weissagung. Im Grunde hatten alle ursprünglichen Apostel offenbar sowohl die Gabe der Weissagung als auch die des Hirten-Lehrers. Es gab aber auch andere, die nicht Apostel im engeren Sinn waren, die aber sehr wohl die Gaben der Weissagung und der Lehre hatten (siehe Apg 13,1).

Oft ist es schwierig, die „größeren Gaben" funktionell voneinander zu unterscheiden. Agabus beispielsweise war eindeutig ein Prophet, weil er die Zukunft sehr genau vorhersagen konnte (Apg 11,27-28; 21,10-11). Hatte er aber mehr als eine der „größeren Gaben"? Davon erfahren wir nichts. Paulus aber hatte definitiv *alle* „größeren Gaben" (Apg 13,1; 1Tim 2,7; 2Tim 1,11).

Philippus war zwar keiner aus dem Kreis der Apostel, war aber eindeutig ein Evangelist, den der Heilige Geist befähigte, unglaubliche Wunder zu vollbringen (Apg 8,5-7; 21,8). Petrus hingegen war wie Paulus mehrfach begabt. Deshalb ist es sehr wichtig, die „größeren Gaben" nicht übermäßig auseinander zu halten. Offenbar hatten manche Personen eine dieser Gaben, manche zwei, andere wieder drei. Die Apostel hatten aber alle vier.

Einige Schlussfolgerungen

Nun können wir aus dieser Untersuchung über die Geistesgaben in der Urgemeinde mehrere Schlussfolgerungen ziehen. Erstens gab Gott durch Christus und den Heiligen Geist die „größeren Gaben", um in der ganzen Welt des Neuen Testaments Ortsgemeinden zu gründen und zu festigen. Wie Paulus im ersten Korintherbrief schreibt, hat *„Gott"* diese begabten Personen *„gesetzt"* (12,28), gemäß dem Epheserbrief war es *Christus*, der diese „größeren Gaben" *gegeben* hat (Eph 4,7.11).

Zweitens waren diese „größeren Gaben" nur einigen wenigen von den vielen tausend Gläubigen verliehen. Diese Männer stachen ganz klar hervor als Leiter, die eine übernatürliche Bevollmächtigung durch den Heiligen Geist erhalten hatten. Nach der Gründungsphase der Gemeinden leiteten diese größeren Gaben aber eine zweite Phase ein, gekennzeichnet durch dauerhafte lokale Leitungsfunktionen. Wie wir in dieser Untersuchung über *Älteste und Leiter* gesehen haben, wurden zuerst Älteste/Aufseher ernannt. Diese Funktion *stand jedem Mann offen,* der sie anstrebte und bestimmte christliche Charaktereigenschaften erworben hatte. Deshalb gibt es in der Liste ihrer Qualifikationen keinen Hinweis auf die „größeren Gaben". Ihre Rolle war nicht so sehr eine Frage der „göttlichen Berufung" oder der „direkten Bestätigung" vom Himmel, sondern einer Ernennung auf der Grundlage ihrer Reife im Glauben und ihres guten Rufes innerhalb wie außerhalb der Gemeinde.

Drittens sollten, sofern benötigt, Diakone zur Unterstützung dieser Ältesten/Aufseher ernannt werden. Wie schon bei den Ältesten/Aufsehern selbst stand auch diese Position jedem reifen Mann und jeder reifen Frau zur Verfügung, die die Voraussetzungen erfüllte. Wiederum gibt es in der Liste ihrer Eignungsvoraussetzungen keinen Hinweis auf übernatürliche Gaben.

Viertens haben diese Phasen der Leiterschaftsentwicklung zeitweise Verwirrung gestiftet. Schon aus den neutestamentlichen Briefen, aber auch aus den Schriften der frühen Kirchenväter lässt sich diese Verwirrung ablesen. Offenbar gab es überlappende Aufgabenbereiche.

Das sehen wir ganz klar in der Gemeinde von Korinth, besonders weil es dort keine reifen Männer gab, die als Älteste dienen konnten. Offenbar hielt dieser Zustand mehrere Jahre lang an.

Verwirrung entsteht auch, wo unreife Personen Leiter einer Gemeinde werden wollen. Sowohl Timotheus als auch Titus sahen sich vor die schwierige Aufgabe gestellt, qualifizierte Älteste/Aufseher zu ernennen (1Tim 1,3-4; Tit 1,10-11).

Die Didache

In dem Maße, als die ursprünglichen „größeren Gaben" abtraten, können wir beobachten, wie die Gemeinde herausgefordert war, zwischen den wahren und den falschen Leitern zu unterscheiden, die durch die Lande zogen. Ein Beispiel dafür ist das folgende Zitat aus der *Didache*[74]: „Wenn jemand kommt und euch alles Gesagte *lehrt,* den nehmt auf. Wenn aber der *Lehrer* selbst verdorben ist und etwas anderes *lehrt,* um *diese Dinge zu verderben, so hört nicht auf ihn, aber wenn seine* Lehre *zur Vermehrung der Gerechtigkeit und der Kenntnis des Herrn beiträgt, so nehmt ihn auf wie den Herrn.*"[75]

Dieses Zitat aus der *Didache* stimmt erstaunlich genau mit dem Anliegen des Apostels Johannes überein, der in seinem zweiten Brief schreibt: „Wenn jemand zu euch kommt und diese *Lehre [didache]* nicht bringt, so nehmt ihn nicht ins Haus auf und grüßt ihn nicht" (2Jo 10). Hier spricht Johannes von Menschen, die den Anspruch erhoben, „Hirten-Lehrer" zu sein, deren Botschaft aber die Göttlichkeit Jesu Christi leugnete. Solche Menschen sind offenkundig Irrlehrer.

Dazu weitere Zitate aus der *Didache:*

- Was aber die *Apostel und Propheten* betrifft, sollt ihr dies tun nach der Anordnung des Evangeliums. Nehmt jeden *Apostel,* der zu euch kommt, auf wie den Herrn, aber möge er nicht mehr als einen Tag bleiben, oder wenn nötig auch zwei Tage; aber wenn er drei Tage bleibt, so ist er ein *falscher Prophet.*

Und wenn ein *Apostel* hinausgeht, so möge er nichts annehmen als Brot, bis er sein Nachtlager einnimmt; aber wenn er um Geld bittet, dann ist er ein *falscher Prophet.*[76]

- Aber jeder wahre *Prophet,* der sich bei euch niederlassen will, ist „seine Nahrung wert." Auch ein wahrer *Lehrer* ist selbst, gleich dem Arbeiter, seine Nahrung wert.[77]
- Ernennt also unter euch *Aufseher* und *Diakone*, die des Herrn würdig sind, sanftmütige Männer, die nicht Geld liebend sind, sondern wahrhaftig und bewährt, denn sie werden euch auch den Dienst der *Propheten* und *Lehrer* darreichen. Darum verachtet sie nicht, denn sie sind eure ehrenwerten Männer zusammen mit den *Propheten* und *Lehrern.*[78]

Diese Zitate beweisen mehrere Beobachtungen, die wir auch in der Bibel gemacht haben. Erstens gab es in den neutestamentlichen Gemeinden definitiv zwei Arten von Leitern - jene mit den „größeren Gaben", die von Gemeinde zu Gemeinde reisten und dienten, und die dauerhaften Leiter der Ortsgemeinden (Ältesten/Aufseher/Bischöfe und Diakone).

Zweitens gab es Menschen, die die „größeren Gaben" für sich beanspruchten, die aber nicht wirklich vom Heiligen Geist begabt waren, sondern von Geldgier getrieben wurden.

Drittens gab es Menschen mit den „größeren Gaben", die wahrhaftig vom Heiligen Geist mit besonderen Fähigkeiten ausgestattet waren und die zeitweise neben den qualifizierten Ältesten/Aufsehern/Bischöfen und Diakonen dienten.

Viertens konnten qualifizierte Älteste/Aufseher zu einem großen Teil denselben Dienst tun wie die „größeren Gaben", und zwar nicht wegen einer besonderen göttlichen Berufung und Begabung, sondern aufgrund ihrer Stellung in Christus, des Wirkens des Heiligen Geistes in ihrem Leben, der von Paulus in den Pastoralbriefen angeführten charakterlichen Eignungen und weil sie selbst von jenen gelernt haben, die die „größeren Gaben" waren und hatten.

Abschließende Worte

Es ist meine persönliche Meinung und Erfahrung, dass wir diese beiden Phasen der Leiterschaft nicht verwechseln dürfen. Die Bibel legt klar und deutlich fest, welche Personen als dauerhafte Leiter in der Ortsgemeinde dienen sollen. Diese Aufgaben stehen allen Männern und Frauen offen, die in Jesus Christus herangereift sind, wie es in den Voraussetzungen in den Briefen des Apostels Paulus an Timotheus und Titus aufgezeichnet ist. Unterscheiden wir aber die „größeren Gaben" nicht von den ganz klaren Anweisungen für die Leiter der Ortsgemeinde in den Pastoralbriefen, so werden wir unweigerlich in Verwirrung fallen. Das ist vorhersehbar. Wo wir betonen, was die Schrift betont, finden wir zur Einheit. Wo wir betonen, was die Bibel nicht betont, folgt unweigerlich Verwirrung.

Fußnoten

[1] Stanley J. Grenz: *Renewing the Center: Evangelical Theology in a Post-Theological Era* (Grand Rapids: Baker 2000), S. 206-211.

[2] ebd. S. 206.

[3] ebd. S. 208-209.

[4] ebd. S. 209.

[5] „CT Predicts: More of the Same“, in: *Christianity Today*, 6. Dezember 1999, S. 37.

[6] Eine umfassende Analyse über die Verwendung der Begriffe „Jünger“, „Brüder“ und „Heilige“ in lokalen Gemeinden, findet sich in Gene A. Getz: *Die Gemeinde aus biblischer Sicht* (Dynamis Verlag), Anhang B.

[7] Manche glauben, es sei ein Fehler gewesen, Matthias zu wählen. Sie halten Paulus für jenen auserwählten Apostel Gottes um Judas zu ersetzen, obwohl er erst später berufen wurde. Zwar waren die Apostel sicher nicht vor menschlichen Irrtümern gefeit, dennoch lässt sich in diesem Fall kein Fehler nachweisen. Es ist gewiss, dass Paulus von Jesus Christus selbst auf der Straße nach Damaskus zum Apostel berufen wurde. Aber es wäre reine Spekulation zu behaupten, die Apostel hätten Matthias gegen den Willen Gottes gewählt. Siehe Stanley D. Toussaint: *The Bible Knowledge Commentary: An Exposition of the Scriptures,*Hrsg. John F. Walvoord und Roy B. Zuck, neutestamentliche Ausgabe (Wheaton, Illinois: Victor 1985), S. 357.

[8] Während meine Mitältesten und ich an dieser Analyse arbeiteten, erschien ein bemerkenswerter Bericht in der Zeitschrift *Biblical Archaeology Review.* Der Autor, Andre Lemaire, schreibt: „Eine Urne aus Kalkstein (ein sogenanntes ‘Ossuarium’) wurde in Israel gefunden, das einmal die Gebeine von Jakobus, dem Bruder Jesu, enthalten haben mag. Das schließen wir aus der ungewöhnlichen Inschrift, die in deutlich erkennbaren aramäischen Buchstaben in eine Seitenwand der Urne eingeritzt ist: ‘Jakobus, Sohn des Josef, Bruder Jesu.’“ Lemaire, selbst ein anerkannter Ephigraphiker (Fachmann für alte Inschriften) erklärt, dass seiner Meinung nach diese Entdeckung

„echt antik und nicht gefälscht" ist. Siehe Andre Lemaire: „Burial Box of James, The Brother of Jesus", in: *Biblical Archaeology Review* 28 (November/Dezember 2002), S. 25-33.

[9] Es ist zu beachten, dass die Gemeinschaften in Lystra, Ikonium und Antiochien bereits „Gemeinden" genannt wurden, bevor sie Älteste hatten. Dasselbe gilt für Antiochien in Syrien und wahrscheinlich zahlreiche andere Gemeinden in der ganzen neutestamentlichen Welt. Es ist daher nicht notwendig, offizielle Älteste zu haben, um eine „Gemeinde" zu sein. Wo immer eine Gemeinschaft von Gläubigen besteht, dort ist eine *ekklesia.*

[10] Nach dem Satz über die Rückkehr von Judas und Silas nach Jerusalem (Apg 15,33) fügen manche griechische Manuskripte hinzu: „Silas hielt es aber für gut, dort zu bleiben" (15,34). Meine persönliche Meinung ist, dass ein Abschreiber diesen Satz hinzugefügt hat, um zu erklären, warum Silas dann bei der zweiten Missionsreise dabei war. Aus dem Zusammenhang glaube ich eher, dass Paulus allein zur zweiten Missionsreise aufbrach und Silas erst in Lystra hinzu stieß. (Achten Sie auf die Einzahl-Fürwörter in 15,41 und 16,1.)

[11] In Griechisch *proistamenous:* dieses griechische Partizip stammt vom selben Grundwort, das Paulus später im Timotheusbrief für geistliche Leiter verwendet (siehe 1Tim 3,5; 5,17).

[12] Die zweite Missionsreise dauerte ungefähr drei Jahre, die dritte bis zu sieben Jahren. Deshalb dürfte Lukas sieben oder acht Jahre in Philippi gewesen sein.

[13] Lukas verwendet das Wort „alle" oft, jedoch nicht unbedingt in einem absoluten Sinn. Hier ist die große Anzahl von Menschen aus ganz Asien gemeint, welche die Hauptstadt Ephesus besuchten.

[14] Eine detaillierte Darstellung zu jedem einzelnen Apostel findet sich in Gene A. Getz: *The Apostles: Becoming Unified Through Diversity* (Nashville: Broadman & Holman 1998), S. 1-2.

[15] Manche Ausleger betrachten die Stelle im Epheserbrief, wo Paulus Personen erwähnt, die zu „Hirten und Lehrern" begabt sind (Eph 4,11-12) als Hinweis auf „Älteste" oder „Aufseher". Wir vertreten im Abschnitt „Beobachtung 5" von Kapitel 22 sowie in Anhang C eine andere Ansicht.

[16] Im griechischen Text steht hier *kalos.* Dieses Wort bedeutet „schön, von lieblicher Gastalt" aber auch „tauglich, brauchbar, zweckmäßig" oder „edel, rühmlich, ehrenvoll". Es wird oft verwendet, um „Werke" zu beschreiben, die Gott wohlgefällig sind.

[17] Eine genauere Beschreibung und Anwendung dieser Qualitäten aus 1Tim 3,1-7 und Tit 1,5-9 findet sich in Gene A. Getz: *Der Mann aus biblischer Sicht* (Dynamis Verlag).

[18] Im Englischen steht in der *New American Standard Bible* „Frauen", im *Williams New Testament* „Diakonissen" und in der *New International Version* „Ehefrauen".

[19] Luther verwendet in 1Tim 3,1 das Wort „Bischofsamt" als Übersetzung für das griechische *episkope.* Diese Wiedergabe ist auch in die englische *King James Version* eingeflossen. Der griechische Text sagt aber nichts von einem „Amt". Möglicherweise hat diese Übersetzung den Anlass zur „Drei-Ämter-Theorie" gegeben, die heute so vorherrschend ist, die aber nicht mit dem ursprünglichen Sinn des Neuen Testaments übereinstimmen dürfte.

[20] Robert Lewis legt in einem sehr hilfreichen Artikel die Idee dar, die „Frauen" könnten unverheiratete Frauen gewesen sein, die als Assistentinnen der männlichen Diakone dienten. Sein Artikel trägt viel zu einem Verständnis der verschiedenen Meinungen über diesen Schrifttext bei. Robert M. Lewis: „The 'Women' of 1 Timothy 3:11", in: *Bibliotheca Sacra* 136 (April 1979), S. 167.

[21] Gilbert Bilezikian: *Community 101* (Grand Rapids: Zondervan 1997), siehe auch Gilbert Bilezikian: *Beyond Sex Roles* (Grand Rapids: Baker 1985).

[22] Eine ausführliche Untersuchung der „einander"-Texte im Neuen Testament findet sich in drei Büchern von Gene A. Getz: *Building Up One Another* (Colorado Springs: Chariot Victor 1981); *Encouraging One Another* (Colorado Springs: Chariot Victor 1981) und *Loving One Another* (Colorado Springs: Chariot Victor 1981).

[23] In vielen Texten, wo *adelphoi* mit „Brüder" übersetzt wird, sind die „Schwestern" in Christus eingeschlossen und es könnte auch mit „Geschwister" übersetzt werden. (siehe Gene A. Getz: *The Measure of a Church* [Ventura, Kalifornien: Regal 2001], S. 25-26)

[24] Robert L. Saucy: „Women's Prohibition to Teach Men: An

Investigation into Its Meaning and Contemporary Application", in: *The Journal of the Evangelical Theological Society* 37 (März 1974):79 (Hervorhebung hinzugefügt).

[25] Manche weisen darauf hin, das sei letztlich mit der Sklaverei geschehen. Obwohl in Christus „nicht Sklave noch Freier" ist, fordert das Neue Testament nicht die sofortige Abschaffung dieses Systems, die in der damaligen Kultur mehr Schaden als Nutzen hervorgebracht hätte, besonders für die Sklaven. Stattdessen fordern die Schreiber des Neuen Testaments die Sklaven auf, ihren Herren zu gehorchen, als dienten sie Jesus Christus, und die Herren sollten ihre Sklaven lieben, so wie Christus sie liebte. Diese Einstellung führte letztlich zur Abschaffung der Sklaverei in der christlichen Gemeinschaft, was von Anfang an Gottes idealer Plan gewesen war. Merrill L. Tenney: *New Testament Survey* (Grand Rapids: Eerdmans 1961), S. 50. Siehe auch William J. Webb: *Slaves, Women & Homosexuals: Exploring the Hermeneutics of Cultural Analysis* (Downers Grove, Illinois: InterVarsity 2001), S. 269.

[26] H. Wayne House: „A Biblical View of Women in Ministry", in: *Bibliotheca Sacra* 145 (Januar 1988), S. 47.

[27] Robin Scroggs: „Paul and the Eschatological Woman", in: *Journal of the American Academy of Religion* 40 (September 1972):283.

[28] Ronald Allen: *The Majesty of Man* (Portland, Oregon: Multnomah 1984), S. 145-147.

[29] William J. Webb: *Slaves, Women & Homosexuals* (Downers Grove, Illinois: InterVarsity 2001), S. 269.

[30] Saucy: „Women's Prohibition to Teach Men", S. 79.

[31] C. L. Blomberg: „Not Beyond What Is Written: A Review of Aida Spencer's *Beyond the Curse: Women Called to Ministry", Criswell Theological Review* 2 (Frühjahr 1988), S. 418.

[32] Eine sehr hilfreiche Analyse des Themas „Familie im Neuen Testament" findet sich bei George W. Peters: *Saturation Evangelism* (Grand Rapids: Zondervan 1970), S. 150-159.

[33] Manche Ausleger verstehen das „Hauptsein" des Mannes im Neuen Testament als „Quelle", nicht als „Autorität". Zwei sehr hilfreiche Artikel beweisen, auf wie schwachen Beinen diese Meinung steht. Siehe Wayne A. Grudem: „Does *kephale* ('Head') Mean 'Source'

or 'Authority Over' in Greek Literature? A survey of 2,336 Examples", in: *Trinity Journal* 6 (Frühjahr 1985), S. 38-59. Wayne A. Grudem: „The Meaning of *kephale* ('Head'): A Response to Recent Studies", in: *Trinity Journal* 11 (Frühjahr 1990), S. 3-72. Leichter verfügbar ist für viele wahrscheinlich das identische Buch: *Recovering Biblical Manhood and Womanhood,* Hrsg. John Piper und Wayne A. Grudem (Westchester, Illinois: Crossway 1991).

[34] Mark Chalemin, mein Forschungsassistent in der Fellowship Bible Church North, hat sich ebenfalls sehr für diese Untersuchung engagiert. Ich erwähne das hier, um den Beitrag eines reifen unverheirateten Mannes zu diesem Buch hervorzuheben. Mark hat ähnlich wie Timotheus nie geheiratet, zumindest bis jetzt, wo ich dies schreibe. Er ist zwar kein offizieller Ältester, hat aber an den Diskussionen teilgenommen und uns durch seine Einsichten, seine Weisheit und seine Nachforschungen sehr geholfen.

[35] Es gibt mindestens zwei Haupttheorien zur Entstehungszeit und den Empfängern des Galaterbriefs. J. B. Lightfoot argumentiert in seinem Kommentar *St. Paul's Epistle to the Galatians* (10. Auflage, London: Macmillan 1890, S. 18-35) dafür, dass der Brief nach der zweiten Missionsreise durch Nordgalatien entstanden ist. Sir William Ramsey hingegen vertritt in seinem *An Historical Commentary on St. Paul's Epistle to the Galations* (New York: G. P. Putnam's Sons, 1900, S. ii und 478) die Meinung, „die Gemeinden von Galatien" wären jene in Antiochien in Pisidien, Ikonium, Derbe und Lystra gewesen, die Paulus auf seiner ersten Missionsreise durch Südgalatien gegründet hatte. Merrill Tenney kommt in *New Testament Survey* (Grand Rapids: Eerdmans 1953, S. 266-267, Deutsch: *Die Welt des Neuen Testaments*) zu dem Schluss: „Der entscheidende Unterschied zwischen den beiden Varianten liegt darin, dass die südgalatische Theorie eine frühere Datierung des Galaterbriefs und eine bessere Erklärung seiner historischen Umstände erlaubt."

[36] Manche Autoren glauben, Paulus habe sich bei seiner Liste von Qualifikationen für Älteste/Aufseher vor allem von hellenistischen Schriftstellern beeinflussen lassen. Eine ausgezeichnete Kritik dieser Ansicht findet sich bei David A. Mappes: „Moral Virtues Associated with Eldership", in: *Bibliotheca Sacra* 160 (April-Juni 2003), S. 201-218.

[37] Robert L. Saucy: „The Husband of One Wife“, in: *Bibliotheca Sacra* 131 (Juli 1974), S. 238.

[38] Eine hervorragende exegetische Analyse des Ausdrucks „Mann einer Frau“ findet sich bei Ed Glasscock: „The Husband of One Wife Requirement in 1 Timothy 3:2“, in: *Bibliotheca Sacra* 140 (Juli 1983), S. 244-257.

[39] Das Beispiel wurde zuerst veröffentlicht in Gene A. Getz: *Der Mann aus biblischer Sicht.*

[40] Jack Finegan: *Handbook of Biblical Chronology* (Peabody, Massachusetts: Hendrickson Publishers 1998), S. 385.

[41] Der Autor verwendet das Präsenspartizip des griechischen Zeitworts *hegeomai,* das in der römischen Welt für eine breite Palette von Führungspositionen verwendet wurde, darunter für Fürst, Statthalter, militärischer Befehlshaber und Leiter einer religiösen Gruppe. Ganz offenkundig sind in diesem Brief aber Männer gemeint, die eine Leitungsposition in der Gemeinde innehaben, und zwar sowohl auf allgemeiner als auch auf lokaler Ebene.

[42] Nachdem der Autor die Gemeindegründer mit dem allgemeinen Wort „Führer“ bezeichnet, ist es nur logisch, denselben Begriff auch für die geistlichen Leiter in der Ortsgemeinde zu verwenden. Wir haben hier einen weiteren Beweis für die einzigartige Sprachbegabung dieses Autors, die im ganzen Brief erkennbar ist. Viele Wissenschaftler bewundern das elegante Griechisch dieses Briefs. Hier mag auch der Grund dafür liegen, dass der Autor einen einmal gewählten Begriff beibehält.

[43] Das griechische Wort *peitho,* in Hebr 13,17 mit „gehorchen“ übersetzt, ist nicht dasselbe wie *hypakouo,* das für die Beziehung zwischen Kindern und Eltern sowie zwischen Dienern und Herren verwendet wird (Eph 6,1-5; Kol 3,20-22). Und *hypeiko,* das in Hebr 13,17 für „fügt euch“ steht, ist nicht genau dasselbe wie *hypotasso,* das mehrere Beziehungen beschreibt, insbesondere die einer Frau zu ihrem Mann (Eph 5,22; Kol 3,18; Tit 2,5; 1Petr 3,5), eines Dieners zu seinem Herrn (Tit 2,9; 1Petr 2,18), aller Glieder am Leib Christi zueinander (Eph 5,21; 1Petr 5,5), aller Gläubigen zur staatlichen Obrigkeit (Röm 13,1; Tit 3,1; 1Petr 2,13) und aller Gläubigen zu Gott (Eph 5,24; Hebr 12,9; Jak 4,7). Zusammen ge-

nommen, meinen die beiden Begriffe in Hebr 13,17 nicht so sehr ein „Unterordnen" als vielmehr ein „Mitwirken", ein „Eingehen", ein „sich überzeugen Lassen" und „Nachgeben". Damit will ich nicht sagen, dass die Glieder am Leib Christi ihre geistlichen Leiter nicht anerkennen und sich ihrer Vollmacht unterordnen sollen, wie Paulus in 1Thes 5,12-13 klar ausdrückt, sondern dass sich der Schreiber des Hebräerbriefs eine Nuance milder ausdrückt, wenn er in Hebr 13,17 von „gehorchen" und „fügen" spricht.

[44] David Miller: „The Uniqueness of New Testament Church Eldership", in: *Grace Theological Journal* 6 (Herbst 1985), S. 315-327.

[45] Eine genauere Untersuchung über die Beziehung von „Apostel, Propheten und Lehrer" zum Dienst der „Ältesten" und „Aufseher", findet sich in Anhang D.

[46] Ein ausgezeichneter Artikel über das Wesen dieser Lehre stammt von Roy B. Zuck: „Greek Words for Teach", in: *Bibliotheca Sacra* 122 (April 1965), S. 158.

[47] Hier verwendet Lukas das griechische Grundwort *parakaleo* für diesen Kommunikationsprozess. Es handelt sich dabei um eine ganz spezielle Form der Lehre im Sinne von Ermahnung und Ermutigung. Bezeichnenderweise nennt Jesus den „Geist der Wahrheit", der kommen und die Apostel alle Dinge lehren würde, den *parakletos* („Berater" oder „Ermutiger"). Siehe auch Joh 14,17; 15,26; 16,13, wo Jesus den *parakletos* als den „Geist der Wahrheit" bezeichnet.

[48] Dieses kombinierte Charakterprofil stammt aus Gene A. Getz: *The Measure of a Man,* rev. Aufl. (Ventura, Kalifornien: Regal Book 1995), S. 30 (deutsch: „Der Mann aus biblischer Sicht"). Ein Vergleich zwischen dem Timotheus- und dem Titusbrief findet sich auf Abbildung 7 im Kapitel 19 dieses Buches.

[49] C. E. B. Cranfield: *Romans: A Shorter Commentary* (Grand Rapids: Eerdmans 1985), S. 377; Leon Morris: *The Epistle to the Romans* (Grand Rapids: Eerdmans 1988), S. 553. Siehe William J. Webb: *Slaves, Women & Homosexuals: Exploring the Hermeneutics of Cultural Analysis* (Downers Grove, Illinois: InterVarsity 2001), S. 99.

[50] Siehe auch Hinweise auf das „Haus des Stephanas" (1Kor 16,15), das „Haus des Aristobulus" (Röm 16,10), das „Haus des Narzissus" (Röm 16,11) und das „Haus des Onesiphorus" (2Tim 4,19).

Möglicherweise waren alle diese Männer von Natur aus die ersten Ältesten/Aufseher in ihren Gemeinden, die vermutlich aus ihren Großfamilien hervorgegangen waren.

[51] Im Neuen Testament wird jeweils „die Gemeinde" einer bestimmten Stadt angesprochen. Deshalb glauben manche, dass es auch heute gemäß dem Willen Gottes nur „eine anerkannte Ortsgemeinde" in jeder Stadt geben könne. Leider haben sie überhaupt nicht verstanden, was „Freiheit der Form" bedeutet. Im Grunde versuchen sie, die neutestamentliche Kultur in ihr eigenes Umfeld zu übernehmen, obwohl die nicht einmal genau bekannt ist. Wir wissen nämlich viel zu wenig über Versammlungspraxis, Versammlungsorte und Statuten der neutestamentlichen Gemeinden. Darum ist dies leider eine sehr unglückliche Auslegung der Schrift.

[52] Graydon F. Snyder: *Ante Pacem Archeological Evidence for the Church Before Constantine* (Macon, Georgia: Mercer University Press 1985), S. 166.

[53] Wie bereits an anderer Stelle erwähnt, ist die Reihenfolge der Namen in der Schrift sehr wichtig, um den Hauptleiter in einer gegebenen Situation zu bestimmen. Matthäus betont das geradezu in seiner Apostelliste: „Die Namen der zwölf Apostel aber sind diese: Der *erste* [*protos*] Simon, der Petrus genannt wird" (Mt 10,2). Das griechische Wort bedeutet eigentlich „vorrangig entweder im Zeitablauf, im Ort, in der Reihenfolge oder in der Wichtigkeit" (siehe auch Apg 1,13). Auch in der Apostelgeschichte nennt Lukas immer wieder Petrus zuerst, der gemeinsam mit Johannes in der Anfangszeit die Leitung innehatte (Apg 3,1.3.11; 4,1.3.7.13.19.23). Petrus tritt auch in vielen Texten als Sprecher für die anderen auf (2,14-40; 3,4.6.12-26; 4,8-12; 5,3-9).

[54] In der „Zwölfapostellehre" (oft als *Didache* bezeichnet) gibt es keinen Hinweis auf das dreistufige Modell, das Ignatius entwickelt und anwandt hatte. Der Autor dieses Schriftstücks verwendet aber die Begriffe „Bischöfe" und „Diakone", nicht „Älteste" und „Diakone". Offenbar steht dahinter noch das Gedankengut, das wir aus dem Neuen Testament kennen. Damit scheint diese Schrift gegen Ende des ersten Jahrhunderts entstanden zu sein, mit Sicherheit aber bevor Ignatius seine Briefe schrieb.

Dasselbe können wir über den Clemensbrief sagen, der in Rom geschrieben wurde und ebenfalls die Leiter von Ortsgemeinden erwähnt. Auch dieser Brief spricht von „Bischöfen", nicht von „Ältesten". Clemens tritt dafür ein, dass die Gläubigen diese Männer achten sollen, er vertritt aber nicht dasselbe Ausmaß an Autorität und Macht, für das Ignatius sich ausspricht. *The Early Church Fathers,* Hrsg. und Übers. Henry Betenson (Oxford, New York: Oxford University Press 1956), „The Teaching of The Apostles (The Didache)", S. 50-52; „Clemens Romanus (Clement of Rome)", S. 29-39.

[55] G. W. Hansen: „Authority", in: *Dictionary of Later New Testament and Its Developments*, Hrsg. Ralph P. Martin und Peter H. Davids (Downers Grove, Illinois: InterVarsity 1997), S. 109 (Ign. *Magn.* 6.1). Hansen fügt hinzu: „Die Autorität des Bischofs war absolut: die Gemeindeglieder 'müssen dem Bischof folgen, wie Jesus Christus dem Vater folgte' (Ign. *Smyrn.* 8.1); sie 'müssen den Bischof als den Herrn selbst achten' (Ign. *Eph.* 6.1) ... 'Wer etwas ohne das Wissen des Bischofs tut, dient dem Teufel' (Ign. *Smyrn.* 9.1) ... Indem Ignatius die abgestufte Autorität betont - die Presbyter unter dem Bischof und die Diakone unter dem Bischof und den Presbytern - und indem er dem Bischof absolute Autorität zugesteht, vertritt er einen Extremstandpunkt auf dem Weg zur hierarchischen Struktur in der Kirche." (G. W. Hansen: „Authority", S. 109-110).

[56] *Der Mann aus biblischer Sicht,* im Original 1974 erschienen, wurde weltweit fast eine Million Mal verkauft.

[57] William M. Ramsay: „The Age of Timothy", in: *Historical Commentary on the Pastoral Epistle* (Grand Rapids: Kregel 1996), S. 117-121.

[58] Gene A. Getz: *The Measure of a Man*, rev. Auflage (Venture, Kalifornien: Regal 1995), S. 174.

[59] In dem Artikel „The Acts of the Apostles: 1:1-5" von Richard N. Longenecker finden wir hilfreiche Anmerkungen zur Verwendung des Begriffs *pantes* bei Lukas in seinem Evangelium als auch in der Apostelgeschichte: „Lukas verwendet das Wort 'alle' in seinen beiden Bänden durchwegs in einer sehr allgemeinen Bedeutung, die

aus dem jeweiligen Zusammenhang erschlossen werden muss. So dürfen wir keineswegs annehmen, er habe sein Evangelium umfassender gemeint als die Apostelgeschichte. In vielen neutestamentlichen Texten erscheinen die Wörter 'viele' (*polloi*) und 'alle' (*pantes*) in austauschbarem Wortsinn (zB Mt 20,28; Mk 10,45 [vgl. 1Tim 2,6]; Mt 12,15; Mk 3,10; Röm 5,12-21), dessen genaue Bedeutungsnuance sich erst aus dem Zusammenhang ergibt.“ *The Expositor's Bible Commentary,* Bd. 9, Hrsg. Frank E. Gaebelein (Grand Rapids: Zondervan 1981), S. 253.

[60] Nach der Apostelgeschichte sind die neutestamentlichen Briefe in der Reihenfolge ihrer wahrscheinlichen Abfassung aufgelistet.

[61] Wenn wir den Aufruf „Eifert aber um die größeren Gnadengaben“ ernst nehmen wollen, ist zu bedenken, dass im griechischen Urtext Paulus den Befehl in der Mehrzahl verwendet. Die Korinther sollten *als Gemeinschaft* danach streben, dass jene Personen, die diese „größeren Gaben“ hatten und waren, einen entsprechenden Platz in der Gemeinde bekamen, dass ihre Ermahnungen und Anweisungen also Gehör fanden.

[62] Selbst Fachleute finden es schwierig, *tous men* und *tous de* in Epheser 4,11 wörtlich zu übersetzen. Meistens wird das deutsche Wort „einige“ verwendet, um auszudrücken, dass nicht alle eine bestimmte Gabe haben (siehe 1Kor 12,29). Vielleicht kommen aber jene Fachleute der eigentlichen Aussage des Verses näher, welche die englische *Revised Standard Version* (nunmehr *English Standard Version)* überarbeiteten: „Und er gab die Apostel, die Propheten, die Evangelisten, die Hirten und Lehrer [oder die Hirten-Lehrer], um die Heiligen für das Werk des Dienstes zuzurüsten“ (Eph 4,11-12). Diese Übersetzung vermeidet die Überbetonung des Wortes „einige“, so als wären diese begabten Personen klar in mehrere Gruppen zu teilen. Wie wir sehen werden, war Paulus mehrfach begabt, während Agabus vielleicht nur ein „Prophet“ war.

[63] George W. Peters: *A Theology of Church Growth* (Grand Rapids: Eerdmans 1982), S. 17.

[64] Merrill F. Unger: *Unger's Bible Dictionary* (Chicago: Moody 1957), S. 892.

[65] Zum Beispiel Apg 2,29-31; 7,37; 8,34-35; 13,27.

[66] Zum Beispiel Offb 11,3.10; 16,6; 18,24.

[67] Diese Ermahnung an Timotheus, einen evangelistischen Dienst zu tun, wirft eine sehr interessante Frage auf: War die Gabe des Timotheus (2Tim 1,6) die eines Evangelisten oder sollte er nur „das Werk eines Evangelisten tun“? Auf der Grundlage des gesamten biblischen Zeugnisses schließe ich mich eher der zweiten Meinung an.

[68] Siehe zum Beispiel Apg 5,42; 8,12.25; 14,7; 16,10; Gal 1,11.

[69] Auch das Wort *kerygma* wird mehrmals auf den Inhalt des Evangeliums bezogen. Beispielsweise schreibt Paulus an die Korinther: „Es hat Gott wohlgefallen, durch die Torheit der Predigt (*kerygma*) die Glaubenden zu erretten“ (1Kor 1,21).

[70] Siehe zB Apg 2,40; 8,25; 10,42; 18,5; 20,21.24; 23,11; 28,23.

[71] Siehe zB Apg 8,1; 11,18-21.

[72] Bei zumindest einer Gelegenheit verwendet Jesus diesen Begriff mehrmals, um sich selbst als den „guten Hirten“ zu beschreiben (Joh 10,2.14.16; siehe auch Hebr 13,20; 1Petr 2,25).

[73] Siehe auch 1Tim 4,11-12; 6,2; Hebr 5,12. Die Ermahnung an Timotheus, das Gelernte weiterzugeben, wirft eine weitere sehr interessante Frage auf. Hat Timotheus biblische Wahrheit *(didache)* direkt von Gott empfangen, oder hat er hauptsächlich von Paulus gelernt? Wir wissen, dass Timotheus vom heiligen Geist eine besondere Gabe empfangen hatte (2Tim 1,6), aus der Bibel lässt sich aber nur schwer darauf schließen, worin diese Gabe genau bestand. Obwohl ich es nicht schlüssig beweisen kann, bin ich persönlich der Meinung, dass das Bibelwissen von Timotheus aus denselben primären Quellen kam wie mein eigenes – und zwar von jenem Apostel, der die Offenbarungsgabe eines „Hirten-Lehrers“ hatte.

[74] Die *Didache* ist ein wichtiges Schriftstück, das gegen Ende des ersten oder zu Anfang des zweiten Jahrhunderts verfasst wurde. Es ist eindeutig nicht inspirierte Schrift, zeigt aber historische Entwicklungen auf. Die Gelehrten halten dieses Schriftstück für „eine der wichtigsten Entdeckungen in der zweiten Hälfte des 19. Jahrhunderts“. *The Didache or Teaching of the Twelve Apostles: The Apostolic Fathers with an English Translation,* übers. v. Kirsopp Lake (Cambridge, Mass.: Harvard University Press 1912), S. 305.

[75] *The Didache or Teaching of the Twelve Apostles: The Apostolic Fathers with an English Translation,* übers. v. Kirsopp Lake, XI, (Cambridge, Mass.: Harvard University Press 1912), S. 325. Alle Hervorhebungen sind vom Autor hinzugefügt.

[76] *The Didache,* IX, 3-6, S. 327.

[77] *The Didache,* XIII, 1-2, S. 329.

[78] *The Didache,* XV, 1-2, a.a.O S. 331.

Biblische Ausbildung am Ort (BAO)

Biblische Ausbildung am Ort (BAO) beschäftigt sich schon seit über 20 Jahren intensiv mit allen Fragen der Entwicklung von Leitern *in* der Gemeinde (Gemeindebasiertes Training – Church Based Training). Dabei werden sowohl theologische als auch pädagogische und methodische Aspekte gründlich erforscht und erarbeitet.

BAO hat ein umfangreiches Kursmaterial für unterschiedliche Anforderungen und Studien-Niveaus entwickelt, das den Gemeinden samt zugehöriger Studien-Methodik vermittelt wird.

<u>BAO – Kursangebot:</u>

BAO – light Kurse: Mit diesen Kursen werden alle in der Gemeinde in ihrem Wachstum unterstützt.

BAO – classic Kurse: Die Grundstufe der BAO-classic – Kurse ist vor allem zur Ausrüstung von Mitarbeitern in der Gemeinde gedacht. Die Aufbaustufe dient spezifisch zur Leiterentwicklung

Young Leaders Training: Junge Leiter im Bereich Jungschar- und
Jugendarbeit werden in ihrer Leiterschaft ermutigt, unterstützt und gefördert.

BAO – Lernmethodik:

Die BAO – Pädagogik ist ganzheitlich: Neben der gründlichen Wissensvermittlung (Kopf) ist auch die Charakterentwicklung (Herz) und die praktische Unterstützung im Dienst (Hand) von großer Wichtigkeit

Die BAO – Lernmethodik basiert auf aktuellsten Erkenntnissen der Erwachsenenbildung. Sie besteht aus den Elementen:

Selbststudium: Studium von pädagogisch optimal aufgearbeitetem Kursmaterial.

Praktische Aufgaben: Damit wird die Charakterentwicklung gefördert und der Dienst der Studenten konkret unterstützt.

Seminartreffen: Alle 14 Tage treffen sich die Studenten eines BAO-Kurses zu einem Seminar, möglichst in der eigenen Gemeinde oder zumindest in der Region.

Dienst des Kursleiters: Ein von BAO ausgebildeter und unterstützter Kursleiter führt die Seminartreffen und fördert, begleitet und motiviert die Studenten in ihrem Studium.

Weitere Informationen zu BAO finden Sie unter www.bao.at

Edition BAO – Förderung der Leiterentwicklung in der Gemeinde

Mit der Edition BAO wollen wir Fragen der gemeindebasierten Ausbildung von Leitern thematisieren, bewährte Modelle darstellen und neue erforschen, wir wollen theologische, pädagogische und methodische Fragen diskutieren und damit die ganzheitliche Ausbildung von Mitarbeitern und Leitern in den Gemeinden fördern – denn nur gut ausgerüstete Mitarbeiter können ihren Dienst opti-

mal ausführen, ohne andere und sich selbst zu frustrieren.
Der Titel „Kompetent leiten und führen“ ist das erste Buch der Edition BAO. Es behandelt grundsätzlich und umfassend Fragen der Leiterschaft in der Gemeinde.

Zu diesem Buch ist bei BAO ein Kurs in Modulform erhältlich. Diese Module können zusammenhängend in BAO-Kursgruppen studiert werden. Es ist aber auch möglich, dass anhand dieser Module eine Gemeindeleitung beispielsweise nur die Themen aufarbeitet, die für sie aktuell sind.

Apostel, Lehrer und Propheten (2)
Band 2: Leben und Briefe des Apostels Paulus
ISBN 3-86122-710-X
288 Seiten, Paperback

Apostel, Lehrer und Propheten (3)
Band 3: 1. Petrusbrief bis Offenbarung
ISBN 3-86122-722-3
224 Seiten, Paperback

Stimmen zu dieser Reihe:

„Beim Lesen dachte ich immer wieder: Es wäre großartig gewesen, wenn ich dieses Buch schon als Student in die Hände bekommen hätte! Thomas Weißenborn zeichnet ein klares und umfassendes Bild der politischen, sozialen und religiösen Bedingungen, in denen das NT entstanden ist. Der Verfasser beweist: Die Beschäftigung mit theologischen Themen muss nichts Langweiliges oder Ermüdendes sein."
Dr. Roland Werner, Marburg

„Das Buch leistet einen sehr grundsätzlichen Dienst, dessen Wert für die christliche Gemeinde nicht hoch genug eingeschätzt werden kann: Es überbrückt den Graben zwischen ‚Theologen' und ‚Laien', der vielerorts immer breiter zu werden scheint. Thomas Weißenborn gelingt es, theologisches Fachwissen auf universitärem Niveau erfrischend allgemein verständlich zu formulieren und damit einem breiteren Publikum zugänglich zu machen."
Guido Baltes, Jerusalem

Jörg Berger
Lebensziel Berufung
Den eigenen Weg finden in einer Welt der Beliebigkeit
ISBN 3-86122-812-2
128 Seiten, gebunden

Berufung – ein etwas sperriger Begriff, dessen Perspektive und Bedeutung uns häufig verloren gegangen ist. Wie finde ich eine Lebensform, die meinem Wesen entspricht? Wofür soll ich mein Leben einsetzen? Mit anderen Worten:
Was ist meine *Berufung?*
Auf die Frage nach dem „Wie" gibt der Autor praktische Antworten, die sich nicht nur in der Psychotherapie bewährt haben. Auf die existenzielle Frage nach dem „Wofür" bietet die Bibel Lösungen, die zu einem frohen, schöpferischen und einsatzbereiten Leben freisetzen und Ihnen neue Impulse geben.

Mit Illustrationen von Marion Schowalter.

Hartmut Krüger
Frauen im Pietismus
Ihr Dienst – ihre Verantwortung – ihr Einfluss
ISBN 3-86122-779-7
224 Seiten, kartoniert

Frauen spielten im Pietismus von Anfang an eine bedeutende Rolle. In Politik, Diakonie, Mission und Gemeindeaufbau schufen sie Bedeutendes. Dr. Hartmut Krüger stellt Frauen aus verschiedenen Epochen vor: Neben Katharina von Bora steht die Apostelin der Nächstenliebe, Katharina Zell, und die Landesfürstin Elisabeth von Braunschweig. Ihnen folgen durch die Jahrhunderte Frauen von besonderer geistlicher Wirkkraft wie die Laientheologin Johanna Eleonora Petersen und Erdmuthe Dorothea von Zinzendorf sowie Anna Kolitz, Leiterin einer großen diakonischen Einrichtung.
In der Diskussion um die Bedeutung des Dienstes der Frau in der Gemeinde setzt dieses Buch Maßstäbe: eine beeindruckende Antwort auf die Frage, welchen Dienstauftrag Gott den Geschlechtern zugewiesen hat und wie er sie in ihren Aufgaben segnet und begleitet.

Helmut Blatt
Stark im Glauben –
Gesegnet zum Sieg
Das Geheimnis der geistlichen Waffenrüstung
ISBN 3-86122-547-6
240 Seiten, Paperback

Kennen Sie Gottes Kleiderordnung?
Weiße Gewänder sind uns versprochen – doch nicht als Zeichen der Unterwerfung im Kampf gegen die „Mächte und Gewalten zwischen Himmel und Erde“. Hier brauchen wir eher den schweren Kampfanzug, mit dem wir bestehen können gegen das schier unermessliche Waffenarsenal, das der „Vater aller Lüge“ einsetzt.
Helmut Blatt befreit die Waffenrüstung des Epheserbriefes vom Rost grauer Theorie. Der archäologischer Befund, die geistliche Bedeutung und die Nutzanwendung im Alltag – gründlich und übersichtlich trennt diese Praxisstudie den Stahl biblischer Lehre vom Blech zeitgenössischer Sonderlehren. Sie verwendet dazu u.a. Erkenntnisse von Karl Barth, Peter Beyerhaus, Sven Findeisen, Karl Heim, C.S. Lewis, Franz Mußner, Fritz Rienecker, Erich Sauer, Adolf Schlatter.

Helmut Blatt
Josua – In der Wüste gereift
Auf welchen Wegen Gott unsere Persönlichkeit entfaltet
ISBN 3-86122-855-6
288 Seiten, gebunden

Eine reife Persönlichkeit ist ein Mensch, der gelernt hat, auf ungesunde Verhältnisse gesund zu reagieren. Darum packt auch Gott die Geschenke, die er Ihnen macht, des Öfteren in ein Problem ein. So kommt er an sein Ziel mit Ihrem Leben: Sie entwickeln einen reifen Charakter, mit dem Sie Gott ehren und anderen zur Hilfe werden.

Den spannenden und umkämpften Weg eines Menschen zu diesem Ziel beschreibt die Bibel an der Person des Josua. Diese große Gestalt des Alten Testaments meisterte unter widrigsten Umständen das Leben in der Wüste. So wurde Josua zu dem Mann, wie Gott ihn gedacht hatte. Seine Schwächen verwandelte Gott in Stärken, seine Unsicherheit in einen festen Charakter.